TRAITÉ ÉLÉMENTAIRE

DE

PHOTOGRAPHIE PRATIQUE

EN PRÉPARATION

Traité complémentaire de Photographie pratique, par G.-H. NIEWENGLOWSKI.

> La photographie sans objectif. — La photographie avec objectifs anachromatiques. — Tirage des photogrammes par les procédés pigmentaires : charbon, gomme bichromatée, ozotypie, etc. — Les positifs sur verre. — Photographie stéréoscopique. — Projections. — Agrandissements. — Photographie des couleurs, etc.

TRAITÉ ÉLÉMENTAIRE

DE

PHOTOGRAPHIE PRATIQUE

PAR

G.-H. NIEWENGLOWSKI

OFFICIER DE L'INSTRUCTION PUBLIQUE
PRÉPARATEUR DE CHIMIE A LA FACULTÉ DES SCIENCES DE L'UNIVERSITÉ DE PARIS
PROFESSEUR DE PHOTOGRAPHIE A L'ASSOCIATION PHILOTECHNIQUE
DIRECTEUR DE LA REVUE MENSUELLE « LA PHOTOGRAPHIE »

Principes de la photographie. — Le matériel : choix, essai, entretien. — Surfaces sensibles : plaques, pellicules, papiers, halo, orthochromatisme. — Le laboratoire. — Préparation des bains. — Le sujet : photographie artistique, paysage, portrait, intérieurs, photographie documentaire, reproductions. — L'obtention du négatif : mise au point, temps de pose, développement, éclaircissement, renforcement, affaiblissement. — Le tirage des positifs sur papier : papiers aux sels d'argent à image apparente et à image latente ; papiers aux sels de fer et aux sels de platine. — Montage et encadrement des épreuves sur papier. — Choix de formules et recettes.

PARIS
GARNIER FRÈRES, LIBRAIRES-ÉDITEURS
6, RUE DES SAINTS-PÈRES, 6

—

1905

AVERTISSEMENT

Le **Traité élémentaire de Photographie pratique** *que nous présentons au public n'est autre que le résumé des leçons de photographie que nous professons depuis dix ans, chaque hiver, à la section Montparnasse de l'Association Philotechnique. Nous l'avons divisé en deux volumes : dans le* **Traité élémentaire** *sont étudiés, outre les principes de la photographie, le matériel et le laboratoire, les opérations photographiques auxquelles peut se livrer le photographe débutant. Dans le* **Traité complémentaire**, *nous étudierons les diverses opérations auxquelles ne peut se livrer que le photographe déjà exercé : photographie sans objectif, photographie au moyen de lentilles simples (verres de besicles, objectifs anachromatiques); procédés pigmentaires (charbon, charbon-velours, gomme bichromatée, ozotypie); positifs sur verre; photographie stéréoscopique; photographie des couleurs; projections; agrandissements.*

Dans l'un et l'autre volume nous nous sommes efforcé de rester dans le domaine de la pratique; nous n'avons développé que les considérations théoriques rigoureusement indispensables pour comprendre le mécanisme des diverses opérations, considérations que nous avons essayé de rendre aussi simples que possible. Nous avons eu soin de ne faire de réclame pour aucun marchand ou fabricant; nous n'avons, dans ce but, décrit que des types d'appareils, laissant à chaque lecteur la liberté de s'adresser, pour ses achats, à la maison lui paraissant présenter les meilleures garanties.

Nous serions heureux que ce modeste travail contribue à vulgariser la photographie, l'une des inventions les plus fécondes du siècle dernier, comme le prouvent ses multiples applications, que nous nous proposons de décrire dans un volume ultérieur.

INTRODUCTION

1. — Phénomène de la chambre noire. — Si une petite ouverture est percée dans le volet d'une chambre dans laquelle on a fait l'obscurité, on voit apparaître sur le mur opposé une image renversée, plus ou moins grossière, des objets extérieurs (*fig.* 1).

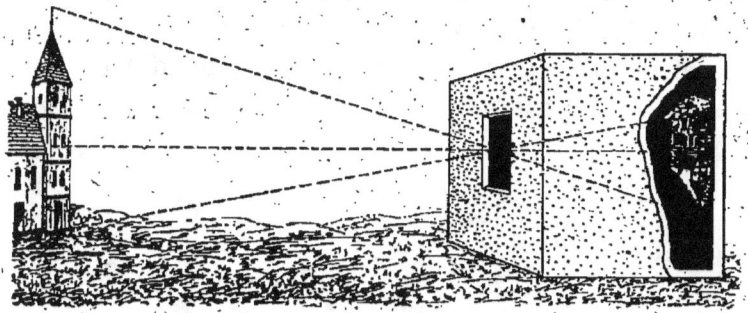

Fig. 1. — Phénomène de la chambre noire.

Ce phénomène, qui a été observé pour la première fois au XIII⁰ siècle par Roger Bacon, a été utilisé par Léonard de Vinci au XV⁰ siècle pour l'exécution rapide de représentations perspectives, étudié et vulgarisé par J.-B. Porta, auquel on l'attribue souvent à tort.

Pour mieux l'observer, J.-B. Porta avait construit une chambre noire portative (*fig.* 2). La propagation rectiligne de la lumière suffit à expliquer la formation des images dans la chambre obscure. Considérons, en effet, un objet éclairé placé à l'extérieur d'une chambre

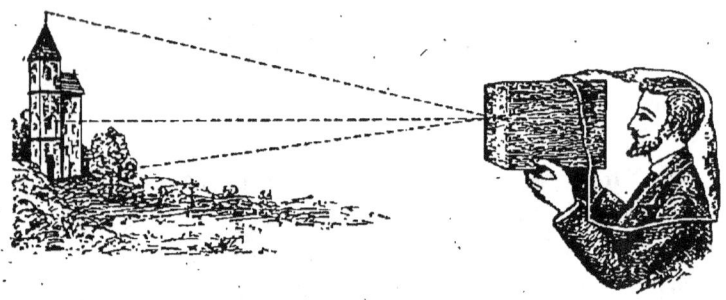

Fig. 2. — Chambre noire portative de Porta.

obscure (*fig*. 3). Soit A un point éclairé de cet objet; ce point émet de la lumière dans toutes les directions; mais, seuls, les rayons lumineux qui rencontrent l'ou-

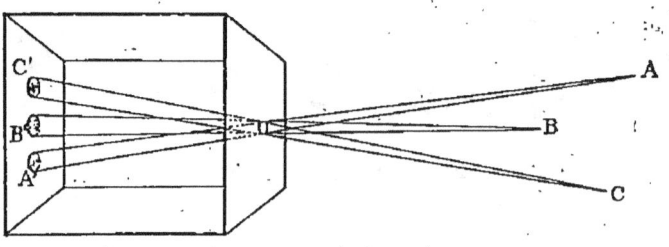

Fig. 3. — Formation des images dans la chambre noire.

verture O peuvent pénétrer dans la chambre noire : leur ensemble forme un cône lumineux, ayant pour sommet le point éclairé A, s'appuyant sur le contour de l'ouverture. Ce cône lumineux éclaire, sur la paroi opposée, une petite surface A' dont la forme dépend de celle de l'ouverture. Cette tache lumineuse A' peut paraître à un observateur placé assez loin se réduire à un point A', qui est ce qu'on appelle l'image du point A ; à chacun des points A, B, C... de l'objet considéré correspondent ainsi de petites taches lumineuses A', B', C',..., dont l'ensemble forme une image grossière de l'objet.

2. — Cette image est d'autant plus nette que les taches lumineuses sont plus petites ; or celles-ci sont d'autant plus petites que l'ouverture est elle-même plus petite. Mais la quantité de lumière qui entre dans la chambre noire est d'autant plus grande que l'ouverture est plus grande : plus l'image est nette, moins elle est éclairée, et quand l'ouverture est d'un diamètre assez petit (compris entre 3 et 5 dixièmes de millimètre) pour que chacune des taches lumineuses produise sur notre œil la sensation d'un point lumineux, l'image est si peu éclairée que notre œil ne peut la voir ; elle est néanmoins assez éclairée pour impressionner une plaque photographique (photographie sans objectif). On donne le nom d'ouverture sténopéique à une ouverture d'un si faible diamètre.

Si la paroi postérieure de la chambre noire, paroi qui reçoit l'image, est formée par un verre dépoli, un observateur entourant sa tête d'un voile noir voit l'image des objets extérieurs à la chambre se peindre sur le verre dépoli (*fig.* 2).

3. — **Surface de diffusion tolérée.** — On admet généralement que, pour un œil placé de 25 à 30 centimètres (distance minima de vision distincte) de l'image, une tache dont le diamètre ne dépasse pas $1/5^e$ de millimètre, produit la même sensation qu'un point lumineux. Si l'image est regardée de plus loin, on peut, bien entendu, admettre une valeur plus grande pour la surface de diffusion tolérée[1].

4. — Chambre noire avec objectif. — J.-B. PORTA montra le premier qu'on obtenait des images nettes et bien éclairées en adaptant à l'ouverture agrandie une lentille convergente (objectif), lentille que doit traverser la lumière pour pénétrer dans la chambre noire et à laquelle on donne le nom d'objectif. Dans ce cas, la netteté de l'image varie beaucoup avec la distance à l'ouverture de la paroi sur laquelle elle se peint; pour une distance déterminée, la netteté est très grande, on dit que *l'image est au point*. La théorie élémentaire des lentilles permet d'expliquer la formation de l'image dans ce cas.

5. — Considérons un point A appartenant à un

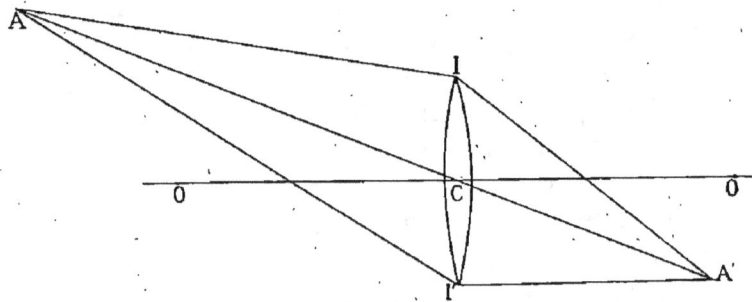

FIG. 4. — Image d'un point lumineux à travers une lentille convergente.

objet éclairé placé devant une lentille convergente (*fig.* 4). Ce point émet de la lumière dans toutes les

---

[1]. Il est facile de se rendre compte que si l'image était observée à travers une loupe, la surface de diffusion tolérée devrait au contraire être plus petite : il doit en être ainsi pour les petites images photographiques destinées à être agrandies, pour lesquelles la surface de diffusion tolérée ne doit pas dépasser 1/25 de millimètre.

directions; seuls, les rayons lumineux contenus dans le cône AII' qui s'appuie sur les bords de la lentille la traversent. L'expérience montre qu'après avoir traversé la lentille, ils convergent tous en un point A' appelé *foyer conjugué* ou *image du point* A. La ligne droite qui joint le point A au point A' (axe secondaire relatif au point A) rencontre l'axe optique [1] de la lentille en un point C qui est dit *centre optique* de la lentille. Le rayon lumineux parti de A qui traverse la lentille au point C ne subit aucune déviation.

Si nous plaçons une petite feuille de papier blanc en A', elle est brillamment éclairée en ce point, *image réelle* du point A.

6. — Si nous considérons un second point A_1 (*fig.* 5) plus éloigné de la lentille que le point A, son

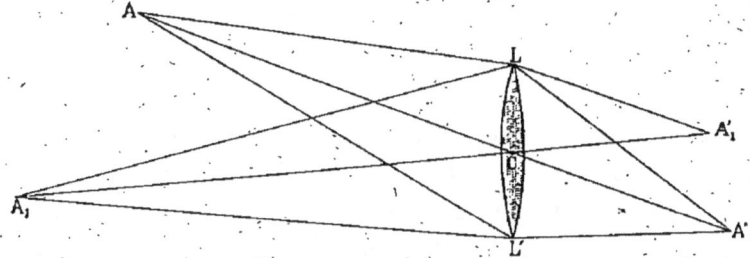

Fig. 5.
Images de points situés à des distances différentes de la lentille.

image A'_1 est plus rapprochée de la lentille. *L'image des objets se forme donc d'autant plus près de la lentille que ces objets sont plus éloignés, et inversement.*

7. — Considérons maintenant des points A, B, C, ..., appartenant à un objet éclairé placé devant une

---

1. Rappelons qu'on appelle *axe optique* d'une lentille la ligne OO', qui joint les centres de courbure des deux sphères auxquelles appartiennent les faces de la lentille (*fig.* 4).

chambre noire munie d'une lentille convergente et supposons que le point A soit à une distance telle que son image A' se forme exactement sur le verre dépoli VV de la chambre (*fig.* 6). Le point B étant plus rapproché de la lentille forme son image en un point B' situé plus loin que le point A'; le faisceau lumineux qui converge au point B' éclaire sur le verre dépoli une petite surface b ; si cette petite tache lumineuse a des dimensions ne dépassant pas celles de la surface de diffusion tolérée (3), on peut la considérer comme un point lumineux, qui est le point de

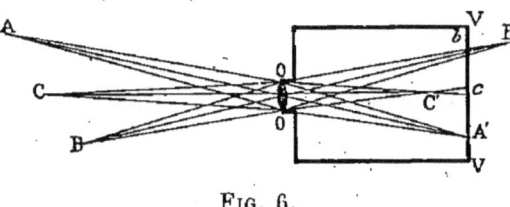

Fig. 6.

rencontre de l'axe secondaire du point B avec le verre dépoli ; de même, un point C plus éloigné de la lentille que le point A forme son image C', en avant du verre dépoli ; le faisceau lumineux formant cette image, après avoir convergé en C', diverge de ce point et vient éclairer une petite surface c sur le verre dépoli. Ces surfaces b, c ont des diamètres d'autant plus petits que les points B, C sont moins éloignés du point A. Leurs diamètres dépendent encore de la grandeur de l'ouverture à travers laquelle les rayons lumineux pénètrent dans la chambre noire; nous verrons que le diamètre de cette ouverture est rendu inférieur à celui de la lentille par l'emploi d'un diaphragme.

8. — Les images ainsi produites paraissent toujours jolies, alors même que les objets représentés nous sont indifférents. Le plaisir qu'on éprouve à regarder ces images fugitives a certainement donné à tous ceux qui les ont observées avant la découverte de la photographie le désir de les rendre permanentes avec leur triple caractère de forme, de couleur et de mouvement.

9. — Photographie. — On utilise, pour fixer ces images, les transformations bien connues que produit la lumière sur nombre de corps : c'est ainsi que la plupart des couvertures de livres ou de revues longtemps exposées aux vitrines d'un libraire ne tardent pas à changer de couleur, que les étoffes, dites de mauvais teint, pâlissent au soleil.

L'une des actions les plus nettes est celle que la lumière exerce sur les sels d'argent : une feuille de papier trempé dans une solution d'azotate d'argent et séchée, noircit à la lumière ; c'est cette propriété qui est utilisée pour marquer le linge[1]. Scheele, en 1870, constata que le chlorure d'argent (lune cornée des alchimistes) noircit à la lumière. Certains sels d'argent semblent ne subir aucune action de la part de la lumière ; mais, après insolation, ils peuvent être décomposés par certains réactifs qui mettent en liberté le métal argent ; les mêmes sels d'argent, conservés à l'abri de la lumière, ne sont pas décomposés par ces réactifs.

On dit, en ce cas, que la lumière produit une action *latente* qui est révélée par ces réactifs auxquels on donne le nom de *révélateurs*.

Sur l'image ainsi obtenue les valeurs sont inverses

---

[1]. Les caractères sont tracés avec une plume d'oie trempée dans une solution aqueuse à 20 % d'azotate d'argent, additionnée d'un peu de gomme arabique ; peu colorés au début, ils brunissent au soleil et résistent dès lors aux lessives.

de celles de l'original : l'image du ciel, par exemple, est noire, celle des terrains ou des objets sombres est blanche. Une telle image est dite *image négative* (*fig.* 137, p. 196).

Une telle image étant produite sur un support transparent (verre par exemple), appliquons sur la face du support qui porte l'image une surface enduite d'une substance sensible, par exemple, un papier recouvert de chlorure d'argent noircissant à la lumière, et exposons au soleil le côté du support ne portant pas l'image. La lumière traversant les parties blanches, transparentes, de l'image négative, noircit le papier dans les régions correspondant à ces blancs, tandis que, sous les noirs des négatifs, le papier sensible étant protégé de l'action de la lumière ne noircit pas. On obtient donc une copie de l'image négative, dans laquelle l'image du ciel est blanche ; les valeurs sont les mêmes que celles de l'original. On a ainsi une *image positive* (*fig.* 138, p. 196). Comme l'opération peut être répétée plusieurs fois, le négatif est un type, un *phototype négatif* qui permet de tirer de nombreuses copies positives ; on donne à ces dernières le nom de *photogrammes*.

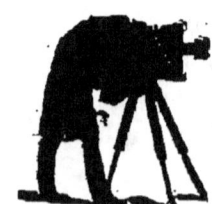

CHAPITRE I

La perspective du peintre et la perspective du photographe

10. — Perspective. — Il est aisé de voir que les photographies obtenues au moyen d'une chambre noire munie d'une ouverture sténopéique ou d'une lentille convergente, sont des représentations perspectives exactes des objets représentés. Rappelons d'abord ce qu'on entend par perspective.

Considérons, avec Léonard de Vinci, l'œil d'un spectateur supposé réduit à un point O (son centre optique), placé devant une vitre transparente T, disposée verticalement et que nous appellerons le *tableau*. L'œil O de l'observateur est le *point de vue* (*fig.* 7).

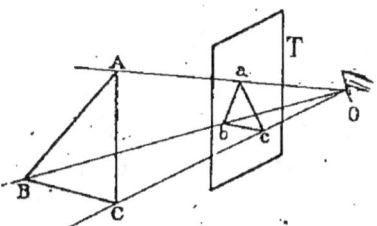

Fig. 7.

Soient A, B, C... des points d'un objet quelconque vu à travers la vitre. Les rayons visuels OA, OB, OC, arrivant à l'œil O, rencontrent la vitre en des points *a*, *b*, *c*... Pour l'œil O, ces points *a*, *b*, *c*... semblent superposés avec les points A, B, C..., dont ils sont comme une sorte de décalque : en regardant ces points a, b, c..., l'œil a la même impression qu'en regardant les points A, B, C... L'ensemble des points a, b, c... constitue ce qu'on appelle la perspective sur le tableau T de l'objet A, B, C, par rapport au point de vue O. Si, sur la figure a, b, c..., les couleurs étaient distribuées comme sur l'objet A, B, C..., l'illusion deviendrait complète.

Le plan horizontal G sur lequel est supposé reposer le tableau par sa *base* ou *ligne de terre* xy, est le *géométral*. Les limites latérales du tableau sont le *côté gauche* et le *côté droit;* le plan horizontal H (par suite parallèle au géométral), qui passe par le point de vue o, est le *plan d'horizon* qui coupe le tableau suivant la *ligne d'horizon* hh', horizontale (*fig.* 8).

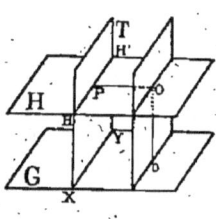

Fig. 8.

La longueur de la perpendiculaire op, abaissée du point de vue sur le tableau (distance du point de vue au tableau) est dite *distance principale;* son pied p, est le *point principal de fuite*, ou simplement le *point principal :* c'est le point fixé par notre œil, quand il regarde perpendiculairement au tableau. Ce point jouit de la propriété que les perspectives de toutes les droites perpendiculaires au plan du tableau (*droites principales*) y passent.

11. — Considérons une chambre noire munie d'un objectif de centre optique O (*fig.* 9) et soient A, B, C... une série de points d'un objet placé, devant elle, à l'extérieur; ces points donnent sur la plaque sensible T' des images a', b', c'... On sait que, sur le phototype négatif, les blancs de l'objet viennent en noir, les noirs en blanc, et qu'en outre l'image est renversée : regardant la couche de gélatine du cliché, on voit à droite ce que l'œil, placé en O en regardant l'objet, aurait vu à gauche, et réciproquement. Le tirage des photogrammes a pour effet de redresser l'image et de rétablir l'ordre des blancs et des noirs. Il en résulte que le photogramme peut être rigoureusement superposé à l'image perspective a, b, c...; qui serait obtenue sur un tableau T occupant, par rapport au point de vue O,

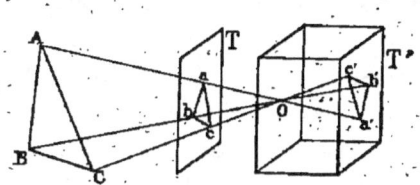

Fig. 9.

une position exactement symétrique de celle occupée par la plaque T' lors de la pose.

12. — Il résulte de ce fait que, si on a soin d'examiner le photogramme positif a, b, c..., avec un seul *œil placé exactement au point de vue O*, c'est-à-dire en un point occupant par rapport au photogramme la position même qu'occupait le centre optique de l'objectif par rapport à la plaque sensible lors de la pose, l'œil aura exactement la même impression que s'il regardait l'objet lui-même A, B, C... et si, sur le photogramme, les couleurs étaient distribuées comme sur l'original, l'illusion serait complète.

Les traités de perspective appliquées à la peinture nous indiquent que *théoriquement* c'est ainsi qu'on devrait examiner un tableau.

Il n'est pas besoin de beaucoup d'observations pour voir que, dans un musée ou dans une exposition de peinture, personne ne suit cette règle : on regarde en général un tableau avec les deux yeux, et il est bien rare qu'on se place exactement au point de vue; celui-ci est d'ailleurs parfois si haut qu'on ne peut placer l'œil dans le plan d'horizon choisi par l'artiste;

parfois même le point de vue se trouve en dehors de la salle; enfin, on se déplace pour examiner les détails.

Et cependant on n'en a pas moins une certaine impression de réalité.

C'est que le déplacement de l'œil de l'observateur ne cause pas de trop grandes déformations et que, d'ailleurs, ces déformations ne détruisent pas l'harmonie du tableau. C'est aussi que la perspective n'a pas été construite d'un point de vue absolument fixe : l'œil du peintre est mobile; en outre, au fur et à mesure qu'il achève son œuvre, il juge de l'effet en l'examinant avec les deux yeux; c'est surtout que la distance principale (distance du point de vue au tableau) est en général relativement grande; et les déformations causées par le déplacement de l'œil du spectateur sont d'autant plus faibles que cette distance principale est plus grande.

Je prends à témoin de ces observations les *Noces de Cana*, le *Repas chez Simon le Pharisien*, de Paul Véronèse; ou des tableaux, de moindre formats, tels que la *Messe au chœur de Notre-Dame*, de Jouvenet; l'*Intérieur de l'église Saint-Pierre de Rome*, de Pannini, etc.; il est indubitable que l'harmonie de ces compositions n'est nullement détruite quand le spectateur se déplace dans un sens ou dans l'autre, même d'une distance comparable aux dimensions de ces toiles; c'est d'ailleurs le cas bien connu du tableau de l'*Archer visant à la fois tous les spectateurs*, ou du *joli portrait qui sourit à tout le monde à la fois*.

13. — Au contraire, l'œil photographique, l'objectif, demeure immobile durant la pose et, de plus, est unique. En outre, la distance principale, qui n'est autre que le tirage de la chambre (égale ou légèrement supérieure à la distance focale principale de l'objectif), ne dépasse guère quelques décimètres.

Aussi, si le spectateur borgne et immobile des théoriciens est une pure chimère quand il s'agit de peinture, il n'en est plus de même quand il s'agit de photographie.

Une photographie obtenue avec un tirage de la chambre de $0^m,30$, de $0^m,40$, de $0^m,50$, etc., doit être examinée *avec un seul œil, placé à une distance de $0^m,30$; de $0^m,40$; de $0^m,50$ de l'image positive*. En opérant ainsi, on éprouve une sensation de relief aussi agréable que celle fournie par l'emploi du stéréoscope.

L'illusion est encore plus complète si l'on a soin d'isoler l'image observée afin de supprimer toute comparaison des dimensions du tableau avec les objets qui l'entourent, et de faire, par suite, disparaître toute sensation du plan de l'image pour ne laisser que celle du sujet représenté.

C'est ce que l'on fait en plaçant devant l'œil un petit tube conique noirci intérieurement, ou, simplement, la main fermée. Un dispositif qui donne un excellent résultat consiste à tirer du phototype négatif un photogramme transparent sur verre, à le mettre à la place du verre dépoli de la chambre noire et à l'examiner à travers une petite ouverture percée dans une planchette remplaçant la planchette d'objectif. On avance ou on éloigne le photogramme jusqu'à ce qu'on obtienne le meilleur effet.

14. — Mais jusqu'à présent nous n'avons pas tenu compte des conditions physiologiques de la vision. Notre œil, on le sait, ne peut voir distinctement que les objets situés à une distance supérieure à une certaine distance, dite *distance minima de la vision* *distincte*, variable avec l'individu et avec l'âge, et dont la valeur moyenne est de 25 à 30 centimètres.

Il en résulte que l'on ne peut examiner dans de bonnes conditions que les images photographiques obtenues avec un tirage de la chambre noire supérieur à la distance minima de vision distincte. Une photographie obtenue avec un tirage de la chambre inférieur à cette distance est placée, quand on la regarde, à une distance de l'œil au moins égale à la distance minima de vision distincte, c'est-à-dire à une distance beaucoup trop grande.

L'œil, n'étant pas placé au point de vue exact, voit l'objet reconstitué plus ou moins déformé[1].

---

1. C'est pour cette raison que l'on dit souvent, *à tort*, que les objectifs à courte distance focale principale (grands angulaires) déforment la perspective. En réalité, tout objectif, à la condition d'être exempt de distorsion, donne une représentation perspective exacte des objets représentés.

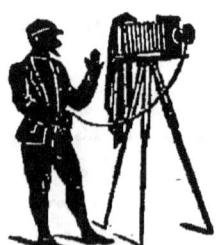

CHAPITRE II

L'objectif photographique

15. — Si on examine l'image projetée sur le verre dépoli d'une chambre noire par une simple lentille convergente, placée à une distance du verre dépoli telle que le centre de l'image soit aussi net que possible, on constate que, dès qu'on s'éloigne du centre, l'image cesse d'être nette pour devenir confuse et floue ; la netteté diminue d'autant plus qu'on s'éloigne du centre. Si, au moyen d'un écran opaque percé d'une petite ouverture circulaire, nous cachons la partie périphérique de la lentille, la lumière ne pouvant la traverser que dans sa région centrale, nous constatons que l'image devient plus nette, d'autant plus nette que la petite ouverture percée dans l'écran opaque est d'un diamètre plus petit ; mais la luminosité de l'image diminue beaucoup. Si on examine cette image avec soin, on remarque que les lignes droites sont déformées ; elles sont plus ou moins incurvées. Si on remplace le verre dépoli par une surface sensible à la lumière, l'image enregistrée sur cette surface manque totalement de netteté.

La théorie des lentilles permet d'expliquer les défauts de l'image ainsi obtenue ; et elle indique aussi les moyens qu'on peut employer, sinon pour les supprimer entièrement, du moins pour les atténuer.

16. — Aberrations des lentilles. — En réalité, les rayons lumineux issus d'un point éclairé, qui ont traversé une lentille convergente, ne convergent en un point unique que si un certain nombre de conditions sont remplies : il n'en est ainsi que pour une lentille de très faible épaisseur, de courbures très peu prononcées recevant de la lumière monochromatique (d'une seule couleur, verte par exemple), qui ne traverse que le voisinage de son centre.

Comme, en pratique, aucune lentille ne remplit toutes ces conditions, les images données par une lentille unique présentent un certain nombre de défauts ou d'*aberrations* que nous allons passer en revue, en indiquant comment on les corrige.

17. — ABERRATION DE SPHÉRICITÉ (*fig.* 10). — Les rayons lumineux émis par un point éclairé A qui tra-

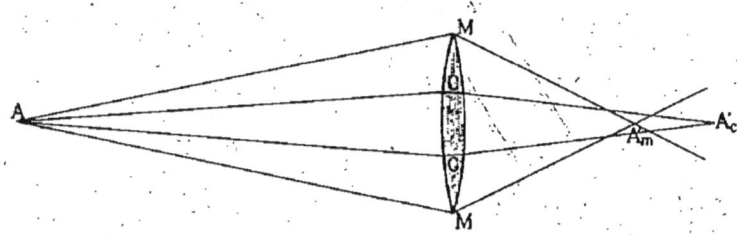

FIG. 10. — Aberration de sphéricité.

versent une lentille convergente dans le voisinage de son centre (*rayons centraux*) concourent en un point A'_c ; les rayons partis du même point A qui traversent la lentille dans le voisinage de ses bords (*rayons marginaux*) convergent en un point A'_m plus près de la lentille. Ce défaut se traduit par un manque de netteté de l'image. On l'atténue en partie par l'emploi d'un *diaphragme* DD (*fig.* 11), qui arrête en partie les rayons marginaux. En choisissant convenablement les courbures des faces de la lentille, on réduit cette aberration au minimum ; mais on la diminue surtout en adjoignant à la lentille convergente une lentille divergente dont l'effet est d'éloigner l'image donnée par les rayons centraux et d'éloigner encore plus celle donnée par les rayons marginaux, de sorte que si les courbures des deux lentilles sont convenablement choisies, les deux images peuvent coïncider : la lentille ainsi obtenue est dite *aplanétique*. Le plus sou-

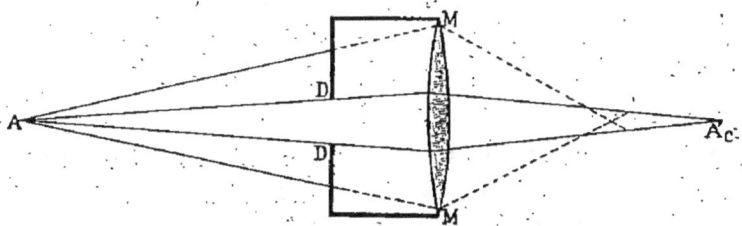

Fig. 11. — Le diaphragme atténue l'aberration de sphéricité.

vent les deux verres sont collés au baume de Canada par une face commune ; nous verrons que parfois ils sont indépendants, laissant entre eux un petit intervalle d'air.

18. — Aberration chromatique. — Il est nécessaire que les deux lentilles soient faites de verres de composition différente, de manière à atténuer l'aberration chromatique. Si, en effet, le point objet considéré est éclairé non plus par une lumière monochromatique, mais par une lumière blanche, celle-ci en traversant la lentille est décomposée en ses éléments, c'est-à-dire en lumières colorées simples qui forment leurs images à des distances différentes de la lentille. C'est le phénomène de la *dispersion*. La lumière violette forme son image A_v plus près de la lentille que la lumière rouge qui forme son image en A_r (*fig.* 12).

Si on reçoit l'image sur un écran placé en A_v, si, en un mot, on met au point l'image violette, au lieu d'obtenir comme image du point A un point, on ob-

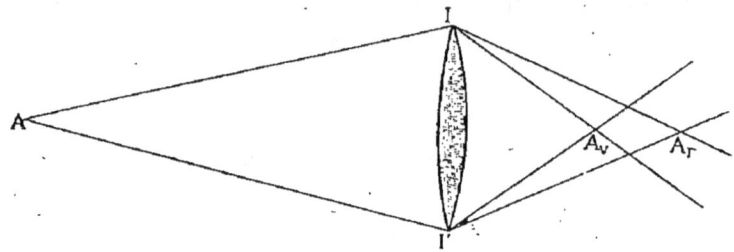

Fig. 12. — Aberration chromatique.

tient un cercle dont le centre est blanc et les bords sont rouges ; si, au contraire, on met au point l'image rouge, elle est bordée de violet. *L'image d'un point lumineux, donnée par un verre convergent, est entourée d'irisations*.

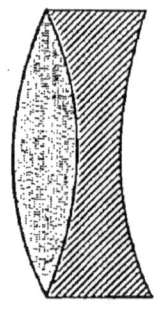

Fig. 13. — Lentille achromatique.

Nous verrons (69) que les diverses lumières colorées dont l'ensemble constitue la lumière blanche n'impressionnent pas de la même façon notre rétine et la plaque photographique. En particulier, notre œil est très sensible à la lumière rouge et surtout à la lumière jaune ; la plaque photographique ordinaire est surtout impressionnée par la lumière bleue et la lumière violette auxquelles notre rétine est peu sensible. C'est ce qui explique pourquoi, ayant mis au point une image donnée par une simple lentille convergente, fortement diaphragmée, si on remplace le verre dépoli par une plaque photographique, l'image obtenue est beaucoup moins nette que l'image visuelle. En associant à la lentille convergente une lentille divergente taillée dans un verre de nature différente, convenablement choisi, on peut faire coïncider l'image jaune et l'image bleue. On forme ainsi une lentille achromatique (*fig.* 13). Lorsqu'un système de lentilles est tel que l'image visuelle ne coïncide pas avec l'image qu'enregistre la plaque photographique, on dit que le système possède un *foyer chimique*.

19. — *Distorsion*. — Les images données par une lentille d'objets limités par des lignes droites (*fig.* 14) sont

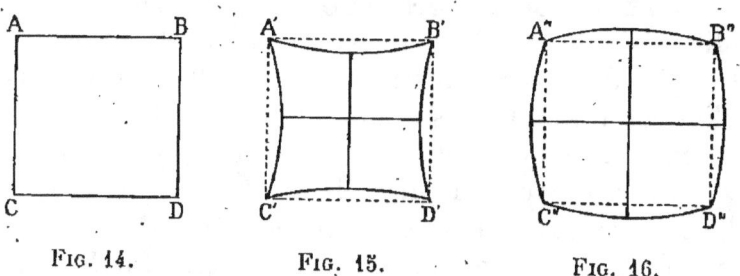

Fig. 14.   Fig. 15.   Fig. 16.

courbes sur les bords; cette déformation, due surtout à l'épaisseur des lentilles, porte le nom de *distorsion*. Le sens de la courbure dépend de la position du diaphragme : lorsqu'il est en avant de la lentille, la distorsion est dite en *barillet*, les lignes tournant leur concavité vers l'intérieur (*fig.* 16); lorsqu'il est en arrière, elle est dite en *croissant* (*fig.* 15). Il est assez difficile de corriger la distorsion en employant une seule lentille (objectif simple); on a pu construire néanmoins des objectifs constitués par une seule lentille achromatique, formée de trois verres accolés (objectifs simples anastigmats (32), dans lesquels la distorsion est pratiquement éliminée. On conçoit aisément que le meilleur moyen de la supprimer consiste à prendre deux lentilles identiques et à les placer symétriquement par rapport au diaphragme. Celui-ci étant en arrière pour une des lentilles, celle-ci donne une distorsion concave ; l'autre ayant le diaphragme en avant d'elle donne une distorsion convexe ; ces deux distorsions, inverses l'une de l'autre, se détruisent.

20. — Astigmatisme. — La distorsion est d'autant moins prononcée que le diaphragme est plus près de la lentille ; mais plus le diaphragme est rapproché, plus est accentué le défaut auquel on donne le nom d'*astigmatisme* (sans point). Ce défaut diminue surtout la netteté des images des objets éloignés de l'axe optique de la lentille : il est dû à une trop grande obliquité des rayons lumineux incidents. Des rayons obliques, quoiqu'issus d'un même point, ne convergent pas tous vers un point unique de l'axe secondaire correspondant, chaque partie de la lentille leur imprimant une marche différente. On ne peut alors mettre au point. On se rend facilement compte de ce qu'est l'astigmatisme en collant sur un carton blanc un petit disque noir et en plaçant une chambre noire de manière à former l'image de ce disque au centre du verre dépoli. On met facilement au point ; si on déplace alors le verre dépoli en avant ou en arrière de la position de netteté maxima, l'image devient floue, mais reste toujours ronde. Par contre, si on fait pivoter la chambre de manière que l'image du disque se forme aussi près que possible d'un des bords du verre dépoli, on ne peut avoir une image nette, quelle que soit la position qu'on donne au verre dépoli : l'image s'allonge dans le sens vertical ou dans le sens horizontal.

L'astigmatisme est le défaut le plus difficile à corriger, aussi n'est-ce qu'assez récemment que les savants travaux du Dr Rudolph ont permis d'établir des objectifs *anastigmats*, c'est-à-dire corrigés de l'astigmatisme.

21. — **Foyer principal ; distance focale** (*fig.* 17). — Lorsque le point-objet A est placé infiniment loin de la lentille (à l'infini, comme on dit), son image se forme dans le *plan focal ;* s'il est dans la direction de l'axe optique de la lentille, c'est-à-dire si les rayons lumineux qu'il émet arrivent à la lentille parallèlement à son

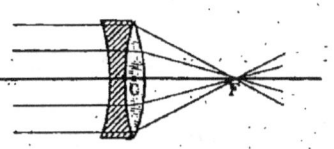

Fig. 17.

axe optique, le point-image F est situé sur cet axe optique ; il est dit *foyer principal* de la lentille ; sa distance FC au centre optique est la *distance focale* de la lentille ; on appelle *longueur focale* la distance FD qui sépare ce point F de la face de la lentille.

Réciproquement, si au foyer principal F on place un point lumineux, ceux des rayons émis par lui qui traversent la lentille en sortent parallèlement à l'axe optique.

22. — Ces propriétés du foyer principal permettent de déterminer géométriquement la position A' de l'image d'un point A (*fig.* 18) : le point image A' est à l'intersection de l'axe secondaire AC et du rayon IFA' passant par le foyer principal et correspondant au rayon AI émis par le point A parallèlement à l'axe optique.

L'image d'un objet est formée par la réunion des images de chacun des points de cet objet. En particulier l'image A'B' d'une droite AB perpendiculaire à l'axe s'obtient en construisant simplement l'image du point A et celle du point B (*fig.* 19).

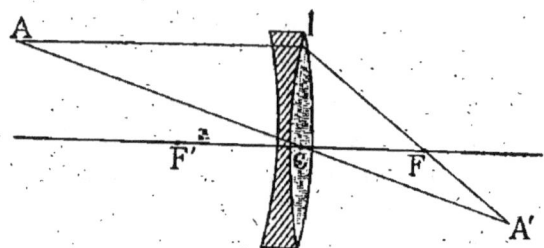

Fig. 18. — Construction géométrique de l'image d'un point.

23. — Grandeur des images.

La construction précédente montre aisément et l'expérience permet de vérifier que l'image d'un objet situé très loin se fait

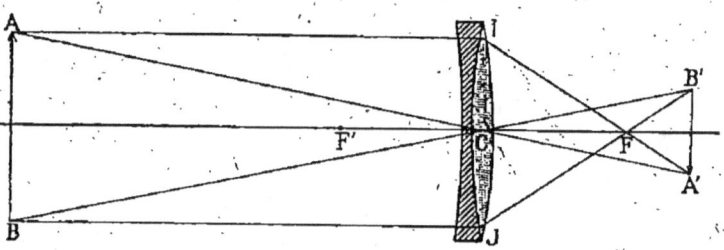

Fig. 19. — Construction géométrique de l'image d'une droite.

dans le plan focal et est très petite ; que tant qu'un objet est à une distance de la lentille supérieure au double de la distance focale, l'image est plus petite que l'objet (*fig.* 19) ; lorsque l'objet est à une distance égale à deux fois la distance focale, l'image est égale à l'objet et sa distance est aussi le double de la distance focale (*fig.* 20). Lorsque celui-ci est à une distance intermédiaire entre le double de la distance focale et la distance focale, l'image est plus grande que l'objet ; nous avons vu que l'objet étant dans le plan focal, l'image se faisait excessivement loin.

Dans la chambre noire, les objets sont généralement à une distance supérieure au double de la distance focale ; l'image est plus petite que l'objet ; si on

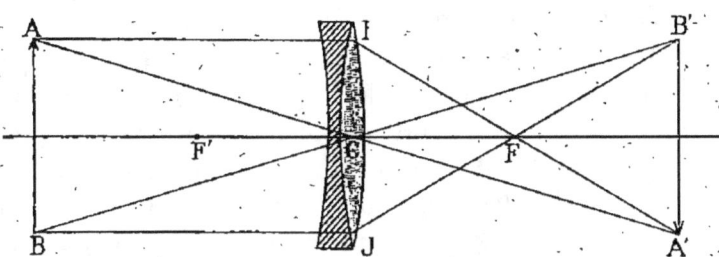

Fig. 20. — Image de même grandeur que l'objet.

désire une image de dimensions égales ou supérieures à celles de l'original, nous avons vu où devait être placé l'objet.

24. — Connaissant la distance focale d'une lentille et la distance p d'un objet à cette lentille, on peut calculer par la formule classique des lentilles[1] la distance correspondante p' de l'image. Le tableau suivant indique les valeurs de p' pour des distances p croissantes de l'objet, lorsque la distance focale de la lentille est de $0^m,25$.

Distance p de l'objet à la lentille.	Distance p' de l'image à la lentille.
$0^m,50 = 2f$	$0^m,50 = 2f$
1 mètre	0 ,333
2 »	0 ,285
5 »	0 ,263
10 »	0 ,256
20 »	0 ,253

[1] $$p + \frac{1}{p'} = \frac{1}{F} \quad \text{d'où} \quad p' = \frac{pF}{p - F}.$$

Distance p de l'objet à la lentille.	Distance p' de l'image à la lentille.
25 mètres = 100 f	0^m,252
50 »	0 ,251
100 »	0 ,250
200 »	0 ,250

Ce tableau montre qu'à partir d'une certaine distance égale à environ cent fois la distance focale, la position de l'image ne varie que peu quand l'objet s'éloigne, et sa distance à la lentille devient sensiblement égale à la distance focale (Voir 97). Cette remarque est utilisée dans les appareils à main, dits *à foyer fixe*; la distance focale de l'objectif employé en ce cas n'étant guère supérieure à 12 centimètres, les différences sont encore moins sensibles.

25. — **Montures d'objectifs** (*fig.* 21). — Un objectif doit donc, pour présenter le moins de défauts possibles, être composé d'un certain nombre de lentilles convenablement choisies, et toutes centrées sur un même axe.

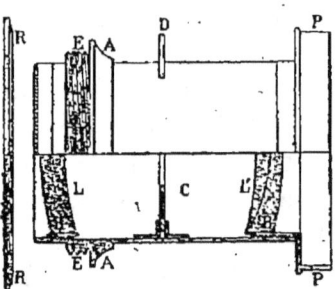

Fig. 21. — Monture d'objectif.

Les lentilles qui composent un objectif sont serties dans des barillets B qu'on peut visser à l'intérieur de la monture. Celle-ci, généralement en laiton, se compose de plusieurs parties : un tube cylindrique C ou *corps de la monture*; à l'axe des extrémités de ce tube est un pas de vis EE, appelé *l'embase*, destiné à être vissé dans l'écrou formé par la rondelle RR qu'on fixe sur la planchette d'objectif de la chambre noire[1].

---

[1]. Afin de faciliter l'adaptation des divers objectifs sur les chambres noires, les Congrès internationaux de photographie

le *parasoleil* PP, cylindre moins long, mais un peu plus large que le corps, destiné à empêcher la lumière diffuse de pénétrer à travers l'objectif. Les parois intérieures de la monture, sont vernies en noir mat pour éviter toutes réflexions de la lumière.

Il existe des *adaptateur universels* (*fig.* 22), basés sur le mode de construction des diaphragmes-iris, qui permettent de fixer rapidement sur une même planchette des objectifs de diamètres différents ; mais on ne peut obtenir ainsi un montage très précis de l'objectif, dont l'axe optique doit être perpendiculaire au plan du verre dépoli ou de la plaque sensible.

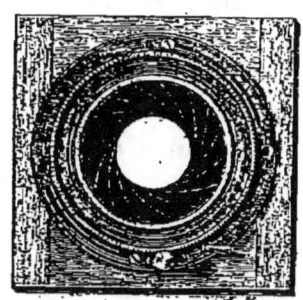

Fig. 22. — Adaptateur universel.

---

ont fait les recommandations suivantes, malheureusement trop peu suivies :

Les rondelles et les embases correspondantes devront porter deux signes de repère constitués par le chiffre 0 et placés de telle sorte que, lorsqu'ils sont amenés en regard l'un de l'autre, l'objectif se trouve vissé à fond et dans la position voulue pour la plus grande commodité d'emploi des diaphragmes ou des obturateurs, suivant le modèle de chambre noire employée. Pour les objectifs de dimensions courantes, le Congrès a recommandé l'emploi d'une série normale d'embases filetées portant les numéros et ayant les diamètres extérieurs ci-dessous :

Numéros	1	2	3	4	5	6	7	8	9	10
Diamètres (en millimètres)	20	25	30	40	50	60	75	80	100	125

Le pas de vis des rondelles du n° 10 sera de $1^{mm},5$; toutes les autres vis auront un pas de 1 millimètre ; les filets auront pour section un triangle équilatéral à angle arrondi.

Les chambres noires devront porter sur leurs planchettes des rondelles filetées correspondantes formant écrans pour ce filetage.

26. — Diaphragmes. — Il existe trois sortes de diaphragmes :

1° Les diaphragmes sont formés par des lames métalliques noircies, percées d'ouverture convenables qu'on place dans une fente ménagée sur la monture (*diaphragme à vanne*, fig. 23);

2° On emploie un disque percé d'ouvertures de diamètres différents, placé excentriquement par rapport à la monture (*diaphragme tournant*, fig. 24).

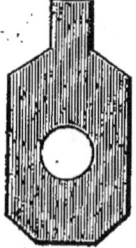 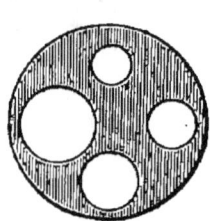 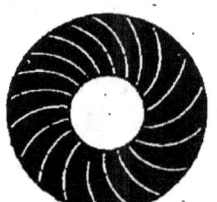

Fig. 23.   Fig. 24.   Fig. 25.

3° Le modèle le plus commode est le *diaphragme iris* (*fig.* 25), formé d'une série de lamelles glissant les unes sur les autres et pouvant être commandées extérieurement par une bague; celle-ci permet de faire varier facilement le diamètre de l'ouverture centrale circulaire produite par le glissement des lamelles les unes sur les autres.

27. — Constantes d'un objectif. — Un objectif est caractérisé par sa distance focale principale et par sa luminosité.

La distance focale principale est toujours gravée sur la monture[1].

---

[1] Il existe de nombreuses méthodes pour déterminer la distance focale principale d'un objectif. La méthode suivante est une des

L'OBJECTIF PHOTOGRAPHIQUE

28. — Luminosité. — La luminosité d'un objectif est la qualité qui permet, par l'introduction dans la chambre noire d'une plus ou ou moins grande quantité de lumière, d'impressionner plus ou moins rapidement la plaque. Cette définition, un peu trop simple manque de précision. Essayons de la compléter. Une chambre noire, munie de son objectif, peut être comparée à la chambre d'une maison prenant jour, par une fenêtre, sur le dehors. L'ouverture centrale circulaire du diaphragme, qui limite l'entrée de la lumière, c'est la fenêtre, qui est plus ou moins grande. La chambre est d'autant mieux éclairée que la fenêtre est plus grande : la chambre noire est d'autant mieux éclairée que le diaphragme a une plus grande *ouverture réelle*.

---

plus simples : l'objectif est vissé sur une chambre noire de tirage suffisant. Dans une bande rectangulaire de carton opaque (*fig.* 26), on perce deux trous dont la distance soit environ 1/5 de la distance focale approximative à mesurer (distance qui sépare l'objectif du verre dépoli quand on a mis au point sur des objets éloignés). On place cette bande contre le centre du verre dépoli sur lequel, à l'aide d'un crayon, on trace exactement les contours du carton et des trous; on colle ensuite la bande de carton contre

Fig. 26.

un carreau de fenêtre; on place la chambre noire de manière que son corps d'avant et son corps d'arrière soient parallèles au plan de la bande de carton et on met au point de manière à obtenir sur le verre dépoli une image de même grandeur, coïncidant avec le dessin fait sur le verre dépoli; on marque alors sur la base de la chambre la position du cadre portant le verre dépoli. On dirige ensuite la chambre vers un objet très éloigné dont on met au point l'image; on marque de nouveau sur la base la position du cadre portant le verre dépoli; la distance entre les deux marques ainsi faites mesure la distance focale absolue de l'objectif. Celui-ci doit, dans les deux expériences, être muni de son plus grand diaphragme.

Cette comparaison de l'ouverture du diaphragme et de la grandeur de la fenêtre que nous empruntons à un intéressant article de M. Wurtz, est strictement exacte quand il s'agit d'objectifs simples. Pour les objectifs doubles, la chose se complique un peu, car le diaphragme est alors placé entre les deux lentilles; or la lentille antérieure est toujours convergente : elle rend conique un faisceau lumineux parallèle qui arrive

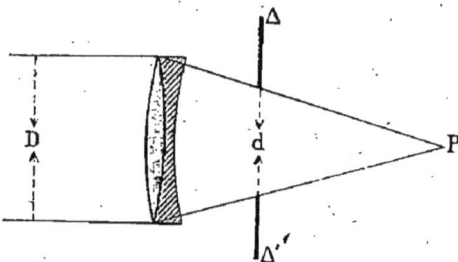

FIG. 27. — Ouverture utile d'un objectif.

à l'objectif (*fig.* 27); le diamètre D de faisceau incident est supérieur au diamètre d pris dans le plan du diaphragme $\Delta\Delta'$, du faisceau rendu convergent par la lentille antérieure.

Tout se passe donc comme si la fenêtre de notre chambre était un peu plus grande que ses dimensions réelles ne semblent l'indiquer, ou, en d'autres termes le *diamètre d'ouverture utile* du diaphragme est un peu plus grand que le *diamètre d'ouverture réelle*[1].

---

1. Pour mesurer ce diamètre d'ouverture utile on peut faire l'expérience très simple que voici : mettre l'appareil au point sur l'infini, remplacer le verre dépoli par un carton percé en son centre d'un petit trou ; éclairer ce trou par une lampe ; mettre une plaque sensible devant l'objectif. Les rayons lumineux, suivant un chemin inverse du chemin habituel, vont en sortant par l'avant de l'appareil, à l'infini, c'est-à-dire qu'ils sortent parallèles. La plaque sensible donne au développement une tache circu-

Maintenant que nous savons ce que c'est que le diamètre d'ouverture utile, reprenons notre comparaison : dans notre chambre éclairée par une seule fenêtre, si la journée est obscure, et que nous nous mettions au fond de la chambre pour lire un livre, nous n'y verrons goutte. Rapprochons-nous de la fenêtre, nous y verrons parfaitement. Pour que le livre placé au fond de la chambre soit aussi éclairé que le livre placé près de la fenêtre, que faut-il ? que dans le premier cas la fenêtre soit beaucoup plus grande. Or la distance du livre à la fenêtre, c'est précisément la distance de la plaque sensible à l'objectif c'est-à-dire ce que l'on appelle la *longueur focale;* donc, plus la longueur focale sera grande, et moins la plaque sera éclairée. En d'autres termes, ce qu'il importe de connaître, c'est non pas seulement la grandeur de la fenêtre, mais la grandeur de la fenêtre *par rapport à la distance où on est de la fenêtre;* non pas seulement le diamètre d'ouverture utile de l'objectif, mais *le rapport entre ce diamètre d'ouverture utile et la longueur focale.*

C'est ce rapport que l'on appelle la luminosité de l'objectif. On l'exprime par une fraction de la forme $\frac{1}{n}$; ainsi $\frac{1}{10}$, $\frac{1}{6,3}$, etc...

La formule s'écrit donc ainsi :

$$\text{Luminosité} = \frac{\text{Diamètre d'ouverture utile}}{\text{longueur focale}} = \frac{D}{F} = \frac{1}{n}.$$

Plus le chiffre n est petit, et plus la luminosité est grande.

On caractérise généralement un objectif par la

---

laire noire. En mesurant le diamètre de cette tache, on constate qu'il est un peu plus grand que le diamètre réel du diaphragme.

luminosité maxima, c'est-à-dire par la valeur de sa luminosité lorsqu'il est muni de son plus grand diaphragme. En ce cas, $\frac{1}{n}$ étant la luminosité correspondante, le diamètre de l'ouverture utile est $\frac{f}{n}$; on dit que l'objectif peut travailler à f/n. Un objectif qui travaille à $f/7$, par exemple, est plus lumineux qu'un objectif qui travaille à $f/16$.

29. — ANGLE EMBRASSÉ PAR UN OBJECTIF. — L'angle embrassé par un objectif simple (ou angle de champ)

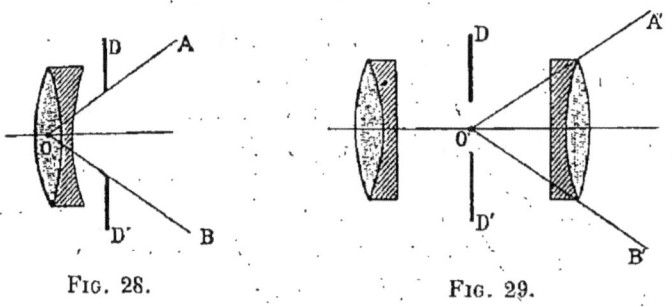

FIG. 28.   FIG. 29.

est déterminé par les lignes joignant le centre optique aux deux bords du diaphragme (*fig.* 28); cet angle est d'autant plus grand que l'ouverture du diaphragme est plus grande. Pour un objectif double, symétrique, l'angle de champ est déterminé par les lignes joignant le centre optique aux deux bords de la lentille frontale (*fig.* 29); lorsque le diaphragme est bien placé, le centre optique est dans son plan; l'angle de champ ne doit donc pas varier avec l'ouverture du diaphragme; s'il varie, c'est que le diaphragme est mal placé. On peut donc contrôler l'emplacement du diaphragme en examinant le champ de visibilité de l'objectif sur un verre dépoli de format supérieur à celui couvert par l'objectif, sur un verre dépoli 18 × 24 par exemple, pour un objectif couvrant 13 × 18. Ce champ est représenté par un cercle lumineux dont le diamètre ne doit pas varier quand on diaphragme de plus en plus l'objectif ; seule la netteté doit augmenter. Si le diamètre de champ varie, le diaphragme est mal placé.

La figure 29 montre que l'angle de champ est d'autant plus grand que les lentilles sont plus rapprochées du diaphragme ; il est d'autant plus grand que la distance focale de l'objectif est plus courte[1].

30. — Entretien des objectifs. — Dans l'intervalle des emplois, les objectifs doivent être abrités ; il ne faut pas les laisser exposés longtemps au soleil ; ils doivent être préservés de l'humidité et de la poussière. Il est bon de les mettre dans des étuis en gainerie. Lorsque les lentilles ne sont pas propres, il y a lieu de les nettoyer ; dans ce but, on dévisse les barillets et on enlève les poussières au moyen soit d'un blaireau, soit d'une étoffe douce de coton récemment lavée ; le chiffon doit être placé très doucement sur la surface des lentilles *sans appuyer*. Si ce nettoyage à sec ne suffit pas pour débarrasser complètement le verre des dépôts superficiels, on cherche à enlever la crasse au moyen d'essence de térébenthine, d'alcool ou d'éther. La lentille à nettoyer est, par exemple, humectée sur toute sa surface avec de l'essence de térébenthine, essuyée à sec avec un chiffon doux, puis lavée à l'éther. Si certaines taches résistent à ce traitement, on n'a d'autre ressource que de renvoyer l'objectif à son fabricant pour qu'il en polisse à

---

[1]. On trouvera dans les formules et recettes qui terminent ce volume la manière de déterminer l'angle embrassé par un objectif adapté à une chambre noire.

nouveau les surfaces ; mais on se gardera bien de chercher à polir soi-même la lentille avec du blanc d'Espagne ou du rouge d'Angleterre : la légère usure que l'on provoquerait ainsi suffirait à déformer les lentilles et, par suite, à les priver des qualités qu'ont pu leur acquérir les savants calculs et les pénibles corrections de l'opticien.

Il faut éviter la présence de buée sur les lentilles de l'objectif ; la buée se dépose surtout en hiver et lorsqu'on conserve l'objectif dans un endroit un peu humide. On constate aisément la présence de la buée sur une lentille : il suffit de dévisser le barillet sur lequel elle est sertie et de regarder devant une fenêtre bien éclairée à travers la lentille, en la dirigeant sur la traverse opaque séparant les deux battants de la fenêtre ; en la dirigeant vers le ciel, la lentille paraîtrait toujours propre. Si on laisse séjourner la buée, elle peut, à la longue, piquer les lentilles et exiger un repolissage complet qui est toujours assez coûteux.

31. — Divers types d'objectifs. — Selon que l'objectif est formé par la réunion d'un, deux ou trois groupes de lentilles, il est dit *simple*, *double* ou *triple*.

32. — Objectif simple. — L'objectif simple est le plus ancien de tous ; au début de la photographie, on utilisait comme objectif une lentille convergente unique ; nous avons vu que les images obtenues présentaient un certain nombre de défauts ; néanmoins on utilise encore de telles lentilles pour obtenir certains effets de photographie artistique. On emploie généralement un verre périscopique, c'est-à-dire un ménisque tournant sa concavité vers l'original pour le paysage ; une lentille plan convexe tournant sa convexité vers le sujet pour le portrait. Parfois on corrige partiellement l'aberration chromatique de ces verres en plaçant, pendant la pose, un verre coloré contre le diaphragme.

Mais, le plus souvent, on utilise des objectifs simples achromatiques. Il en existe deux types principaux : le *type ancien* embrassant un angle de 60° dont les aberrations sont mal corrigées et que l'on monte généralement sur les appareils photographiques à bon marché ; il en existe pourtant de ce type qui sont construits avec assez de soin pour pouvoir rendre de grands services, notamment pour le paysage.

Le *type moderne* ou *anastigmatique*, formé de trois verres accolés (*fig.* 30), est très bien corrigé de la plupart des aberrations ; il a l'avantage de donner des images présentant une grande clarté. Nous verrons que les groupes de lentilles qui

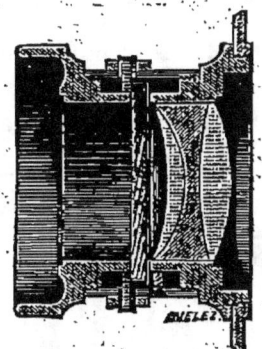

Fig. 30.
Objectif simple.

constituent certains objectifs anastigmats peuvent être utilisés séparément comme objectifs simples.

33. — Objectifs doubles. — Les objectifs doubles se divisent en objectifs doubles symétriques et objectifs doubles dissymétriques.

Le type de l'objectif double symétrique est l'objectif dit *rectiligne* ou *aplanétique* (*fig.* 31), formé par l'association de deux objectifs simples identiques, entre lesquels, au milieu de leur distance, est placé le diaphragme. La distorsion est ainsi complètement supprimée. De tels objectifs peuvent travailler à grande ouverture, à $f/8$ quand ils embrassent un champ assez limité, de 40° à 60° au maximum ; ils sont dits *rapides*. Quand au contraire le champ embrassé est assez étendu, 65° à 90°, ils ne peuvent travailler qu'à petite ouverture : $f/16$ à $f/25$. Ce sont alors des objectifs lents, dits *grands angulaires*.

On a établi des objectifs grands angulaires embrassant jusqu'à 135°; mais de tels objectifs ne sont pas achromatiques, et l'image n'est pas uniformément éclairée.

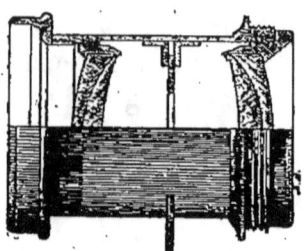

Fig. 31. — Objectif rectiligne.

L'objectif rectiligne est le plus souvent abandonné actuellement pour l'objectif double anastigmat symétrique, formé de deux objectifs simples anastigmats. Celui représenté par la figure 32 embrasse à pleine ouverture un angle de 70° et peut travailler à $f/7,7$. Le groupe postérieur de lentilles de ces objectifs symétriques peut être employé seul comme objectif simple : la distance focale est alors sensiblement double de la distance focale de l'objectif entier.

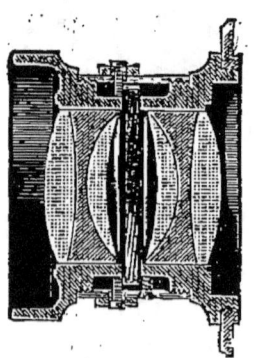

Fig. 32. — Anastigmat.

34. — Objectif a portrait. — Le plus ancien des objectifs doubles dissymétriques est le type Petzval comprenant, à l'avant, un groupe de deux lentilles collées, à l'arrière un groupe de deux lentilles isolées, non collées. Cet objectif est un des plus lumineux ; il travaille à $f/3$; certains même travaillent à $f/2,5$. Mais le champ de netteté est peu étendu; la profondeur de champ (voir 106, page 192) est très faible. La distorsion que donnent ces objectifs est assez accentuée ; aussi ne peuvent-ils être utilisés à la photographie des monuments ou à la reproduction des gravures. Leur emploi est surtout limité pour le portrait ; il suffit en effet d'obtenir de la netteté pour la tête, les accessoires pouvant être flous sans inconvénient. A cause de sa grande luminosité, on emploie

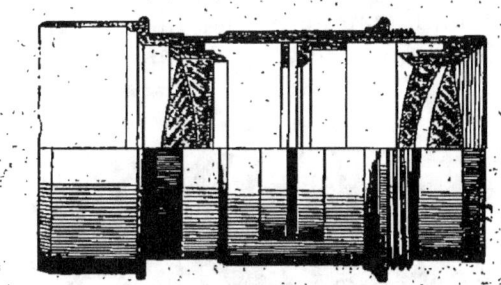

Fig. 33. — Objectif de Petzval.

quelquefois cet objectif pour les projections ; mais il est à rejeter pour les agrandissements.

35. — On a récemment combiné un certain nombre d'objectifs à grande clarté, formés de lentilles indépendantes, comme dans l'objectif à portrait de Petzval dans lesquels les aberrations sont très bien corrigées ; ils donnent des images d'une grande finesse, supportant très bien les agrandissements. Mais il y a toujours à craindre, avec de tels objectifs, l'apparition d'images parasites dues à des réflexions de la lumière sur les faces de la lentille.

36. — Trousses d'objectifs. — Ce sont des jeux de lentilles, isolément corrigées, qui peuvent s'associer différemment deux par deux, sur une monture unique pour donner des objectifs de distances focales différentes : on peut ainsi, avec trois lentilles seulement, obtenir six combinaisons, soit six distances focales différentes ; cinq lentilles en donnent quinze.

37. — Téléobjectifs (*fig.* 34). — On désigne ainsi la combinaison d'un objectif ordinaire et d'un système optique convergent ou, le plus souvent divergent, destiné à *amplifier* l'image qu'il donne. Le système amplificateur est tantôt une simple lentille, tantôt un système plus ou moins compliqué ; on peut adapter un système amplificateur à tout objectif de bonne qualité et d'ouverture au moins égale à $f/8$.

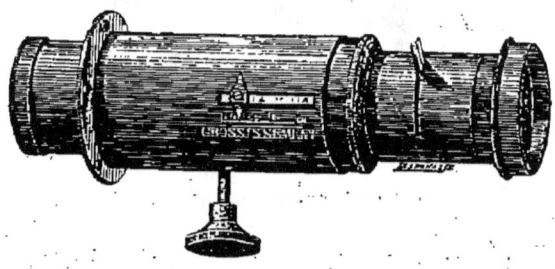

Fig. 34. — Téléobjectif.

Le téléobjectif permet d'obtenir d'objets très éloignés des images de dimensions relativement grandes (*fig.* 35) ; il peut aussi être utilisé pour le portrait et les groupes : il a l'avantage d'éviter, malgré un tirage réduit, l'exagération des premiers plans.

On fait varier le grossissement du téléobjectif en faisant varier la distance qui sépare l'objectif proprement dit du système amplificateur.

38. — Bonnettes et télébonnettes. — Les appareils photographiques dits à *foyer fixe*, dans lesquels la plaque est disposée invariablement au plan focal de l'objectif, présentent un assez grave inconvénient : l'image donnée sur la plaque par l'objectif n'est *au* *point* que si le sujet est à une distance de l'appareil égale à au moins cent fois la distance focale de l'objectif (24) ; dans ces conditions, le rapport des dimen-

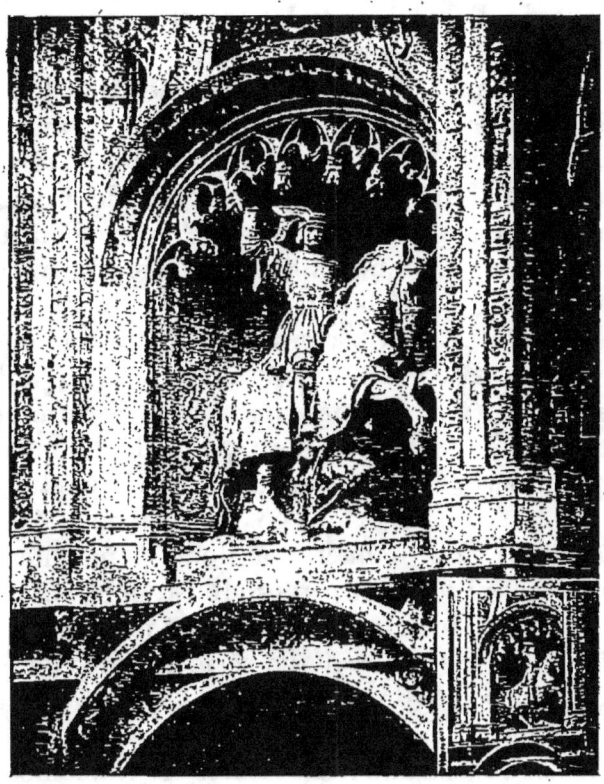

Fig. 35. — Vue photographiée par M. Bellieni avec un téléobjectif. Dans le bas, à droite, se trouve la même vue, prise du même point, avec un objectif ordinaire.

sions de l'objet aux dimensions correspondantes de l'image est au plus de 100 : l'image d'un homme debout ne peut ainsi, quel que soit le format de l'appareil, atteindre 2 centimètres. On obvie à cet inconvénient par l'usage des *bonnettes d'approche*, lentilles convergentes à très longue distance focale qui se placent en avant de l'objectif, bien centrées sur son axe, le plus souvent au moyen d'une monture à ressort (*fig*. 36). La bonnette est construite indépendamment de l'objectif sur lequel elle sera montée, de telle sorte que sa longueur focale soit précisément égale à la distance existant entre l'objectif et le sujet à photographier : si on veut photographier un objet placé à 2 mètres de l'appareil, on adapte à l'objectif une bonnette ayant une distance focale de 2 mètres. Le fonctionnement de la bonnette se conçoit aisément : l'objet à reproduire étant placé dans son plan focal, donne à travers la bonnette une image infiniment éloignée ; en d'autres termes, les rayons lumineux issus d'un point de l'objet qui ont traversé la bonnette en sortent en formant un faisceau parallèle (27). La bonnette a donc pour effet de rejeter à l'infini le sujet à reproduire, dont l'objectif donne alors une image nette dans son plan focal. On peut donc, si on dispose d'une série graduée de bonnettes, s'approcher du sujet autant qu'on le veut et en obtenir une image aussi grande que le permettent les dimensions de l'appareil. L'effet est le même que si on avait changé l'objectif pour un autre de distance focale plus courte.

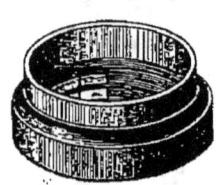

Fig. 36. — Bonnette.

Dans certains cas, au contraire, il peut être avantageux de transformer l'objectif en un autre de plus grande distance focale ; pour un même format de plaque, on obtient ainsi un champ moins étendu, ce qui est une condition favorable à la production d'œuvres artistiques et, en même temps, on augmente les dimensions des images conservées. Cette modification se réalise par l'adjonction à l'objectif d'une lentille divergente.

De telles bonnettes divergentes portent le nom de *télébonnettes* : elles tendent en effet à transformer l'objectif ordinaire en un téléobjectif.

Bonnettes ou télébonnettes risquant de produire des aberrations, l'image obtenue n'est pas en général aussi précise, à ouverture égale, que l'image fournie par l'objectif seul ; on doit donc, quand on utilise ces accessoires si commodes, employer un plus petit diaphragme.

39. — **Choix d'un type d'objectif.** — Il est assez difficile, parmi les diverses sortes d'objectifs que nous avons décrits, d'en trouver un qui puisse jouer le rôle d'instrument universel. Selon l'usage auquel on destine l'objectif, il est indispensable qu'il soit très bien corrigé de tel ou tel défaut. Si on obtient en effet une correction aussi parfaite que possible d'une aberration, c'est au détriment de la correction des autres aberrations. Si l'on tient que toutes soient corrigées, il faut se contenter d'une cote mal taillée. Pendant longtemps l'objectif double rectiligne a été considéré comme pouvant suffire à la plupart des usages ; l'apparition des objectifs anastigmats a fait renoncer au rectiligne ; les anastigmats doubles symétriques sont particulièrement avantageux, la lentille d'arrière pouvant être utilisée seule comme objectif simple de distance focale sensiblement double. Les objectifs simples du type moderne anastigmats, peuvent très bien remplir le rôle d'objectifs universels ; ils sont pratiquement exempts de distorsion et présentent l'avantage d'être très lumineux ; ce sont eux que nous recommandons tout spécialement à l'amateur qui désire, sans y mettre un prix très élevé, posséder un bon objectif lui permettant d'aborder à peu près tous les genres.

Si nous passons en revue les divers genres que peut aborder le photographe, nous verrons qu'à chacun d'eux correspondent des types d'objectifs mieux appropriés. Pour le *portrait dans l'atelier*, l'objectif à portrait de Petzval est toujours à recommander ; on peut cependant, grâce à la grande sensibilité des préparations sensibles actuelles, lui préférer des objectifs moins lumineux, mais donnant des images plus parfaites, tels que les anastigmats. S'il s'agit de *portraits en plein air* ou de *groupes*, l'objectif de Petzval doit être complètement éliminé. Notons que, pour obtenir certains effets artistiques, on emploie parfois une lentille simple ou un téléobjectif (37).

Lorsqu'on désire photographier surtout des objets en mouvement (*photographie instantanée*), si ceux-ci sont animés d'une très grande vitesse ou si l'éclairage est très faible, on a recours aux anastigmats de grande clarté, à lentilles indépendantes, qui donnent des images très précises, d'une grande luminosité, mais qui ont l'inconvénient d'être d'un prix très élevé et de donner des images dont la mise au point est très délicate. Aussi leur préfère-t-on le plus souvent les anastigmats simples ou doubles munis d'obturateurs à bon rendement (44), objectifs que l'on emploie aussi pour la photographie instantanée d'objets animés d'une faible vitesse.

En ce qui concerne le choix de l'*objectif à paysage*, l'éclectisme s'impose : le choix dépend en effet des sentiments artistiques de l'opérateur ; l'emploi de grandes distances focales, nous l'avons dit, est très avantageux.

Pour les *vues d'architecture*, vues de monuments, il

faut choisir un objectif exempt de distorsion : l'emploi d'objectifs doubles symétriques s'impose. Si le recul l'exige, on se sert d'objectifs grand angle. Les téléobjectifs rendent de grands services pour la reproduction des détails d'architecture.

Les *vues d'intérieur* exigent généralement l'emploi d'objectifs grand angle ; il existe des anastigmats à grand angle très lumineux, excellents pour ce genre de travaux.

La *reproduction de cartes*, *de gravures* demande des objectifs exempts de distorsion et donnant d'un plan une image plane ; on prend des objectifs symétriques et on diaphragme beaucoup, ce qui diminue la courbure du champ.

La plupart des types d'objectifs, à condition qu'on sache bien les employer, peuvent être utilisés pour *les agrandissements;* mais il est admis que, chaque fois qu'on le peut, l'agrandissement gagne à être fait avec l'objectif même qui a servi à obtenir le petit cliché.

40. — Choix de l'objectif. — Une fois le type d'objectif choisi, il s'agit de choisir l'objectif lui-même. Une des premières conditions, pour être certain d'avoir un bon objectif, est d'exiger un objectif *signé* et signé d'un opticien ; certains marchands ont la mauvaise habitude d'acheter aux opticiens des objectifs non signés et d'y faire graver leurs marques. Pendant longtemps on a été persuadé que, pour obtenir un objectif parfait, il fallait absolument s'adresser à un opticien anglais ou allemand. Il est juste de reconnaître que les progrès les plus récents en optique photographique ont été faits à l'étranger et que, notamment, les premiers anastigmats sont sortis d'Allemagne. Mais, depuis, quelques opticiens français

— en très, très petit nombre il est vrai — se sont mis au courant, se donnent la peine de calculer leurs objectifs et ont installé chez eux un outillage aussi perfectionné que celui des étrangers. Il est bon de noter que la marque étrangère se paie environ le double d'une marque française *non inférieure* et souvent *supérieure*. Il est bon de ne s'adresser qu'à un opticien possédant chez lui les appareils d'essai d'objectifs tels que la mire HOUDAILLE et non à ceux qui, lorsque vous exigez une feuille d'essai, sont obligés de s'adresser à un laboratoire [1].

Lorsqu'on s'est décidé pour un type et pour une marque d'objectif, le photographe doit, pour faire son choix définitif, tenir compte de certaines considérations générales que nous allons passer en revue.

L'objectif choisi doit, moyennement diaphragmé, donner une image nette d'un format supérieur à celui de l'appareil auquel il est destiné, couvrir par exemple 13×18 s'il est destiné à 9×12, de manière à ce qu'on puisse décentrer l'objectif sans cesser d'avoir une image nette.

41. — *Quelle distance focale doit avoir l'objectif ?* Nous avons vu que si l'image définitive doit être examinée directement, elle devait être regardée à une distance de l'œil égale au tirage de la chambre lors de la prise du négatif et que ce tirage ne devait pas être inférieur à la distance minima de vision distincte (14), soit, en moyenne, à 25 centimètres. On ne devrait donc employer que des objectifs de distance focale au moins égale à 25 centimètres ; mais on ne

---

[1] Il existe un laboratoire d'essais des objectifs à la Société française de photographie et au Conservatoire national des Arts et Métiers.

le peut que si on adopte comme format le 13 × 18 ou même un format supérieur.

Pour les formats inférieurs, on est obligé d'avoir recours à des objectifs de distance focale plus courte; nous verrons qu'on y remédie en agrandissant ou en projetant les images obtenues ou bien en les examinant à la loupe. Plus la distance focale est courte, plus la *profondeur de champ* que nous définirons plus loin (106) est grande, ce qui est avantageux pour les appareils à main.

Il est bon aussi, pour le choix de la distance focale, de tenir compte de l'angle de champ embrassé qui ne doit pas — sauf le cas de nécessités spéciales — dépasser l'angle embrassé par notre vue et qui est d'environ 50°. La meilleure règle à adopter est la suivante : *la distance focale principale doit être, à très peu de chose près, la moyenne entre le plus grand côté de la plaque à couvrir et la diagonale de cette plaque.* Ainsi, pour le format 9 × 12, il faut que la distance focale soit la moyenne entre 12 centimètres et 15 centimètres (diagonale de la plaque), c'est-à-dire soit de $13^{cm},5$; quelques millimètres, en plus, ou en moins, n'ont bien entendu pas grande importance ; mais il faut rejeter tout objectif destiné à un appareil 9 × 12 ayant une distance focale de 12 ou de 15 centimètres.

42. — Les lentilles d'un bon objectif ne doivent présenter ni veines ni stries, ni aucune tache d'apparence terne ; elles doivent être d'un verre très limpide et bien incolore. La moindre coloration se voit en regardant l'objectif placé sur une feuille de papier blanc.

Les verres de presque tous les anastigmats présentent de toutes petites bulles ou de minimes grains opaques, dont il n'y a pas lieu de s'inquiéter, à moins, bien entendu, qu'elles ne soient par trop nombreuses.

Ces légers défauts, qu'il est impossible d'éviter dans la fabrication des verres destinés, à ces objectifs, n'ont d'autre effet que de produire une perte de lumière insignifiante.

Il est bon, avant d'acquérir définitivement un objectif, de l'essayer au point de vue de l'achromatisme, de l'aplanétisme, de l'astigmatisme, etc. Mais de tels essais ne peuvent être faits qu'avec des appareils spéciaux. Le laboratoire d'essais du Conservatoire des Arts et Métiers et la Société française de photographie se chargent de faire ces essais.

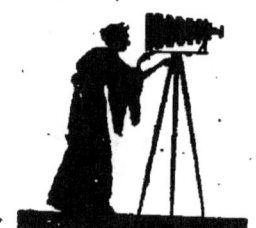

CHAPITRE III

L'obturateur

La sensibilité des plaques photographiques actuelles est telle que souvent la lumière ne doit parvenir à la plaque que pendant un temps excessivement court; il n'est possible de démasquer l'objectif pendant un temps aussi court que si l'on emploie un dispositif mécanique, un *obturateur;* c'est un écran opaque, percé d'une ouverture, qui se déplace perpendiculairement au trajet des rayons lumineux qui produisent l'image.

43. — Emplacement de l'obturateur. — Une première question se pose : *Où doit être placé l'obturateur?* Pour y répondre, considérons un objet AB et le trajet des rayons lumineux qui forment son image *ab* sur le verre dépoli (*fig.* 37); nous n'avons tracé que les faisceaux issus du point A et du point B; les faisceaux incidents et émergents peuvent être considérés comme ayant pour base commune l'ouverture du diaphragme CD. L'obturateur peut occuper l'une des places suivantes :

1° *En avant de l'objectif, en* M. Si l'écran obturateur se meut de haut en bas, les rayons lumineux issus du point A (*du ciel s'il s'agit d'un paysage*) sont découverts les premiers; de sorte que si, comme cela arrive généralement, son mouvement est accéléré, l'image du ciel reçoit plus de lumière que celle du terrain; il faudrait, pour que les diverses régions de l'image ab reçoivent la même quantité de lumière, que le mouvement soit uniforme;

2° *En arrière de l'objectif en* N: Il est facile de se rendre compte que dans le cas d'un mouvement accéléré, le terrain reçoit plus de lumière que le ciel.

Lorsque l'obturateur occupe l'une de ces deux positions (obturateur latéral), l'image d'un objet en mouvement occupant une certaine longueur sur la

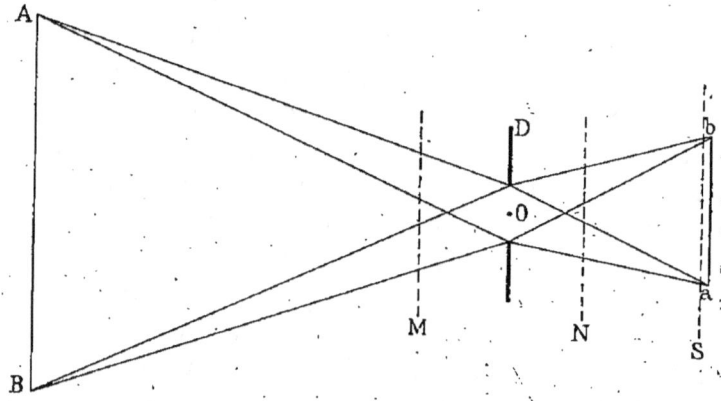

Fig. 37. — Emplacement de l'obturateur.

plaque sensible subit une déformation, à moins que la durée de la pose ne soit très grande par rapport aux durées d'ouverture et de fermeture.

3° *Au centre optique en O*, c'est-à-dire dans un plan aussi voisin que possible de celui du diaphragme D; les divers faisceaux lumineux sont démasqués simultanément. C'est évidemment là une excellente position de l'obturateur; mais, si l'on choisit cet emplacement, il est indispensable que l'obturateur soit monté par l'opticien qui a fabriqué l'objectif; on risque en effet, par un montage maladroit, de changer les propriétés optiques de l'objectif.

L'écran obturateur produit l'effet d'un diaphragme dont l'ouverture augmente, puis diminue progressivement : il n'y a pas de déformation. Il est indispensable que l'obturateur placé au centre (*obturateur central*) soit dans le voisinage immédiat du diaphragme s'il est en avant ou en arrière, le centre est découvert le premier et fermé le dernier ; le centre de l'image reçoit plus de lumière que les bords ; s'il est contre le diaphragme, la lumière est répartie uniformément sur la surface de l'image. Nous avons vu que dans l'obturateur latéral, si un des bords est ouvert le premier, il est aussi fermé le premier.

Il résulte des considérations précédentes qu'on doit préférer *l'obturateur central toutes les fois qu'on peut le placer contre le plan du diaphragme, sans risquer, en l'ajustant, de décentrer les lentilles* et *l'obturateur latéral*, monté plutôt en arrière de l'objectif, *toutes les fois que l'ajustage de l'obturateur au voisinage immédiat du diaphragme présente quelque difficulté.*

4° *Au voisinage de la plaque sensible en* S. L'obturateur coupe alors les faisceaux lumineux presque à leurs points de convergence, là où leur section peut être considérée comme pratiquement nulle. Un tel obturateur dit *obturateur de plaque* déforme un peu les images, surtout s'il est mal établi. Mais c'est dans cette position qu'on obtient le *rendement maximum*.

44. — Rendement de l'obturateur. — Si on considère le faisceau lumineux issu d'un point de l'objet, il est d'abord démasqué progressivement ; c'est la première période du fonctionnement de l'obturateur ou *période d'ouverture* et, de même, masqué progressivement pendant la *période de fermeture*. Entre ces deux périodes, il est complètement démasqué pendant un temps plus ou moins long appelé *période* *de pleine ouverture.* Celle-ci doit être aussi longue que possible : l'objectif doit être démasqué le plus rapidement possible, rester ouvert très longtemps relativement aux périodes d'ouverture et de fermeture et se refermer avec une très grande rapidité. Le rendement d'un obturateur est *le rapport de la quantité de lumière qu'il laisse passer à celle que laisserait passer, en fonctionnant pendant le même temps, un obturateur idéal pour lequel les périodes d'ouverture et de fermeture seraient nulles.*

45. — Divers types d'obturateurs. — Les principaux obturateurs que l'on trouve dans le commerce peuvent se ramener à l'un des types suivants :

L'*obturateur à guillotine* se compose d'une planchette mobile ABCD (*fig.* 38) percée d'une ouverture rectangulaire *abcd* glissant entre deux coulisseaux ; en passant devant l'objectif, l'ouverture le démasque pendant un temps qui varie avec la vitesse de la planchette et les dimensions de son ouverture ; tantôt la planchette tombe de son propre poids, tantôt elle est mue par un ressort ou un caoutchouc. Cet obturateur, qui donne en moyenne de 1/10ᵉ à 1/70ᵉ de seconde, est assez

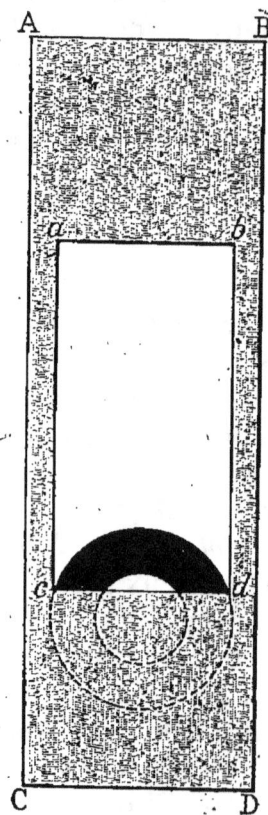

Fig. 38. — Obturateur à guillotine.

encombrant, sa longueur devant être au moins le triple du diamètre de l'objectif. Aussi préfère-t-on généralement l'obturateur circulaire, qui n'est qu'une variété de la guillotine : il est formé d'un disque opaque ABC mobile autour d'un pivot fixe A et percé d'une ouverture allongée DE comprise entre deux arcs de cercle de centre A. Les obturateurs à guillotine se montent soit en avant, soit en arrière de l'objectif (*obturateur latéral*), soit au centre optique au voisinage du diaphragme (*obturateur central*). On augmente leur rendement en employant deux guillotines rectangulaires ou circulaires coulissant en sens inverse et dont les ouvertures sont

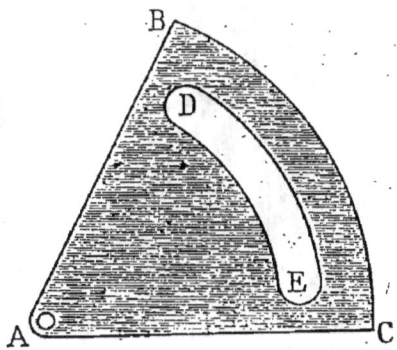

Fig. 39. — Obturateur circulaire.

telles que le centre de l'objectif est ouvert le premier et fermé le dernier. Le rendement de ce type d'obturateur central varie entre 45 et 60 %. Divers dispositifs, tels que l'emploi d'un frein ou d'un ressort à tension variable, permettent d'obtenir plusieurs vitesses.

L'*obturateur à rideau* est un obturateur à guillotine perfectionné (*fig.* 40) : la planchette est remplacée par un rideau en toile opaque et imperméable enroulée sur un cylindre et qui se déroule brusquement, comme un store de voiture, grâce au déclenchement d'un ressort. On tend plus ou moins ce ressort en faisant tourner un bouton qui commande en même temps une aiguille se déplaçant sur un cadran où sont indiquées les vitesses relatives correspondant aux diverses tensions du ressort ; pour enrouler le rideau, il suffit de tirer simplement un cordon. Ce modèle d'obturateur, qui est beaucoup moins encombrant que l'obturateur à guillotine rigide, est le meilleur des obturateurs les moins chers. Aussi son usage est-il très répandu ; on le monte soit devant, soit, de préférence, derrière l'objectif.

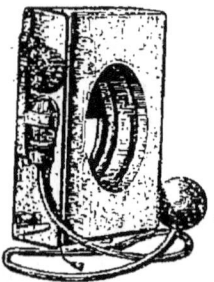

Fig. 40. — Obturateur d'objectif à rideau.

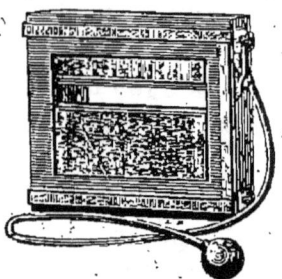

Fig. 41. — Obturateur de plaque à rideau.

L'*obturateur de plaque* est d'une construction analogue : son principe consiste à faire passer le plus près possible de la plaque un rideau percé d'une fente plus ou moins large. Il se compose d'un rideau en toile souple, imperméable à la lumière, fixé à ses deux extrémités sur deux cylindres A et B (*fig.* 41) et portant en son milieu une fente F, dont on peut à volonté modifier la largeur. Le mécanisme est le même que celui de l'obturateur d'objectif à rideau. Lors du déclenchement, le rideau passe rapidement du cylindre A sur le cylindre B en démasquant successivement les diverses parties de la plaque. La vitesse obtenue dépend à la fois de la vitesse du rideau et de la largeur de la fente. Avec une vitesse de rideau correspondant à 5 mètres par seconde, une fente de 1 centimètre de large donne le 1/500ᵉ de seconde, une fente de 5 millimètres donne le 1/1000ᵉ de seconde. Avec cet obturateur, l'objectif travaille avec toute son ouverture pendant la durée entière de la pose : c'est, nous l'avons dit, l'obturateur qui donne le rendement maximum. Mais il est assez encombrant et nécessite une adaptation spéciale sur la chambre noire. En outre, ne démasquant les différentes parties de la plaque sensible que successivement, il peut produire sur l'image de légères déformations du sujet en mouvement ; mais ces déformations ne sont appréciables que pour une vitesse lente du rideau ou une très grande vitesse de l'objet en mouvement ; elles sont d'autant moins accentuées que les dimensions de l'image sont plus petites par rapport à celles de l'objet. Enfin on construit maintenant des obturateurs de plaque peu encombrants : nombre d'appareils à main en sont pourvus, et leur emploi est devenu très pratique.

L'*obturateur à volet*, le plus simple des obturateurs latéraux, est très employé pour le portrait à l'atelier parce que, fonctionnant sans bruit, il ne vient pas troubler la pose du modèle. Il se compose d'une boîte se fixant soit à l'arrière,

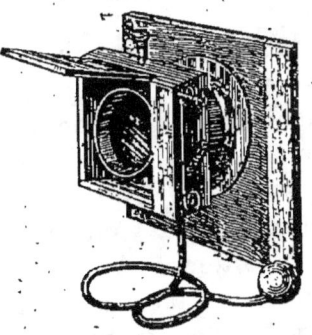

Fig. 42. — Obturateur à volet.

soit plus souvent à l'avant de l'objectif (*fig.* 42) et dont le devant est fermé par un volet léger qui ouvre et ferme l'objectif par un rapide mouvement de bascule ; ce mouvement est commandé par une poire à air communiquant avec un soufflet placé sur un des côtés de la boîte ; ce soufflet agit sur l'extrémité du levier qui élève ou abaisse le volet mobile. Il y a parfois deux volets, le mouvement du volet inférieur lui étant communiqué par le volet supérieur. Le temps de pose minimum que permet d'atteindre cet obturateur varie de $1/6^e$ à $1/30^e$ de seconde.

46. — Le déclenchement d'un obturateur se fait soit au doigt, soit à la poire ; ce dernier mode, risquant moins d'ébranler l'appareil, est préférable. Lorsque l'obturateur permet de faire la pose, tantôt l'objectif reste ouvert tant que l'on presse sur la poire ; tantôt une première pression démasque l'objectif, une seconde pression étant nécessaire pour le fermer. Il est beaucoup plus avantageux de faire ainsi la pose en deux temps. Il est bon (c'est indispensable dans beaucoup d'appareils) qu'un dispositif empêche de démasquer l'objectif en armant l'obturateur.

47. — **Étude d'un obturateur.** — Les diverses vitesses que peut donner un obturateur sont marquées sur l'instrument ; mais, d'une part, la graduation des obturateurs bon marché est généralement grossière et, d'autre part, les vitesses que donne un obturateur ne sont pas constantes ; elles changent avec le temps. Aussi est-il important de pouvoir les déterminer facilement. Nous empruntons à M. WURTZ la méthode suivante, très simple et qui donne aussi le rendement :

« Prenez une bicyclette et, entre deux rais consécutifs de la roue de devant, fixez un morceau de papier blanc AB (*fig.* 43), tout près de la jante. Fixez ensuite cette roue en l'air, devant un fond noir et faites-la tourner rapidement. Prenez votre montre et commencez à compter, au moment où l'aiguille des secondes est à 0, le nombre de tours que fait la roue (ce qui est facile, le papier se voyant très bien). Cessez de compter quand l'aiguille des secondes est à la division 10 ; vous trouverez ainsi que la roue a fait, par exemple, 34 tours en dix secondes. Votre appareil était braqué sur la roue, le plus près possible, mais de manière à embrasser toute cette roue dont l'image était bien mise au point. Au moment où l'aiguille des secondes

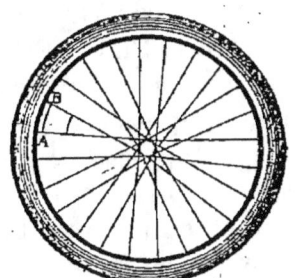 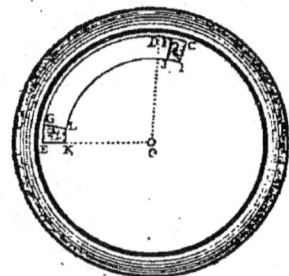

Fig. 43.   Fig. 44.

arrivait à la division 5, vous avez, tout en comptant, fait un signe de tête à un aide qui, instantanément, a pressé la poire. Vous avez ainsi photographié la roue de bicyclette en mouvement.

Développez votre plaque ; agrandissez-la en positif si vous désirez plus de précision. En tous cas, vous obtiendrez une image à peu près semblable à celle de la figure 44.

Cette image est pleine d'enseignements. Prenez soin d'abord à partir d'une des extrémités C de défalquer un arc de cercle CD égal à l'arc de cercle AB (*fig.* 43). Vous aurez ainsi, depuis D jusqu'en E, un arc de cercle qui vous représentera la quantité dont a tourné la roue pendant que fonctionnait l'obturateur.

Mesurez au rapporteur, en degrés, l'angle $\widehat{DOE}$ et appliquez simplement la formule suivante :

$$\text{Vitesse de l'obturateur} = \frac{\text{angle } \widehat{DOE}}{36 \times \text{nombre de tours en dix secondes}}.$$

Cette formule donne *très exactement* la vitesse de l'obturateur ; on recommence l'expérience pour chaque vitesse.

Mais ce n'est pas tout ; en nous reportant à la figure 43, nous y trouvons deux parties CFLJ et EGKL qui sont grisées. En réalité, ce sont là des surfaces *dégradées* qui, sur le cliché ou sur le positif agrandi, sont assez bien délimitées pour qu'on puisse les marquer par des traits CI, FJ, EK et GL. Ces surfaces sont dégradées parce que, pendant que l'obturateur s'ouvrait ou se fermait, la lumière ne s'introduisait que partiellement dans l'appareil. Or nous avons vu qu'il importe au plus haut point que l'obturateur s'ouvre et se ferme très rapidement, pour qu'il reste complètement ouvert le plus longtemps possible ; il faut donc, pour que l'obturateur ait un *bon rendement*, que ces surfaces soient *aussi petites* que possible [1]. »

---

[1]. On calcule le rendement d'ouverture en comparant l'arc de cercle CF à l'arc de cercle FG-AB et le rendement de fermeture en comparant l'arc EG au même arc de cercle ; ces deux rendements sont en général égaux à très peu de chose près.

CHAPITRE IV

La chambre noire

48. — La chambre noire, nous l'avons déjà dit, est une boîte complètement fermée dont la paroi antérieure porte l'objectif et dont la paroi postérieure est formée par le verre dépoli qui reçoit l'image, verre dépoli qu'on peut remplacer par la surface sensible sur laquelle on veut fixer l'image.

L'objectif n'est pas vissé directement sur la chambre noire, mais sur une planchette (*planchette d'objectif*), mobile dans le sens vertical et le sens horizontal ; à cet effet, la planchette d'objectif peut coulisser sur le *corps d'avant* de la chambre.

Ce corps d'avant est réuni au *corps d'arrière*, qui porte le verre dépoli, par un soufflet de toile ou de cuir ; quelquefois le soufflet est remplacé par une boîte rigide.

On peut faire varier la distance qui sépare les corps d'avant et d'arrière en faisant glisser l'un d'eux sur la base de la chambre.

Le cadre portant le verre dépoli doit pouvoir être facilement remplacé par le châssis contenant la surface sensible ; le châssis a pour but de garantir la surface sensible de la lumière avant et après la pose.

---

1. Le côté dépoli doit être tourné vers l'intérieur de la chambre.

Le châssis est un étui ABCD sur le fond duquel est maintenue la surface sensible au moyen de petits crochets c, c' et d'un ressort R (*fig.* 45). Une porte V que l'on peut facilement faire glisser à frottement dans des rainures ménagées sur les côtés de l'étui permet de fermer rapidement le châssis ou d'exposer à la lumière la surface sensible qu'il renferme, quand il a été substitué au verre dépoli dans la chambre noire. Tantôt le châssis ne peut contenir qu'une seule plaque sensible : il est dit simple ; tantôt il peut en contenir deux, de part et d'autre du fond P : il est alors dit double.

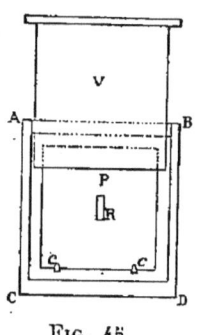

Fig. 45.

Il existe de nombreux modèles de chambres noires et de châssis dont nous décrirons les principaux types. Toute chambre noire doit satisfaire à un certain nombre de conditions :

1° *Être absolument imperméable à la lumière.* — La lumière ne doit pouvoir avoir accès sur la plaque sensible qu'en traversant l'objectif. Pour examiner une chambre noire à ce point de vue, on la porte en pleine lumière, on lui donne son maximum de tirage et, l'objectif étant fermé, on regarde par l'ouverture d'arrière l'intérieur de la chambre, après s'être bien enveloppé avec le voile noir qui, bien entendu, ne doit pas recouvrir le soufflet. On doit rester ainsi quelques minutes pour habituer à l'obscurité l'œil ébloui par le jour. On recommence la même opération en enlevant l'objectif et regardant à travers l'ouverture laissée ainsi à l'avant de la chambre, après avoir placé un châssis négatif fermé à l'arrière. On ouvre et on

LA CHAMBRE NOIRE

referme le volet de ce châssis; on recommence l'essai successivement avec chacun des châssis.

Si on aperçoit le moindre filet de lumière, il faut chercher l'endroit par lequel il pénètre dans la chambre, afin de pouvoir y remédier. Il peut entrer de la lumière dans une chambre noire soit par un trou dans le soufflet (surtout aux angles), soit par un trou sur la planchette d'objectif[1], soit par la rondelle fixant le soufflet au corps d'avant, soit par le diaphragme, soit par l'obturateur, soit encore par les châssis négatifs qui s'adaptent mal à l'arrière de la chambre[2].

2° *Les corps d'avant et d'arrière doivent être parallèles entre eux et perpendiculaires à la base de la chambre.* On vérifie qu'il en est ainsi au moyen d'équerres et par des mesures. Cependant on adopte souvent une disposition contraire à ce principe, qui est destinée à incliner l'un des corps par rapport à l'autre en le munissant d'une *bascule*. La bascule d'arrière est plus logique que la bascule d'avant.

3° *L'axe optique de l'objectif doit être perpendiculaire au plan de la glace dépolie qu'il doit rencontrer en son milieu.* — On s'en assure en couvrant les deux faces, antérieure et postérieure, de l'objectif avec deux rondelles de papier noir percées en leur centre avec une épingle. L'objectif étant monté sur la chambre et le

---

1. Une telle petite ouverture forme souvent sur la plaque sensible une seconde image du sujet photographié, image confuse qu'il ne faudrait pas attribuer à des réflexions sur les faces des lentilles constituant l'objectif.
2. On peut encore s'assurer de l'étanchéité de la chambre en lui adaptant un châssis négatif chargé. L'objectif étant fermé, on ouvre le châssis en tirant le volet et on laisse ainsi l'appareil une demi-heure. On referme le châssis et, après développement, la plaque ne doit présenter aucune trace de voile. On trouvera aux formules et recettes terminant ce volume un autre procédé très pratique pour vérifier l'étanchéité d'une chambre noire.

verre dépoli en place, on tourne l'objectif vers la lumière et on examine le verre dépoli après s'être enveloppé la tête du voile noir : le petit rond lumineux qu'on aperçoit doit avoir le même centre que le verre dépoli, *quel que soit le tirage donné au soufflet*. S'il n'en est pas ainsi, c'est que l'axe optique de l'objectif ne passe pas par le centre, soit parce qu'il n'y a pas parallélisme des deux corps de la chambre, soit parce que la planchette d'objectif n'est pas juste au milieu du corps d'avant.

4°. *La surface sensible et la glace dépolie doivent occuper rigoureusement la même position par rapport à l'objectif, quand on les remplace l'une par l'autre.* — On le vérifie en mesurant la distance qui sépare la glace dépolie de l'ouverture de la planchette d'objectif ; on remplace le verre dépoli par un châssis muni d'une plaque sensible et mesure la distance de celle-ci à la planchette d'objectif ; les deux distances doivent être identiques[1].

L'étanchéité à la lumière d'un châssis négatif se vérifie en le chargeant d'une ou deux plaques, selon qu'il est simple ou double. On le laisse un certain temps au soleil, une demi-heure par exemple, en le retournant dans tous les sens ; s'il est bon, la plaque développée après ce temps ne doit présenter aucune trace de voile ; si elle présente le moindre voile, c'est qu'il y a un défaut au châssis ; si le voile est général

---

1. La méthode suivante est peut-être plus précise : on met au point sur le verre dépoli un objet à contours très nets (dessin à la plume, par exemple), placé à une distance telle que la reproduction soit à la plus grande échelle possible. L'objectif qui doit être exempt de foyer chimique est employé avec sa plus grande ouverture ; on remplace le verre dépoli par un châssis chargé et on pose le temps nécessaire pour obtenir une bonne reproduction ; l'image développée doit être aussi nette que celle que l'on voyait sur le verre dépoli.

et inégal; d'autant plus faible qu'on s'éloigne des bords, le jour pénètre dans l'intervalle qui sépare le cadre du volet; les châssis munis d'une réglette garnie de velours, constamment poussée vers la face externe du volet par un ressort, ne présentent généralement pas cet inconvénient; si le voile part d'un angle de la plaque pour irradier en tous sens, ou bien a la forme d'une traînée rectiligne, les angles du châssis sont mal assemblés.

Nous distinguerons trois éspèces de chambres noires : les chambres non portatives ou chambres d'atelier, les chambres noires portatives qui se divisent en chambres avec pieds et en chambres dites à main.

49. — Chambres d'atelier. — Pour ces chambres qui sont destinées soit au portrait, soit aux reproductions, les questions de volume et de poids sont secondaires. Elles sont souvent de grandes dimensions, le tirage du soufflet, généralement de forme carrée, atteignant jusqu'à deux mètres (*fig.* 46); lorsqu'il est très long, des cadres intermédiaires mobiles sur la base aident à le supporter. Quand le tirage n'est pas trop grand, il n'y a qu'un cadre, qui est disposé de manière à

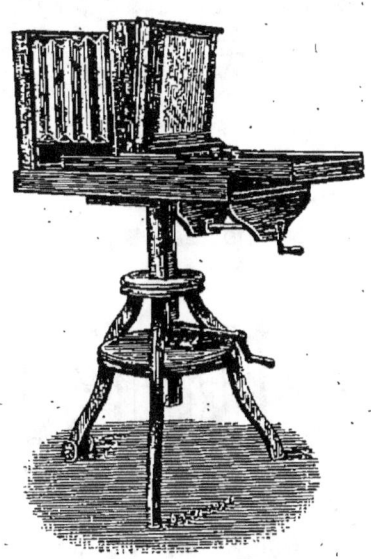

Fig. 46. — Chambre d'atelier sur son pied.

pouvoir recevoir une planchette d'objectif; une telle chambre, dite chambre à trois corps, est une véritable

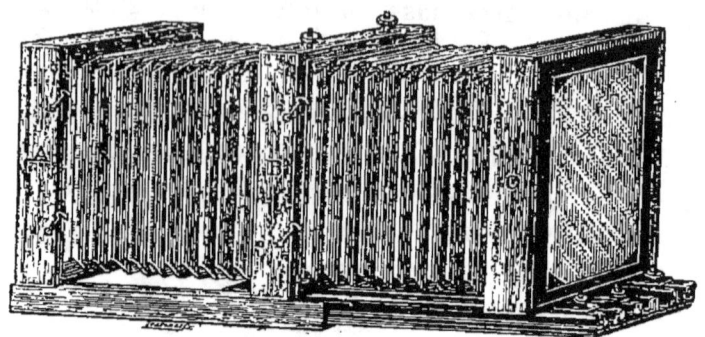

Fig. 47. — Chambre à trois corps.

chambre universelle (*fig.* 47). Elle permet non seulement le portrait et les reproductions, mais aussi l'agrandissement et la réduction des clichés.

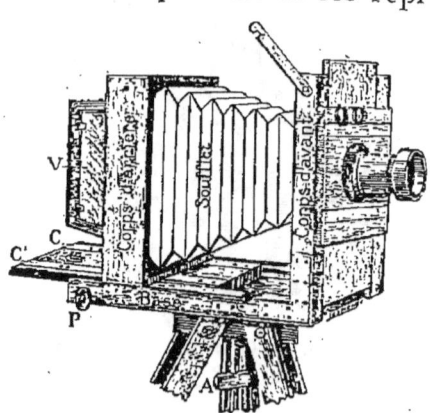

Fig. 48. — Chambre de touriste.

Les chambres d'atelier sont supportées par un pied table massif en bois ou en fonte (*fig.* 46).

50. — Chambres noires portatives avec pieds. — La chambre noire de touriste est constituée à peu près comme la chambre d'atelier : un soufflet (*fig.* 48) réunit le corps d'avant qui porte l'objectif au corps d'arrière destiné à supporter soit le verre dépoli de mise au point, soit le châssis négatif. Le soufflet doit avoir un tirage assez long : environ le double de la longueur focale de l'objectif qui doit être monté sur la chambre.

Il existe des chambres à soufflet carré et des chambres à soufflet conique tournant. Le soufflet carré et fixe augmente bien un peu le volume et le poids de l'appareil; mais il a l'avantage de ne jamais arrêter les rayons lumineux. Le soufflet conique en tournant permet de placer le verre dépoli soit en hauteur, soit en largeur, en ne déplaçant que le corps d'arrière de la chambre.

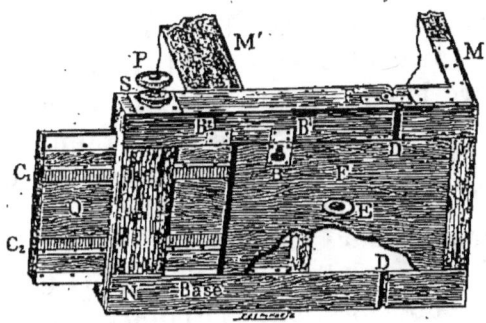

Fig. 49. — Base d'une chambre.

N, base ou queue; Q, chariot mobile; F, planchette mobile; C_1 C_2, crémaillères; P, bouton de mise au point; S, bouton de serrage; DD, charnière; E, écrou pour la vis de pied.

Le corps d'avant est parfois à bascule, c'est-à-dire peut être incliné sur la base de la chambre; mais c'est là une disposition qui n'est utilisée que dans des cas exceptionnels. Il est plus important que la planchette d'objectif puisse se déplacer latéralement et dans le sens vertical, de manière à pouvoir décentrer l'objectif en tous sens.

La base (*fig.* 49) de la chambre de voyage n'est pas rigide comme celle de la chambre d'atelier; elle doit en effet permettre de replier la chambre pour la mettre sous le volume minimum. Un cadre de bois N, *la queue de la chambre*, porte deux rainures latérales dans lesquelles glisse une planchette Q, le *chariot mobile*, qui porte le corps d'arrière. Deux crémaillères C_1 et C_2 engrenant avec deux pignons montés sur un arbre commandé extérieurement par le bouton P permettent de faire varier la distance des deux corps d'avant et d'arrière; un bouton de serrage S permet de fixer cette distance. Tantôt c'est le corps d'avant, tantôt c'est le corps d'arrière qui reste fixe, l'autre étant mobile. La queue de la chambre présente une brisure à charnières DD qui permet, lorsque les deux corps sont réunis l'un contre l'autre, de la rabattre en grande partie contre le corps d'arrière. Une planchette mobile F, qui peut coulisser dans deux rainures, assure la rigidité de la base, malgré la brisure de la queue.

C'est cette planchette qui porte l'écrou E destiné à fixer la chambre sur son pied.

51. — Le pied doit être assez solide et résistant pour éviter toute vibration; à ce point de vue, les pieds métalliques qui vibrent au moindre zéphyr sont à rejeter. Il ne faut pas prendre un pied trop léger. Afin de rendre le pied plus portatif, les trois branches qui le composent sont généralement formées de deux ou trois branches qui peuvent se replier l'une sur l'autre ou coulisser l'une dans l'autre. Ce dernier modèle dit « pied boîte » (*fig.* 50) est le plus rigide; c'est lui qu'il faut préférer. Des vis doivent permettre de rendre rigides les branches du pied et de fixer leur liaison avec la plate-forme destinée à supporter la chambre. Plus cette plate-forme est large, plus est grande la stabilité de l'appareil. Le centre de la plate-forme est percé d'une ouverture pour laisser passer la vis de pied. Celle-ci doit présenter les dimensions recommandées par les Congrès internationaux de photographie, ce qui permet d'adapter n'importe quelle chambre à n'importe quel pied : la vis doit avoir 9^{mm},5 de diamètre extérieur, 1^{mm},6 de pas, et son filet doit être un triangle isocèle de 55° d'ouverture, arrondi au sommet suivant un rayon de 1/6 de sa hauteur. C'est la vis n° 1 de la série adoptée par la société photographique de la Grande-Bretagne pour la construction des appareils photographiques, c'est-à-dire la vis dite 3/8 de pouce du système Whitwort.

Bien entendu, l'écrou que porte la planchette mobile de la chambre doit être construit d'après les mêmes règles et de façon à laisser subsister un jeu suffisant pour un vissage facile.

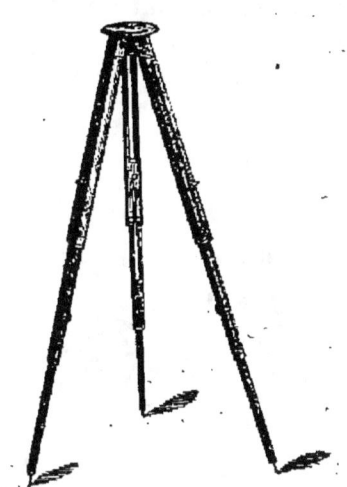

Fig. 50. — Pied.

Les pointes du pied qui, en terrain dur, pénètrent légèrement dans le sol et assurent à l'appareil une parfaite stabilité, ne peuvent se fixer sur une surface polie, où de brusques écarts sont toujours à craindre au beau milieu de la pose ; en terrain mou ou sablonneux, les pointes pénètrent progressivement, et l'appareil s'enfonce. On a proposé nombre de procédés pour éviter cet inconvénient ; la solution la plus avantageuse et la plus économique est celle qui a été proposée, dans la revue *la Photographie*, par le Dr MÉNIÈRE ; elle convient également au cas d'un dallage uni ou au cas d'un terrain mou.

On prend trois bouchons de liège d'assez large diamètre (*broches* à bocaux), que l'on peut, pour plus de solidité, entourer sur leur tranche d'un ruban de métal, découpé par exemple dans une boîte à conserves ou dans une mince feuille de zinc. Une ou deux pointes suffiront à fixer au bouchon ce bracelet. Dans du fil de fer assez fort (n° 16 par exemple), on coupe trois morceaux de 15 à 20 centimètres de longueur (suivant le diamètre du bouchon). Ces morceaux de fil de fer sont pliés par leur milieu de façon à former une sorte de boucle de 1/2 à 1 centimètre de diamètre. Les deux extrémités sont légèrement pointées à la lime et engagées dans le bouchon, à mi-épaisseur, de part et d'autre d'un diamètre; pour plus de facilité, on a au préalable pratiqué le passage au moyen d'un poinçon. On rabat ensuite au marteau les extrémités des fils de fer; chaque bouchon est ainsi pourvu d'un anneau et rappelle vaguement la forme d'un cadenas.

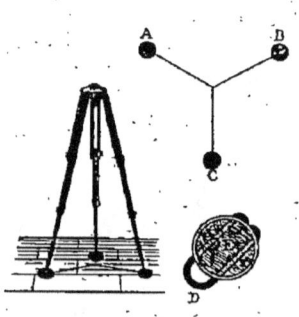

Fig. 51.

A chacune de ces boucles est noué, par l'une de ces extrémités, un morceau de ficelle de 1 mètre au plus; suivant les dimensions du pied et d'après les besoins, ces trois ficelles sont nouées ensemble, le plus souvent à même distance des extrémités, si l'on opère en terrain plat. On peut alors, sur les dalles ou sur le terrain, placer les trois bouchons à plat de façon à ce qu'ils occupent les sommets d'un triangle équilatéral; l'écartement de ces bouchons étant réglé par la longueur des ficelles ne peut varier de lui-même. Sur les trois bouchons on peut, dès lors, facilement piquer les trois branches du pied dont la position serait ainsi immuable. Sur un terrain en pente, on raccourcirait l'une ou l'autre des ficelles ; le nœud reliant les trois ficelles doit donc être facile à dénouer en cas de besoin.

Quand il y a tant soit peu de vent, celui-ci remue l'appareil ; on le rend plus stable soit en suspendant à la clef de la vis fixant la chambre sur le pied un objet lourd tel qu'une pierre, soit en utilisant un petit instrument utilisé par les peintres sous le nom d'*ancre*, représenté par la figure 52. C'est une grande vis pointue à une de ses extrémités et large d'environ $2^{cm},5$ à sa huitième spire ; une corde fine et solide, passée dans l'anneau qui termine la vis, traverse les deux trous d'une sorte de tendeur. On fixe l'extrémité libre de la corde à la clé de pied, on enfonce la vis dans le sol et on tend la corde en la faisant glisser dans le tendeur. On peut ainsi donner une grande stabilité à l'appareil.

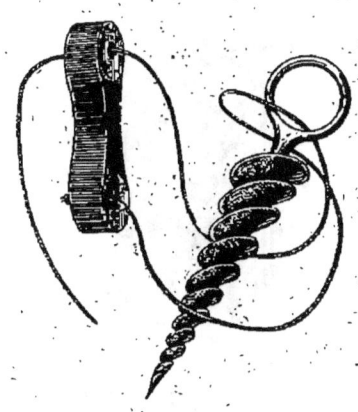

Fig. 52.

52. — Châssis négatifs. — Il en existe de plusieurs modèles : le *châssis à volet* est celui qui se rapproche le plus de la description générale que nous avons donnée du châssis négatif (*fig.* 53). Le volet est tantôt en bois, tantôt en carton recouvert de toile imperméabilisée, parfois en métal.

Le *châssis à rideau* (*fig.* 54) est forcément plus épais que le précédent : le volet est formé par l'assemblage de petites lamelles de bois collées sur une étoffe qui peut s'enrouler sur un cylindre lui permettant de passer sur la partie postérieure du châssis, au lieu d'être tiré hors du châssis comme dans le modèle

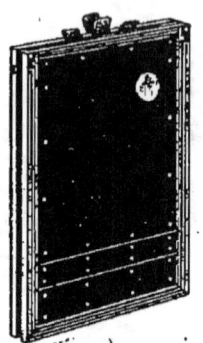 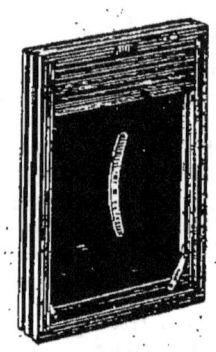

Fig. 53.
Châssis négatif à volet.

Fig. 54.
Châssis négatif à rideau.

précédent. Outre son épaisseur, le châssis à rideau est sujet à se détériorer sous l'influence de l'humidité ; il n'est donc pas à recommander pour de longs voyages.

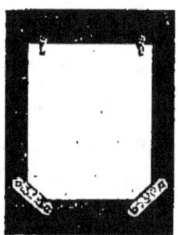 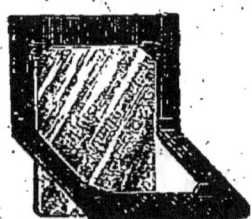

Fig. 55.

Fig. 56.

On fait depuis peu de temps des châssis métalliques d'épaisseur minime (4 à 5 millimètres), très plats et légers, facilement logeables.

Le mode de fixation de la plaque dans les châssis doit être très soigné : le système qui consiste à la retenir simplement par des taquets est mauvais ; les vis de ces taquets jouent à la longue et finissent par se déplacer durant le transport, de sorte qu'il arrive souvent qu'au moment d'opérer la plaque sort du châssis et tombe à l'intérieur de la chambre noire.

On peut utiliser des plaques de format inférieur à celui pour lequel est fait le châssis, en munissant ce dernier de petits cadres nommés *intermédiaires* : les figures 55 et 56 représentent deux types d'intermédiaires.

53. — Chambre folding. — Ce type de chambre est un intermédiaire entre les chambres portatives à pied et les chambres à main proprement dites ; le corps d'arrière (*fig.*57) forme une sorte de caisse à l'intérieur de laquelle peut se placer la chambre et son objectif ; la paroi d'avant de cette caisse, rabattue, constitue la base sur laquelle on peut faire glisser, pour la mise au point, l'avant de la chambre.

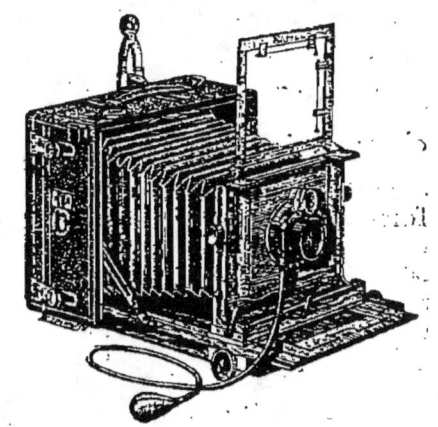

Fig. 57. — Chambre folding.

54. — Appareils à main. — Parmi ces appareils, les uns sont rigides, les autres sont pliants et peuvent se mettre dans la poche.

Les premiers portent le nom de détectives ou de jumelles, selon la forme de la boîte qui remplace le soufflet.

Dans ces appareils, une plaque est toujours disposée au foyer de l'objectif, prête à recevoir une image si, au moyen d'un *obturateur*, on démasque l'objectif pendant un temps voulu. Ces appareils sont pour la plupart à mise au point fixe et, souvent, n'ont pas de verre dépoli.

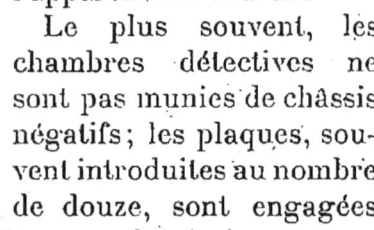

Fig. 58. — Détective.

Le genre *détective* (*fig.* 58) est volumineux, encombrant; c'est le type de l'appareil bon marché.

Le plus souvent, les chambres détectives ne sont pas munies de châssis négatifs; les plaques, souvent introduites au nombre de douze, sont engagées chacune dans un petit étui en métal noirci, *le châssis porte-plaques* (*fig.* 59), dont le dos légèrement bombé forme ressort et maintient immobile la plaque[1].

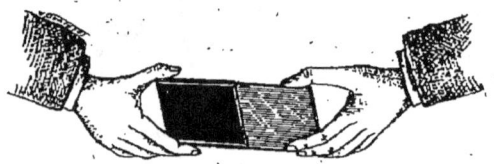

Fig. 59. — Introduction de la plaque dans le porte-plaques.

Ces châssis, une fois garnis de plaques sensibles, sont empilés dans l'appareil (*fig.* 60); le premier d'entre eux est maintenu dans le plan focal de l'instrument au moyen d'un fort ressort qui le presse contre de petits butoirs.

---

1. On doit éviter autant que possible de faire fonctionner le système d'escamotage lorsque les châssis ne sont pas garnis de plaques.

Chaque plaque, une fois impressionnée, est abandonnée par les butoirs, commandés de l'extérieur au moyen d'un bouton, d'une tige ou d'un levier, et tombe, guidée par des ressorts qui amortissent sa chute et la forcent à se rabattre sur la paroi inférieure de la boîte; en même temps la plaque

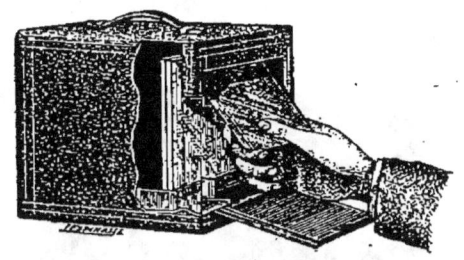

Fig. 60. — Intérieur d'une détective. Chargement des plaques.

suivante est venue, poussée par le ressort, occuper la place ainsi abandonnée (*fig.* 61). Il est aisé de se

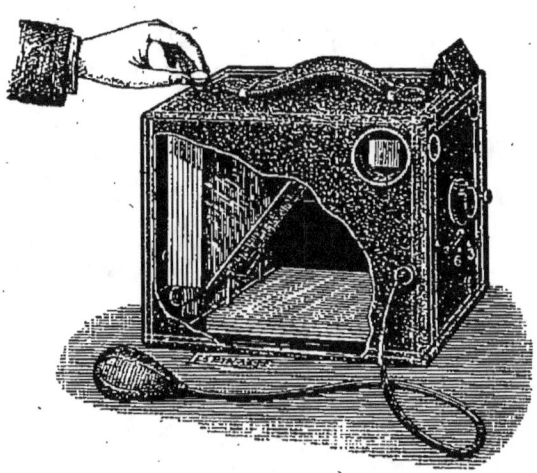

Fig. 61. — Détective. Escamotage des plaques sensibles.

rendre compte que pour qu'un tel mécanisme puisse régulièrement fonctionner, il est indispensable que, au moment du changement de plaques, la détective se trouve ramenée dans son sens normal, c'est-à-dire la poignée dirigée vers le haut; on doit aussi, pour faciliter la chute de la plaque, incliner légèrement l'avant de l'appareil.

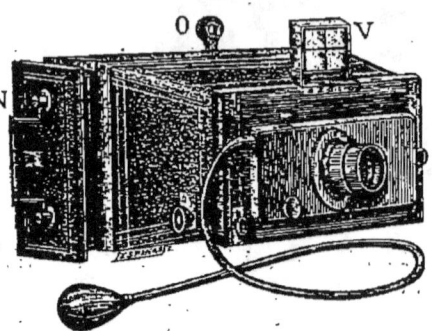

Le modèle dit *Jumelle* (*fig.* 62) est un des types les plus pratiques, toujours prêt à fonctionner. Les plaques sont placées dans un magasin qui tantôt est fixé à l'appareil, tantôt est mobile. On a tendance à remplacer ces magasins par de petits châssis métalliques qui sont peu encombrants et indépendants les uns des autres. Nous ne pouvons décrire les divers modèles de magasins qui existent; pour leur fonctionnement, le mieux est de s'en rapporter aux notices des constructeurs.

Fig. 62. — Jumelle photographique.

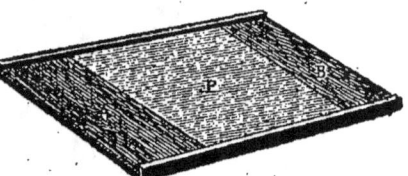

Fig. 63.

Nous nous contenterons de décrire un dispositif très ingénieux (*fig.* 63), dû à M. Chéneau et publié par la revue *la Photographie*, qui permet d'utiliser dans les divers appareils à main munis de magasins d'escamotage des plaques d'un format inférieur à celui des cadres porte-plaques.

Dans les cadres d'un appareil 9 × 12, par exemple, on utilisera des plaques 6 1/2 × 9 qui s'adaptent exactement dans les rainures par leur plus grand côté et qu'il suffit de maintenir au milieu du porte-plaques en engageant de part et d'autre de la plaque P, dans les mêmes rainures, des morceaux de bois mince ou de carton A, B, découpés aux dimensions 1 cm. 1/2 × 9 centimètres.

Dans un appareil 13 × 18, on devrait couper en deux les plaques du format pour les amener à 9 × 13, les plaques de ces dimensions ne se trouvant pas dans le commerce.

Les appareils à main à boîtes rigides bien construits permettent d'obtenir des images parfaites. Mais ils présentent l'inconvénient d'occuper un certain volume; c'est pourquoi on leur préfère parfois les appareils de poche pliants qui, fermés, ont des dimensions très réduites (*fig.* 64). Leur poids, très réduit, est en moyenne de 6 à 700 grammes; ils sont munis de châssis métalliques extra-minces, contenant généralement une seule plaque.

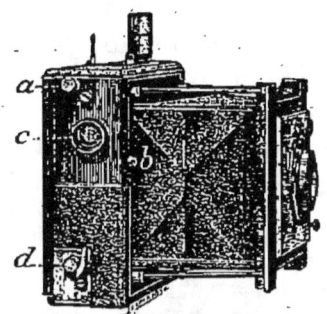

Fig. 64.
Appareil pliant de poche.

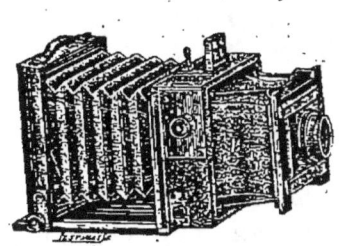

Fig. 65. — Appareil pliant de poche muni d'une rallonge.

Certains fabricants font des chambres de rallonge permettant de transformer ces appareils en appareils du format immédiatement supérieur: un 9 × 12 peut, avec la chambre de rallonge, être utilisé comme un 13 × 18 (*fig.* 65); en ce cas on emploie comme objectif la lentille postérieure seule de l'objectif symétrique adapté au petit appareil.

55. — Châssis à rouleaux. — Les appareils à main sont souvent munis de châssis à rouleaux (*fig.* 66) destinés à l'emploi de surfaces sensibles souples dont on peut emporter une grande quantité sous un faible poids. La surface sensible est enroulée sur un premier cylindre A, et on la déroule, pour chaque pose, d'une longueur correspondant au format de l'appareil. Après la pose, la surface sensible impressionnée s'enroule sur un second cylindre B; un rouleau C remplit le rôle de compteur et de marqueur destinés à enregistrer le nombre de vues prises; des ressorts maintiennent la surface sensible toujours tendue.

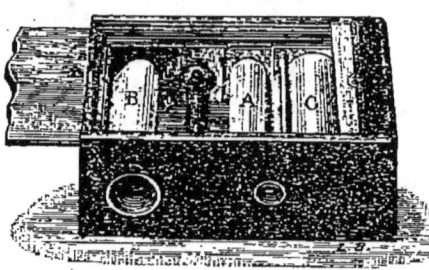

Fig. 66. — Châssis à rouleaux.

Les châssis-magasins à rouleaux peuvent être chargés en plein jour, grâce à un dispositif très simple.

56. — Viseurs. — Avec une chambre à main, il n'est plus possible d'examiner l'image sur le verre dépoli; ces chambres sont munies d'un *viseur* qui permet de faire la mise en plaque; s'il s'agit de photographier un objet mobile, le viseur permet d'exposer la surface sensible au moment précis où, celui-ci traversant le champ de l'objectif, son image se forme sur la surface sensible.

Il existe de nombreux types de viseurs : l'un des plus simples est une simple lentille (*fig.* 67), dont la surface est limitée par un cadre rectangulaire de dimensions proportionnelles à celles du format de l'appareil, mais on peut commettre des erreurs de visée, parce qu'il n'est pas facile de placer l'œil exactement sur l'axe optique de la lentille; c'est pourquoi on adapte le plus souvent au *viseur clair* (*fig.* 68) un œilleton destiné à fixer la position de l'œil.

Un des viseurs les plus communs n'est autre qu'une petite chambre noire en miniature, munie d'un verre dépoli sur lequel vient se peindre, à une échelle très réduite, l'image que reçoit la surface sensible (*fig.* 69).

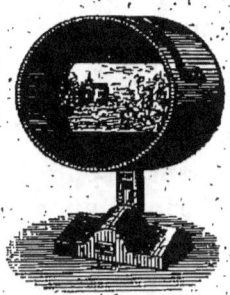

Fig. 67.

Il est indispensable que le champ du viseur, quel qu'il soit, corresponde au champ embrassé par l'objectif.

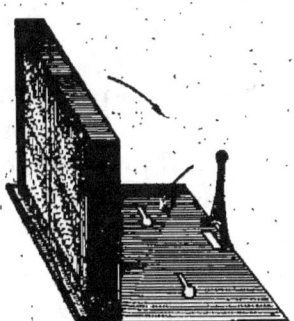

Fig. 68.

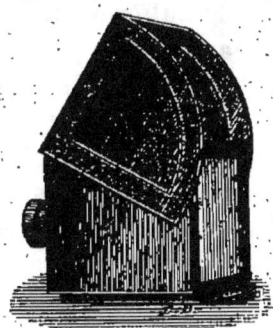

Fig. 69.

Certains viseurs, dérivés du type Davanne, perfectionnés par Huillard, se composent d'un simple cadre métallique, ayant les mêmes dimensions intérieures que la surface sensible, destinée à recevoir l'image, qui se replie et se rabat quand l'appareil est fermé (*fig.* 57) ; un œilleton, placé dans le plan de la surface sensible, indique la position de l'œil. Le cadre[1], solidaire de l'objectif, suit tous ses mouvements de décentrement. Avec ces viseurs, qui ne comportent aucune lentille, l'œil, appliqué contre l'œilleton, voit le sujet à photographier s'encadrer dans les limites du cadre, sans aucune déformation. Ce sont incontestablement les meilleurs viseurs.

Certains appareils, fort en honneur en Angleterre et en Amérique, sont munis à l'intérieur d'un miroir à 45° qui permet d'examiner sur un verre dépoli, placé horizontalement, l'image même fournie par l'objectif. Au moment de la pose, le déclenchement de l'obturateur en ouvrant l'objectif relève le miroir, ce qui permet à la lumière de former l'image sur la surface sensible. Avec ces appareils, on modifie la mise au point et le décentrement de l'objectif, s'il y a lieu, au moment même d'opérer. De tels appareils sont particulièrement précieux pour la photographie d'animaux.

57. — Choix d'un appareil. — S'il est un problème délicat à résoudre, c'est bien celui qui consiste à faire choix d'un appareil photographique : il présente, en effet, une série de solutions variées, dont aucune n'est parfaite. Les modèles, nous l'avons vu, sont très nombreux, et chaque jour voit éclore un type nouveau, généralement plus perfectionné que ses aînés, ce qui ne veut pas dire qu'il ait sur eux une supériorité incontestable ; car, en accumulant les perfectionnements, on arrive à des appareils compliqués,

---

[1]. Il contient dans son plan le point de l'objectif correspondant au point de vue.

délicats, qui deviennent de véritables pièces d'horlogerie. Est-ce à dire que nous sommes ennemis des chambres perfectionnées? Non, certes, mais nous voudrions que l'on ne cherchât pas tant à vouloir obtenir avec une simple jumelle, par exemple, ce que l'on ne devrait exiger que de l'appareil d'excursion à chambre noire, châssis et pied. Poursuivre cette idée que l'appareil à main doit être capable de tout faire, c'est poursuivre une chimère; en chercher la réalisation, c'est aboutir inévitablement à la création d'un modèle hybride. Un appareil à main doit, avant tout, être simple, léger, peu encombrant, d'un emploi commode et doit être rapidement prêt à servir. La forme détective a l'avantage de la rigidité; mais les viseurs sont généralement mauvais et cette forme est réservée à l'appareil bon marché; elle est lourde et encombrante. La forme jumelle est plus pratique, mais plus coûteuse. Le format d'un appareil à main ne doit pas dépasser 9×12. Ce format (ou les formats s'en rapprochant beaucoup) est celui que nous recommanderons à ceux qui veulent posséder un appareil universel. En ce cas le modèle type est le genre folding, qui est très léger; une chambre folding, repliée, peut tenir dans la poche. Les châssis métalliques minces permettent d'emporter un grand nombre de plaques. On peut aisément sur un folding monter divers objectifs.

Pour ceux que la question de budget n'embarrasse pas, nous recommanderons la combinaison suivante, susceptible de satisfaire un amateur voulant aborder un peu tous les genres, sans avoir besoin de se spécialiser : 1° une chambre d'excursion à pied, du format 13×18 ou 18×24, sur laquelle puissent se monter à volonté un objectif simple anastigmat, un objectif double anastigmat (ou un anastigmat double symétrique pouvant se dédoubler), un objectif grand angulaire et un sténopé pour la photographie sans objectif; 2° une jumelle de format 8 × 16 ou 6 × 13 permettant de faire soit deux clichés stéréoscopiques 8 × 8 ou 6 × 6 1/2 (*fig.* 70), soit un cliché panoramique 8 × 16 ou 6 × 13 (*fig.* 71). Enfin, si l'on ne regarde pas à la dépense, un appareil pliant de poche 6 1/2 × 9 ou 8 × 10 complétera avantageusement le matériel.

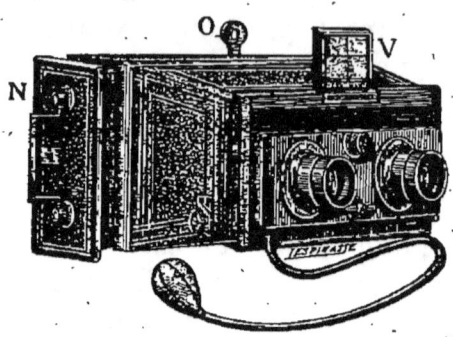

Fig. 70. — Appareil stéréopanoramique
Position stéréoscopique.

En outre, l'amateur qui a la fortune de pouvoir disposer d'un atelier pourra se procurer une chambre d'atelier à trois corps qui lui permettra non seulement de faire du portrait, mais aussi des agrandissements ou des réductions à diverses échelles.

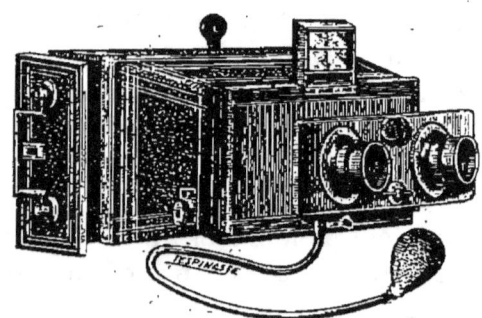

Fig. 71. — Appareil stéréopanoramique
Position panoramique.

58. — Voile noir. — Le voile noir, destiné à la mise au point, doit être imperméable à la lumière et de dimensions suffisantes pour bien recouvrir l'opérateur. Dès qu'il y a un peu de vent, son emploi est assez incommode. C'est pourquoi on a imaginé divers dispositifs destinés à remplacer le voile noir, ayant généralement la forme d'un soufflet pouvant se replier, dont la base s'applique contre le verre dépoli et dont le sommet porte une ou deux ouvertures destinées aux yeux.

On a aussi conseillé d'attacher le voile au moyen de cordons passés sous la chambre noire pour mieux l'assujettir; mais voici un moyen très simple de couvrir tout l'appareil, chose fort utile quand on travaille exposé au vent et au soleil. On coupe de l'étoffe noire d'après la figure 72; il est bon de la prendre double. L'ouverture d sert à donner passage à l'objectif; en a on coud des anneaux et en b des agrafes, qui peuvent servir à réunir les côtés du voile et à en former une espèce de sac.

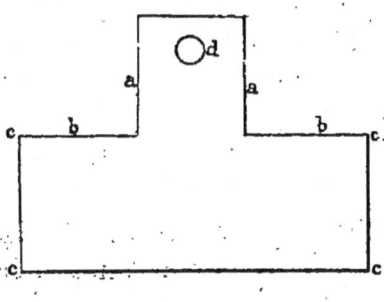

Fig. 72.

Les lettres c indiquent la place où peuvent être cousus des petits disques en plomb, qu'on trouve chez les merciers, afin de donner du poids au voile et l'empêcher de voltiger. De la sorte, on a les deux mains libres, et on est toujours dans l'obscurité complète, si favorable à une bonne mise au point.

59. — Niveaux. — Pour que l'objectif donne une image qui soit une représentation perspective exacte des sujets photographiés, il est indispensable que la plaque photographique soit verticale, ou, ce qui revient au même, que la base de la chambre soit horizontale. C'est pour pouvoir vérifier son horizontalité qu'on encastre dans la base de la chambre un petit niveau d'eau sphérique (*fig.* 73) dont les indications, à cause de ses faibles dimensions, sont très approximatives. En ce qui concerne les appareils à main, l'emploi de tels niveaux n'est guère pratique, et il est préférable de vérifier la verticalité de la plaque au moyen de petits fils à plomb ou *perpendicules* montés sur le cadre du viseur (*fig.* 57).

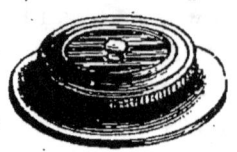

Fig. 73.

60. — Entretien des appareils. — Il est très important de nettoyer très fréquemment les chambres noires, les châssis et les magasins. Les appareils à main doivent être l'objet de soins particuliers. Les poussières entrées à l'intérieur de ces appareils se déplacent en effet très facilement pendant le transport et — dans le cas des magasins — pendant l'escamotage (c'est pourquoi nous préférons les châssis); quelques-unes se fixent sur la préparation sensible. Ces poussières, arrêtant au moment de la pose les rayons lumineux, produisent autant de taches transparentes sur le cliché.

Il faut donc débarrasser l'intérieur de l'appareil, du magasin et des châssis des poussières; un excellent procédé consiste à enduire d'une très légère couche de vaseline les parois internes de l'appareil et des châssis; les poussières adhèrent à cette couche grasse que l'on renouvelle fréquemment[1].

---

1. Le procédé suivant d'élimination des poussières semble original, et, en raison de sa simplicité, peut être aisément mis en pratique. On frotte, de manière à l'électriser, un bâton de cire à cacheter, ou, tout bonnement, un porte-plume en gutta-percha. Ceci fait, il suffit de l'introduire dans l'appareil en le promenant

Un grand nombre d'amateurs photographes renoncent pour toute la durée de l'hiver à leurs appareils, mais bien peu se donnent la peine d'emballer convenablement et de soustraire ainsi aux divers risques de détérioration, des instruments dont le prix élevé devrait cependant faire prendre le plus grand soin. Souvent l'appareil est abandonné à l'endroit même où on l'utilisa en dernier lieu, ou bien il est posé sans aucune précaution sur quelque rayon d'un grenier ou d'un cabinet de débarras. La belle saison revenue, on s'étonne de ne plus retrouver à son appareil la fraîcheur ni même la qualité qu'on lui connaissait, quand il eût été si simple de le conserver en bon état.

Dans un lieu humide, les bois, si bien vernis soient-ils, sont sujets à se gonfler; la colle peut se ramollir, compromettant alors la solidité des assemblages; le soufflet de cuir peut se couvrir de moisissure; les parties métalliques se couvriront de rouille ou de vert-de-gris; dans un lieu trop sec, dans une armoire voisine des tuyaux d'une cheminée, par exemple, les bois, s'ils n'ont pas été employés après parfaite dessiccation, peuvent se rétrécir et se fendiller; de toute façon, on compromet donc sérieusement l'étanchéité de l'appareil pour la lumière. Le meilleur logement ayant une température presque uniforme et sans être exagérément sec, ne devrait pas manifester la moindre trace d'humidité. Avant d'être

---

à quelques millimètres de la surface de chacun des côtés, tour à tour; il est surprenant de voir la quantité de menues particules de poussières qui viennent s'y coller, attirées par l'électricité, et, si l'on a soin de répéter l'opération deux ou trois fois, en retirant fréquemment la baguette pour l'essuyer, on arrive à débarrasser son appareil de toute poussière, beaucoup plus complètement que par tout autre procédé.

ainsi abandonné, l'appareil devrait être exactement nettoyé en tous ses points; sur les bois, on passera un tampon d'ouate chargé d'une petite quantité d'une encaustique épaisse obtenue en dissolvant de la paraffine dans une très petite quantité de térébenthine; les pièces métalliques seront ointes d'huile d'olive ou de pétrole; si l'appareil est neuf, les plis du soufflet, longtemps comprimés les uns sur les autres risquent d'adhérer en certains endroits; avant le nettoyage de l'appareil on les aura donc frottés de talc, puis époussetés. Enfin, si quelques organes métalliques, dans l'obturateur par exemple, sont huilés en temps normal, on remplace l'huile encrassée par de l'huile neuve.

L'objectif, lentilles et monture, sera d'abord épousseté puis couvert d'une mince couche de vaseline et soigneusement enveloppé pour empêcher toute introduction de poussière. L'appareil et ses divers accessoires seront rangés dans le sac de cuir ou de toile forte vendue pour cet usage, puis, pour éviter le plus possible la poussière et l'humidité, ce sac sera lui-même enveloppé de plusieurs épaisseurs de papier d'emballage. Dans ces conditions, il suffit pour utiliser à nouveau l'appareil, d'essuyer les diverses pièces graissées, ce qui ne demande que quelques minutes.

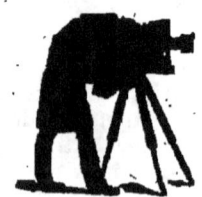

CHAPITRE V

Les surfaces sensibles

61. — De tous les corps sensibles à l'action de la lumière, le bromure d'argent est presqu'exclusivement le seul qui soit actuellement employé à enregistrer l'image projetée par l'objectif. Après avoir pendant quelque temps incorporé le sel sensible à de l'albumine, puis à du collodion, on l'incorpore maintenant à de la gélatine. L'emploi comme *substratum* de l'albumine présente l'avantage de donner des images d'une extrême finesse, mais a l'inconvénient d'exiger un temps de pose assez long; on réserve actuellement le procédé à l'albumine pour les positifs sur verre destinés aux projections; grâce à la très faible épaisseur de la couche sensible, on obtient des images d'une grande finesse et très transparentes. Le collodion est encore utilisé dans les ateliers industriels (de photogravure notamment), pour lesquels il présente nombre d'avantages : les images obtenues se prêtent aisément à des renforcements et affaiblissements successifs ; la préparation des plaques au collodion étant assez rapide, il est inutile de s'approvisionner de plaques de formats variés.

En dehors de ces cas particuliers, on n'emploie guère plus, comme substance sensible destinée à recevoir l'image latente, que l'émulsion au gélatinobromure dont le principe de fabrication est le suivant : on additionne de bromures alcalins une solution aqueuse chaude de gélatine et on la mélange dans l'obscurité à une solution tiède d'azotate d'argent. Il se forme à l'intérieur de la gélatine du bromure d'argent qui y reste en suspension, formant ainsi l'émulsion que des lavages débarrassent des sels solubles qui ont pris naissance.

L'émulsion ainsi obtenue est relativement peu sensible à la lumière et les grains de bromure d'argent qu'elle renferme ont un diamètre d'environ 8 millièmes de millimètre. On augmente la sensibilité de l'émulsion par la *maturation*, qui consiste à la maintenir à une température de 30° à 40° durant cinq à six jours. Les grains de bromure d'argent grossissent et atteignent 3 centièmes de millimètre ; si on prolongeait trop l'action de la chaleur, le grain atteindrait jusqu'à 4 dixièmes de millimètre et deviendrait visible à l'œil nu ; mais il est alors décomposable par les révélateurs, même s'il n'a pas été impressionné par la lumière. Ces quelques considérations montrent pourquoi la préparation des surfaces sensibles, simple en théorie, est, en réalité, très délicate et ne peut guère se faire que dans l'industrie. Notons en passant que le grain d'une émulsion est d'autant plus gros qu'elle est plus sensible.

Après maturation, l'émulsion est étendue sur des surfaces soit rigides, comme le verre (*plaques*), soit souples, comme le celluloïd, le collodion (*pellicules*), ou le papier (*papiers négatifs*).

62. — Plaques. — L'émulsion sensible peut être coulée soit sur *des glaces*, c'est-à-dire sur du verre coulé à plat et poli sur ses deux faces, soit sur du *verre à vitre ordinaire*. Ce dernier est moins plant que la glace, mais présente l'avantage d'être beaucoup moins coûteux : aussi est-il presqu'exclusivement employé ; s'il est bien trié, il suffit le plus généralement ; l'emploi des glaces n'est indispensable que lorsqu'on doit effectuer des mesures sur les images obtenues. On désigne, d'après les décisions du Congrès international de Photographie qui s'est tenu à Paris en 1900, sous le nom de plaques *extra minces* celles dont l'épaisseur du verre-support est inférieure à 1 millimètre, de *plaques minces* celles dont l'épaisseur varie entre 1 millimètre et 1^{mm},3, de *plaques ordinaires* celles dont l'épaisseur du verre est supérieure à 1^{mm},3.

63. — **Halo.** — L'emploi du verre comme support de la couche sensible présente un inconvénient, qu'il est d'ailleurs facile de supprimer. Si la couche sensible reçoit l'image d'un point très éclairé, toute la lumière reçue

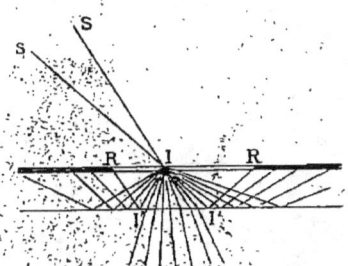

Fig. 74. — Formation du halo par réflexion.

Les rayons lumineux SI qui viennent former sur la couche sensible l'image du point I pénètrent en partie dans le verre-support et se réfléchissent sur sa face postérieure suivant l'R, de sorte qu'ils impressionnent la couche sensible en RR.

par cette image n'est pas absorbée par la couche sensible. Le point rayonne lui-même de la lumière dans toutes les directions. Une partie de cette lumière impressionne les grains de bromure d'argent voisins du point éclairé, de sorte que l'image définitive est immédiatement entourée d'une teinte dégradée : c'est le *halo par diffusion* ou *irradiation*, dont il semble difficile de se débarrasser. Une autre portion de cette lumière, après réflexion sur la face postérieure du verre, impressionne des grains de bromure d'argent situés à une certaine distance du point éclairé qui est ainsi entourée d'une sorte d'auréole : c'est le *halo par réflexion* (fig. 74).

Le halo par réflexion est d'autant plus marqué que le verre est plus épais, et la surface plus transparente.

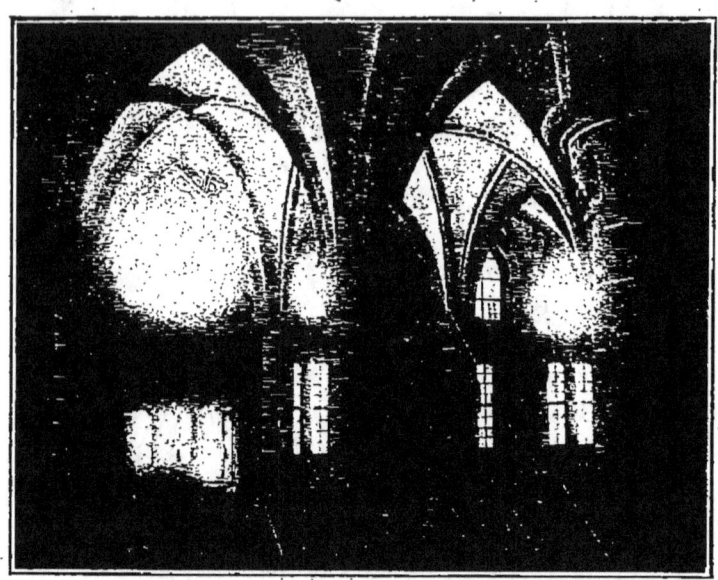

Fig. 75. — Halo photographique.

Si, au lieu de considérer un point lumineux, nous considérons un objet éclairé, les auréoles entourant chacun des points images des points constituant cet objet ne se verront pas ; mais l'image des contours de l'objet qui se détachent sur fond sombre manquera de netteté ; si on photographie un intérieur, les barreaux d'une fenêtre fortement éclairée disparaissent sur l'image ; ils semblent rongés ; on a l'habitude de désigner sous le nom de halo des accidents de nature bien différente : tout ce qui vient altérer, dit M. WALLON, par un voile local la pureté des images photographiques, ou, par une sorte de diffusion, la franchise des contours, est, de façon plus ou moins légitime, considéré comme du halo.

« Mais, dit M. Wallon, dans un intéressant mémoire [1], le halo par réflexion et l'irradiation sont-ils la seule cause des accidents qui nous occupent? En sont-ils même la cause principale? Au Congrès de 1900, notre très distingué collègue, M. Quentin, m'avait montré de très magnifiques photographies d'intérieurs, d'où le halo, qu'on semblait avoir provoqué comme à plaisir, était parfaitement absent; et M. Quentin m'avait dit n'avoir pris d'autre précaution que d'avoir protégé son objectif par un très grand parasoleil en carton. J'ai fait comme lui: j'ai fait adapter à un objectif un cône intérieurement noirci, profond de plusieurs centimètres, et juste assez ouvert pour ne pas réduire le champ, même en cas de décentrement, et j'ai pu, pendant deux mois, faire tous les contre-jours possibles sans avoir de halo sur plaques ordinaires. Je ne suis pas le seul qui ait fait l'expérience, ni le seul à qui elle ait réussi; et je suis bien près de croire que si nous n'avions à redouter que les halos réguliers, les halos scientifiques, nous n'aurions bien souvent pas grand chose à craindre.

Il me paraît en tous cas extrêmement probable que les accidents attribués au halo sont, dans la plupart des cas, imputables à la lumière diffusée et envoyée dans la chambre noire par les poussières, les traces de doigts, la buée, et autres aspérités du même genre qui se trouvent d'ordinaire sur les surfaces libres de nos objectifs, lesquels sont illuminés de tous côtés

---

[1]. *Le Halo*, mémoire présenté par M. Wallon à l'Union nationale des Sociétés photographiques, session de Chambéry.

depuis que les opticiens, pour des raisons que j'ignore, ont supprimé le parasoleil, qu'ils auraient mieux fait d'agrandir (*halo d'objectif*).

L'influence de cette diffusion n'est pas niable et peut d'ailleurs être mise en évidence d'autre façon; il suffit de photographier avec une jumelle stéréoscopique, dont un objectif seulement a été soigneusement nettoyé; la différence des deux images, au point de vue du halo, est frappante.

La surface frontale des objectifs n'est d'ailleurs pas seule en jeu; or, beaucoup de nos instruments modernes comprennent des verres plus ou moins hygroscopiques, où se dépose une fine buée, très facile à enlever par simple frottement avec un linge fin, mais dont la présence transforme vite la surface la mieux polie en surface diffusante.

Une autre cause encore d'accidents du même genre se trouve dans les images parasites, les réflexes, qu'il est bien difficile d'éviter, quand on opère à contre-jour, surtout avec les objectifs à lentilles indépendantes, qui commencent à se répandre beaucoup (35); là encore le parasoleil paraît être notre seule défense.

Et je ne parle pas de la lumière qui, diffusée par l'image, va se réfléchir sur les parois de nos chambres noires, dont la matité n'est pas toujours suffisante, non plus que des phénomènes de diffraction, qui pourraient bien jouer leur rôle. »

64. — Trois genres de remèdes efficaces peuvent être employés pour combattre le *halo de plaque, par réflexion :*

Le premier consiste à empêcher la lumière d'arriver au support; il suffit pour cela de placer entre lui et la couche sensible une sous-couche insensible à la lumière et opaque dont on puisse se débarrasser après la pose; tel est le principe des plaques antihalo du commerce. Tantôt la sous-couche est formée d'une émulsion opaque aux sels d'argent, très peu sensibles ou insensibles à la lumière, qui se dissolvent dans le bain de fixage rendant ainsi la sous-couche transparente; tantôt elle est formée de collodion coloré en rouge, parfois en vert, qui se décolore soit dans les bains de développement et de fixage, soit, après le fixage, dans des bains décolorants spéciaux variant avec les marques de plaques. Nous renvoyons le lecteur aux notices que renferment les boîtes de ces plaques pour la manipulation des plaques antihalo.

Le second, peu pratique, consiste à colorer soit le support, ce qui gêne pour le tirage des photogrammes, soit la couche sensible, de manière à absorber les radiations impressionnant le plus le bromure d'argent; c'est ce qui explique pourquoi les plaques orthochromatiques sont, jusqu'à un certain point, exemptes de halo.

Le troisième remède consiste à rendre impossible la réflexion sur la face postérieure du support en la recouvrant d'un enduit destiné à absorber la lumière; il faut que cet enduit adhère parfaitement au verre, forme contact optique, comme on dit, s'applique facilement et puisse être aisément enlevé.

Un des enduits les plus employés est celui dont la formule a été indiquée par M. Drouet:

Mélanger à sec 100 grammes d'ocre rouge ordinaire pulvérisée et 50 grammes de dextrine; ajouter 50 centimètres cubes d'eau et 5 centimètres cubes de glycérine, et remuer le tout; puis passer au travers d'un tamis à bouillon en toile métallique, en s'aidant d'un pinceau plat à poils durs. Cette pommade se conserve longtemps, surtout si on l'additionne de traces d'acide salicylique. Étendre cet enduit au dos des plaques, en évitant les stries ou les raies qui se traduiraient sur l'image par des différences d'intensité. Le séchage est assez lent : huit à dix heures dans une armoire, la couche sensible face au mur. On peut d'ailleurs utiliser immédiatement la plaque ocrée en protégeant cette pommade par une feuille de buvard.

Pour désocrer la plaque impressionnée et suivre plus facilement le développement, on place les glaces ocrées dans un panier-laveur qu'on rentre et sort plusieurs fois de la cuve pour chasser les bulles d'air qui feraient tache ; on laisse tremper dix minutes au moins ; on passe alors sous un robinet en promenant la main sur la couche d'ocre qui est entraînée par l'eau ; on rince sous le robinet et, pour terminer, on passe doucement un tampon d'ouate mouillé sur la face sensible, toujours sous le jet d'eau (BELLIENI).

La pommade de M. DROUET renfermant de la glycérine qui attire l'humidité, la dessiccation de la couche est assez longue. Aussi lui préfère-t-on souvent l'enduit préconisé par A. HÉLAIN, qui s'étend en couches minces et sèche très rapidement. Nous en donnons le mode d'emploi tel que M. HÉLAIN l'a décrit dans la revue la Photographie :

« Cet enduit est composé de :

Ocre rouge en poudre très fine	10 gr.
Dextrine	20 —
Eau contenant 1/10 de son volume d'alcool de bonne qualité	20 cc.

Bien mêler avec une baguette de verre ou de bois jusqu'à ce que la peinture soit parfaitement homogène. La préparer plusieurs heures avant l'emploi.

Il faut rejeter absolument les dextrines blanches et

s'en tenir à la dextrine gris jaunâtre, que l'on trouve chez tous les marchands de couleur. La proportion d'alcool ne doit, en aucun cas, être augmentée.

Eviter de préparer une trop grande quantité d'enduit, qui moisirait si on cherchait à le conserver longtemps. La quantité indiquée est suffisante pour trois à quatre douzaines de plaques 9 × 12 ou pour une surface équivalente.

L'enduit est étendu au moyen d'un pinceau un peu dur, aplati (brosse à peindre dite queue de morue). Il faut le choisir d'une dimension appropriée au format des plaques, assez petit pour qu'on ait quelque peine, avec la quantité de peinture qu'il contient, à garnir entièrement le dos d'une plaque. Il n'est pas nécessaire d'égaliser la couche outre mesure. L'essentiel est qu'elle soit *partout* très mince sans, bien entendu, qu'aucune partie du verre apparaisse à nu.

Avant d'employer ce procédé pour la première fois, le mieux est de s'exercer à étendre l'enduit sur une lame de verre, après l'avoir parfaitement nettoyée avec un chiffon imbibé d'alcool, pour la rendre aussi propre que le verso des plaques photographiques. Si l'opération a été bien conduite, la couche examinée par réflexion à travers le verre doit, *après complète dessiccation*, présenter l'aspect d'une sorte de miroir absolument régulier, tout à fait exempt de parties plus brillantes que les autres ou de petits dessins de forme quelconque. Quand ce résultat a été obtenu (il l'est toujours si le verre est propre et la couche suffisamment mince), le temps ne le modifie pas. On peut s'en assurer en examinant la lame de verre au bout de plusieurs mois : son aspect sera toujours le même.

On ne saurait trop recommander aux débutants de bien veiller à ce que leurs couches ocrées présentent les caractères que je viens d'indiquer : ce n'est qu'à cette condition que les enduits, quels qu'ils soient, préservent les plaques contre le halo.

Les plaques ocrées sont mises à sécher, soit verticalement comme des clichés, soit à plat. Je préfère personnellement cette dernière manière de les placer. Il est à peine besoin de faire remarquer que la couche sensible doit être posée sur un support non susceptible de l'altérer. Les papiers jaunes ou noirs, dans lesquels les plaques sont emballées par les fabricants, peuvent être recommandés pour cet usage, pourvu qu'ils aient été conservés à l'abri de la lumière du jour.

A la fin de la soirée, les plaques, parfaitement sèches, peuvent être réemballées dans les boîtes dont elles proviennent, qu'on a soin de garnir d'une bande de papier collée tout autour.

Bien que l'enduit soit résistant, il est bon de le séparer des ressorts des châssis par un léger carton ou par un papier replié plusieurs fois sur lui-même. Si l'on se sert d'un appareil à magasin, on fait glisser facilement les plaques ocrées dans les porte-plaques métalliques en plaçant derrière chacune d'elles un rectangle de papier à lettres glacé de mêmes dimensions, dont on a un peu arrondi les angles. Ce papier est entraîné par la couche ocrée, qui est rugueuse ; l'ensemble de la plaque et du papier glisse facilement sur le métal. La couche étant absolument sèche n'adhère nullement à ces papiers, qui peuvent reservir indéfiniment.

Une éponge humide suffit, à la rigueur, pour enlever la couche antihalo, avant de procéder au développement des plaques. Mais il est plus pratique, tout au moins quand il s'agit de plaques de petits formats, de se servir de feutres semblables à ceux sur lesquels on sert les verres de bière dans beaucoup de brasseries. Un de ces feutres, bien détrempé, est mis au fond d'une large cuvette contenant une mince couche d'eau. On y fait glisser dans tous les sens la surface ocrée, et l'enduit ne tarde pas à s'enlever. Cette opération peut être faite dans l'obscurité complète, en masquant sa lanterne. On s'aperçoit très bien que la couche est enlevée par la facilité avec laquelle le verre mis à nu glisse sur le feutre mouillé. Pour plus de sûreté, on essuie ensuite légèrement le dos de la plaque avec un tampon de papier Joseph, puis on procède au développement.

En ajoutant à la formule précédente 1 gramme de chlorure d'ammonium, on obtient un contact beaucoup plus intime avec le verre, même si on n'étend pas l'enduit en couches minces.

L'ocre rouge peut, bien entendu, être remplacé par d'autres colorants. Il résulte de comparaisons auxquelles s'est livré M. Hélain, que le noir de fumée doit lui être préféré dans les cas difficiles et lorsqu'il s'agit de plaques orthochromatiques. On l'emploie dans les proportions suivantes :

Noir de fumée	5 à 6 gr.
Dextrine jaune	50 —
Chlorure d'ammonium	3 —
Eau	45 à 50 cc.

Le noir de fumée est mouillé avec un peu d'alcool ; on ajoute la dextrine, puis l'eau dans laquelle le chlorure d'ammonium a été préalablement dissous. Il ne reste plus qu'à bien mêler en remuant avec une baguette de verre ou de bois jusqu'à obtention d'une peinture parfaitement homogène.

L'endossement de la plaque sensible au moyen d'un

enduit antihalo est accompagné de fréquents insuccès dont les plus fréquents sont les bavures, les éclaboussures ou les taches de doigts sur la face sensibilisée.

Le croquis de la figure 76, extrait de la revue *la Photographie*, donne l'idée d'un appareil facilitant

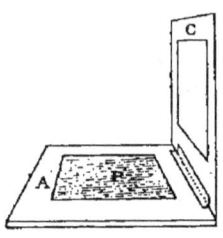

Fig. 76.

beaucoup cette opération. Une planchette pleine est recouverte de velours doux sur lequel repose la face sensible de la plaque photographique. Sur celle-ci vient se rabattre un cadre s'appliquant exactement sur ses bords et empêchant le passage du vernis sur la face inférieure de la plaque, surtout si l'on a garni d'une feuille de caoutchouc les bords intérieurs du cadre à charnière, qui fait alors du côté nu de la plaque le fond d'une sorte de cuvette dans laquelle est versé le vernis dont l'excès est aisément rejeté.

M. Huillard a décrit une presse à vis ou polissoir, transformée spécia-

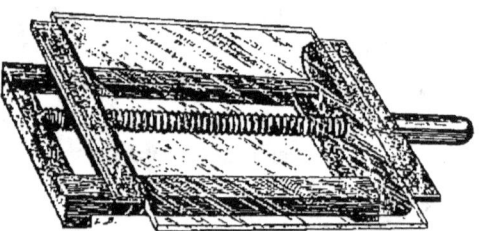

Fig. 77. — Presse à ocrer.

lement pour cet usage (*fig.* 77) : les deux bords, destinés à maintenir la plaque, sont prolongés d'environ 4 centimètres pour garantir la vis et la poignée ; les feuillures sur lesquelles repose la plaque ont une profondeur égale à l'épaisseur des plaques et une largeur d'à peine 2 millimètres, le bord étant coupé à 45°. La vis peut aisément se nettoyer.

On a proposé de remplacer les antihalos par des

feuilles adhésives, sortes de pellicules enduites d'une pommade colorée qu'on applique au dos de la plaque sensible en pressant avec un rouleau ; ces feuilles, transportables, peuvent servir plusieurs fois ; mais il est impossible d'obtenir avec ces feuilles adhésives un contact parfait ; elles constituent donc une solution très imparfaite.

65. — **Pellicules.** — Outre le halo, l'emploi du verre comme support de l'émulsion sensible présente d'autres inconvénients : son poids et sa fragilité. Aussi a-t-on essayé de le remplacer par divers supports transparents, inextensibles et incassables, aussi légers que possible : celluloïd, gélatine insoluble recouverte de collodion, collodion pur, etc. Les pellicules ne suppriment pas complètement le halo par réflexion : en diminuant l'épaisseur du support transparent, on réduit le diamètre de la couronne, mais on ne la fait pas disparaître.

Les pellicules, si elles présentent sur les plaques un certain nombre d'avantages, ont aussi leurs inconvénients : *le plus grave est leur faible durée de conservation*[1]. Le support réagit peu à peu sur l'émulsion sensible qu'il altère d'autant plus vite que la température est plus élevée. Leur manque de planéité nuit à la netteté de l'image et, enfin, elles coûtent plus cher que les plaques.

Néanmoins, on utilise beaucoup les pellicules à cause de leur légèreté et de la facilité que présentent les *pellicules en rouleaux* pour le chargement en plein jour.

66. — **Papiers négatifs.** — On étend parfois l'émul-

---

1. Si la température de l'endroit où elles sont dépasse 30°, elles perdent très rapidement leur sensibilité.

sion sensible sur papier. L'emploi du papier comme support présente les mêmes avantages de légèreté et d'incassabilité que la pellicule ; le halo de réflexion est radicalement supprimé avec le papier négatif, qui se prête très aisément à la retouche et qui, de toutes les surfaces sensibles, est la plus économique. Enfin, le papier est, de tous les supports, celui qui, pour une même émulsion, donne le maximum de rendement. La lumière qui a traversé l'émulsion sans être absorbée est en effet renvoyée, réfléchie par le papier, sur l'émulsion ; enfin le révélateur attaque la surface sensible étendue sur papier par les deux faces, à cause de la perméabilité du papier au support.

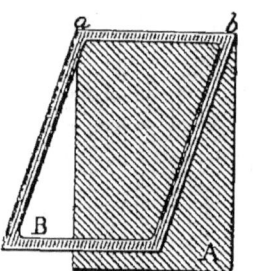

Fig. 78.

Il existe un grand nombre de modèles de *porte-papiers*[1] métalliques ou non pour la mise en châssis des papiers négatifs. Il est d'ailleurs facile, comme l'indique M. Delamarre dans sa brochure traitant des *négatifs sur papiers*, d'en fabriquer soi-même : une feuille de carton A (*fig.* 78), de force suffisante pour résister à la pression des ressorts du châssis, est coupée aux dimensions voulues ; on fabrique ensuite avec une autre feuille de carton mince, ou mieux de métal, un cadre B ayant 3 à 4 millimètres de côté, de même longueur et largeur que le carton A. On assemble le cadre B et le carton A au moyen d'une charnière en toile collée suivant *ab*; on constitue ainsi une sorte de portefeuille. Le papier négatif au bromure est placé, gélatine en dessus et bien à plat sur le carton A : on rabat

---

1. Ces porte-papiers peuvent aussi servir pour les pellicules.

par dessus le cadre B et on met le tout dans le châssis comme s'il s'agissait d'une plaque.

67. — Pellicules et papiers en bobines. — Pellicules et papiers sensibles peuvent être employés dans les châssis à rouleaux qu'un dispositif très simple permet de charger et décharger en plein jour : il suffit de

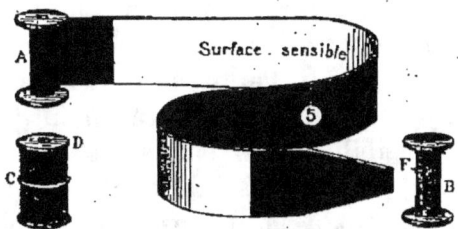

Fig. 79. — Surface sensible en bobines.

A, bobine sur laquelle est enroulée la surface sensible ; B, bobine réceptrice dans la fente F de laquelle s'engage la pellicule ; D, bobine chargée, fermée par le bracelet de caoutchouc C.

doubler le dos de la surface sensible avec une feuille de papier noir imperméable à la lumière, beaucoup plus longue, de sorte que la pellicule ou le papier étant enroulé sur une bobine soit recouvert de trois ou quatre épaisseurs de papier noir qui, avec les

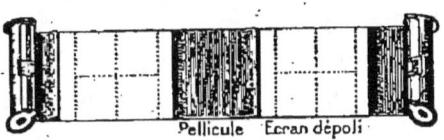

Fig. 80.

joues de la bobine, empêchent la lumière d'arriver jusqu'à la surface sensible (*fig.* 79).

Deux des principaux reproches adressés aux surfaces sensibles enroulées sur bobines, sont : 1° la difficulté de développer une des images enregistrées sans perdre les portions non impressionnées de la bande sensible ; 2° l'impossibilité de mettre au point. Un dispositif récemment breveté (*fig.* 80) obvie à ces deux inconvénients : la surface sensible, au lieu de constituer une bande continue, est formée d'une série de fragments découpés au format de l'appareil, fixés isolément au papier noir par des attaches gommées. Le papier noir support est, entre les parties opaques nécessaires à la protection de la pellicule après enroulement de chaque fragment, remplacé par un papier dioptrique ; celui-ci, remplaçant le verre dépoli, permet la mise au point de l'image avant chaque pose ; dans ce but, on munit l'appareil d'un volet mobile formant abat-jour pendant la mise au point.

68. — Sensibilités des émulsions au gélatinobromure. — La plupart des fabricants de préparations sensibles mettent à la disposition du photographe des émulsions de sensibilités différentes; certains fabriquent des émulsions de quatre sensibilités distinctes : 1° *ultra-rapides;* 2° *rapides;* 3° *peu rapides;* 4° *lentes.* Les plaques dites ultra-rapides, de sensibilité exaltée, sont de création récente ; leur rapidité est en général le triple de celle des plaques dites rapides. La plupart des photographes ont une fâcheuse tendance à utiliser exclusivement les préparations les plus rapides; plus une émulsion est sensible, plus la manipulation est délicate ; plus une préparation est lente, meilleur est le modelé des images qu'elle fournit; nous avons vu que les grains de bromure d'argent émulsionnés dans la gélatine sont d'autant plus gros que l'émulsion est plus rapide : les images sont d'autant plus fines et, par suite, supportent des agrandissements à une échelle d'autant plus grande qu'elles ont été obtenues sur une émulsion plus lente. Certes, il est agréable de voir une image s'inscrire en une fraction de seconde très faible (on a pu obtenir sur plaques rapides des images en 1/3000 de seconde); mais l'emploi de préparations plus lentes donne de bien meilleurs résultats. Chaque fois que l'on peut, sans inconvénient, prolonger le temps de pose, il faut donc avoir recours aux préparations peu rapides ou lentes (c'est le cas des reproductions, des paysages sans vent, au moment du lever ou du coucher du soleil par exemple).

69. — Sensibilité des émulsions aux couleurs ; plaques orthochromatiques. — Les émulsions sensibles ne sont pas impressionnées au même degré par les diverses lumières colorées dont est composée la lumière blanche. Les radiations *jaunes*, *vertes* et *rouges* qui impressionnent le plus l'œil, et par suite nous paraissent être les plus lumineuses, impressionnent les émulsions sensibles moins fortement que les radiations *bleues*, *violettes*, qui agissent moins vivement sur notre rétine, et *ultra-violettes*, que notre œil ne voit pas.

Le jaune, l'orangé, le rouge, qui sont les couleurs les plus brillantes pour notre œil, se traduisent par des teintes foncées sur un photogramme ; le bleu et le violet par des teintes claires. Si on photographie un dessin jaune sur fond bleu foncé, on obtient un dessin noir sur fond clair, c'est-à-dire l'effet inverse de celui produit par l'original sur notre œil. Un dessin *blanc* sur *fond bleu* donne un photogramme entièrement blanc sur lequel on ne peut distinguer aucun détail ; la photographie d'une surface *rouge* portant des dessins en *traits noirs* présente une teinte foncée à peu près continue sur laquelle on ne peut distinguer les traits du dessin.

L'inégale sensibilité de notre rétine et de l'émulsion au gélatinobromure aux diverses lumières colorées produit une différence notable entre l'effet rendu par la photographie et l'effet par lequel un graveur traduirait les mêmes tonalités. Ainsi un bouquet composé de violettes et de mimosas, où la couleur jaune attire et affecte vivement notre œil et, par contraste, fait apparaître plus sombre encore la couleur des violettes, est rendu, sur le photogramme définitif par une tonalité sombre pour les mimosas, un gris-clair pour les violettes ; assurément, un artiste ayant à fournir une image monochrome de ce même sujet eût représenté les mimosas par un gris très clair, les violettes par un gris très foncé. Sur le portrait, fait sur émulsion ordinaire, d'une personne blonde aux yeux bleus, le bleu de l'iris disparaît, se confondant avec le blanc du globe de l'œil et les cheveux blonds se traduisent par un placard noir ; la photographie d'un feuillage touffu représente les feuilles par des placards noirs sans aucun détail.

On pourrait, à la rigueur, atténuer ce défaut en donnant à chacune des lumières colorées émises par le sujet photographié le temps de pose qui lui est nécessaire pour donner une bonne impression : il suffirait de placer devant l'objectif un écran ne laissant passer que cette lumière colorée, à l'exclusion de toutes autres, et de faire de même pour chacune des lumières colorées. En pratique, trois poses successives avec trois écrans (procédé de la triple pose de M. Lippmann) suffisent. Mais c'est là un procédé très long et on préfère augmenter la sensibilité des émulsions aux diverses lumières colorées.

70. — Émulsions orthochromatiques. — En modifiant la sensibilité relative des émulsions aux diverses lumières colorées, on a pu obtenir des préparations sensibles permettant de reproduire photographiquement les diverses couleurs, de manière que les photogrammes obtenus produisent sur l'œil le même effet que les originaux. Vogel a montré qu'une *matière colorante incorporée à une émulsion*, en très faible quantité, *augmente la sensibilité de cette émulsion pour les lumières colorées qu'elle absorbe après s'être combinée aux bromures d'argent*. C'est ainsi que la *cyanine* sensibilise pour le rouge et l'orangé ; l'*érythrosine* pour le jaune, l'*éosine* pour le vert et le jaune, le *rouge quinoléine* pour le rouge et l'orangé, etc.

On peut orthochromatiser les préparations sensibles du commerce en les plongeant dans une solution diluée de la matière colorante et la faisant sécher ensuite, ces opérations devant se faire dans une pièce obscure. Mais il est préférable d'avoir recours aux préparations orthochromatiques du commerce.

On trouve des préparations sensibles orthochromatisées spécialement pour telle ou telle région du spectre : c'est ainsi qu'on trouve des préparations orthochromatiques dont la sensibilité au *jaune* et au *vert* a été exaltée ; d'autres, dont on a augmenté la sensibilité au *jaune* et au *rouge*. Enfin, depuis quelques années, on trouve des plaques dont la sensibilité aux diverses couleurs est comparable à celle de l'œil (émulsions *panchromatiques*).

71. — Les émulsions orthochromatiques gardent toutes une sensibilité exagérée pour le *bleu*, le *violet* et l'*indigo-violet*. Il est indispensable, pour que l'effet orthochromatique soit obtenu nettement, de diminuer l'intensité de ces lumières en les absorbant partiellement au moyen d'un *écran jaune* placé soit derrière, soit devant l'objectif. Il est indispensable, pour éviter toute déformation des images, que les faces de cet écran soient bien planes et parallèles. Pendant longtemps on a pris comme écrans des verres jaunes colorés dans la masse, plus ou moins foncés.

M. René Guilleminot et M. Monpillard ont montré que de tels écrans absorbent non seulement les radiations bleues et violettes, mais aussi en grande partie les radiations vertes et jaunes. L'emploi de tels écrans fausse donc les résultats et à tel point qu'on a pu accuser parfois — à tort — les plaques orthochromatiques de n'être pas sensibles au vert. Il faut donc abandonner les écrans en verre coloré dans la masse pour utiliser uniquement des écrans formés d'une couche de gélatine colorée étendue entre deux glaces à faces parallèles. La matière colorante qui donne les meilleurs résultats est l'*acide picrique*. Les écrans ainsi préparés peuvent être obtenus de nuances identiques grâce au dosage précis des substances entrant dans leur composition. Leur fabrication est très délicate et n'est guère à la portée du photographe; aussi le mieux est-il de se procurer ceux que l'on trouve dans le commerce. Il en existe généralement de quatre intensités différentes, numérotés 1, 2, 3, 4. Les écrans n° 2 conviennent pour la majorité des cas. Il est facile de se rendre compte de la valeur d'un écran coloré : il suffit de placer côte à côte, sur une surface blanche, des morceaux de papiers colorés respectivement violet, bleu, jaune, vert, de nuances aussi pures que possible. Les examinant à travers l'écran étudié, le jaune et le vert doivent apparaître très brillants; à travers les écrans en verre coloré dans la masse, le jaune et le vert paraissent gris plus ou moins foncé, comme le bleu et le violet.

Les figures 81 et 82, reproductions de phototypes de M. Monpillard, montrent nettement les avantages de la plaque orthochromatique employée avec écran jaune; la figure 81 montre ce qu'a donné la plaque ordinaire : les jaunes et les orangés sont traduits par des teintes allant du gris au noir ; il n'y a aucun détail dans les étamines ; le violet de la reine-marguerite est plus brillant que le jaune du chrysanthème. La figure 82

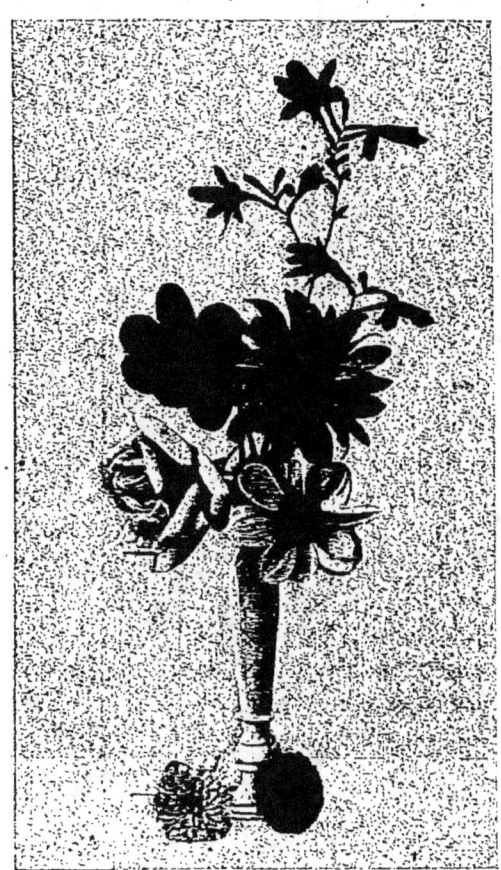

Fig. 81. — Plaque ordinaire. Pose : 2 secondes.

a été obtenue sur plaque orthochromatique avec emploi d'écran jaune devant l'objectif : les tonalités entre la reine-marguerite et le chrysanthème sont ramenées à leurs véritables valeurs respectives ; le jaune orangé du montbretia, traduit par une demi-teinte, est rendu d'une façon correcte.

L'emploi de l'écran présente quelques inconvénients :

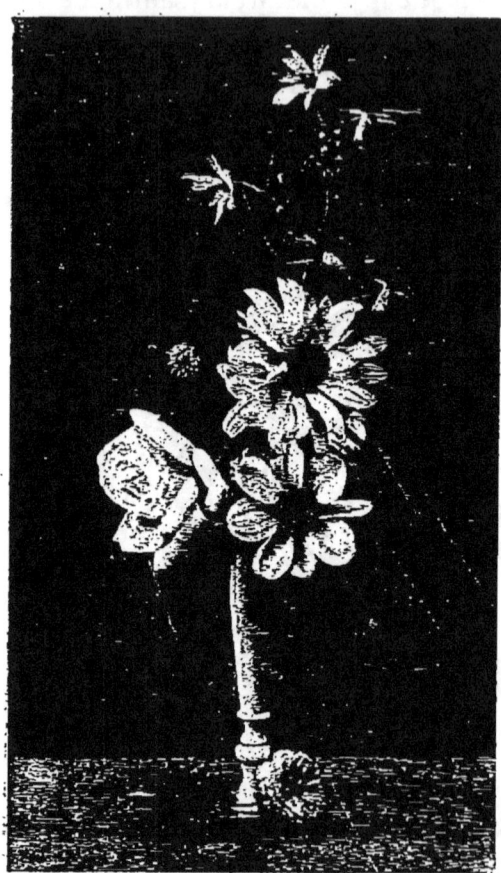

Fig. 82. — Plaque orthochromatique avec écran jaune n° 2.
Pose : 3 secondes.

les glaces entre lesquelles se trouve coulée la couche de gélatine colorée absorbent un peu de lumière ; la face d'entrée en diffuse ou réfléchit environ 8 %. Pour éviter ces pertes de lumière, certains fabricants teignent leur émulsion déjà orthochromatisée, avec de l'acide picrique ; c'est là l'artifice de fabrication

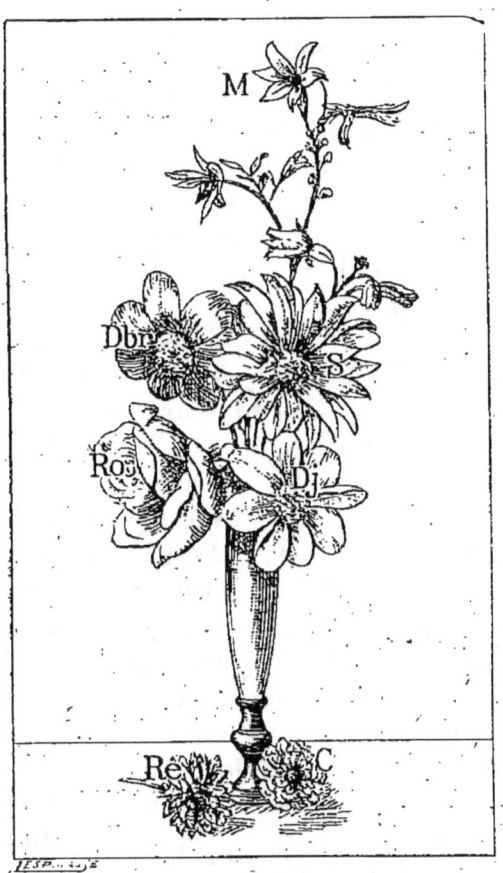

Fig. 83. — Schéma du bouquet des figures 81 et 82.
Ro, rose thé très claire ; Dj, dahlia simple jaune soufre ; Dbr, dahlia simple brun rouge très foncé ; M, moutbretia jaune orangé ; R, reine-marguerite de couleur violet mauve ; C, chrysanthème d'été jaune d'or ; S, soleil jaune d'or.

des plaques que l'on annonce comme pouvant être employées sans écran jaune.

Les préparations sensibles orthochromatiques ne

sont pas d'un prix beaucoup plus élevé que les préparations ordinaires ; il en existe qui sont à la fois orthochromatiques et antihalo. Les avantages incontestables que présentent ces plaques compensent largement leur légère augmentation de prix ; aussi ne saurions-nous trop recommander leur emploi presqu'exclusif ; les préparations ordinaires devraient servir uniquement aux reproductions de dessins et plans en blanc et noir. Comme nous le verrons, la manipulation des préparations orthochromatiques n'est guère plus délicate que celle des préparations sensibles ordinaires.

En tous cas, les préparations orthochromatiques doivent être utilisées toutes les fois que le sujet à reproduire comporte des couleurs telles que le vert, le rouge, qui impressionnent faiblement les préparations ordinaires. Sans parler des reproductions spéciales citées plus haut, telles qu'un dessin *blanc sur fond bleu* ou *noir sur fond rouge*, pour lesquelles les préparations orthochromatiques s'imposent sous peine de ne pas obtenir d'images, nous citerons quelques cas particuliers : pour les *paysages* on ne peut obtenir de détails dans les verdures que si on emploie des préparations orthochromatiques au jaune et au vert, avec interposition d'écran jaune faible devant l'objectif ; pour les *reproductions de tableaux*, il est indispensable, si on ne veut pas modifier l'effet qu'a voulu rendre l'artiste, d'utiliser des préparations panchromatiques, etc...

72. — Conservation des préparations sensibles. — Les préparations sensibles doivent toujours être conservées à l'abri de la lumière (ce qui est évident) et de l'humidité. La sensibilité des émulsions varie avec le temps ; elle semble augmenter les premiers jours suivant la fabrication pour décroître ensuite plus ou moins lentement. Nous avons vu que les pellicules se conservaient bien moins longtemps que les plaques ; il est bon de noter que les préparations sensibles se conservent d'autant moins longtemps qu'elles sont plus rapides. La perte de sensibilité des plaques de rapidité moyenne est assez peu accusée pour qu'on puisse encore obtenir d'excellents résultats avec des plaques ayant plusieurs années de fabrication.

Il est bon de savoir qu'un grand nombre de substances placées au contact ou au voisinage immédiat des préparations sensibles les impressionnent ; notons, en particulier, l'essence de térébenthine, la colophane, le zinc fraîchement décapé, certaines résines, certains vernis[1]. C'est ce qui explique pourquoi il ne faut pas laisser des plaques trop longtemps dans les châssis ou magasins d'appareils, surtout quand ils sont neufs : les plaques se voilent dans ces conditions. Il faut noter aussi que le papier, surtout s'il a été à la lumière, impressionne les préparations sensibles. Il ne faut donc jamais emballer de préparations sensibles, qu'elles soient impressionnées ou non, dans du papier qui n'est pas depuis un certain temps conservé à l'obscurité. Le mieux est d'utiliser les papiers noirs qui entourent les plaques ou pellicules dans les boîtes d'origine. Le fabricant a pris toutes précautions voulues pour que ces papiers n'agissent plus sur les préparations sensibles. S'ils doivent servir à des remballages, il faut avoir soin de les garder dans l'obscurité absolue.

---

[1]. On trouvera dans l'ouvrage Le Radium, par G.-H. NIEWENGLOWSKI (H. Desforges, éditeur), un chapitre sur l'action qu'exercent un certain nombre de substances sur la plaque photographique.

CHAPITRE VI

Le laboratoire

73. — Il est assez difficile de donner une description complète d'un laboratoire de photographie dont la grandeur et le nombre des pièces dont il se compose dépendent naturellement de l'importance des travaux qui doivent y être effectués. Nous ne pouvons donc donner que des indications générales.

Il est d'une grande utilité de pouvoir disposer de deux pièces : l'une, le *laboratoire clair* destiné à la préparation des bains et aux manipulations photographiques qui peuvent se faire en pleine lumière ; l'autre, le *laboratoire obscur* destiné aux manipulations qui doivent se faire dans l'obscurité. Les deux laboratoires doivent être *tenus très proprement* et, en particulier, pouvoir être débarrassés facilement de la poussière. Le seul moyen permettant de supprimer la poussière est de pouvoir laver à l'eau murs, plafond, plancher. En ce qui concerne les murs et le plafond, on doit donc les faire peindre à l'huile, ce qui permet de les nettoyer de temps à autre avec une éponge mouillée ; il faut choisir de préférence une teinte claire[1], même pour le laboratoire obscur, contrairement à ce qu'on pense habituellement. Afin de pouvoir laver fréquemment le parquet, s'il est en bois,

---

1. A base de blanc de zinc ; il faut rejeter l'emploi de la céruse.

il faut l'imperméabiliser ce que l'on obtient en le paraffinant : on commence par obturer toutes les fentes ou fissures au moyen d'un mastic convenable [1] ; puis on coule sur le parquet de la paraffine bouillante, de manière à avoir une couche de deux à trois millimètres d'épaisseur. Après refroidissement, on rabote avec une raclette et on frotte légèrement à la paille de fer pour enlever l'excès de paraffine, qui peut resservir. La paraffine n'étant attaquée par aucun acide ou alcali, ce paraffinage dure plusieurs années. Il permet le nettoyage au moyen d'un linge humide et il suffit, après le lavage, de passer au chiffon de laine pour donner un beau brillant au parquet.

Les tables et tablettes, rayons, sur lesquels risquent d'être renversés des produits, sont avantageusement noircis par le procédé suivant, l'enduit obtenu résistant à la plupart des produits employés journellement.

On prépare les deux solutions :

A. Chlorure cuivrique	75
Chlorate de potasse	65
Eau	1000 cc.
B. Chlorhydrate d'aniline	150
Eau	1000

qui sont employées bouillantes.

---

[1]. Le mastic suivant est celui qui semble convenir le mieux :

Blanc d'Espagne	540
Colle forte	180
Terre de Sienne	150
Terre d'ombre	110
Terre calcinée	20

Si le parquet est ciré, on commence par enlever toute la cire en le passant à la paille de fer ; on applique le mastic avec un couteau à mastiquer, en traçant des rainures sur sa surface, pour faciliter l'adhésion de la paraffine, qu'on coule après avoir laissé le mastic sécher quarante-huit heures.

On applique au pinceau une couche de la première solution A, de sorte que le bois soit bien mouillé. Lorsque la plus grande partie du liquide est absorbée, et avant dessication complète, on donne de la même manière une couche de la seconde solution B. Le lendemain, on lave à grande eau et on fait de nouvelles applications successives de A et de B en lavant abondamment chaque fois. Ces opérations sont renouvelées trois ou quatre fois. Le bois prend alors une teinte noire un peu verdâtre. Quand il est sec, on applique de l'huile de lin au tampon, en frottant énergiquement afin qu'il ne reste que très peu d'huile sur le bois qui devient d'un beau noir franc.

74. — Laboratoire obscur. — Les dimensions du laboratoire obscur doivent être suffisantes pour que l'on puisse facilement s'y remuer et pour qu'on puisse disposer autour de soi tout ce dont on peut avoir besoin ; il faut disposer d'une pièce d'au moins 3 mètres × 2 mètres pour être à peu près à l'aise.

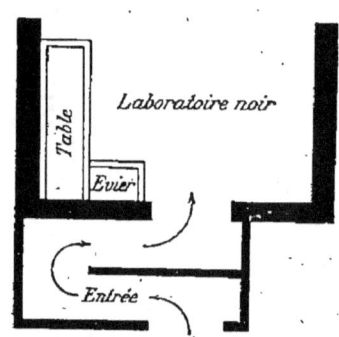

Fig. 84. — Couloir à chicanes.

La condition essentielle d'un laboratoire obscur est de ne pas laisser pénétrer la moindre trace de lumière extérieure. On s'assure que cette condition est remplie en s'enfermant dans l'intérieur et y restant quelque temps, en plein jour. Au bout d'un quart d'heure — temps nécessaire pour habituer l'œil à l'obscurité — on examine de tous côtés si quelque fente ou quelqu'ouverture ne laisse pas passer un peu de lumière. S'il existe la moindre fissure, il faut la boucher soit au moyen de mastic, soit en collant un peu de papier noir. Il est bon de pouvoir entrer et sortir à volonté sans laisser pénétrer la lumière extérieure. Aussi est-il bon, chaque fois que la place le permet, d'installer une sorte de couloir en chicane faisant communiquer le laboratoire obscur avec le laboratoire clair, permettant d'aller et venir sans avoir de porte à ouvrir et sans laisser pénétrer la lumière (*fig.* 84). Il est prudent de peindre en noir mat les murs de ce couloir.

75. — AÉRATION DU LABORATOIRE OBSCUR. — Le laboratoire obscur doit, autant que possible, pouvoir être aéré ou éclairé par une petite fenêtre tournée de préférence au nord : il est bon que cette petite fenêtre soit munie d'un carreau en verre dépoli qu'on puisse masquer au moyen d'une planchette opaque glissant entre deux rainures. Il est en effet indispensable de pouvoir éclairer largement le laboratoire pour le nettoyer fréquemment ; la fenêtre peut d'ailleurs aussi être utilisée à l'impression de certaines préparations sensibles. Le châssis de la fenêtre doit, bien entendu, être disposé de manière que la fenêtre fermée, recouverte de la planchette opaque, ne laisse pas passer le moindre filet de lumière.

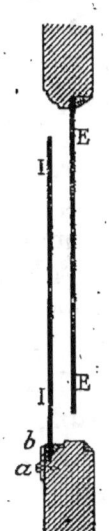

FIG. 85.

Surtout lorsqu'il est de faibles dimensions, le laboratoire doit être muni d'un dispositif permettant l'aération continue. Le plus simple est celui qu'a indiqué le Docteur CASTAING pour l'aération des chambres à coucher; il suffit de remplacer les glaces par des planchettes de bois ou de métal peintes en noir mat. Ce dispositif (*fig.* 85) consiste à faire à la partie supérieure de la pièce à aérer une ouverture donnant dehors et garnie de vitres doubles formées de deux glaces parallèles et très rapprochées (10 à 12 millimètres entre les deux) mais incomplètes : la glace extérieure *EE* laissant un espace libre par le bas (3 centimètres de hauteur), la glace intérieure *II* un espace semblable par le haut. Les deux vitres forment ainsi un couloir étroit, dans lequel l'air du dehors s'engage par la partie inférieure pour ressortir en haut, dans l'intérieur de la pièce, au voisinage du plafond. Cette disposition permet à l'air de se renouveler partout également d'une façon incessante et à l'air nouveau de se diffuser très régulièrement sans produire nulle part de courant incommode ou dangereux. De plus, en raison de l'étroitesse et de la longueur du couloir que l'air doit traverser, elle empêche la pénétration de la pluie. Si les parois intérieures de ce couloir sont peintes en noir mat, la lumière ne peut pénétrer dans le laboratoire, à cause du chemin sinueux à parcourir et de l'absorption par la couche de noir.

76. — DISPOSITION INTÉRIEURE DU LABORATOIRE. — Dans le laboratoire obscur doit se trouver, autant que possible, un évier destiné au développement, placé à 1 mètre au-dessus du sol, de manière à pouvoir facilement travailler debout. On peut employer un évier en terre vernissée ou en tôle émaillée ; mais le mieux est d'avoir un évier en bois doublé de plomb, facile à confectionner : on fait, en hêtre ou en chêne, une sorte d'auget ayant $0^m,10$ environ de profondeur; $0^m,40$ à $0^m,60$ de large, et une longueur en rapport avec les dimensions du laboratoire ($0^m,60$ au minimum); après avoir enduit le bois d'huile de lin bouillante, ce qui l'empêche d'absorber les liquides et, par suite, évite les gondolements, on garnit de plomb l'intérieur de l'auget. Le mieux est d'employer une feuille mince de plomb, dite *plomb d'étiquettes* qui se moule très

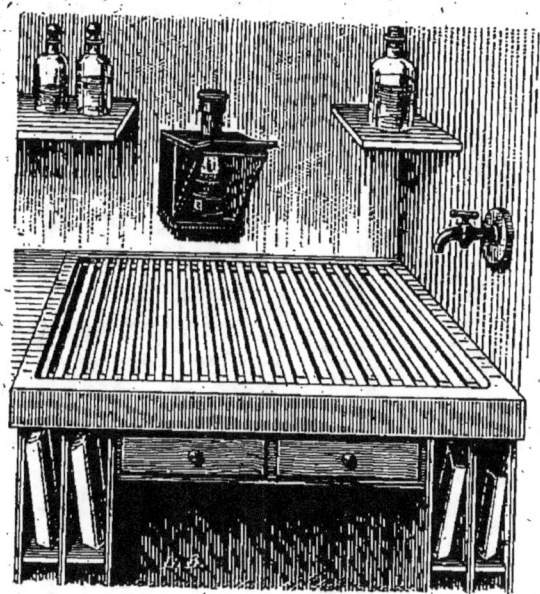

Fig. 86. — Évier pour développement.

facilement sur les parois intérieures de l'évier et qu'il est inutile de souder aux angles; au lieu de couper les coins, on les replie contre la paroi. Il faut donner à l'évier une légère pente (0^m,03 par mètre) dans la direction du tuyau de décharge. Au-dessus de l'évier (*fig.* 86), on dispose une claie mobile sur laquelle, lors du développement, on pose les cuvettes. Celles-ci, durant l'intervalle des emplois, sont logées dans des casiers placés au-dessous de l'évier. Au-dessus de l'évier, selon sa grandeur, doivent être placés un ou plusieurs robinets amenant l'eau d'un réservoir ou de la canalisation de la ville, si on a la fortune de disposer déjà d'une distribution d'eau. Il est bon de munir l'un des robinets d'une pomme d'arrosoir, afin d'obtenir un jet très divisé. Si l'eau arrive sous une certaine pression, il faut diminuer cette pression soit au moyen d'un de ces *brise-jet* qu'on trouve dans le commerce, soit, mieux, au moyen du dispositif suivant indiqué par M. Rivé : on fait souder à l'orifice du robinet un bout de tuyau à gaz en plomb, de 25 à 30 centimètres de longueur, et recourbé comme l'indique la figure 87 ; l'eau sort en un cylindre qui vient s'étaler sur l'évier sans la moindre éclaboussure.

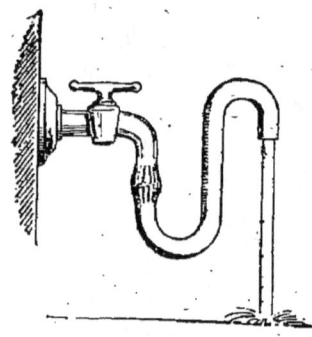

Fig. 87.

De part et d'autre de l'évier sont disposées des planches à même hauteur, formant tables. Diverses tablettes permettent d'avoir sous la main les flacons contenant les divers produits destinés au développement. Une armoire, fermant à clef, est destinée à renfermer les préparations sensibles, si toutefois le laboratoire obscur n'est pas humide.

77. — Éclairage du laboratoire obscur. — Nous avons vu (69) que les émulsions au gélatinobromure ordinaires sont peu sensibles aux lumières *jaune*, *verte* et *rouge*. C'est à cause de ce peu de sensibilité qu'on peut éclairer le laboratoire obscur avec une lumière d'une couleur telle, qu'elle impressionne peu les préparations sensibles dont on fait usage. Pour obtenir un tel éclairage, il suffit de tamiser, au moyen d'un écran convenable, la lumière provenant de n'importe quelle source. La manipulation des surfaces sensibles s'effectue pendant un temps suffisamment court et à une distance suffisante de la source lumineuse pour qu'elle ne les impressionne pas d'une façon appréciable. La lumière du jour n'est pas à recommander pour l'éclairage du laboratoire ; son intensité, trop variable, ne permet pas de juger régulièrement la valeur des images. Les sources artificielles doivent donc être employées de préférence. Toutes peuvent être utilisées : la lampe à incandescence constitue la source lumineuse la plus commode, à cause de la facilité d'allumage et d'extinction ; le gaz (surtout les becs à incandescence de petite dimension), le pétrole, l'essence, peuvent être employés à volonté. La bougie présente des inconvénients : elle donne un éclairage peu intense, et brûle trop rapidement à cause de l'échauffement de la lanterne ; la mèche est assez vite mise à nu sur une grande longueur ; de la bougie coule partout et la flamme fume. Aussi remplace-t-on la bougie par de la paraffine ou de la stéarine comprimée placée, avec une mèche, dans un petit godet métallique ; on trouve aussi de petites lampes à essence ou à huile (*fig.* 88) destinées à remplacer les bougies et disposées de manière à pouvoir être placées dans les chandeliers des lanternes.

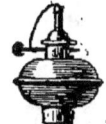

Fig. 88.

Quelle que soit la source lumineuse dont on dispose, elle est enfermée dans une lanterne rigoureusement close, et dont une ou plusieurs parois sont munies d'écrans ou filtres de lumière ne laissant passer que les radiations impressionnant faiblement les préparations sensibles. Un des types les plus répandus de lanterne est celui représenté par la figure 89 ; la partie antérieure, inclinée, est munie d'un verre co‑

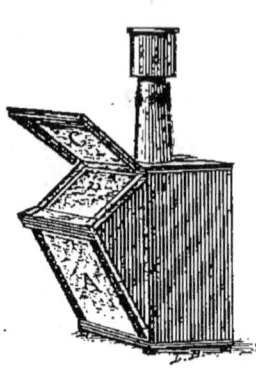

FIG. 89.

lorée en A (rouge généralement) et d'un verre d'une autre couleur B (jaune) qu'on peut cacher à volonté avec le volet métallique C. On fait aussi des lanternes de forme carrée, très pratiques, qui peuvent s'adapter à n'importe quelle source de lumière (*fig.* 90), et permettent de changer facilement les écrans colorés destinés à tamiser la lumière.

Pendant longtemps, on a employé exclusivement, pour la manipulation des préparations au gélatino‑bromure, l'éclairage rouge obtenu au moyen de verres

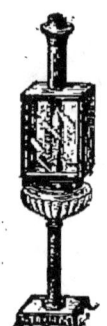 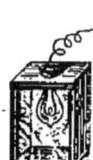 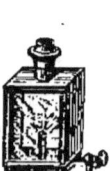 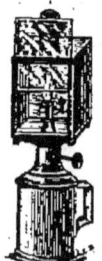 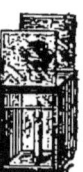

FIG. 90. — Lanterne permettant l'emploi de n'importe quel mode d'éclairage.

rouge-rubis; la plupart des verres de cette couleur laissent passer, outre de la lumière orangée ou rouge, un peu de lumière bleue et violette; aussi est-il prudent de les doubler d'un verre jaune-orangé qui arrête le bleu et le violet. La lumière rouge présente deux inconvénients assez importants : elle fatigue rapidement l'œil et le séjour fréquent dans un laboratoire éclairé à la lumière rouge amène souvent des maladies assez graves, comme on a pu le constater chez les ouvrières employées dans les fabriques de préparations sensibles; examinant, par transparence, à la lumière rouge une image photographique, les contrastes entre les blancs et les noirs sont accentués, à cause du peu de sensibilité de l'œil à cette lumière; on est donc trompé sur la valeur de l'image [1]. Aussi, depuis quelques années, remplace-t-on le verre rouge-rubis par un verre vert doublé d'un vert jaune le plus souvent dépoli. Les verres de couleur verte laissent généralement passer la lumière jaune et verte et un peu de lumière bleue; il faut choisir un verre d'une couleur vert-jaunâtre [2] et l'essayer comme nous l'indiquerons (78). Un tel éclairage permet de juger plus exactement les contrastes d'une image. Mais il est assez difficile de trouver dans le commerce de bons verres verts convenant à cet éclairage. En outre, les nouvelles plaques *ultra-rapides* que l'on a mises dans le commerce depuis 1902 sont voilées par la plupart des éclairages rouge ou vert jaune. Aussi actuellement emploie-t-on presque exclusivement un éclairage jaune obtenu en tamisant la lumière au moyen de papiers teints au moyen de matières colorantes convenablement choisies. En 1899, MM. Charles HENRY et Jules COURTIER, dans

---

1. C'est la principale raison pour laquelle les débutants arrêtent trop tôt le développement, et c'est ce qui fait dire souvent que le fixage affaiblit l'image.

2. Certains auteurs indiquent à tort la dénomination de verre *vert cathédrale* pour désigner la nuance à choisir, oubliant qu'on appelle verre cathédrale un verre strié qui se fait en toutes couleurs : il existe des verres cathédrale bleus, violets, etc.

un intéressant travail, ont montré que de tels papiers, quoique laissant passer beaucoup moins de lumière que le verre rouge, donnent un éclairage beaucoup plus intense, permettant de lire son journal, sans fatigue. Un tel papier laisse passer beaucoup moins de lumière jaune qu'un verre rouge, même foncé, laisse passer de lumière rouge; mais la sensibilité visuelle est environ vingt fois plus grande en lumière jaune qu'en lumière rouge, c'est-à-dire que l'œil qui perçoit certains détails avec une lumière jaune d'une intensité déterminée ne perçoit les mêmes détails avec une lumière rouge que si elle est vingt fois plus intense. Ces papiers, qui portent le nom de papier à l'*anactinochrine* et de papier *actinivore* selon le fabricant, ont une teinte jaune parfois orangée. On place une (anactinivore) ou deux (anactinochrine) feuilles de papier teint entre deux feuilles de verre incolore que l'on borde avec du papier ou de la toile gommée, de manière à éviter tout contact de liquides et à permettre le nettoyage.

La manipulation de préparations orthochromatiques doit se faire en lumière de la couleur à laquelle elles sont le moins sensibles : en lumière rouge pour les émulsions à sensibilité exaltée pour le jaune et le vert ; en lumière verte pour les émulsions sensibles au jaune et au rouge ; quant aux plaques panchromatiques, la couleur à laquelle elles sont le moins sensibles étant variable avec la marque, il faut s'en rapporter aux indications du fabricant, le plus généralement, c'est la lumière verte qui leur convient.

Il est bon de se rappeler que la sensibilité des plaques est beaucoup plus grande à l'état sec qu'à l'état humide. On doit donc effectuer le chargement et le déchargement des châssis, ainsi que la mise dans le bain de développement, aussi loin que possible de la lanterne.

78. — Essai pratique de l'éclairage. — Quel que soit le mode d'éclairage choisi, il est bon de l'essayer. On introduit, en pleine obscurité, une des préparations sensibles qu'on doit utiliser dans un châssis négatif dont on referme le volet. On allume la lanterne et on place le châssis à la distance de la lanterne ($0^m,50$ généralement) à laquelle on se propose de faire les manipulations et on ouvre le volet à moitié de manière que la surface sensible regarde la lanterne. Au bout d'un quart d'heure, on retire la plaque du châssis et on la plonge dans un révélateur (oxalate ferreux, de préférence). Si la moitié exposée ne noircit pas, c'est que l'éclairage est bon ; si elle noircit, c'est que la lumière venant de la lanterne agit sur la préparation sensible ; il faut donc changer les écrans colorés qui tamisent la lumière.

79. — Laboratoire clair. — Le laboratoire clair doit, autant que possible, être muni d'un évier et, si faire ce peut, d'un robinet d'eau, comme le laboratoire obscur. Au-dessus de l'évier, on installe un séchoir pour la verrerie. Le plus simple est d'implanter dans une planche des chevilles de bois inclinées sur lesquelles on place les ballons à égoutter.

C'est aussi dans le laboratoire clair qu'on place un dispositif destiné au séchage des photogrammes sur papier. Le dispositif le plus simple consiste en un cadre incliné sur le mur d'environ 30° (*fig.* 91), entre deux côtés duquel on tend des ficelles horizontales ; ce cadre est placé de préférence au-dessus de l'évier, afin que les liquides qui tombent des photogrammes ne tombent pas sur le parquet.

Une table placée près de la fenêtre est destinée au

pupitre à retouche, au découpage et calibrage des photogrammes; une autre table est réservée à leur collage. Une table ou un rayon sert de support à la balance et est exclusivement réservée à la pesée des produits. Une armoire est réservée aux surfaces sensibles, une autre aux produits chimiques. Une armoire

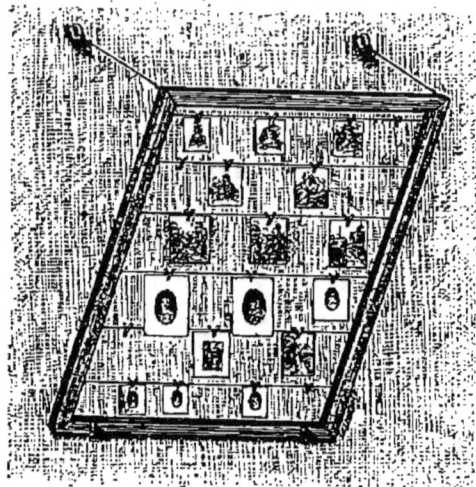

Fig. 91. — Séchoir pour photogrammes.

ou un meuble disposé à cet usage, contient les phototypes achevés qui sont soigneusement classés.

Chacun aménage d'ailleurs son ou ses laboratoires clairs, selon son goût, selon la surface dont il dispose et selon la disposition des locaux.

80. — Matériel du laboratoire. — Cuvettes. — Les divers traitements que doivent subir les surfaces sensibles se font dans des cuvettes plates et rectangulaires, au choix desquelles il faut apporter un certain soin.

Les cuvettes se font en porcelaine, en faïence, en

verre, en carton, en gutta-percha, en celluloïd, en aluminium, en tôle émaillée.

Les cuvettes en porcelaine (*fig.* 92) et les cuvettes en verre (*fig.* 93) sont les plus faciles à nettoyer; la moindre tache se voit aisément et il suffit de frotter un peu pour la faire disparaître ; la faïence absorbe assez facilement les liquides ; aussi les cuvettes en faïence sont-elles difficiles à nettoyer; leur seul avantage est d'être d'un prix moins élevé.

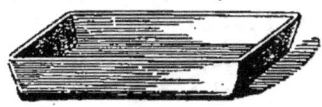

Fig. 92. — Cuvette en porcelaine.

Les cuvettes en porcelaine, verre ou faïence sont assez fragiles, et d'un poids assez grand ; aussi fait-on, surtout pour le voyage, des cuvettes en carton durci, en aluminium et en celluloïd. La légèreté des cuvettes en celluloïd leur enlève toute stabilité; leur facile inflammabilité, leur déformation sous l'influence de la moindre élévation de température, leur solubilité dans l'alcool, l'acétone, etc., produits d'un emploi assez fréquent, doit en faire rejeter l'emploi. Les cuvettes en aluminium présentent l'avantage d'être très légères et incassables ; si l'aluminium est à peu près inaltérable à l'air, il est, malheureusement, facilement attaqué par nombre de réactifs, en particulier, toutes les solutions acides des sels de cuivre, d'argent, de mercure, d'or, l'eau acidulée, soit, à peu de chose près, la totalité de bains employés en photographie, détruisent irrémédiablement tout récipient

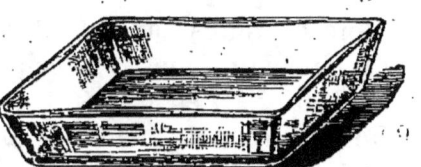

Fig. 93. — Cuvette en verre.

en aluminium; l'emploi de cuvettes en aluminium doit donc être rejeté. Il n'en est pas de même des cuvettes en carton durci qui peuvent rendre de grands services (*fig.* 94); elles sont formées d'une feuille de carton durci recouvert d'un enduit imperméable noir ou blanc. Cet enduit s'écaille à la longue et le carton, mis à nu, absorbe une partie des solutions mises dans la cuvette; aussi le nettoyage est-il aussi difficile que pour les cuvettes en faïence; il est bon d'affecter, pour cette raison, chaque cuvette de carton ou de faïence, à l'emploi exclusif d'un bain déterminé; si on emploie de telles cuvettes il est bon, dans ce but, de les choisir munies d'inscriptions indiquant leur spécialisation. Les cuvettes en carton durci, à cause de leur légèreté, sont très commodes pour le voyage; on trouve des séries de quatres cuvettes pour le même format, s'emboîtant les unes dans les autres, ce qui facilite leur transport. L'emploi des cuvettes de carton est aussi très avantageux quand il s'agit de manipuler des surfaces sensibles de grand format (agrandissements par exemple).

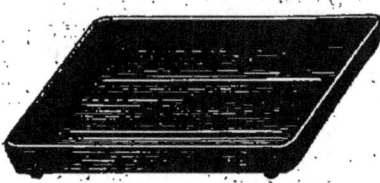

Fig. 94. — Cuvette en carton durci.

La tôle émaillée paraît, au premier abord, réunir toutes les qualités; solidité, résistance aux acides, stabilité; elle présente cependant deux défauts importants, communs d'ailleurs à tous les récipients émaillés : l'inégalité de surface du fond d'une part, et, d'autre part, le peu de solidité de la couche d'émail qui ne tarde pas à se détacher par place, laissant à nu le fer qui altère la plupart des solutions; néanmoins ces cuvettes sont avantageuses pour l'emploi des bains qui doivent être utilisés à chaud, parce qu'on peut, sans inconvénient, les placer au-dessus d'une source de chaleur.

On fait des cuvettes dont le fond est muni de séparations destinées à permettre de traiter, dans une seule cuvette, plusieurs surfaces sensibles, sans risquer de les voir glisser les unes sur les autres ; de telles cuvettes sont plus difficiles à nettoyer que celles à fond uni ; aussi est-il préférable d'utiliser dans ce but les séparations mobiles en verre ou en celluloïd qu'on trouve dans le commerce.

Les cuvettes destinées aux usages photographiques doivent être entretenues et nettoyées avec le plus grand soin. Généralement un bon lavage à l'eau tiède suffit, surtout s'il est fait aussitôt après l'emploi ; une brosse ou une éponge facilitent le nettoyage. Si l'eau tiède ne suffit pas à bien les décrasser, on lave à l'eau acidulée par l'acide chlorhydrique (1/10e en volume d'acide chlorhydrique ordinaire du commerce ; soit 100 centimètres cubes d'acide et 900 centimètres cubes d'eau) qu'on laisse séjourner quelques instants dans la cuvette ; on frotte avec une brosse ou une éponge et on rince deux ou trois fois à l'eau pure, de manière à enlever toute trace d'acide [1].

On trouvera dans les Formules et Recettes qui terminent ce volume, la manière de réparer les cuvettes en faïence et en carton.

81. — INSTRUMENTS DE MESURE. — Le photographe doit posséder une bonne balance ; le type dit Roberval est celui qui convient le mieux ; il suffit d'une

---

[1]. Les cuvettes en tôle émaillée ne peuvent être ainsi traitées que si l'émail est intact sur toute la surface.

balance pouvant peser 500 grammes ou un kilog. Il existe des balances dites automatiques, sans poids, dont la précision est suffisante pour les usages photographiques. Il est bon de noter que les produits à peser ne doivent jamais être mis à même sur les plateaux, mais sur un morceau de papier lisse et propre. Les mesures de volumes des liquides se font au moyen d'éprouvettes ou de gobelets gradués; ces derniers (*fig.* 95) sont plus faciles à nettoyer. Il est bon d'en avoir plusieurs : un de 1000 centimètres cubes, un de 500 centimètres cubes, un de 250 centimètres cubes et un de 125 centimètres cubes. Les mesures graduées doivent toujours être tenues bien propres et rincées à l'eau pure chaque fois qu'on vient de s'en servir.

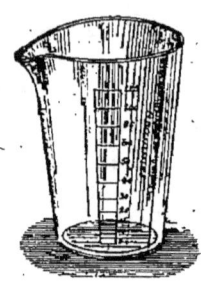

Fig. 95.

82. — Entonnoirs; flacons et bocaux. — Les entonnoirs destinés au transvasement ou à la filtration des liquides doivent être pris en verre afin de pouvoir être facilement nettoyés; les entonnoirs en carton durci ne sont utilisés qu'exceptionnellement, en voyage. Le photographe doit posséder un assortiment assez varié de flacons et de bocaux.

Les produits solides ne doivent jamais rester dans des sacs en papier, mais être placés dans des bocaux en verre, ou mieux en grès; il existe des bocaux en grès avec fermeture hermétique qui sont très pratiques pour la conservation des produits s'altérant à l'humidité.

Les produits liquides sont mis dans des flacons bouchés au liège et non à l'émeri; les bouchons de liège sont, au besoin, paraffinés; les produits tels que l'ammoniaque, la lessive de soude, qui attaquent le liège, sont bouchés avec des bouchons de caoutchouc; seuls quelques acides sont mis dans des flacons bouchés à l'émeri.

Le nettoyage des bocaux, flacons et entonnoirs se fait, comme celui des cuvettes, avec de l'eau acidulée par l'acide chlorhydrique.

Les flacons et bocaux contenant des produits solides ou des solutions doivent être soigneusement étiquetés. Le mieux est d'écrire les inscriptions à l'encre de Chine sur du bon papier; il est bon d'inscrire sur les flacons contenant des produits solides, leurs coefficients de solubilité, sur les solutions, la formule de leur préparation.

Les étiquettes sont collées à la gomme arabique additionnée d'une petite quantité de sulfate d'alumine : on dissout 2 grammes de sulfate d'alumine dans 20 centimètres cubes d'eau et on ajoute cette solution à 250 grammes de mucilage de gomme (gomme, 2; eau, 5[1]).

Lorsque l'étiquette est collée on attend quelques jours pour que la colle soit bien sèche et on paraffine : on étend au moyen d'un pinceau une couche mince de paraffine fondue sur l'étiquette; lorsqu'elle est refroidie, au moyen d'un grattoir ou d'un canif on enlève l'excès de paraffine qui dépasse les bords de l'étiquette.

Nous aurons l'occasion de citer d'autres accessoires de laboratoire que nous décrirons au fur et à mesure que nous en indiquerons l'usage.

---

1. Le mucilage de gomme se prépare en laissant macérer pendant deux ou trois jours 100 grammes de gomme arabique avec 250 centimètres cubes d'eau et chauffant ensuite au bain-marie.

CHAPITRE VII

Préparation des solutions et bains photographiques

83. — L'eau. — De la préparation judicieuse des bains photographiques, dépend beaucoup la perfection des images produites. Aussi, croyons-nous utile d'insister sur quelques précautions dont la plupart sont rarement observées et d'indiquer un mode de préparation rapide de tout bain.

L'une des premières conditions est d'employer une eau convenable. En réalité, il n'est pas indispensable d'employer pour tous les usages photographiques de l'eau rigoureusement pure, de l'eau distillée. On peut donc utiliser à défaut d'eau distillée ou d'eau de pluie, l'eau d'une source ou d'un puits.

Mais il est indispensable d'utiliser une eau exempte de matières organiques; rappelons qu'on reconnaît leur présence dans une eau en versant dans une petite quantité de cette eau (contenue dans un tube à essai, autant que possible), préalablement acidulée par une goutte d'acide sulfurique, quelques gouttes d'une solution étendue de permanganate de potassium ; la coloration violacée du permanganate disparaît si l'eau renferme des matières organiques et on peut se rendre compte au besoin de la quantité de matières organiques par le nombre de gouttes de permanganates qu'il faut verser pour que la coloration persiste. On peut encore faire bouillir un peu de l'eau suspecte additionnée de quelques gouttes d'une solution de chlorure d'or à 1 $^0/_0$ qui lui communique une coloration jaune clair : s'il y a des matières organiques, la coloration jaune disparaît pour faire place à une teinte brun violet caractéristique, due au dépôt d'or métallique très divisé provenant de la réduction du chlorure d'or par les matières organiques. Si, au contraire, l'eau examinée ne renferme pas de matières organiques, la coloration jaune clair du chlorure d'or persiste.

L'eau la meilleure au point de vue des usages photographiques est incontestablement l'eau de pluie ; mais, autant que possible, il ne faut pas la recueillir dans des citernes où elle se charge peu à peu de sels calcaires. Il est certaines solutions, notamment la solution de sulfate ferreux, qui doivent être effectuées avec une eau exempte de sels calcaires ; on reconnaît leur présence en additionnant l'eau suspecte d'un peu d'une solution limpide d'oxalate de potassium ou d'ammonium ; elle se trouble si l'eau renferme des sels calcaires.

L'eau destinée aux usages photographiques doit être filtrée et bouillie longtemps. L'ébullition prolongée débarrasse l'eau d'une partie de ses sels de chaux (sels calcaires) qui se déposent sur les parois du récipient, et de l'air qu'elle renferme ; l'eau de pluie elle-même renferme toujours un peu d'air. L'oxygène de cet air présenterait l'inconvénient d'altérer, en les oxydant, certaines solutions : sulfate ferreux, sulfite de sodium, révélateurs, etc.

Il peut arriver en voyage que l'on ne trouve pas d'eau exempte de matières organiques ; en ce cas, il faut l'en débarrasser après le filtrage et avant l'ébullition. Pour ce, on additionne l'eau à purifier de cristaux de permanganate de potassium jusqu'à persistance, après agitation, d'une *légère teinte rose* ; la matière organique est ainsi détruite par oxydation, brûlée, comme on dit ; il reste alors dans l'eau quelques sels dont on la débarrasse en l'agitant avec un peu de braise de boulanger pulvérisée et en la filtrant.

84. — Matériel pour la préparation des solutions. — Les solutions et bains photographiques doivent se préparer dans des récipients en porcelaine ou en verre. On peut utiliser soit des casseroles en porcelaine, soit des capsules en porcelaine, soit encore des fioles à fond plat en verre vert telles que celle représentée figure 96, qui constitue le récipient le plus pratique ; d'un prix peu élevé, ces fioles se nettoient facilement et peuvent être chauffées au bain-marie ; on peut aussi les chauffer directement au feu en ayant soin d'interposer entre leur fond et le foyer une toile métallique destinée à égaliser le chauffage.

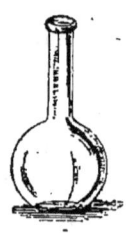
Fig. 96.

Il faut rejeter l'emploi des capsules ou des casseroles émaillées : l'émail se détache facilement et altère les bains ; de tels ustensiles ne peuvent guère être employés que pour faire chauffer de l'eau pure, et encore est-il préférable, pour cet usage, d'employer des récipients en fer battu.

Si on ne dispose pas de récipients spéciaux, on peut, à la rigueur, utiliser des bocaux ou flacons quelconques à la préparation des solutions ; si celles-ci se font avec de l'eau chaude, on met dans le flacon la quantité de produits à dissoudre et on verse dessus, progressivement, l'eau chaude ; il est bon, pour éviter le bris du flacon, de le réchauffer d'abord en le plaçant dans la vapeur d'eau bouillante, ou bien, d'y verser un peu d'eau froide et d'ajouter l'eau chaude par petites portions, en agitant après chaque addition, de façon à chauffer uniformément le verre.

85. — Préparation des solutions. — Le plus généralement, pour faire une solution, il suffit de mettre le poids du corps solide à dissoudre dans le volume de liquide nécessaire et d'attendre la disparition totale du solide; mais il faut souvent attendre longtemps. Aussi active-t-on la dissolution par quelques artifices : on pulvérise le corps solide de manière à augmenter sa surface de contact avec le liquide, mais la solution étant plus dense que le dissolvant, le solide est entouré de solution saturée qui ne dissout plus rien, il faut donc renouveler les surfaces de contact, ce qu'on fait par l'agitation.

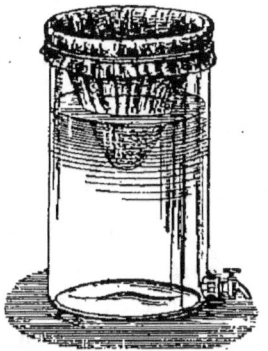

Fig. 97.

Un excellent procédé consiste à maintenir le corps solide à la partie supérieure du dissolvant : on le suspend dans un petit sachet de toile plongeant dans le liquide; on peut encore nouer autour du col d'un bocal à large ouverture, muni au besoin d'un large robinet à la partie inférieure (*fig.* 97), un morceau de mousseline disposé de manière à former une poche s'enfonçant dans le dissolvant; les portions de liquide qui baignent le solide en dissolvent une certaine quantité ce qui les rend plus denses; elles descendent au fond du récipient pour être remplacées par des portions moins denses qui sont moins riches en sels dissous ; il se forme ainsi une sorte de brassage automatique et continu. En outre, la solution traversant la mousseline subit une filtration.

On peut enfin accélérer la dissolution par la chaleur ; mais c'est là, pour la plupart des solutions employées en photographie, un mauvais procédé, l'ébullition du liquide favorisant l'oxydation du corps dissous ; il faudra donc opérer soit au bain-marie, soit mettre digérer le solide à dissoudre avec de l'eau froide.

86. — Formules des solutions et bains. — Lorsqu'il y a plusieurs corps à dissoudre, on doit généralement les dissoudre dans un ordre déterminé, ordre qui doit être précisé dans les formules photographiques. Les Congrès de photographie de 1889 et 1891 avaient indiqué des règles pour l'expression des formules photographiques. Ces règles ont été modifiées sur la proposition de MM. L.-P. CLERC et G.-H. NIEWENGLOWSKI, par le troisième Congrès international de photographie, tenu à Paris en juillet 1900, à la suite d'un rapport que nous reproduisons intégralement :

Parmi les décisions prises au Congrès de 1891 pour assurer l'uniformité dans l'expression des formules photographiques, figure la règle suivante :

« On énoncera, autant que possible, dans l'expression des formules, mélanges ou combinaisons, 1000 parties du dissolvant[1]. »

Cet énoncé nous semble pouvoir être avantageusement modifié ; un exemple simple va nous montrer, en effet, les inconvénients qui en résultent.

Dissolvant 200 grammes d'hyposulfite de sodium dans 1000 centimètres cubes d'eau, nous obtenons

---

[1]. Questions n°s 7 et 8 du Congrès de 1889, n°s 6 et 7 du Congrès de 1891.

PRÉPARATION DES SOLUTIONS ET BAINS

1120 centimètres cubes de solution, dont le titre[1] n'est pas 20 %, mais 17,85 %.

Un flacon d'un litre est insuffisant pour loger cette solution ; il faudra donc, ou se procurer un flacon d'un volume supérieur, ou mettre l'excédent dans un second flacon ; c'est là un *premier inconvénient* d'ordre pratique.

Second inconvénient : Si à un certain volume de cette solution nous ajoutons un égal volume d'eau, nous obtenons une solution à 8,92 % ; cette solution diffère donc de celle que l'on aurait obtenue en dissolvant 100 grammes d'hyposulfite dans 1000 centimètres cubes d'eau, solution dont le titre serait 9,43 %.

Troisième inconvénient : Si on veut utiliser cette solution d'hyposulfite à la préparation d'un bain où doivent figurer, par exemple, 10 grammes d'hyposulfite sec, on doit effectuer toute une série de « règles de trois », pour déterminer quel est le volume de solution à employer ; encore faut-il pour cela connaître la densité du sel dissous ; la densité de l'hyposulfite de sodium étant environ 5, on trouve que 10 grammes de sel sont dissous dans 56 centimètres cubes de la solution.

Dans bien des cas, il est vrai, il n'y a pas d'inconvénient à confondre la solution obtenue en dissolvant 200 grammes d'un sel dans 1000 centimètres cubes d'eau avec la solution à 20 % de ce sel. Il serait cependant avantageux, pour la préparation des bains où un peu de précision est nécessaire, d'éviter les erreurs dues à cette confusion en en supprimant la cause.

C'est ce qui est réalisé, si l'on dissout 200 grammes

---

1. On appelle *titre d'une solution* le poids exprimé en grammes, de sel dissous dans 100 centimètres cubes de la solution. Une solution à 20 % d'hyposulfite de sodium est une solution dont 100 centimètres cubes renferment 20 grammes d'hyposulfite.

d'un sel quelconque, non plus dans 1000 centimètres cubes d'eau, mais dans une quantité d'eau telle que la solution occupe un volume total de 1000 centimètres cubes; il suffit pour cela de dissoudre le sel dans un volume d'eau moindre, de verser la solution dans un vase jaugé et de compléter le volume à 1000 par addition d'eau.

La solution ainsi préparée est exactement au titre de 20 %. On obtient en l'étendant d'un volume d'eau égal au sien, une solution à 10 % identique à celle obtenue en dissolvant 100 grammes de ce sel, et en amenant à 1000 le volume de la solution ; il est facile enfin de déterminer, sans qu'intervienne dans le calcul la nature du sel dissous, quel est le volume à prélever sur cette solution pour obtenir un poids donné du sel dissous : 1 centimètre cube de la solution renfermant 0^{gr},2 de sel dissous, on voit de suite qu'il faut en prendre 50 centimètres cubes pour remplacer, dans une préparation, 10 grammes de sel sec.

Nous proposons donc au Congrès, de modifier ainsi qu'il suit les règles relatives à l'énoncé des formules photographiques.

1° Dans les formules exprimant la composition des préparations photographiques, les composants seront indiqués, s'il y a lieu, dans l'ordre où ils doivent être introduits dans la préparation.

2° Les quantités de substances employées seront exprimées en poids pour les corps solides, en volume (à 15° centigrades) pour les liquides ; on adoptera de préférence les grammes pour les parties en poids, les centimètres cubes pour les parties en volumes.

3° Les divers poids ou volumes des produits seront donnés pour un volume total de 1000 ; le volume de celui des liquides qui figure en plus grande quantité (le plus souvent l'eau) ne sera pas nécessairement *exprimé*, mais seulement *indiqué* par la mention : « **Quantité Suffisante pour faire** 1000 *centimètres cubes de solution.* »

87. — Usage des solutions saturées. — Les revues et les ouvrages photographiques renferment un grand nombre de recettes qui souvent ne sont pas essayées, à cause du temps nécessité par la préparation des bains indiqués. Or, il est aisé de les préparer rapidement en utilisant les propriétés des solutions saturées.

Une solution saturée d'un même corps dans un même dissolvant, à une même température, étant toujours identique à elle-même, on peut en effet, grâce à l'emploi d'une solution saturée, remplacer une pesée par une lecture de volumes.

Pour être sûr d'avoir une solution saturée d'un corps, on peut chauffer le dissolvant en présence d'un excès suffisant du corps solide ; laissant refroidir la solution une partie du sel dissous se dépose ; la solution qui est au-dessus est une *solution saturée*. Mais nous avons vu qu'il était en général préférable de faire à froid les solutions destinées aux usages photographiques. Aussi, vaut-il mieux laisser digérer le solide à froid avec le dissolvant, en ayant soin d'agiter de temps à autre. On reconnaît que la solution est saturée à ce qu'il reste toujours un excès du solide qui ne se dissout pas ; si tout s'était dissous, on rajouterait une certaine quantité du corps solide.

Il suffit pour utiliser une solution saturée de connaître son *titre*[1], c'est-à-dire le poids exprimé en

---

1. Ce titre n'est autre que le *coefficient de solubilité* du solide pour la température de la solution ; ce coefficient de solubilité augmente généralement avec la température.

grammes de corps solide que renferment 100 centimètres cubes de cette solution.

Voici les titres des solutions saturées les plus usuelles en photographie, à la température de 15° centigrades :

Bromure de potassium	36
Carbonate de potassium	52
Carbonate de sodium	40
Chlorure mercurique (*Sublimé*)	7
Chlorure de potassium	25
Chlorure de sodium	28
Bichromate de potassium	7
Ferrocyanure de potassium	20
Hyposulfite de sodium	80
Oxalate neutre de potassium	30
Sulfate ferreux	50
Sulfite de sodium anhydre	20
Sulfite de sodium cristallisé	40

Il est à remarquer que la plupart des solutions se conservent mieux à l'état saturé.

88. — **Filtration des solutions.** — Il est très utile de filtrer toutes les solutions, tous les bains destinés aux usages photographiques.

Lorsqu'on prépare de très grandes quantités de bains on peut utiliser des chausses de feutre épais, dont chacune est exclusivement réservée à un bain déterminé ; mais, le plus souvent, on emploie des filtres en papier que l'on trouve plissés et prêts à l'emploi dans le commerce. Le bord supérieur du filtre ne doit ni dépasser le bord supérieur de l'entonnoir, ni être au-dessous ; dans le premier cas, on a tendance à verser trop de liquide dans le filtre qui se renverse en laissant tomber une partie du liquide, dans le second cas, une partie du liquide peut glisser entre la paroi intérieure de l'entonnoir et la paroi extérieure du filtre et échapper ainsi à la filtration.

PRÉPARATION DES SOLUTIONS ET BAINS

On remplace avantageusement les filtres en papier par un tampon de ouate (coton hydrophile) légèrement tassé à la partie supérieure de la douille de l'entonnoir. Certains liquides tels que les acides, les lessives alcalines concentrées, les solutions de sels d'or, d'argent, de platine, de permanganates, etc. étant altérés par les matières organiques, ne peuvent être filtrés ni sur papier, ni sur ouate, on les filtre sur un tampon de coton de verre.

89. — Préparation de quelques bains usuels. — Nous allons indiquer, à titre d'exemple, la préparation de trois des bains les plus usités.

90. — SOLUTION SATURÉE D'HYPOSULFITE DE SODIUM. — On met dans la poche en mousseline du récipient (*fig.* 100) autant de kilogrammes d'hyposulfite qu'il y a de fois 600 centimètres cubes d'eau dans le récipient; au bout de quarante-huit heures environ, le liquide qu'on tire au robinet n'est autre qu'une solution saturée d'hyposulfite. Si on ne veut préparer qu'un litre de solution saturée, on met dans un flacon d'un litre 800 grammes d'hyposulfite et on achève de remplir avec de l'eau. On a soin d'agiter de temps à autre le flacon. On libelle ainsi l'étiquette :

> *Solution saturée*
> *d'Hyposulfite de sodium.*
> *1^{cc} renferme : 0^{gr}80*

91. — SOLUTION SATURÉE DE SULFITE DE SODIUM. — Le sulfite de sodium existe dans le commerce sous deux états : 1° à l'état anhydre, sous forme d'une poudre blanche; 2° à l'état cristallisé. Un gramme de sulfite de sodium anhydre équivaut exactement à deux grammes de ce même sel pris à l'état cristallisé; on peut donc toujours les remplacer indistinctement l'un par l'autre, à condition de faire la correction nécessaire.

L'emploi du sulfite anhydre est particulièrement avantageux dans les cas où il est indiqué de ne dissoudre le sulfite qu'au moment même de l'emploi; par suite de son état pulvérulent, le sulfite anhydre est en effet soluble instantanément.

Pour préparer un litre de cette solution, on met dans un flacon d'une contenance d'un litre, soit 200 grammes de sulfite de sodium anhydre, soit 400 grammes de sulfite de sodium cristallisé et on remplit le flacon avec de l'eau tiède ayant bouilli. Le flacon est étiqueté :

Solution saturée de Sulfite de sodium.

1^{cc} renferme... { 0^{gr}20 de sel anhydre
{ 0^{gr}40 de sel cristallisé

---

92. — Préparation du révélateur. — Nous n'indiquerons ici que la préparation du révélateur le plus habituellement employé, de celui que nous conseillons tout particulièrement aux débutants; la formule de ce révélateur est due à M. G. Naudet.

Il faut préparer deux solutions :

1° *Solution A (réducteur)*. — On verse dans un ballon à fond plat (*fig.* 96) de 1 litre, un peu plus de 1/2 litre d'eau tiède, on y verse 4 grammes de métol et, avec un agitateur en verre, on agite le liquide jusqu'à parfaite dissolution du produit ; on verse alors dans cette solution 160 grammes de sulfite de sodium cristallisé [1], et on agite à nouveau jusqu'à dissolution, c'est-à-dire jusqu'à disparition complète des cristaux ; on active au besoin la dissolution, en chauffant au bain-marie. On dissout de la même manière 24 grammes d'hydroquinone et on verse la solution ainsi obtenue, en la filtrant dans un flacon d'un litre qu'on achève de remplir avec de l'eau ayant bouilli. Ce flacon est étiqueté :

> *Révélateur*
> A (*Réducteur*)
> Métol .... 4 gr.
> Sulfite de sodium crist... 250
> Hydroquinone 24
> Eau .... q. s. pour 1000.

2° *Solution B (alcali).* — Dans un flacon de 250 centimètres cubes, on met 100 grammes de carbonate de sodium cristallisé, et on remplit le flacon avec de l'eau ayant bouilli. Le flacon est étiqueté :

> *Révélateur*
> B (*Alcali*)
> Solution saturée
> de
> Carbonate de sodium
> 1 cc renferme 0 gr 4 de carbonate

---

1. Ou 80 grammes de sulfite de sodium anhydre. C'est par erreur que le libellé de l'étiquette porte 250.

Sous le nom de sel Solvay, on trouve dans le commerce du carbonate de sodium anhydre, dont l'emploi est assez avantageux à cause de sa pureté. $0^{gr},37$ de sel Solvay remplacent 1 gramme de carbonate cristallisé. Pour préparer la solution saturée de carbonate ci-dessus, il faudrait mettre dans le flacon 37 grammes de sel Solvay [1].

---

[1]. Inversement, il faut $2^{gr},70$ de carbonate cristallisé pour remplacer 1 gramme de carbonate anhydre.

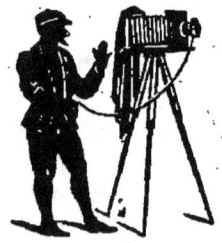

CHAPITRE VIII

Du sujet

1° PHOTOGRAPHIE ARTISTIQUE

93. — La photographie permet de produire des œuvres artistiques ; il suffit de visiter les expositions d'art photographique organisées chaque année en Angleterre, en Autriche, en Amérique, en Belgique et en France par le Photo-Club de Paris, pour s'en rendre compte. Néanmoins quelques esprits grincheux sont encore d'opinion contraire, soit par ignorance, soit de parti pris.

Les ennemis acharnés de l'art photographique reprochent surtout à la photographie de n'être que le résultat d'un *vulgaire mécanisme*. Il est facile de se rendre compte que, loin d'être un défaut, ce reproche représente une des qualités les plus précieuses de la photographie. La production d'une œuvre d'art comprend en effet deux phases bien distinctes :

1° Le choix et la composition du sujet ;
2° L'interprétation ou traduction.

Pour ce qui est de la première phase, qui empêche le photographe de choisir, s'il s'agit de paysage, le point de vue le plus heureux, le moment de la journée le plus propice quant à l'éclairage? S'il s'agit de portraits ou de groupes, de choisir l'attitude du ou des modèles, l'arrangement des draperies ? de modifier, par un jeu savant de rideaux, l'éclairage? La seule limitation qu'on puisse peut-être objecter, est que le photographe n'est pas maître d'introduire un objet dans un tableau ou d'en éliminer une partie défectueuse, et encore, comme le fait justement remarquer Horsley-Hinton, dans son ouvrage l'*Art photographique dans les paysages* : « Bien que nous soyons incapables de déplacer un objet déplaisant de la scène à reproduire, nous pouvons, avec un peu de réflexion et d'observation, choisir un moment de la journée où le changement dans la direction de la lumière rendra ce même objet moins ennuyeux ou même le convertira en un élément d'attraction. »

Pour ce qui est de l'interprétation, le photographe ne peut-il pas choisir l'appareil qui doit reproduire le sujet ; n'a-t-il pas des latitudes dans la mise au point, la conduite du développement, la retouche du négatif, le choix du procédé qui lui fournira l'image définitive ?

Le mécanisme existe bien, mais sur un seul point : la *mise en perspective* (**10**). Ce mécanisme n'est-il pas un avantage énorme sur les autres arts du dessin ?

Mais l'art photographique, aussi bien que la peinture et tous les arts graphiques, ne doit pas s'écarter de certains principes que nous allons rappeler.

94. — La composition. — Lorsqu'on étudie attentivement les tableaux des grands maîtres, on ne tarde pas à s'apercevoir que certaines règles fondamentales et immuables paraissent avoir présidé à leur exécution. Ce sont ces règles, très simples, qui doivent servir de guide aux débutants, que nous allons tâcher d'expliquer clairement.

Une œuvre doit toujours être la *traduction d'une idée unique ;* il s'ensuit que les divers éléments du tableau ne doivent avoir d'autre rôle que de mettre en évidence le sujet principal sur lequel tout l'effet doit être concentré. C'est ce qu'on nomme l'*unité de composition* ; c'est la base primordiale de toute œuvre artistique. Si, dans un tableau, on doit placer plusieurs personnages, ceux-ci doivent avoir des attitudes en relation les unes avec les autres; il est, de plus, indispensable que leur présence ait une raison d'être. C'est ainsi que l'on commet une faute grossière en plaçant dans un paysage un bon bourgeois en costume de ville, sous le prétexte que ledit monsieur est un compagnon d'excursion; un brave paysan, un bûcheron à son travail, auraient, au contraire, contribué à rehausser la valeur de la composition en l'animant.

En dehors du principe fondamental de l'unité de composition, il est certaines lois relatives à ce que l'on peut appeler la *charpente du tableau*

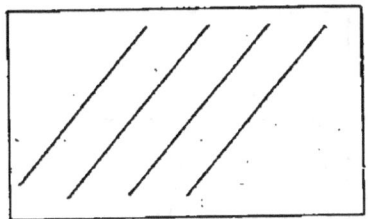

Fig. 98.

qu'il ne faut pas violer. C'est ainsi, par exemple, que les lignes principales d'un tableau ne doivent jamais être toutes parallèles à une même direction (*fig.* 98); plusieurs lignes parallèles à une certaine direction doivent être compensées, équilibrées en quelque sorte par quelques autres, de directions opposées (*fig.* 99 et 100). Pour désigner spécialement à l'attention le sujet principal, on doit faire en sorte que les principales lignes du tableau convergent vers lui.

Mais, de toute façon, il faut éviter la symétrie de l'image et, en particulier, on doit rejeter le sujet principal hors du centre de la composition. Il est d'ailleurs impossible de lui assigner une place déterminée ; son emplacement dépend du goût de l'artiste et parfois aussi un peu de la mode.

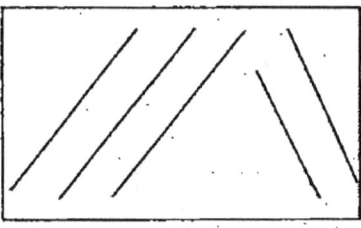
Fig. 99.

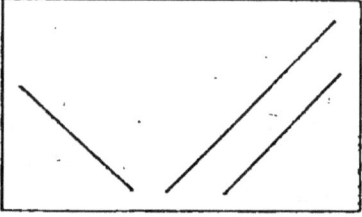
Fig. 100.

On évite, nous l'avons dit, le plus souvent, de le placer au point O, centre du tableau (*fig.* 101); tous points en dehors de ce centre ou de son voisinage immédiat ne semblent d'ailleurs pas être indistinctement choisis dans les œuvres des maîtres. Les points a, b, c, d (*fig.* 102), intersections des parallèles menées à chacun des côtés du tableau par les points qui partagent le côté voisin en trois longueurs égales, semblent être au contraire fréquemment utilisés. Par suite de leur symétrie deux à deux, un seul de ces points doit évidemment être considéré comme *point*

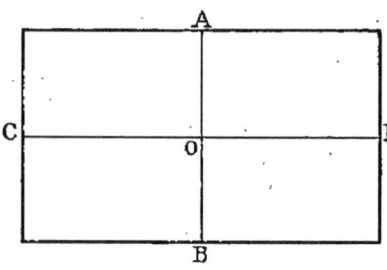
Fig. 101.

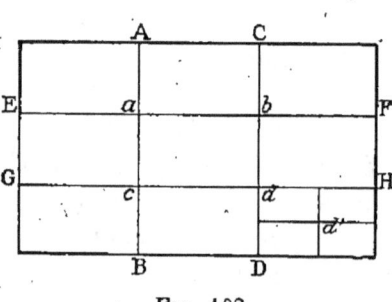
Fig. 102.

fort. Si, par exemple, le sujet principal est en d, on se gardera de détourner l'intérêt de ce point en laissant au point symétrique c quelque autre objet ou personnage important; tandis qu'il est avantageux d'*équilibrer* le point d et d'y conduire en quelque sorte le regard, en plaçant au point d' une masse n'ayant par elle-même que peu d'importance.

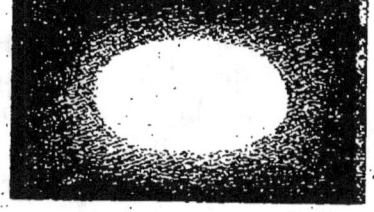

Fig. 103.

Les deux principes généraux de la composition, principe d'*unité* et principe d'*asymétrie*, doivent être aussi observés dans la répartition de l'ombre et de la lumière, dans l'ordonnance du clair obscur. On doit éviter tout arrangement symétrique tel que celui schématisé dans la figure 103. De même qu'un ensemble de lignes ou de formes d'une certaine direction doivent être équilibrées par des lignes ou des formes d'importance moindre et de direction opposée, de même toute masse de lumière ou d'ombre doit être équilibrée par une autre masse de même nature, mais d'importance moindre. Aussi, dans la figure 104, la masse lumineuse de droite est compensée par une note claire à gauche.

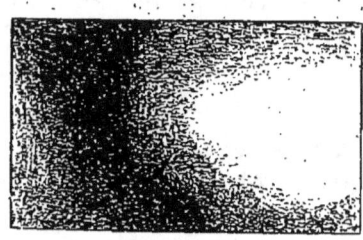

Fig. 104.

De toutes les masses de lumière, comme de toutes les masses d'ombres, une et une seule doit être dominante et appeler particulièrement l'attention : elle doit donc nécessairement correspondre au sujet principal qui, par suite, doit se détacher nettement du fond ou des objets avoisinants par une différence accentuée de tonalité.

95. — Choix du point de vue. — Dans la pratique, on applique les règles précédentes par le choix judicieux du point de vue. Il faut d'abord choisir sa position par rapport à la vue qu'on désire photographier ; en un mot, chercher le point de station. Cette recherche est facilitée par l'emploi des *chercheurs* ou *iconomètres*, sorte de chambres noires en miniature ayant la forme extérieure d'une lunette, à travers laquelle on regarde avec un seul œil la vue à photographier ; il est bon de placer un verre bleu devant l'objectif de l'iconomètre, lorsqu'on doit enregistrer la vue sur une surface sensible ordinaire non orthochromatique ; un tel instrument permet de trouver l'endroit où il faut installer l'appareil pour avoir la meilleure mise en plaque ; il permet de se rendre compte de l'effet artistique obtenu en se plaçant à ce point de vue.

A défaut d'iconomètre ou d'appareil analogue, on peut chercher l'emplacement le plus favorable en examinant le sujet à reproduire avec un seul œil à travers une petite ouverture très étroite, percée avec une forte aiguille dans un morceau de papier noir, ou mieux, de fer-blanc noirci ; en opérant ainsi, on fait en quelque sorte disparaître les détails, et on se rend mieux compte des rapports des grandes masses d'ombre et de lumière.

La station d'où l'on veut opérer étant choisie, il s'agit de déterminer la position exacte qu'on donnera au point de vue, par rapport à la plaque.

La situation exacte du point de vue est déterminée :

1° par la position du point principal; 2° par la longueur de la distance principale.

Le point principal ne doit pas toujours être au centre du tableau; c'est en ce point qu'on place généralement le motif principal; on sait, en effet, que les objets dont le dessin perspectif est voisin du point principal donnent une impression plus réelle que ceux dont la perspective en est éloignée; celui-ci ne doit pas, le plus souvent, se trouver au centre.

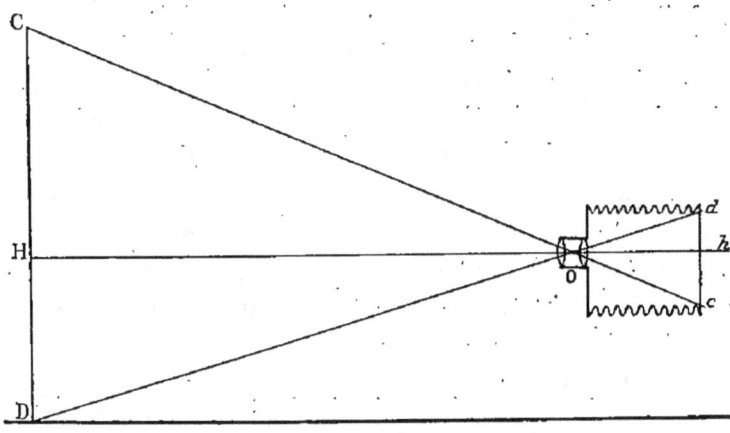

Fig. 105.

Quand on veut photographier à l'intérieur d'une église ou d'une grande salle quelconque, la ligne d'horizon doit évidemment se trouver au-dessous de celle qui partage le tableau en deux moitiés : le spectateur regardant l'édifice est supposé debout sur le sol de la salle. On obtient ce résultat en élevant la planchette de l'objectif (*fig.* 105), ce qui revient à abaisser la *ligne d'horizon h*. Au contraire, lorsque la scène à représenter a beaucoup de profondeur, on élève la ligne d'horizon (en abaissant la planchette de l'objectif); c'est le cas d'une vue panoramique de ville. Quant au *point principal*, il est généralement au milieu de la ligne d'horizon. Cependant il peut aussi être déplacé latéralement, à droite ou à gauche du milieu de la ligne d'horizon, du côté où le tableau présente le plus d'intérêt, comme l'a souvent fait Le Poussin, l'autre côté étant rempli par des personnages ou des objets d'importance secondaire; c'est ce que l'on fait aussi dans le cas où le tableau comprend des sujets d'architecture, pour éviter l'effet désagréable qui serait produit par une symétrie des lignes; on obtient ce résultat en déplaçant latéralement la planchette d'objectif; on a ainsi l'avantage d'obtenir le sujet principal avec le maximum de netteté, tandis que l'extrémité de l'image la plus éloignée du point principal est un peu moins nette à cause du flou produit par l'obliquité des rayons lumineux qui éclairent cette portion; on obtient ainsi des effets très agréables, et les photographes devraient avoir souvent recours à ce petit artifice.

La position du point principal étant fixée, il s'agit de choisir la distance principale; c'est-à-dire le tirage ou, plus simplement, la distance focale de l'objectif avec lequel on opérera. Comme il doit y avoir une relation entre le format et la distance focale principale qu'il faut employer pour que la vue choisie tienne sur le format de plaque qu'on veut utiliser, ou dont on dispose, il est donc nécessaire de posséder plusieurs objectifs ayant des distances focales différentes ou, au moins, une trousse. Nous blâmerons, avec M. Davanne [1], la tendance fâcheuse qu'on a souvent de changer la « position pour trouver la grandeur

---

[1]. *La Photographie*, traité théorique et pratique, I, p. 85.

nécessaire; on ne se rend pas assez compte alors qu'on modifie en même temps les effets, parce qu'on change les proportions relatives ». Ce qu'il faut changer, ce n'est pas l'emplacement, la station, mais l'objectif.

De faibles modifications apportées aux iconoscopes ou iconomètres ordinaires permettent d'en faire des instruments capables d'indiquer la distance focale que doit avoir l'objectif employé pour que la vue choisie se trouve sur le format de la plaque; inutile de dire que ces instruments serviront aussi à la recherche du point de station.

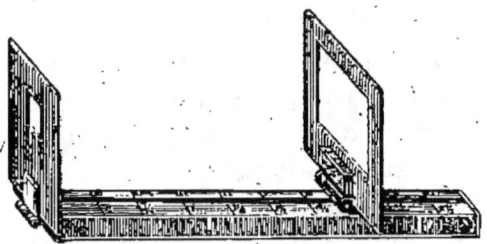

Fig. 106. — Chercheur focimétrique.

Le plus pratique est le *chercheur focimétrique* de M. Davanne (*fig.* 106), qui a l'avantage de pouvoir servir pour tous les objectifs et tous les formats.

Il se compose d'une base graduée sur laquelle sont montées deux platines dont l'une est munie d'une ouverture contre laquelle on applique l'œil, et dont l'autre est une sorte de diaphragme dont l'ouverture rectangulaire a ses entrées dans le rapport de 3 à 4[1].

---

[1]. Le rapport des dimensions de la plupart des surfaces sensibles employées en photographie (longueur et largeur) est généralement comme 3 est à 4 : la plaque entière a 18 centimètres sur 24 centimètres.

9

Regardant ainsi un paysage à travers les deux platines, il apparaît encadré dans l'ouverture rectangulaire et, en faisant varier la distance des deux platines, on fait varier l'étendue du paysage visible. Quand l'étendue qu'on veut reproduire tient juste dans le cadre, on regarde sur la ligne graduée le numéro placé en regard d'un petit index que porte la platine mobile; il suffit de multiplier par ce nombre la plus grande dimension de la plaque, pour obtenir la distance focale à employer. Si, par exemple, ce nombre est 1,5, la distance focale doit avoir une fois et demie la plus grande dimension de la plaque; si celle-ci est du format 18×24, la distance focale de l'objectif à employer doit être de $24 + 12 = 0^m,36$.

96. — Du paysage. — Le choix du paysage digne d'être photographié est question de goût; tout ce que nous pouvons dire, c'est que, si l'on veut faire œuvre d'art, il faut se garder de partir au hasard avec son appareil; il faut d'abord aller à la recherche de points de vue, muni, pour tout bagage, d'un carnet, d'un crayon et, autant que possible, d'un iconomètre. Ce n'est qu'après avoir soigneusement noté l'heure du jour et les conditions atmosphériques donnant l'éclairage le plus favorable, le point de vue d'où est assuré le meilleur équilibre des lignes, des ombres et des lumières, que l'on peut emporter l'appareil photographique.

« Tout d'abord quel doit être l'appareil dont se munira le paysagiste[1]? Je réponds sans hésiter : une bonne chambre classique, bien solide, munie d'un

---

[1]. Nous extrayons les passages entre guillemets de ce chapitre d'un très intéressant article : *Le paysage en photographie*, de M. Michel BARUCCHI, paru dans la revue mensuelle, *la Photographie*, année 1903.

pied en bois : les pieds métalliques, sensibles au vent, sont sujets à des vibrations fatales à l'image. L'objectif sera un objectif simple achromatique, à moins qu'on ne vise spécialement des paysages avec scènes de genre, auquel cas on se munira d'un bon objectif double, rectiligne ou anastigmat. Il ne faut cependant pas perdre de vue que la distance focale de l'objectif devra toujours être, au *strict minimum*, égale à la diagonale de la plaque employée : ceci pour obtenir une perspective vraisemblable et ne choquant pas nos yeux ; des maîtres en la matière vont même jusqu'à recommander une distance focale égale au double de la longueur de la plaque.

L'objectif doit pouvoir être décentré, au moins en hauteur ; condition qui est, du reste, réalisée dans toutes les chambres noires classiques. L'obturateur n'est pas indispensable, et j'ajoute qu'il vaut mieux ne pas en avoir du tout que d'en posséder un mauvais : en l'espèce, l'obturateur à rideau (*fig.* 39) est très pratique, et il possède le rare avantage d'être d'un prix abordable ; il faut surtout se méfier des systèmes à lames métalliques s'ouvrant au centre et vendus à bas prix, pâles imitations des obturateurs centraux de marque, qui sont très bons, mais d'un prix très élevé.

Maintenant que nous supposons notre paysagiste muni de son appareil, il s'agit, avant de se mettre en route, de charger les châssis. Avec quelles plaques ? Laissons les fervents de l'instantané à la recherche de la rapidité *inconnue jusqu'à ce jour* et prenons des plaques de rapidité moyenne, lentes même, si nous sommes sûrs qu'il n'y aura pas de vent : le négatif y gagnera en finesse, en pureté, et en douceur. »

Nous avons vu (69) quels précieux avantages présentent les préparations sensibles orthochromatiques...

« Le motif trouvé, nous le photographierons au bon moment, c'est-à-dire lorsque l'éclairage le mettra bien en valeur. Quelques règles simples ne seront pas inutiles : l'éclairage de côté est celui qui nous donnera les plus fortes ombres portées, les plus grands reliefs, surtout si nous opérons au *commencement du jour ou à la tombée de la nuit*[1].

Venant un peu d'arrière, au lieu de venir franchement de côté, l'effet sera moins artistique ; venant un peu de l'avant, on se trouve presque déjà dans l'effet de *contre-jour* sans en avoir cependant toutes les difficultés ; on obtiendra souvent, par cet éclairage, des effets très artistiques. »

Un préjugé malheureusement très répandu chez les débutants consiste à croire qu'on ne doit jamais opérer le soleil donnant en plein sur l'objectif ; c'est là une hérésie formelle. Le soleil peut très bien se trouver en face de l'appareil : on réalise ainsi de très intéressants effets, que le soleil soit caché par une

---

1. Si, en effet, le soleil est trop haut, « les légers mouvements du terrain, éminences ou dépressions, ne donnent pas d'ombres caractérisées parce que les différences d'éclairement dans les différentes parties du sol sont trop faibles. Il en est autrement quand le soleil est bas. Alors, les éminences, même faibles, donnent des ombres nettes dont le raccourci, par la perspective, fait apparaître la surface du sol sous sa véritable forme... On a lieu d'être surpris en voyant tant de paysages de genre et autres, peints en plein midi, c'est-à-dire avec le soleil à sa plus grande hauteur ; cependant aucun touriste expérimenté ne choisirait cette heure pour voir un site dont il se promet une impression pittoresque, parce qu'il sait que les couleurs sont plus fades et les formes moins accentuées à ce moment qu'à tout autre ». (BRÜCKE et HELMHOLZ, *Principes scientifiques des Beaux-Arts*, Bibliothèque scientifique internationale.)

construction, une éminence, un arbre, un nuage ou qu'il figure dans le paysage.

On rencontre, il est vrai, quelques difficultés dues aux phénomènes de halo (63) et de solarisation (111) : l'image directe du soleil se présente souvent, en ce cas, sur l'image positive, sous la forme d'un cercle noir, bordé d'un anneau gris ; une légère retouche du négatif permet d'éluder cette difficulté. D'autre part, la lumière directe du soleil, s'introduisant dans l'appareil, provoque un léger voile; mais « qu'importe ce voile, si précisément l'effet cherché est exprimé grâce à ce voile », dit avec raison M. P. Robinson, dans son ouvrage classique, *l'Effet artistique en photographie*. Rien n'empêche d'ailleurs d'abriter l'objectif des rayons solaires en tenant au-dessus de lui un parapluie ouvert ou un chapeau, ou mieux encore, en fixant à l'avant de la chambre noire un cône formant parasoleil (63). Il est bon aussi de diaphragmer et de ne pas craindre de prolonger la pose ; pour obtenir un bon phototype, il faudra, en outre, employer un révélateur dilué, manié par un amateur déjà expert.

« Nous ne parlerons pas de l'éclairage venant de dos : si le soleil éclaire le paysage de face, toutes les ombres sont masquées par les objets mêmes qui leur donnent naissance : on n'obtient qu'une masse uniforme, sans détails, sans ombres, donc aussi sans relief. D'où la plaisante expression d'un auteur : la platitude atteint alors son point culminant. »

Le sujet trouvé, éclairé convenablement, il faut, après avoir monté l'appareil, procéder à la mise en plaque et à la mise au point.

L'un des éléments essentiels d'un paysage est la ligne d'horizon, cette ligne qui, en terrain plat, semble séparer le terrain et le ciel. On doit éviter de la disposer à mi-hauteur de l'image (*fig.* 107). On la rencontre souvent dans les tableaux de maîtres, au tiers de la hauteur, soit à partir de la base, soit à partir du sommet. La hauteur de la ligne d'horizon dans un tableau dépend de l'effet à réaliser. « En général, dit H. DE LA BLANCHÈRE, dans *l'Art du photographe*, plus on voudra de développement, plus l'horizon s'élèvera, ce qui est rationnel, puisqu'on est censé monter avec lui et découvrir les plans d'un point

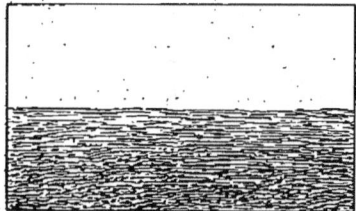 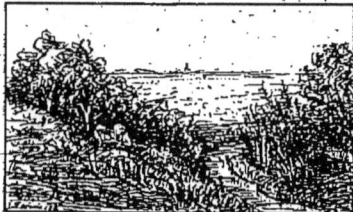

FIG. 107. FIG. 108.

culminant. Cela n'est que bien rarement favorable; en général, l'horizon placé au-dessous de la stature d'homme permet des effets plus gracieux. Un horizon plus borné permet des effets très brillants, et, en même temps, laisse aux plans moins nombreux, une plus grande homogénéité. »

Le rejet de la ligne d'horizon vers le haut ne convient guère qu'aux études de premiers plans : haies, barrières ou chemins au milieu des champs (*fig.* 108). L'abaissement de la ligne d'horizon s'impose, au contraire, dans tous les cas de paysages découverts avec lointains, particulièrement si l'on aperçoit à l'horizon la silhouette d'un village voisin et de son clocher (*fig.* 109). Mais, dans ces conditions, le ciel occupant à peu près les deux tiers de la surface totale de l'image, on ne peut considérer la composition comme complète qu'autant que le ciel est occupé par quelques nuages dont les lignes générales doivent

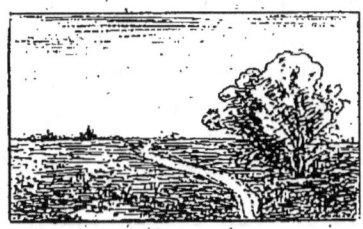
Fig. 109.

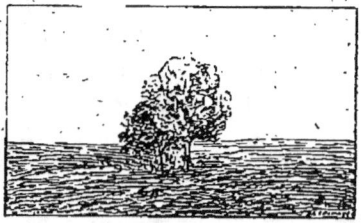
Fig. 110.

d'ailleurs être en harmonie avec celles du paysage, de façon à constituer un ensemble bien équilibré.

En raison du principe d'*asymétrie*, aucun objet important, et à plus forte raison le sujet principal, ne

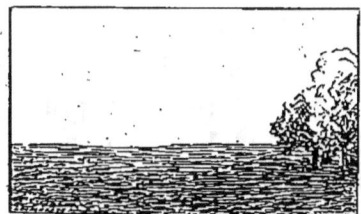
Fig. 111.

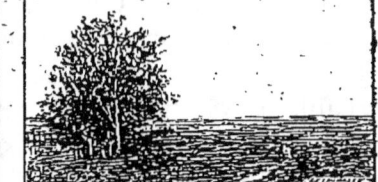
Fig. 112.

doit occuper le centre même de la composition (*fig.* 110). Il serait d'ailleurs tout aussi disgracieux de conduire ce même objet jusqu'à l'extrême bord du tableau (*fig.* 111). Le placement du sujet principal au tiers de la largeur (*fig.* 112) ou à son voisinage, convient, au contraire, assez bien, dans l'immense majorité des cas.

Quelques jolis que puissent être par eux-mêmes les lointains, un tableau ne peut être complet que si quelques objets, habilement groupés au premier plan, servent en quelque sorte au regard de point de départ. Lorsque le premier plan n'est pas acceptable, un déplacement même faible du point de vue peut souvent suffire à supprimer dans les premiers plans immédiats, tel objet gênant, en introduisant du même coup quelque élément harmonieux.

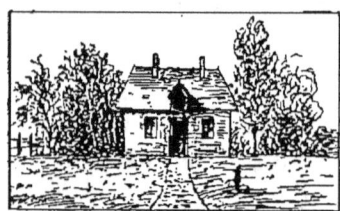 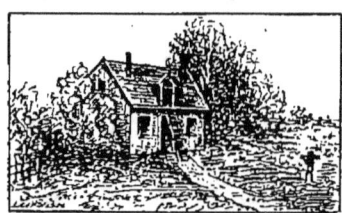

Fig. 113.   Fig. 114.

Il arrive parfois qu'un léger déplacement de l'appareil améliore à la fois et les premiers plans et le sujet principal, comme le montre la figure 114, plus agréable que la figure 113, représentant la maison vue de biais et vue de face.

L'image mise en plaque, il faut la mettre au point. « Il importe de ne pas se laisser emporter par le désir, naturel au fond, si l'on écarte toute prétention artistique, de faire briller les qualités de son objectif en matière de netteté. Il ne s'agit pas de produire un photogramme où l'on comptera les brindilles des arbres à la loupe ! Ce que nous voulons, avant tout, c'est reproduire la nature pour que notre œil la reconnaisse, telle qu'il la voit d'ordinaire ; donc, mise au point exacte sur le sujet principal, et non sur les lointains qui doivent rester plus ou moins vaporeux pour demeurer vraisemblables. Le sujet principal sera tantôt le premier plan, tantôt un plan intermédiaire ; on doit ensuite diaphragmer de manière non pas à mettre tout au point, mais à atténuer ce que le flou des autres plans pourrait avoir d'exagéré. Certes, il en coûtera quelquefois, si l'on possède un anastigmat, d'obtenir un photogramme qui fera dire au profane : *ici, ce n'est pas bien net*. Néanmoins il faut choisir, rechercher la vérité dans le rendu ou l'approbation des ignorants. En matière d'art photographique, l'éducation du public est à faire, et c'est aux amateurs éclairés qu'il appartient de l'entreprendre.

« Ces considérations nous ayant guidés pour la mise au point, il ne nous reste plus qu'à retirer le bouchon ou presser la poire de l'obturateur. Nous voici arrivés, pour ce qui concerne le résultat, au point de vue mécanique, à l'opération décisive ; d'elle dépend la réussite finale ; il est donc tout naturel que nous y attachions la plus grande importance. Je sais bien qu'il existe des photomètres brevetés, des tables, des carnets de temps de pose ; hélas ! leur multitude même est une preuve de leur impuissance. Un peu de pratique nous permettra, si nous nous habituons avec soin à apprécier la *luminosité* de l'image sur la vitre dépolie, d'évaluer assez exactement le temps de pose nécessaire, surtout si nous prenons garde aux teintes du paysage et aux radiations violettes qui peuvent se trouver dans les ombres. J'ajouterai — on oublie souvent de le dire — que les excellentes tables de temps de pose dont j'ai parlé ne tiennent aucun compte d'un facteur très important : la pureté de l'atmosphère.

« Cela dit, j'estime — en nombreuse compagnie — que la pose doit être plutôt longue, afin que, en géral, on puisse obtenir une image suffisamment vigoureuse, avec un *développement faible*. Dans les cas de sujets à oppositions violentes, la *surexposition* qui consiste à poser *les parties les moins éclairées* (ce qui, dans la pratique, revient à multiplier le temps de pose normal par 4, 5 ou 6 environ), constitue un excellent procédé et permet même d'obtenir, avec des plaques ordinaires, un orthochromatisme assez bon, à condition cependant que l'on développe avec patience.

« Le développement, en effet, tout en étant une opération mécanique, peut, s'il est conduit avec soin, corriger des écarts de pose. Toutefois j'estime, et il faut le proclamer bien haut, qu'avant de chercher à améliorer un négatif par un développement rationnel, il vaut mieux concentrer d'abord ses efforts sur le temps de pose, car, si l'on arrive à obtenir la pose presque exacte, on sera sûr du résultat final.

« Certains principes ne sauraient être perdus de vue dans le développement: c'est ainsi que la véritable finesse (qu'il ne faut pas confondre avec la dureté) ne peut s'obtenir que par un développement lent, et on doit y arriver plutôt par l'augmentation de la pose que par l'adjonction de fortes doses de carbonate qui nous exposent, surtout en été, au voile et à divers accidents fort regrettables. Le sulfite de sodium, auquel quelques auteurs ne reconnaissent que la propriété de retarder la coloration du bain, a une importance capitale : il modère l'opacité du négatif et nous permet, par conséquent, d'éviter la *dureté* et, partant, d'obtenir les *ciels* si recherchés. Le bromure, quel qu'il soit, empêchera le voile de monter, mais ne donnera pas de la dureté au négatif, comme on l'a prétendu à tort. »

97. — Du portrait. — Généralités. — Le portrait est un des sujets les plus difficiles à réussir : c'est assurément en fait de portrait que sont commises les erreurs les plus grossières aussi bien par les peintres portraitistes que par les photographes.

Le plus généralement, la ligne d'horizon et, par suite, l'objectif, doit être à la même hauteur que les yeux du modèle ; s'il est plus haut, le plan horizontal H (*fig.* 7, p. 10), passant beaucoup au-dessus de la tête du modèle, les lignes sont déformées et la tête vue en dessus se présente sous la forme d'un ovale trop court avec des angles trop saillants. Si, au contraire, l'objectif est bien au-dessous des yeux du modèle, le même effet se produit en sens inverse : on voit le dessous des orbites, du nez et du menton.

On peut, lorsque le portrait doit être agrandi de manière à avoir de grandes dimensions et doit être accroché à une grande hauteur, faire passer le plan horizontal H par la ligne des seins, comme l'ont fait maintes fois Rubens, le Titien, Raphael et Rembrandt, ou seulement par la ligne des épaules, comme dans les portraits de Van Dyck.

Dans le cas du *portrait-buste*, innovation due aux photographes, on place le plus souvent la ligne d'horizon au voisinage de la bouche du modèle.

Il est indispensable de faire en sorte pour le portrait comme pour tout autre sujet, nous l'avons déjà dit (59), que la surface sensible destinée à recevoir l'image soit verticale. Nous le répétons parce qu'on conseille parfois, à tort, d'incliner l'appareil vers le haut ou vers le bas : le plan du tableau cessant d'être vertical, l'image subit des déformations telles que l'ovale d'un visage se transforme en une toupie ou une poire.

Non seulement la hauteur, mais encore la distance du point de vue au modèle doit être judicieusement choisie. Le nez, les yeux, les oreilles, sont à des distances de l'objectif qui diffèrent de 7 à 14 centimètres ; si cette différence n'est pas négligeable vis-à-vis de la distance de l'ensemble à l'objectif, les parties saillantes du modèle, plus rapprochées du modèle, acquièrent des dimensions exagérées par rapport aux dimensions de l'ensemble, tandis que les oreilles, trop éloignées, se rapetissent.

Une distance de 3 mètres suffit déjà pour éviter, dans un buste, tout effet disgracieux ; elle est insuffisante dans le cas d'un portrait en pied.

DALLMEYER estime, avec raison, que la distance du modèle à l'objectif doit être comprise entre $3^m,50$ et 7 mètres ; si elle est inférieure à $3^m,50$ il faut un objectif à courte distance focale, c'est-à-dire embrassant un angle trop grand : il en résulte une exagération des premiers plans d'autant plus prononcée que la distance focale est plus courte (*fig.* 115) ; si elle est supérieure à 7 mètres, les images manquent de relief par suite de l'influence de la fumée et du brouillard (surtout dans les villes), influence dont l'effet est d'autant plus fâcheux que la distance qui sépare le modèle de l'objectif est plus grande.

Si on adopte la distance moyenne de 4 mètres, l'objectif doit avoir une distance focale de 20 centimètres pour le portrait dit *carte de visite* (hauteur de la tête égale ou légèrement supérieure à 1 centimètre), de 50 centimètres pour le portrait du format dit *album* (tête d'environ $3^{cm},5$).

La ressemblance étant la première qualité d'un

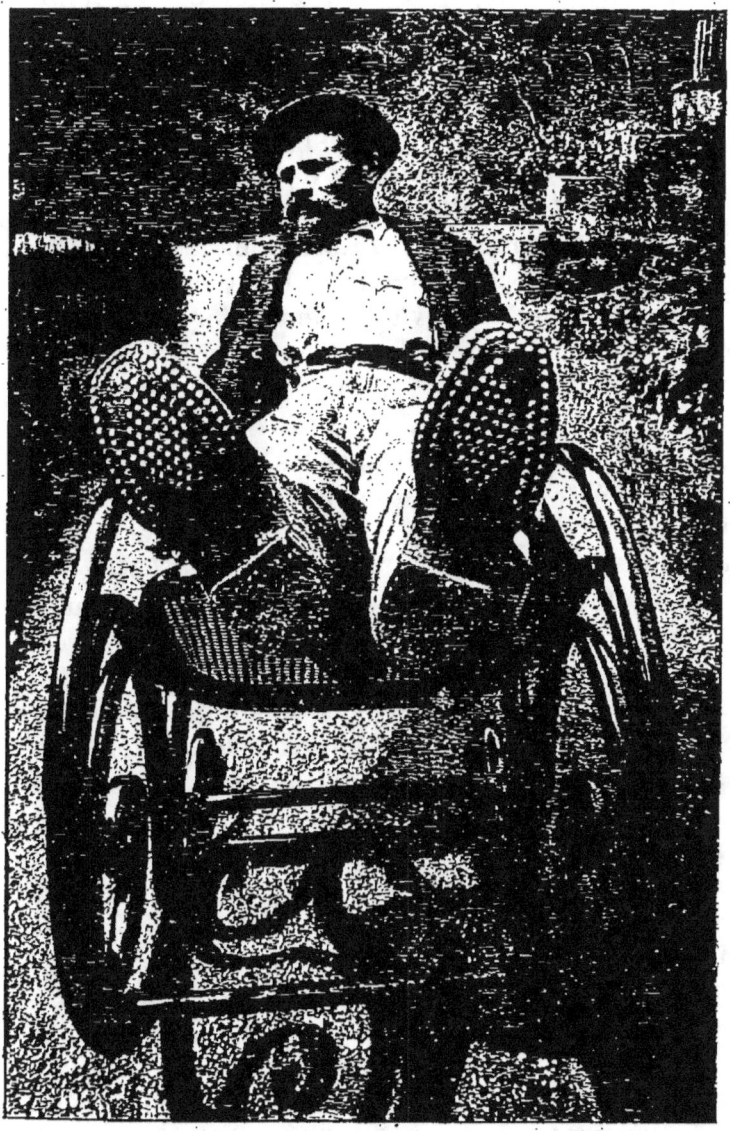

FIG. 115. — Exagération des premiers plans
(Négatif G.-H. Niewenglowski).

portrait, le photographe doit s'efforcer de réunir toutes les conditions nécessaires pour la réaliser : le modèle doit être habillé des vêtements qui lui sont familiers; il faut s'attacher à lui faire prendre son attitude préférée, son expression naturelle et le photographier autant que possible dans son milieu.

Il n'existe pas d'éclairage normal du portrait : en photographie comme en peinture, tous les éclairages ont été employés par les maîtres; la difficulté consiste à choisir celui qu'il convient d'employer : l'éclairage avantageux pour une tête et une pose déterminée peut être mauvais pour une autre tête ou une autre pose.

Cependant un des éclairages les plus employés est celui dit à 45°, dont nous empruntons la description à un intéressant article de MM. GOUDSCHON et CLAES, paru dans le *Bulletin du Photo-Club de Belgique* : « Toute une moitié du visage est éclairée; l'autre moitié de la figure doit être délicatement ombrée, *sauf la pommette de la partie sombre du visage qui doit rester éclairée*. Pour réaliser cet éclairage, nous disposerons nos rideaux et nos écrans de la manière suivante : Supposons (*fig.* 116) qu'il existe autour de la tête du modèle un cube imaginaire dont la face soit parallèle au plan de la figure; établissons par la pensée une diagonale partant de l'angle inférieur et postérieur opposé à la source lumineuse, et passant par l'angle antérieur du haut de la tête le plus rapproché de la lumière; les rideaux seront disposés de façon que la lumière tombe sur le modèle dans le prolongement de cette diagonale. »

Suivant l'orientation du modèle et celle de l'appareil, la lumière tombant ainsi à 45° se prête à un grand nombre d'effets agréables et cela sans qu'il soit nécessaire de faire appel à des réflecteurs spéciaux, la lumière diffusée par les parois de l'atelier suffisant le plus souvent à parfaire l'éclairage des ombres.

C'est d'ailleurs ce mode d'éclairement que nous voyons employé par les maîtres du portrait. « L'usage est de tourner la tête de trois quarts, c'est-à-dire dans une situation intermédiaire entre la pose de face et la

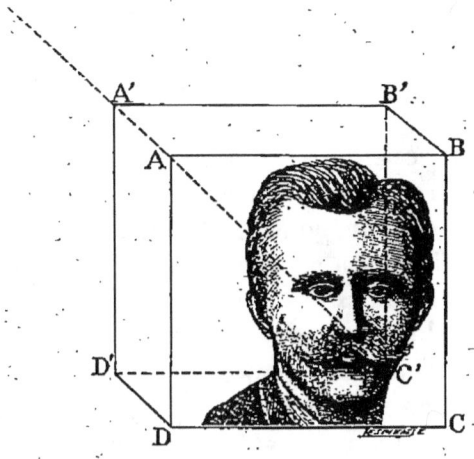

Fig. 116.

pose de profil, parce que c'est la position où on peut le mieux présenter l'ensemble de la physionomie ; on dirige alors la lumière principale sur la moitié non raccourcie du visage, de façon que la moitié fuyante soit dans l'ombre. En général, on ne la fait pas arriver horizontalement, mais obliquement, de haut en bas. Léonard de Vinci donnait comme règle que, dans les peintures où un motif déterminé n'imposait pas un éclairage différent, on devait faire tomber la lumière à 45° sur l'horizon ; avec cette direction de la lumière, beaucoup d'objets sont fortement éclairés, ce qui rend le modèle plus intelligible. Néanmoins on peut déroger à cette règle dès qu'il s'agit de mettre en meilleure lumière la beauté ou les particularités caractéristiques de la tête[1]. »

Nous terminerons ces considérations générales relatives au portrait, en recommandant d'éviter l'accumulation de détails inutiles, ainsi qu'une netteté exagérée qui ne pourrait qu'accentuer maints petits défauts du visage, d'intérêt nul au point de vue du rendu de l'expression.

L'ATELIER A PORTRAIT. — L'emploi d'un atelier pour le portrait est loin d'être indispensable ; l'atelier doit surtout être considéré comme destiné à faire des études d'éclairage ; quel serait l'atelier idéal ? Nous ne pouvons mieux répondre à cette question qu'en reproduisant le passage suivant des classiques *Notes de photographie artistique* du maître Puyo :

« L'atelier devrait être disposé de manière à produire aisément, par des manœuvres simples, tous les modes d'éclairage utiles à ces deux genres : étude de la figure et tableaux d'intérieur. Pour ceux-ci un simple vitrage latéral peut suffire aux besoins ; car, dès l'instant que vous caractérisez le milieu, l'éclairage cesse d'être arbitraire, il devient un des éléments de la composition et doit contribuer, pour sa part, à la vérité de l'effet... Pour ce motif il y a tout avantage, en somme, à photographier les sujets d'intérieur dans les intérieurs mêmes ; l'effet sera toujours juste sinon harmonieux... Si le moindre vitrage suffit à réaliser tous les effets admirables dans les sujets d'intérieur, il n'en est plus de même quand il s'agit d'éclairer des études de figure. Ici le milieu est

---

1. BRUCKE et HELMOLTZ, *Principes scientifiques des Beaux-Arts.*

vague et indéterminé. Toute combinaison d'éclairage devient alors légitime, et le but à atteindre justifie les moyens employés...

« Le meilleur atelier est donc alors celui qui a le plus d'ouvertures. Une cage vitrée suspendue en l'air doit être l'atelier idéal. Certes, une telle disposition est difficile à réaliser, mais entre un pareil type et ceux dont on trouve l'étonnante description dans les livres spéciaux, atelier en tunnel ou autres, on peut imaginer des modèles intermédiaires, très exécutables et offrant dans la pratique toutes les ressources nécessaires. » Tous les vitrages de l'atelier doivent être munis de rideaux mobiles, munis d'anneaux glissant

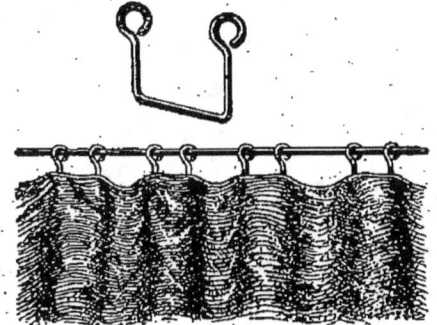

Fig. 117. — Anneaux pour rideaux d'atelier.

le long de fils de fer. La figure 117 représente un système d'anneaux doubles, facile à confectionner en fil de cuivre, à l'aide de pinces rondes, et qui assure un fonctionnement régulier du rideau. L'atelier renferme généralement des fonds, soit des fonds neutres, ne représentant rien : toiles unies ou largement brossées, drap, tapisseries, tentures... soit des fonds peints en trompe l'œil dont le goût est plus ou moins douteux.

Lorsque l'éclairage est choisi, il s'agit de le réaliser. Pour cela, dit un article très clair du *Bulletin de la Société photographique de Touraine*, et signé H.-L. F., « le procédé le plus simple est de placer son modèle à la place qu'il doit occuper pendant la pose, après avoir préalablement tiré tous les rideaux de l'atelier, de manière à se trouver dans une sorte de pénombre. On donne ensuite accès à la lumière en ouvrant tel ou tel rideau, et lorsque par tâtonnements on sera presque arrivé à l'effet voulu, on fera la mise au point sur la glace dépolie. Il est en effet plus commode de juger de l'effet sur la glace dépolie que directement ; il sera surtout plus facile de se rendre compte des duretés provenant de l'éclairage, surtout si l'on a soin de diminuer fortement l'ouverture du diaphragme, car ces duretés, en raison de la lumière diffuse régnant toujours dans l'atelier, échappent à l'œil nu.

Il est rare que l'on puisse arriver ainsi du premier coup au résultat cherché, et il faudra encore corriger les effets trop intenses dans un sens ou dans l'autre donnés par l'éclairage direct. Ceci nous amène à parler des écrans, matériel indispensable dans tout atelier de portrait.

Il existe deux catégories d'écrans : les écrans de tête, destinés à tamiser la lumière (*fig.* 118), et les écrans destinés à la réfléchir (*fig.* 119). Les premiers, formés d'une gaze blanche, ou mieux très légèrement teintée de jaune ou de vert, ont surtout pour but d'atténuer les effets violents de lumière sur le front et les cheveux et d'éviter ainsi d'arriver aux résultats que l'on obtient dans les portraits en plein air, où les yeux du modèle sont marqués par deux taches sombres, ainsi que la lèvre supérieure et le dessous du menton, tandis que les cheveux, l'arcade sourcilière et l'arête du nez sont du plus beau blanc. En somme, les écrans de tête diminuent l'intensité des blancs ; les écrans de réflexion, au contraire, diminuent celle des noirs. En effet, la plupart des ateliers ne peuvent donner qu'un éclairage variant de la verticale à une inclinaison de 30° environ ; cela ne saurait suffire, surtout lorsqu'on a à reproduire une personne ayant une coiffure à bords. Dans ce cas, il est absolument indispensable de diminuer les masses

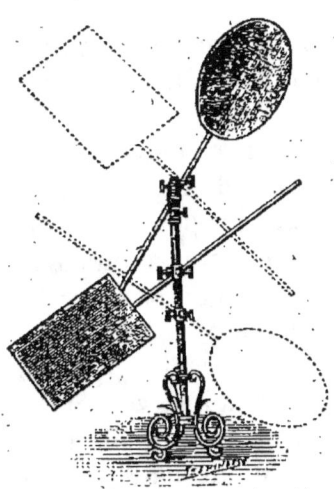
Fig. 118. — Écran de tête.

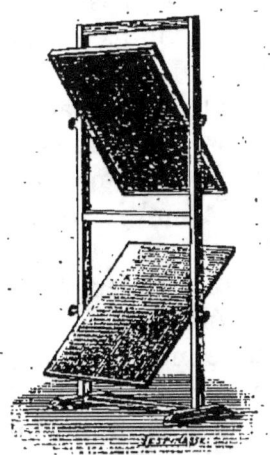
Fig. 119. — Écran réflecteur.

d'ombre portée par de la lumière envoyée de bas en haut. C'est le rôle de l'écran. Mais son action est très limitée, car l'intensité de la lumière réfléchie est en raison inverse du carré de la distance. En outre, on ne peut placer l'écran trop près du modèle, sous peine de l'avoir dans le champ de l'objectif. On est parfois obligé, pour obtenir l'effet voulu, d'augmenter l'intensité de la lumière directe, quitte à diminuer le temps de pose ou le diaphragme. »

PORTRAIT FAIT A L'INTÉRIEUR. — Mais souvent le

photographe ne peut disposer d'un atelier. On peut très bien s'en passer ; il suffit de suivre les judicieux conseils donnés dans la revue *La Photographie*, par M. J. Garczynski, dont nous reproduisons l'article.

« Toute pièce possédant une fenêtre et deux mètres de mur d'un côté de cette fenêtre peut être transformée en atelier de pose.

« Les autres fenêtres, s'il y en a, doivent être bouchées, à moins que l'on recherche des éclairages spéciaux.

« On enlève d'abord les rideaux de la fenêtre qui doit servir afin de laisser entrer le plus de lumière possible, et si la partie vitrée descend jusqu'au seuil on tend devant, jusqu'à hauteur d'appui, une étoffe très épaisse, sauf pour les rares cas où l'on essaiera le portrait en pied. Puis, sur les carreaux du dessus on tend une étoffe très légère et transparente (gaze ou mousseline) d'une teinte très douce, jaune, vert clair, rose, etc., que l'on plie en deux ou trois épaisseurs suivant le besoin. Enfin, les carreaux du haut restent libres. On a recommandé de tendre cette étoffe ou du papier de soie sur un cerceau d'enfant que l'on suspend par une ficelle au milieu de la fenêtre : j'en ai eu de bons résultats.

« Le fond est constitué soit avec un fond spécial dégradé, soit par une étoffe unie de teinte en légère opposition avec celle du vêtement du modèle, soit par une tenture de tons neutres. On évitera avec soin les étoffes rayées, à moins de les draper ainsi que celles à grandes fleurs tranchantes sur le fond (*fig.* 120).

« En face de la fenêtre, on dispose un ou plusieurs écrans afin de refléter la lumière sur le côté ombré de la figure et de faire *tourner* ces ombres.

« Ces écrans seront constitués avec des serviettes, des draps, du calicot ou du papier blanc tendus sur un cadre léger, du papier d'étain collé sur carton et même une glace (*fig.* 121).

« Les positions et le nombre de ces écrans varient

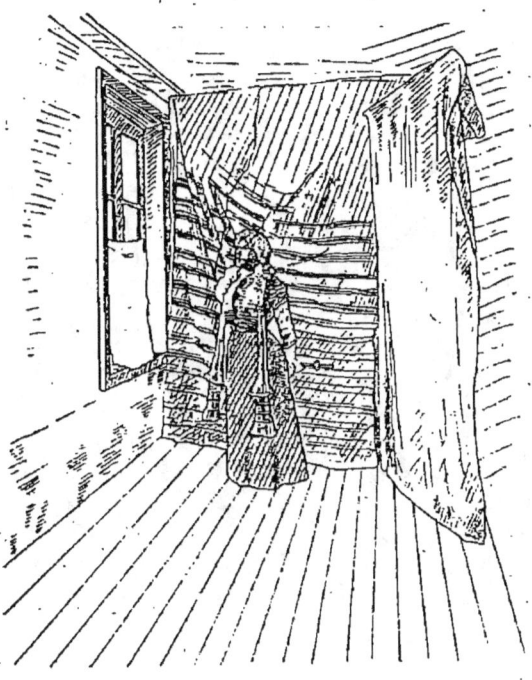

Fig. 120.

suivant l'effet cherché et la quantité de lumière dont on a besoin ; on peut les mettre droit, mais il en faut presque toujours un oblique posé presqu'au pied du modèle ou incliné sur une chaise afin de lui éclairer le dessous du menton et des arcades sourcillières. Dans certains cas, on peut remplacer les écrans par un bout de fil de magnésium brûlé à deux mètres du modèle, devant un réflecteur ou une glace.

« Il faut éviter autant que possible les vêtements *de couleurs sombres* ou d'un blanc cru. Les étoffes de teintes douces mêlées de parties plus foncées (ru-

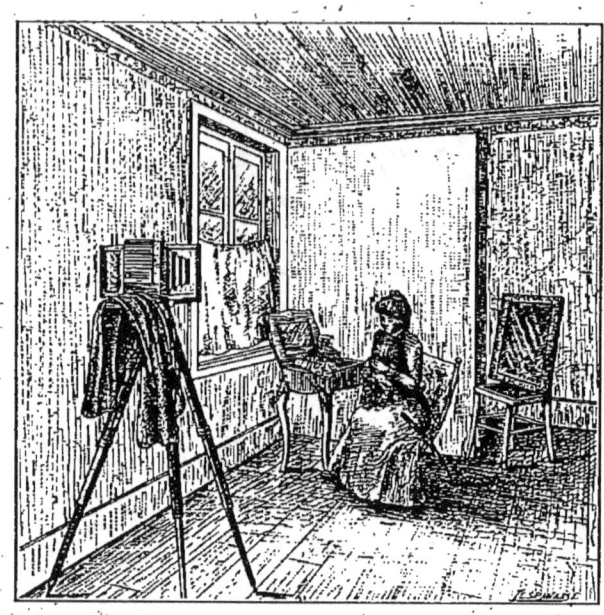

Fig. 121. — Dispositif pour portrait à l'intérieur.

bans, plis, etc.) font très bon effet. Quand on le peut, il faut teinter les étoffes blanches avec du thé bien fort ou du café. Les vêtements bouffants sont préférables ; les écharpes, boas, fichus, mantilles sont d'un précieux emploi dans bien des cas. Ce qu'il faut avant tout c'est faire une étude approfondie de ce que rendent les couleurs et leurs mélanges sur la plaque photographique.

« Le modèle est placé en face la partie la plus éloignée de la fenêtre ou mieux en arrière afin de recevoir le plus de lumière possible ; il ne doit jamais être pris de face afin d'éviter la division de la figure

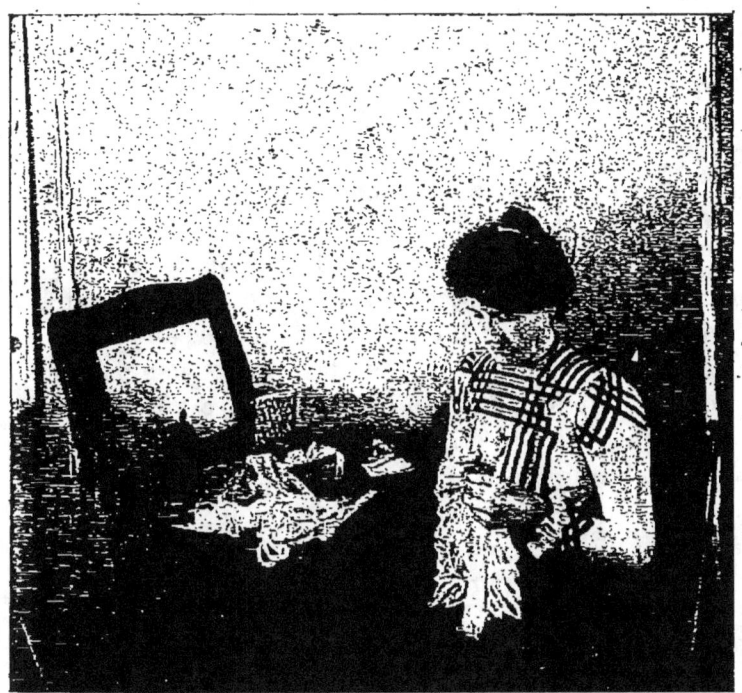

Fig. 122. — Portrait obtenu avec le dispositif de la figure 121.
(Négatif J. Garczynski.)

en deux parties égales d'ombre et de lumière ; les trois quarts avec point lumineux sur la joue dans l'ombre est le meilleur aspect et dans certains cas le profil perdu. Comme à l'atelier ou dehors, on doit tenir compte des règles qui régissent le portrait afin de prendre le sujet sous son aspect le plus favorable et de cacher ou tout au moins d'atténuer telle partie disgracieuse ou peu avantageuse de la figure. Le jeu des ombres facilitera beaucoup cette opération ; mais il faudra faire attention que l'excès de lumière dans la partie la plus éclairée peut modifier énormément l'aspect de cette partie.

« Le portrait-buste est le plus facile à exécuter ; néanmoins on peut faire du mi-jambe ou du portrait en pied si l'on a une disposition permettant d'éclairer jusqu'au plancher assez nettement. Il faut de plus une pièce assez grande pour avoir un recul suffisant.

« Quand on dispose d'une large baie et d'un espace suffisant, on peut entourer son modèle de quelques accessoires : table à ouvrage, bureau, petits meubles sur lesquels on met des objets usuels ou quelques plantes ; il faut en être très sobre afin qu'ils ne prennent pas trop d'importance.

« Les éclairages dits « A la Rembrandt » sont assez faciles à obtenir : le sujet, placé de profil ou de trois quarts, est placé en avant de la fenêtre et un peu loin, de façon que l'éclairage vienne par derrière ; le côté ombré est éclairé par un écran ou une glace, mais bien légèrement, de façon à laisser deviner plutôt que voir les traits en lignes. Nous recommandons vivement à nos lecteurs de ne pas trop abuser de cet éclairage et de ne s'y lancer qu'après avoir longuement étudié tous les autres genres ; il ne souffre pas de médiocrité. Que d'essais manqués ont été baptisés, après coup, « Éclairage à la Rembrandt » alors que l'on cherchait toute autre chose.

« L'orientation de la chambre importe peu, quoique le nord soit préférable, puisqu'il permet d'opérer à n'importe quelle heure, même quand il fait du soleil, et que la lumière qu'il donne est la plus douce et la plus régulière. Mais toute orientation suffira à condition d'opérer quand le soleil n'y donne pas.

« L'emploi d'un grand diaphragme s'impose, car on a besoin de toute la lumière possible ; il ne faut pas trop de netteté aux objets entourant le sujet afin de faire ressortir la tête : il ne faut pas augmenter l'opposition entre les ombres et les lumières ni accentuer certains traits ; il faut, au contraire, donner du modelé et de la douceur. »

Portrait en plein air. — « C'est de beaucoup le plus pratiqué, et, pour cette raison, le plus mal pratiqué : on place son sujet n'importe où et n'importe comment sans faire attention à l'éclairage et au fond : les portraits ainsi obtenus sont plats et souvent horribles.

« L'orientation nord est de beaucoup la meilleure ; cependant l'ouest peut servir le matin et l'est peut servir dans la soirée. L'installation n'est pas la même qu'à l'intérieur. Une fois la place choisie, il est nécessaire de faire quelques préparatifs quand la nature elle-même n'y a pas pourvu. Si l'on place le modèle devant un fond constitué par un massif d'arbres, il faut le mettre suffisamment en avant afin que le feuillage ne soit pas trop net, ce que l'on obtient facilement par la mise au point et l'emploi d'un grand diaphragme ; mais il vaut mieux disposer d'un fond constitué soit par un fond peint *ad hoc*, soit par une étoffe unie tendue sur un cadre ou tombant d'un balcon : on évitera aussi tout dessin autour de la figure.

« Un point très important est d'atténuer la lumière trop vive tombant perpendiculairement sur le front du sujet. Pour cela, on le place sous un arbre surplombant, ou l'on tend au-dessus de lui une étoffe légère et claire adoucissant la lumière.

« Enfin, on dispose de chaque côté des étoffes sur des cadres légers, sombres d'un côté, claires de l'autre, afin de répartir judicieusement la lumière, et l'on y ajoute des écrans incolores ou une glace pour éclairer le dessous du menton et de l'arcade sourcilière.

« On constitue ainsi une espèce de tente ou cabane formant un petit atelier qui permet de régler la lumière et l'effet cherché suivant la couleur et l'opacité des étoffes ou papiers des parois. Le commerce en vend de tout confectionnés, mais chaque amateur peut en construire un suivant ses besoins pour une somme très minime, étant surtout donné qu'il possède la plupart des matériaux.

« L'extrémité d'un bâton peut très bien servir pour ceux qui ne peuvent, pour une raison ou pour une autre, opérer dans une cour ou un jardin. L'on tend l'étoffe constituant le plafond sur deux tringles de bois fixées au balcon et le long du mur, et une étoffe tombe sur ce balcon. Le mur lui-même constitue le quatrième côté ; un coin de cour remplit le même office quand on en possède une (*fig.* 123).

« Quand la place et les matériaux le permettent, on peut entourer le sujet d'accessoires et même composer un véritable coin d'intérieur, des scènes de genre, dont le succès dans les concours place toujours l'auteur aux premiers rangs.

« Il est un fait incontestable : c'est que le portrait en plein air donne beaucoup plus de douceur que celui fait à l'intérieur ; les oppositions sont bien moins grandes. Il permet de faire des poses beaucoup plus courtes et même l'instantané assez rapide pour saisir les gestes et les mouvements si gracieux, les expressions si charmantes des enfants.

« Le contre-jour peut être pratiqué dans certaines

circonstances, soit quand le soleil est très haut au zénith et que ses rayons tombent d'aplomb sur le modèle, soit quand il est très bas à l'horizon. Dans ce cas, la tente-abri peut être supprimée et le personnage placé dans un cadre approprié; ce n'est plus guère le

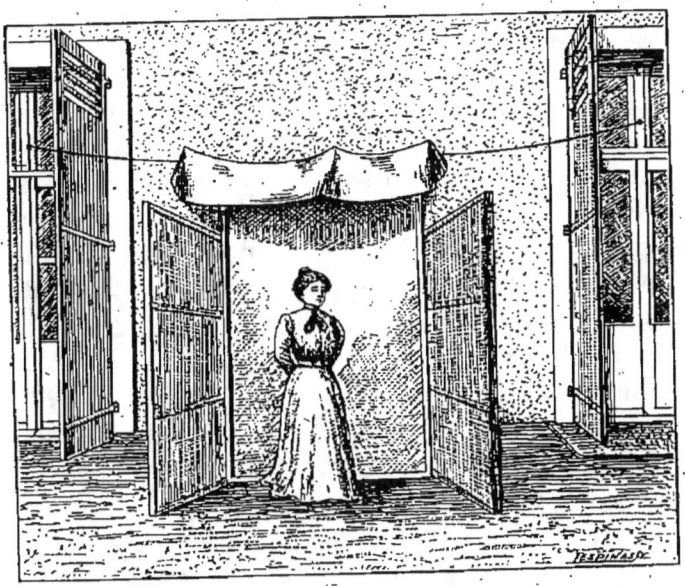

Fig. 123. — Dispositif pour portrait en plein air.

portrait proprement dit, mais un personnage dans un paysage. Et c'est alors que l'on peut s'exercer au drapé si cher aux grands maîtres de la photographie et dont les chefs-d'œuvre sont tant admirés dans nos expositions.[1] »

98. — **Groupes.** — Le groupe est le genre le plus

---

[1]. Ce paragraphe est la reproduction textuelle d'un article de M. J. GARCZYŃSKI, publié par la revue la *Photographie*.

difficile à bien réussir. Il faut, autant que possible, s'attacher à transformer le groupe proprement dit, généralement peu esthétique, en une véritable scène de genre. Il est vrai qu'il n'est pas facile de décider un modèle à sacrifier « son portrait » à l'intérêt général de la composition, à subordonner sa position, son attitude aux nécessités d'une figuration correcte dans une scène déterminée.

Nous nous contenterons de donner quelques conseils généraux sur ce genre ingrat. S'il s'agit d'un groupe de deux personnes, il faut, autant que possible, donner à chacune d'elles une attitude différente ; le groupe de trois personnes peut facilement être composé d'une façon gracieuse ; quant à celui de quatre personnes, il est rare qu'on le réussisse, étant donné la difficulté que l'on a d'éviter la symétrie. Quant aux groupes plus nombreux, c'est une affreuse chose qui ne ressort plus du domaine de l'artiste, mais lui est quelquefois imposée, à son grand désespoir, dit LA BLANCHÈRE, dans *l'Art du photographe*. Quel que soit alors le groupement choisi, une règle doit encore dominer, c'est que les attitudes doivent être variées pour chaque personnage, graves suivant l'âge, mouvementées suivant le sexe. Mais toujours la direction des yeux doit être variée dans chaque personnage, non qu'il faille les faire regarder chacun d'un côté différent, mais que l'ensemble concoure au même but et que le spectateur s'aperçoive qu'il assiste à une réunion de famille ou d'amis, où chacun suit son intérêt et ce qui l'intéresse, et non à un groupe de personnages effrayés et regardant simultanément un terrible événement qui s'accomplit sous leurs yeux.

99. — Intérieurs: éclairages artificiels. — Le plus généralement, quand on veut photographier dans un intérieur, le manque de recul oblige à l'emploi d'objectifs grand angle; en outre, lorsque l'éclairage est faible, de longues poses sont nécessaires; s'il y a des ouvertures fortement éclairées placées devant l'appareil, il y a production de halo. Nous avons vu comment on pouvait sinon supprimer totalement, du moins atténuer le halo (64).

Lorsque les locaux dans lesquels on veut opérer sont suffisamment éclairés ou ne le sont pas du tout par la lumière naturelle, on a recours à des lumières artificielles. Le plus souvent on emploie la lumière que fournit la combustion du magnésium. On a d'abord préconisé des lampes spéciales destinées à brûler du magnésium en fil ou en ruban; on utilise plus souvent des lampes à alcool dans la flamme desquelles on injecte de la poudre de magnésium pur; il faut avoir soin de ne jamais employer dans ces lampes de *photo-poudre*, mais bien exclusivement du magnésium en poudre pur.

On obtient un éclairage très vif et plus rapide avec les photo-poudres dont l'une des meilleures est un mélange à parties égales de magnésium en poudre et de chlorate de potassium pulvérisé [1]. La quantité de photo-poudre à employer dépend naturellement de la distance focale de l'objectif, de son ouverture, de la surface à éclairer, etc.; 3 à 4 grammes de photo-poudre suffisent dans une chambre de dimensions

---

1. On trouve ces mélanges tout prêts dans le commerce. Si on veut les préparer soi-même, on pulvérise très finement le magnésium et le chlorate, mais *séparément*, et on les tamise de façon à avoir des poudres homogènes. Le mélange de poids égaux des deux substances se fait à l'aide d'une carte et, autant que possible, au moment de l'utiliser. On conserve chacune des poudres dans un flacon bien sec. *En pulvérisant les deux corps ensemble, on risquerait de déterminer une explosion.*

moyennes; on peut en employer jusqu'à 10 grammes, s'il s'agit de locaux plus grands.

On dispose sur une plaque métallique ou une pelle à charbon une touffe de fulmicoton qu'on étire de manière qu'elle occupe toute la longueur de la plaque métallique (environ 20 centimètres), et on la saupoudre du mélange de magnésium et de chlorate. On étire l'extrémité de la touffe de fulmicoton sous forme de mèche qu'on laisse déborder sur une longueur d'environ 5 à 6 centimètres, destinés à l'inflammation.

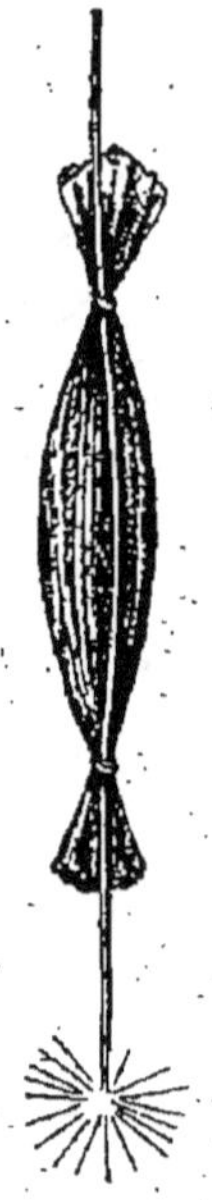

On peut aussi envelopper dans un tortillon de papier nitrifié, dit « Bengale » (que l'on se procurera chez tout artificier), la charge reconnue convenable de photo-poudre (1 à 5 grammes suivant le cas); on passe autour de cette cartouche un fil de fulmicoton qui, par une de ses extrémités, sert à suspendre cet ensemble et dont l'autre extrémité sert de mèche pour l'inflammation du mélange. Cet excellent dispositif, que représente notre figure 124, est dû à M. Londe, l'habile ex-directeur des services photographiques de la Salpêtrière.

Fig. 124.

La cartouche ou la pelle chargée de photo-poudre est placée un peu plus haut que l'appareil, de façon que toutes les parties de l'intérieur à photographier soient éclairées également; on a soin d'éviter les ombres portées d'autant plus marquées et plus crues que les objets sont plus rapprochés de la source lumineuse.

Il faut répartir le foyer lumineux sur une aussi grande surface que possible; aussi un seul foyer ne suffit que s'il s'agit d'éclairer un espace d'étendue relativement restreinte ; si l'intérieur à photographier est assez grand, il est bon de disposer plusieurs foyers reliés entre eux par des fils de fulmicoton, de manière que l'inflammation ait lieu le plus rapidement possible. L'inflammation se produit en approchant au moment opportun une allumette ou un rat de cave de la mèche ; on peut aussi utiliser une étincelle électrique. Il faut avoir soin de se méfier des projections de mélange enflammé, qui peuvent produire des brûlures ou provoquer l'incendie d'objets facilement combustibles tels que tentures ou rideaux.

La lumière produite par l'éclair magnésique peut être utilisée dans une pièce où la lumière du jour est insuffisante ; on abrège ainsi beaucoup la pose, ce qui évite la production de halo sur l'image des ouvertures par lesquelles pénètre la lumière du jour.

L'un des inconvénients de l'éclairage au magnésium est la production d'une fumée épaisse, formée en grande partie de flocons légers de magnésie qui se déposent sur les divers objets de la pièce. On a imaginé un certain nombre de dispositifs, que nous ne pouvons décrire ici, destinés à remédier dans une certaine mesure à cet inconvénient.

2° PHOTOGRAPHIE DOCUMENTAIRE

100. — Photographie architecturale. — « En face d'un monument, d'une place chargée d'édifices, de fontaines, nous pouvons désirer deux choses : une vue d'ensemble ou des vues de détail. Pour les faire, consultons notre œil ; il nous dira que, pour les vues d'ensemble, les détails s'effacent et se groupent en masse générale d'autant plus grande que nous nous éloignons davantage et que nous embrassons un plus grand espace ; notre œil nous dira que dans les vues

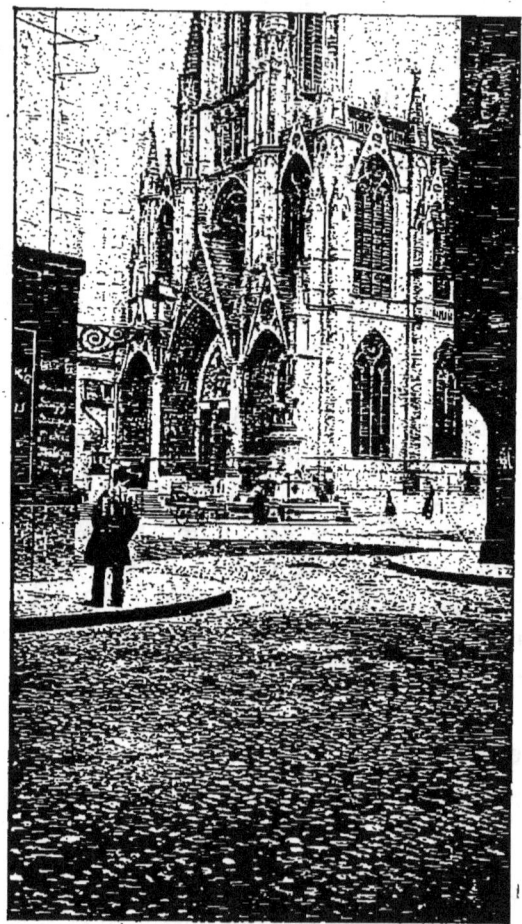

Fig. 125. — Objectif non décentré; appareil horizontal.

de détail il faut nous rapprocher, et, diminuant le champ de vision, arriver à séparer chaque trait de la pierre, chaque pli des statues. Et maintenant qu'allons-

nous faire, si nous sommes sages, c'est-à-dire artistes?
Suivre ces conseils : sacrifier les détails si nous vou-

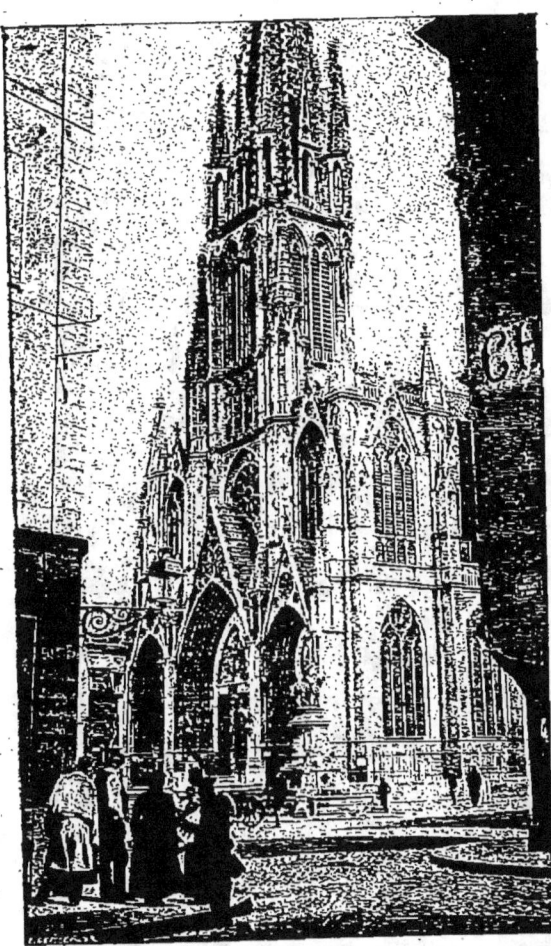

Fig. 126. — Objectif décentré; appareil relevé.

lons l'ensemble; sacrifier l'ensemble si nous voulons
les détails. Que si, au lieu de cela, nous voulons réunir les deux, et profitant du tour de force que la pho-

tographie met à notre disposition, faire voir à l'œil l'ensemble et les détails tout à la fois, nous arrivons à

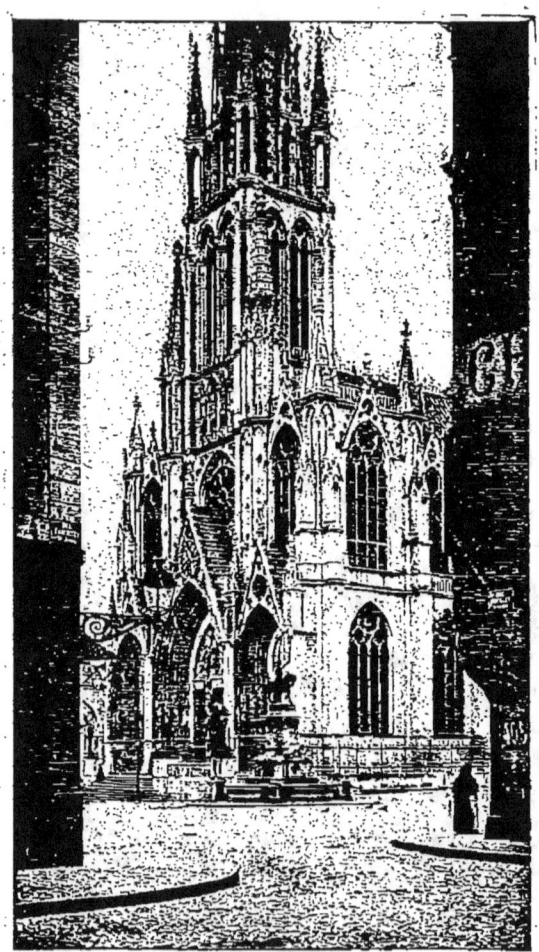

Fig. 127. — Décentrement maximum.

une chose monstrueuse, fausse, au milieu de laquelle l'œil dérouté s'égare, et qui, en le fatiguant beaucoup, ne lui laisse qu'une impression désagréable. Les monuments lointains, ceux du milieu, ceux rapprochés

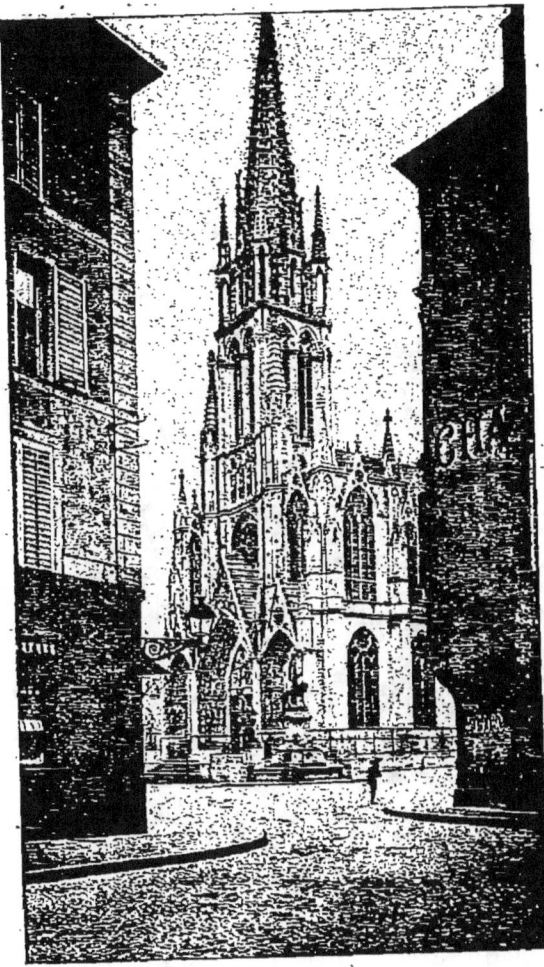

Fig. 128. — Objectif grand angle; décentrement maximum.

se superposent comme sur un plan géométrique: l'air ne circule plus entre eux pour estomper les lignes, effacer les angles et reculer les lointains. On n'a pas un tableau, on a une projection verticale géométrique[1]. »

C'est surtout en photographie architecturale qu'il est indispensable que la surface sensible qui enregistre l'image soit dans un plan vertical. Faute de cette pré-

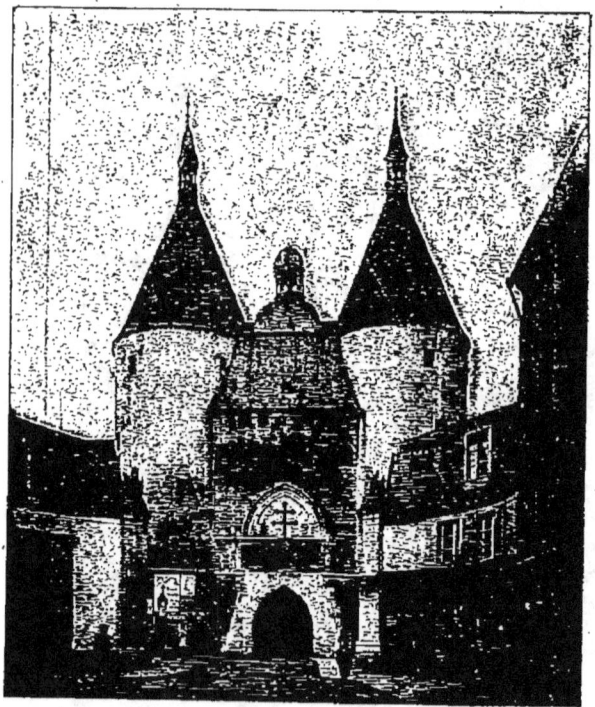

Fig. 129. — Objectif grand angle (60°) ; $f = 8$ centimètres.

caution, les verticales concourent sur l'image en un même point de fuite, ce qui donne une sensation de chute. C'est ce qui arrive surtout, lorsque l'angle embrassé par l'objectif étant insuffisant, l'appareil placé horizontalement, ne pouvant par suite photographier

---

1. H. La Blanchère, *l'Art du photographe*.

qu'une faible hauteur du monument (*fig.* 125), on a la mauvaise idée de l'incliner pour avoir sur la plaque une plus grande étendue du monument (*fig.* 126)¹. Il est préférable en ce cas, nous l'avons déjà dit (95) de

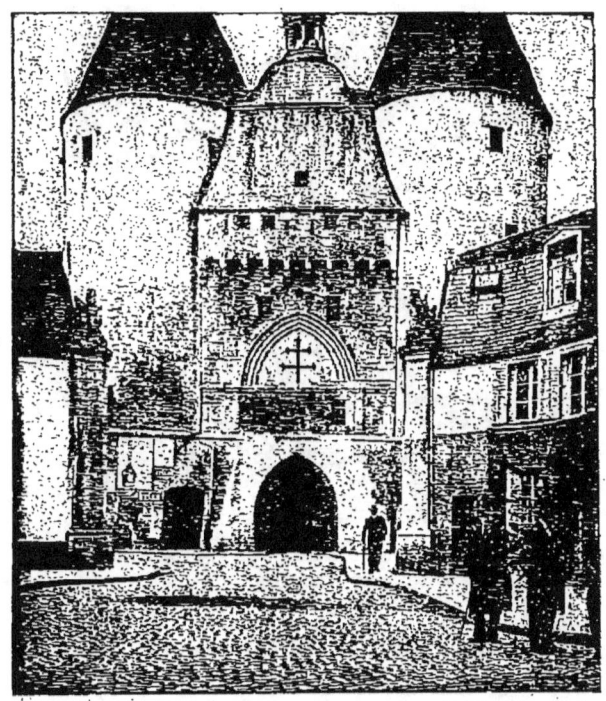

Fig. 130. — Objectif ordinaire
($f = 11$ centimètres ; angle embrasse : 45°).

décentrer l'objectif vers le haut (*fig.* 127 et 128), et lorsque le décentrement ne suffit pas, par suite d'un recul insuffisant (*fig.* 127 et 130), il faut avoir recours à un objectif grand angle (*fig.* 128 et 129)².

---

1. On construit des appareils d'agrandissements et reproductions qui transforment l'image ainsi obtenue en une image correcte.
2. Nous devons les figures 125, 126, 127, 128, 129 et 130 à l'amabilité de M. H. BELLIENI.

Il est donc indispensable de s'assurer, au moyen de niveaux ou de perpendicules, de l'horizontalité de la base de la chambre; à défaut, il faut avoir un verre dépoli quadrillé et faire en sorte que les verticales

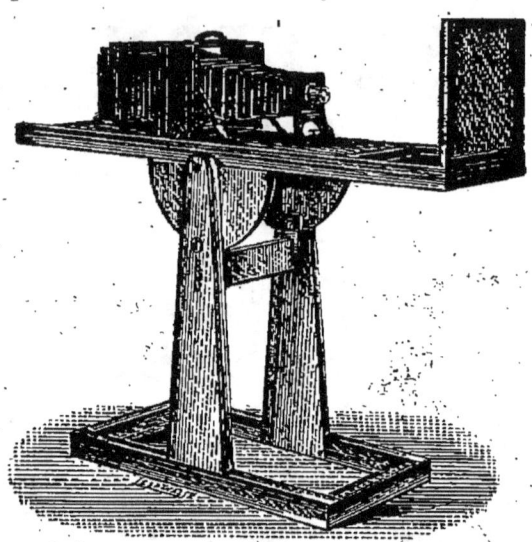

Fig. 131. — Dispositif horizontal pour reproduction de cartes, gravures, etc.

des monuments photographiés soient, sur l'image, parallèles aux traits verticaux du verre dépoli.

101. — Reproductions. — Lorsque l'on veut reproduire des objets plans tels que dessins, cartes, gravures, etc., il faut assurer le parallélisme du verre dépoli et de la surface plane à photographier. Le mieux est de pouvoir faire glisser l'appareil sur des rails, ainsi que le chevalet destiné à porter le modèle plan. On peut s'assurer du parallélisme en employant un verre dépoli quadrillé : les bords de l'image d'un dessin rectangulaire doivent être parallèles aux divisions du verre dépoli.

La figure 131 indique un dispositif facile à réaliser, très pratique pour la reproduction des objets plans; qui peut, en faisant basculer la planche supportant l'appareil et le modèle, être utilisé à la photographie d'objets à faibles reliefs (*fig.* 132).

S'il s'agit de reproduire des dessins en traits noirs sur fond blanc, il faut éclairer vivement l'original, diaphragmer l'objectif, autant qu'il est nécessaire pour avoir une image très nette, employer des plaques lentes et poser peu, de manière à avoir des oppositions (110).

S'il s'agit de tableaux, il est indispensable d'employer des plaques orthochromatiques.

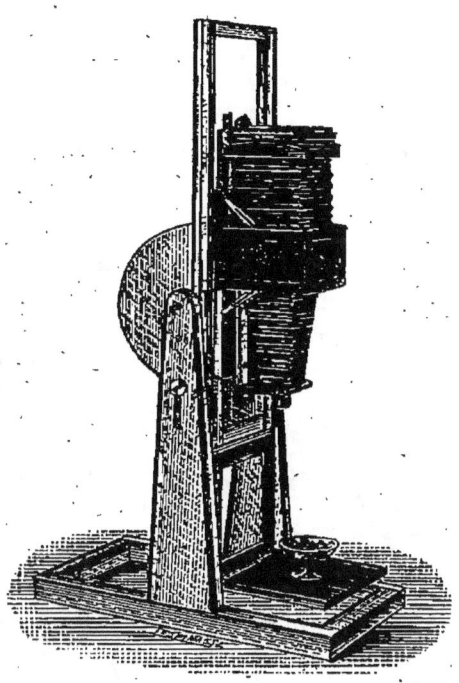

Fig. 132. — Dispositif vertical pour reproductions.

Les gravures, pastels ou autres, encadrés sous verre doivent autant que possible être enlevés du cadre, pour éviter les reflets dus au verre.

CHAPITRE IX

L'exposition

102. — Chargement des châssis. — Le chargement des châssis négatifs se fait dans le laboratoire obscur, faiblement éclairé par la lanterne. On commence par disposer sur la tablette ou sur la table destinée à cet usage le matériel nécessaire : les châssis à charger, leurs housses, la boîte de plaques sensibles, une balayette (*fig.* 133) ou un large pinceau de poils de blaireau (*fig.* 134).

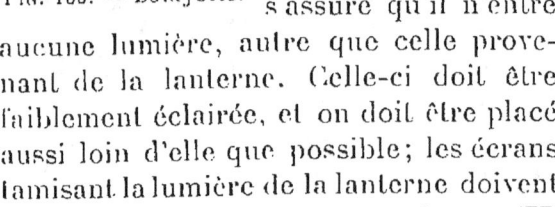

Fig. 133. — Balayette.

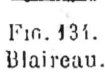

Fig. 134. Blaireau.

La porte du laboratoire étant fermée, on s'assure qu'il n'entre aucune lumière, autre que celle provenant de la lanterne. Celle-ci doit être faiblement éclairée, et on doit être placé aussi loin d'elle que possible; les écrans tamisant la lumière de la lanterne doivent correspondre aux plaques employées (77). Il est bon, d'ailleurs, de s'habituer à charger les châssis en pleine obscurité.

Après avoir bien épousseté l'intérieur du châssis à charger, on ouvre la boîte contenant les préparations sensibles, on défait un paquet; on y prend une plaque ou une pellicule *par ses bords*, on refait le paquet, et on le remet dans la boîte qu'on *referme de suite*.

On examine par réflexion les deux faces de la plaque sensible pour reconnaître celle qui est sensible ; elle est mate et uniforme, tandis que le dos de la plaque est brillant et souvent maculé par des taches de gélatine irrégulièrement disposées. Plus la préparation sensible est rapide, plus il est facile de distinguer la face gélatinée qui est nettement mate ; mais la face sensible des préparations lentes est presqu'aussi brillante que le dos ; en ce cas, on touche successivement avec le doigt légèrement humide les deux faces, tout près du bord : la face gélatinée colle un peu ; lorsqu'on y est habitué, il est inutile de mouiller le doigt. Il faut avoir bien soin de ne jamais toucher avec le doigt la face sensible ailleurs qu'au voisinage immédiat des bords ; les taches grasses résultant de ce contact empêchent en effet la pénétration du bain révélateur, et se traduisent sur le phototype achevé par des régions blanches. Lorsqu'on effectue le chargement en pleine obscurité, on ne peut reconnaître la face sensible qu'au toucher.

Avant de mettre la plaque dans le châssis, il faut enlever les quelques grains de poussière qui peuvent s'être attachés à la face sensible, grains qui, en interceptant la lumière pendant l'exposition, produiraient de petites taches transparentes irrégulières[1], à contours nettement définis. Une surface mate retient beaucoup plus facilement la poussière qu'une surface brillante ; aussi plus une émulsion est rapide, plus elle retient de poussières à sa surface et plus elle doit être époussetée soigneusement. On emploie

---

1. On a tendance à attribuer ces taches à des défauts d'émulsion : les taches dues à un mauvais étendage de l'émulsion ne sont pas irrégulières, mais de forme circulaire, à contours très nets.

pour cela soit une balayette en peluche de soie, soit un blaireau qui doivent, dans l'intervalle des emplois, être tenus dans une boîte bien close, à l'abri de la poussière. Le blaireau doit être passé dans les deux sens, à deux ou trois reprises, légèrement, de façon que l'extrémité des poils seule effleure la face sensible : le frottement doit être assez léger pour ne pas la rayer.

La face sensible devant, dans l'appareil, regarder l'objectif, on place la plaque dans le châssis, de façon que la face sensible regarde le volet [1]. On assujettit bien les taquets qui maintiennent la plaque en évitant avec soin tout contact des doigts sur la couche sensible. On referme le châssis, et, s'il y a lieu, on charge l'autre côté. S'il s'agit d'un porte-plaques pour appareil à magasin, on peut ne blaireauter la plaque qu'après l'avoir mise dans le porte-plaques qu'on place dans le magasin. Le châssis chargé, il est bon de le mettre dans une sorte d'étui, de housse, en étoffe opaque, rouge ou noire.

Lorsque tous les châssis sont chargés, s'il reste quelques plaques ou pellicules dans une boîte, il est bon de la sceller avec un peu de papier gommé et de la placer dans une petite caisse ou un tiroir réservé à cet effet, à l'abri de toute infiltration de la lumière et de l'humidité.

Les papiers d'emballage des plaques sont soigneusement mis de côté et conservés à l'obscurité : ils servent à envelopper les plaques exposées qu'on ne veut pas développer immédiatement.

---

[1]. Si par erreur on a placé la plaque à l'envers lors de l'exposition, la lumière, pour atteindre la couche sensible, doit traverser le verre qui est plus ou moins homogène ; elle est réfractée et diffusée irrégulièrement, et l'image obtenue est généralement floue.

En ce qui concerne l'emploi du papier négatif, de pellicules en rouleaux, et le chargement des magasins, nous renvoyons aux quelques mots que nous en avons déjà dit (65, 66, 67) et aux notices des fabricants. Rappelons seulement qu'il est bon de ne pas charger les châssis trop longtemps avant l'exposition à la lumière : un séjour prolongé des préparations sensibles dans les châssis ou porte-plaques produirait un voile (72).

103. — Installation de l'appareil ; mise en plaque. — Le sujet que l'on désire reproduire étant choisi, il faut *installer l'appareil* à l'emplacement le plus favorable. Nous avons parlé, dans le chapitre précédent, des divers sujets et du choix de l'emplacement.

On développe le pied, en commençant par les pièces à charnières, s'il y en a ; on écarte les branches que l'on enfonce légèrement dans le sol, l'une en avant, les deux autres en arrière ; on serre solidement toutes les vis pour éviter toute trépidation ; s'il fait du vent, on adapte le dispositif décrit plus haut (51).

La chambre, repliée et fermée, est placée sur la tête de pied, de telle sorte que l'écrou E (*fig.* 48), incrusté dans la planchette à coulisse de la base, se trouve en regard du boulon à poignée, dit vis de pied, que l'on visse à fond. On visse l'objectif sur sa rondelle s'il n'est pas fixé à la chambre ; on dégrafe les crochets maintenant les corps de la chambre sur la base ; on redresse la chambre et on immobilise le corps d'avant en faisant glisser la planchette mobile F. Cela fait, on fixe le corps d'arrière sur le chariot mobile Q[1].

---

[1]. Nous avons supposé qu'il s'agissait de la chambre touriste classique représentée *fig.* 48 et 49. Il sera facile de modifier ces indications selon le modèle de chambre que l'on possède.

On s'assure, au moyen des niveaux à bulle d'air, de l'horizontalité du chariot. Si le chariot n'était pas horizontal, le verre dépoli ne serait pas vertical et, sur l'image, les lignes verticales du sujet, s'il y en a (ce qui est le cas des monuments), sembleraient converger.

L'appareil installé, on démasque l'objectif et on place le voile noir sur l'appareil. On se met sous le voile et on effectue la *mise en plaque* dont nous avons parlé plus en détails dans le chapitre précédent : on avance ou recule au moyen de la crémaillère le corps arrière de la chambre jusqu'à ce que l'image projetée sur le verre dépoli soit à peu près nette ; on fait tourner l'appareil autour de la vis de pied de manière à obtenir sur le verre dépoli l'image de tel ou tel objet ; on élève ou abaisse la planchette d'objectif de manière à régler les proportions de ciel et de terrain, etc. La mise en plaque effectuée, il s'agit de donner à l'image la netteté voulue, de procéder, comme on dit, à la mise au point.

104. — Mise au point. — On avance et recule, au moyen de la crémaillère, le verre dépoli jusqu'à ce que l'image examinée sous le voile noir ait la netteté voulue. On examine généralement, pour la mise au point, l'image de l'objet principal (94), c'est-à-dire de l'objet sur lequel on veut attirer spécialement l'attention ; si toute l'étendue de l'image doit présenter la même netteté, on effectue la mise au point au tiers environ de la distance séparant le centre du verre dépoli des bords, compté à partir du centre.

105. — Profondeur de foyer. — On remarque aisément, en avançant et reculant le verre dépoli, pour trouver, par tâtonnements, la position de netteté maxima, qu'une certaine tolérance est permise ; en un mot, on peut placer le verre dépoli un peu en avant ou un peu en arrière de la position pour laquelle l'image est mathématiquement nette, sans que l'œil puisse discerner le plus léger flou. Cela tient uniquement à ce que notre œil n'est pas un instrument parfait : il ne peut distinguer une tache ou une ligne dont l'épaisseur est inférieure à $\frac{1}{5}$ de millimètre (*Surface de diffusion tolérée*, 3). Il en résulte que si deux rayons lumineux L, L' se coupent en O, où se trouve le seul point géométrique lumineux, les taches ab, cd, dont la dimension ne dépasse pas $\frac{1}{5}$ de millimètre, produisent sur l'œil la sensation de points lumineux (*fig.* 135). Le même raisonnement s'étendrait à une image entière qui n'est, somme toute, qu'une réunion de points-images, tels que O.

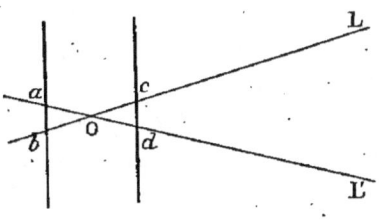

Fig. 135.

Cette tolérance dans la mise au point, résultant de ce que l'œil n'a pas l'acuité nécessaire pour examiner l'image sur la glace dépolie, et qui permet à cette dernière d'occuper diverses positions comprises entre deux positions limites, constitue la propriété de l'objectif photographique qu'on appelle *profondeur de foyer;* elle a pour valeur la distance des deux positions extrêmes que l'on peut donner au verre dépoli sans que la netteté de l'image soit pratiquement altérée [1].

---

1. Pour déterminer expérimentalement la profondeur de foyer, on dirige l'appareil vers un monument assez éloigné, présentant

Elle est d'autant plus grande que l'ouverture du diaphragme est plus petite.

106. — Profondeur de champ; distance hyperfocale. — L'image ayant été mise au point, aussi exactement que possible, en s'aidant au besoin d'une loupe qui diminue la tolérance visuelle, si on examine la netteté des différents plans du sujet à reproduire, on constate que plusieurs d'entre eux, quoique inégalement distants de l'objectif, semblent également nets. Cette propriété de l'objectif, due aussi à l'imperfection de notre œil, constitue la *profondeur de champ*. Cette profondeur de champ, que l'on peut calculer et exprimer par une formule, augmente quand le diamètre du diaphragme et la distance focale diminuent ; en outre, ce qui est très important, elle augmente indéfiniment à mesure que les plans s'éloignent.

Il résulte de là que, si on met au point sur un objet suffisamment éloigné, les images des objets situés au

---

des détails très nets, tels que murs en briques ou grille ; on met au point le centre de l'image, l'objectif n'étant pas diaphragmé. On met le diaphragme pour lequel on veut déterminer la profondeur de foyer et on rapproche le verre dépoli de l'objectif jusqu'à la position pour laquelle le centre de l'image cesse d'être net ; on marque sur le chariot la position du corps arrière et on éloigne le verre dépoli jusqu'à ce que le centre de l'image cesse de nouveau d'être net ; on marque la nouvelle position du corps arrière sur le chariot. La distance entre les deux repères marqués, mesurée à 1/5 de millimètre près, représente la profondeur de foyer suivant l'axe principal. Si on détermine de même la profondeur de foyer pour les bords de l'image, c'est-à-dire pour des axes secondaires, on constate qu'elle n'est pas la même : la profondeur de foyer n'est pas la même suivant les axes secondaires. Sur chaque axe secondaire, l'image paraît également nette dans l'intervalle compris entre deux points situés de part et d'autre du point imagé. L'ensemble de ces points forme deux surfaces limitant un certain volume qu'on appelle le *volume focal*.

delà sont nettes; la distance minima à laquelle doit être placé l'objet pour répondre à cette condition est ce qu'on appelle *distance hyperfocale* ou *distance de mise au point fixe*[1]. Nous avons vu (24) que cette distance est environ cent fois la distance focale principale; étant assez petite pour les objectifs de faible distance focale, elle est utilisée dans les appareils dits à foyer fixe : détectives, jumelles ou autres. La netteté de l'image donnée par ces appareils est suffisante si on a soin de se placer au moins à la distance indiquée du sujet; pour des distances inférieures, il faut recourir à l'emploi des bonnettes (38), à moins que l'objectif ne soit muni d'une monture hélicoïdale.

107. — COURBURE DE LA SURFACE FOCALE. — Il faut encore tenir compte, pour la mise au point, de ce que

---

[1]. La distance hyperfocale dépend non seulement de la distance focale de l'objectif, mais encore de son ouverture et de la dimension de la surface de diffusion tolérée. Le tableau suivant indique la valeur de la distance hyperfocale (exprimée en mètres) pour diverses distances focales et diverses ouvertures.

	DISTANCE FOCALE PRINCIPALE DE L'OBJECTIF (EN CENTIMÈTRES)								
	10	15	20	25	30	35	40	45	50
$\frac{f}{10}$	4,20	9,30	16,20	25,20	36,30	56,70	81,60	110,40	144,60
$\frac{f}{15}$	2,70	6,30	10,80	16,80	24,30	37,80	54,60	74,10	96,60
$\frac{f}{20}$	2,10	4,80	8,10	12,90	18,30	28,50	41,10	55,80	72,60
$\frac{f}{25}$	1,80	3,90	6,60	10,20	15	22,80	33	45	58,20
$\frac{f}{30}$	1,50	3,30	5,40	8,70	12,30	19,20	27,60	37,20	48,60
$\frac{f}{35}$	1,35	2,85	4,80	7,50	10,50	16,50	23,70	31,80	40,50
$\frac{f}{40}$	1,20	2,70	4,20	6,60	9,30	14,40	20,70	28,20	36,60

la glace dépolie sur laquelle on fait la mise au point et la surface sensible destinée à enregistrer l'image sont planes, alors que la surface focale des objectifs est courbe (*courbure du champ*). Il en résulte que si la courbure de cette surface est un peu prononcée (c'est le cas des objectifs à portraits, des objectifs mal corrigés,... etc.), et si la profondeur de foyer est trop faible, la mise au point est très difficile à faire, comme le montre l'examen de la figure 136. Il y a, sur le verre dépoli, une zone nette : la zone voisine de A et de B ; mais les bords et le centre peuvent être flous. Ce défaut est généralement bien corrigé dans les objectifs modernes ; il faut, néanmoins, tenir compte de ce que les diaphragmes de petite ouverture redressent en quelque sorte la surface focale, rendent le champ plus plat.

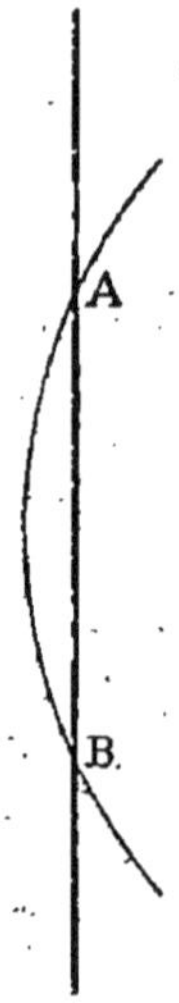

Fig. 136.

108. — Conclusions. — Des diverses considérations précédentes, nous concluons que la mise au point doit être effectuée avec le diaphragme même qui doit être utilisé durant la pose.

En outre — nous l'avons déjà dit — on doit employer, pour le paysage et le portrait, un objectif à grande distance focale, travaillant à grande ouverture, afin d'avoir une profondeur de champ faible, et d'obtenir, par suite, du relief. Il faut rejeter les objectifs qui donnent les divers plans nets, depuis l'avant-plan jusqu'aux lointains.

Les petites ouvertures doivent être réservées aux agrandissements, aux reproductions de cartes, plans ou autres objets et à quelques autres cas spéciaux.

Il faut se garder d'obtenir des images si nettes

qu'on y compterait les feuilles des arbres, les herbes de la prairie ou les cheveux du modèle! Mettant à profit ces propriétés de l'objectif qu'on nomme la profondeur de foyer et la profondeur du champ, le photographe doit s'attacher à ne reproduire que ce que son œil est capable de distinguer.

109. — Temps de pose. — La mise au point terminée, on remplace le verre dépoli par la surface sensible destinée à enregistrer l'image; dans ce but, on adapte à l'arrière de la chambre le magasin ou le châssis, en ayant soin d'éviter toute secousse; on ouvre à fond le volet et on démasque l'objectif durant le temps jugé nécessaire pour impressionner la surface sensible.

Quel est ce temps? Nous devons dire dès maintenant qu'il est absolument impossible de le déterminer d'une façon exacte. Nous ne pourrons donc qu'indiquer un certain nombre de règles générales qui permettront au lecteur de se rendre compte à peu près de la valeur du temps de pose; en réalité, ce n'est que par une longue pratique que l'on arrive à juger exactement le temps de pose.

Si la détermination du temps de pose n'est pas faite avec une approximation suffisante, l'image obtenue est mauvaise. Pour s'en rendre compte, il suffit de photographier successivement le même modèle avec des temps de pose allant en croissant, depuis une fraction très courte de seconde, jusqu'à plusieurs secondes, sur des plaques sensibles provenant d'une même boîte, développées toutes dans des bains de composition identique. Si on compare les négatifs ainsi obtenus, on remarque que l'un d'eux est complet (*fig.* 137); si on en tire un photogramme (*fig.* 138), celui-ci représente aussi fidèlement que possible l'ori-

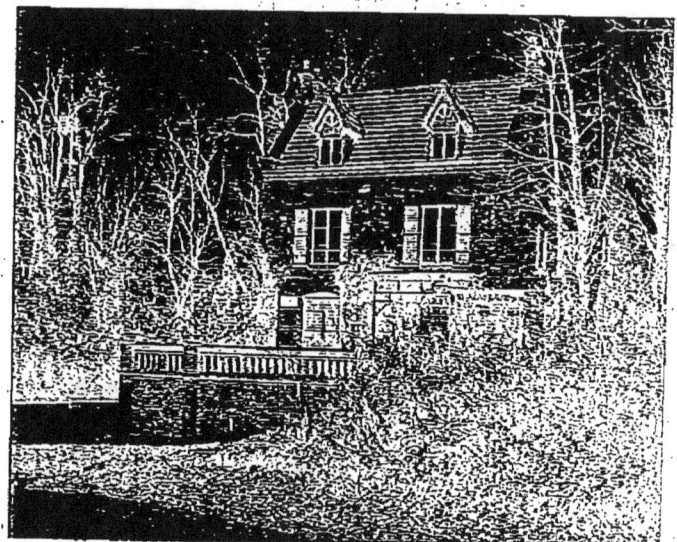

Fig. 137. — Négatif à pose normale.

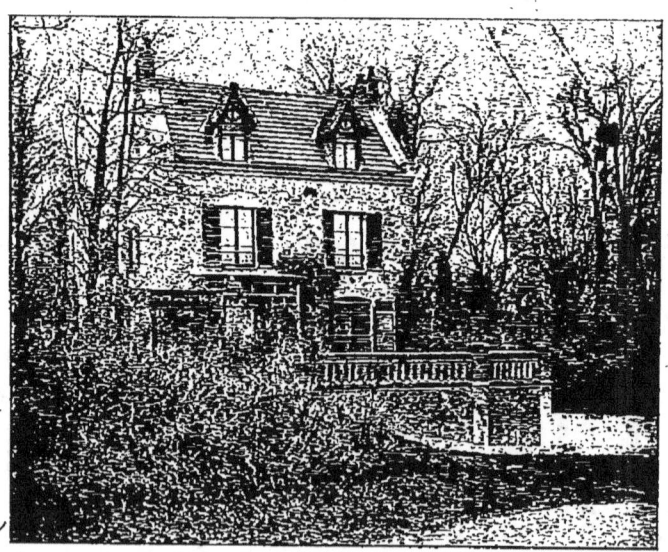

Fig. 138. — Photogramme du négatif 137.

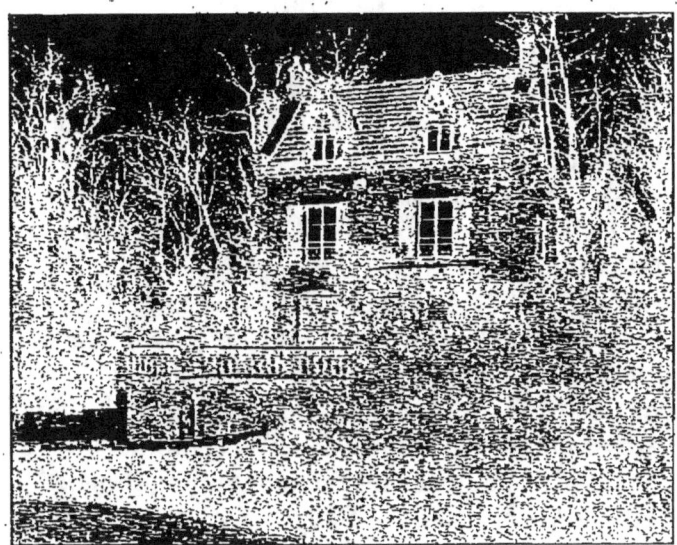

Fig. 139. — Négatif sous-exposé.

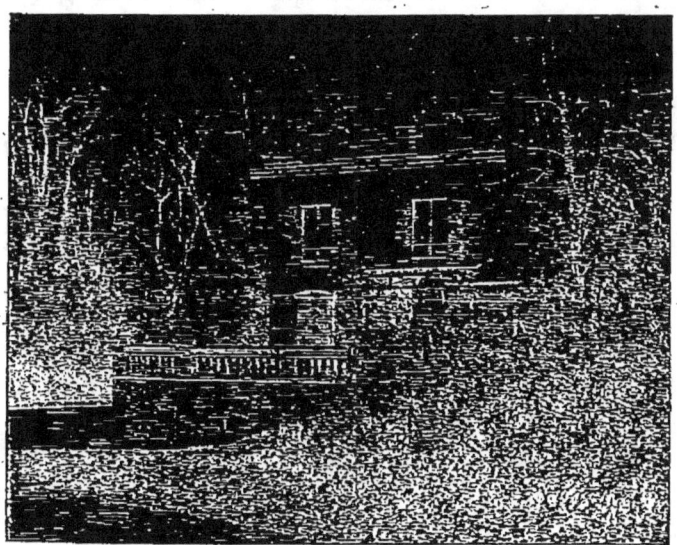

Fig. 140. — Négatif surexposé.

ginal : on peut distinguer les détails dans les ombres : l'image est harmonieuse, détaillée, intense. On peut considérer comme normal le temps de pose correspondant à ce phototype.

110. — Sous-exposition. — Si on examine les phototypes obtenus avec un temps de pose moindre, on constate qu'ils présentent des oppositions très vives et manquent de détails dans les ombres : les images obtenues sont *heurtées*. On comprend aisément que, lorsque la durée de pose est insuffisante, seules les parties les plus lumineuses de l'image ont le temps d'impressionner la surface sensible, tandis que les parties les plus sombres ne l'impressionnent pas.

111. — Surexposition. — Sur les phototypes obtenus avec un temps de pose supérieur au temps de pose normal, les demi-teintes foncées sont trop importantes par rapport aux demi-teintes claires ; tous les détails, aussi bien dans les ombres que dans les régions claires, sont accusés. Les oppositions entre les demi-teintes claires et les demi-teintes foncées sont insuffisantes : de telles images sont *plates*.

Si les demi-teintes claires ne sont pas assez intenses, c'est que l'impression produite par la lumière ne croît pas indéfiniment avec la durée d'exposition ; l'intensité de l'image développée n'est d'autant plus grande que l'exposition a été plus longue que si l'exposition est relativement courte ; elle atteint, pour une durée d'exposition déterminée, un maximum ; pour des expositions plus longues, l'intensité de l'image décroît de plus en plus à mesure que la durée d'exposition augmente ; si, même, elle est suffisamment prolongée, le révélateur ne produit plus de noircissement sensible. Lorsqu'il y a surexposition l'intensité des demi-teintes claires atteint ou dépasse même son maximum, tandis que l'intensité des demi-teintes foncées croît avec la durée de pose. Il en résulte un manque d'opposition des demi-teintes d'autant plus grand que la surexposition est plus prononcée, manque d'opposition qui se traduit par une teinte grise générale de l'image; il faut ajouter à cette cause (*solarisation*) les effets du halo, de la lumière réfléchie ou diffusée à l'intérieur de l'appareil, etc., qui finissent par voiler l'image des noirs qui devrait être transparente.

Si la surexposition est très prononcée, il n'y a pour ansi dire plus d'image, les parties foncées et les parties éclairées du sujet étant traduites par des opacités ayant à peu près la même intensité.

Si l'exposition est exagérément prolongée on obtient, après développement, une image positive au lieu d'une image négative (*inversion par surpose*). Les phénomènes de solarisation et d'inversion se produisent aussi lorsqu'on photographie — avec un même temps de pose — des sources lumineuses d'intensités de plus en plus grandes : si, par exemple, on photographie un paysage, l'image du soleil se projetant sur la surface sensible, cette image apparaît blanche au développement, alors que le reste du paysage donne bien un négatif ; il en est de même lorsque dans la vue photographiée se trouvent des sources lumineuses. On a essayé d'utiliser les phénomènes d'inversion par surpose à l'obtention directe d'images positives (*contretypes*).

112. — Facteurs du temps de pose. — Ces diverses considérations nous montrent combien la détermination précise du temps de pose est difficile ; nous dirons quelques mots de l'influence des divers facteurs dont il dépend. Les quelques règles que nous énoncerons permettront au lecteur d'acquérir plus vite l'expérience nécessaire.

Le tableau ci-dessous, que nous empruntons au *Traité pratique de détermination du temps de pose*, de M. de CHAPEL D'ESPINASSOUX, résume très clairement les divers facteurs dont dépend le temps de pose :

FACTEURS DU TEMPS DE POSE

I. — FACTEURS NATURELS

Intensité actinique de l'éclairage
- Lumière du jour
  - Extérieur
    - Latitude.
    - Saison.
    - Heure.
    - Etat du ciel.
    - Altitude.
    - Température.
  - Intérieurs
    - Dimensions de *l'ouverture éclairante*.
    - Distance de *l'ouverture au sujet*.
    - Nature du vitrage.
- Lumière artificielle.

Eclat actinique du sujet.
- Couleur du sujet.
- Distance du sujet à l'appareil.

II. — FACTEURS OPTIQUES

Surface du diaphragme.

Longueur focale
- principale (sujet éloigné).
- variable (sujet rapproché).

Lentilles.
- Nombre
- Forme
- Nature du verre

III. — FACTEURS CHIMIQUES

Nature de la surface sensible
- Degré de rapidité.
- Degré de sensibilité aux diverses radiations.
- Degré de persistance de l'impression lumineuse.

Energie du révélateur
- Composition.
- Température.
- Durée d'action.

113. — FACTEURS NATURELS. — L'intensité de la lumière du jour dépend de la *hauteur du soleil au-*

dessus de l'horizon, c'est-à-dire de la latitude et, pour un même lieu, du jour de l'année et de l'heure ; *de l'altitude au-dessus du niveau de la mer ;* de *l'état de l'atmosphère*. On a pu déterminer les variations de l'intensité de la lumière avec les saisons et l'heure de la journée ; mais l'influence de l'état de l'atmosphère est plus difficile à déterminer. Aussi a-t-on imaginé nombre d'instruments destinés à donner l'intensité de la lumière au moment d'opérer. Mais la plupart ne donnent que l'intensité lumineuse, ne sont que des photomètres, au lieu de donner ce qu'on peut appeler *l'intensité chimique* de la lumière ; il existe bien des *actinomètres*, mais leur emploi est très délicat.

S'il s'agit de photographier, non plus dehors, mais dans un intérieur, deux nouveaux facteurs interviennent : *les dimensions de l'ouverture* par laquelle pénètre la lumière et la *distance du sujet à l'ouverture*. Les deux lois suivantes peuvent être appliquées :

1° *La quantité de lumière admise est proportionnelle à la surface de l'ouverture ;*

2° *La luminosité d'un objet éclairé est inversement proportionnelle au carré de sa distance à l'ouverture par laquelle pénètre la lumière.*

Souvent on préfère avoir recours, dans les intérieurs, à l'emploi de lumières artificielles qui permettent d'apprécier plus facilement le temps de pose et surtout de le réduire quand la surface des ouvertures est petite.

L'éclat actinique du sujet dépend de *sa couleur* et de *la distance qui le sépare de l'appareil*.

En ce qui concerne la couleur, nous avons vu que les diverses lumières colorées n'impressionnent pas également les surfaces sensibles (69). Si nous prenons pour unité les temps de pose nécessaire pour obtenir une bonne image d'un objet blanc, les temps de pose nécessaires pour obtenir une image aussi intense d'un objet d'une autre couleur sont les suivants :

Blanc...........	1	Jaune clair......	6
Bleu clair.....	1,5	Vert foncé......	15
Bleu foncé.....	3	Jaune foncé....	16
Vert clair.....	6	Rouge foncé....	16
Rouge clair....	7,5	Noir...........	16

Il en résulte que lorsque le sujet présente des colorations diverses — ce qui est le cas général — il faudrait, pour obtenir un rendu correct, faire varier le temps d'action de chaque couleur sur la préparation sensible. C'est là le principe du procédé dit de la triple pose, du professeur Lippmann : on fait trois expositions successives sur une même surface sensible, à travers trois écrans colorés, le temps de pose variant avec la nature des radiations que laisse passer l'écran employé. On utilise un écran bleu, un écran vert et un écran rouge, ces deux derniers ne laissant pas passer la moindre trace de bleu, le temps de pose allant en croissant du premier au dernier. Nous avons vu que le mieux était d'employer des préparations sensibles orthochromatiques (69 et 70).

La surexposition atténuant les contrastes, on peut obtenir un meilleur rendu des couleurs en augmentant la pose d'autant plus que le sujet renferme des couleurs moins actiniques ; en un mot, on détermine le temps de pose d'après la couleur de l'objet exigeant la pose la plus longue. Supposons, par exemple, que nous ayons à photographier une maison blanche vivement éclairée se détachant sur un fond de verdures foncées. Une pose très courte sera suffisante pour obtenir l'image de la maison, mais les verdures qui l'entourent manqueront de détails; une pose longue, suffisante pour que les détails de la verdure puissent être enregistrés, donnera, au contraire, un meilleur résultat : il y aura, en effet, un commencement de solarisation pour l'image de la maison blanche; l'image obtenue sera plus complète et plus harmonieuse.

En ce qui concerne la distance du sujet à l'appareil, plus elle est grande, plus l'image projetée sur le verre dépoli ou sur la surface sensible est petite et plus elle est éclairée : *le temps de pose doit être d'autant plus court que la distance du sujet à l'objectif est plus grande*[1].

114. — FACTEURS OPTIQUES. — *Surface du diaphragme.* — Il est évident que la quantité de lumière qui arrive à la surface sensible est proportionnelle à la surface de l'ouverture par laquelle elle pénètre dans la chambre noire. Elle est donc proportionnelle au carré du diamètre de l'ouverture des diaphragmes. Il en résulte *que le temps de pose doit être inversement proportionnel au carré des diamètres des diaphragmes.*

Il est facile, en prenant pour unité le temps de pose nécessaire avec le diaphragme de plus grande ouverture, de calculer les temps de pose relatifs aux divers diaphragmes. Il suffit d'élever au carré les nombres exprimant les diamètres des différents diaphragmes et de diviser le plus grand d'entre eux successivement par tous les autres; les temps de pose doivent être proportionnels aux quotients obtenus. Soit, par

---

[1]. Un objet situé infiniment loin de l'objectif donne une image environ quatre fois plus lumineuse que s'il est placé dans le voisinage de l'objectif.

exemple, une série de diaphragmes dont les diamètres respectifs sont :

30ᵐᵐ   25ᵐᵐ   20ᵐᵐ   15ᵐᵐ   10ᵐᵐ

Les carrés de ces nombres sont respectivement :

900   625   400   225   100

Les temps de pose respectifs doivent être :

1   1,44   2,25   4   9

Il est bon d'inscrire ces chiffres sur les diaphragmes.

Le plus souvent, comme l'ont recommandé les Congrès internationaux de photographie, les diaphragmes sont construits de manière à correspondre à des temps de pose qui vont en doublant en passant d'un diaphragme à celui d'ouverture immédiatement inférieure.

Longueur focale. — L'éclairement de l'image étant inversement proportionnel au carré de la longueur focale, *le temps de pose doit être proportionnel au carré de la distance focale.*

Si, avec un objectif ayant 10 centimètres de distance focale principale, il faut poser une seconde pour obtenir un bon phototype d'une vue, il faut, avec un objectif de 20 centimètres de distance focale, poser quatre secondes pour obtenir un bon phototype de la même vue. En résumé, le *temps de pose doit être proportionnel au carré du quotient de la longueur focale par le diamètre du diaphragme.*

Considérons deux objectifs de distances focales respectives 10 et 20 centimètres; s'il faut poser une seconde avec le premier muni d'un diaphragme de 10 millimètres d'ouverture utile (28), il faudra, pour obtenir avec le second le même résultat avec le même temps de pose, le diaphragmer de manière à avoir le même rapport $\frac{f}{10}$ entre l'ouverture utile et la distance focale, c'est-à-dire employer un diaphragme de 20 millimètres d'ouverture utile.

Considérons deux objectifs, ayant respectivement 12 centimètres et 20 centimètres de distances focales travaillant le premier avec un diaphragme de 1 centimètre d'ouverture utile, le second avec un diaphragme de 2 centimètres d'ouverture utile. Le rapport des temps de pose pour obtenir, dans les mêmes conditions, le même résultat est :

$$\frac{\left(\frac{12}{1}\right)^2}{\left(\frac{20}{2}\right)^2} = \frac{144}{100} = 1,44.$$

S'il faut poser une seconde avec le premier objectif, le second exige environ une seconde et demie.

Lorsque l'on photographie, non plus une vue pour laquelle la distance de la plaque sensible à l'objectif (tirage) est sensiblement égale à la longueur focale, mais un objet rapproché de l'objectif, il faut tenir compte de ce que la plaque sensible est à une distance de l'objectif supérieure à la distance focale.

Le tableau suivant, extrait du travail de M. de Chapel d'Espinassoux, donne les coefficients de pose résultant des variations du tirage, dans le cas de réduction ou d'agrandissement, en prenant comme unité le *temps de pose nécessaire pour obtenir une image correcte cent fois plus petite que l'objet.*

ÉCHELLES DE RÉDUCTION	COEFFICIENTS DE POSE	ÉCHELLES D'AGRANDISSEMENT	COEFFICIENTS DE POSE
1	4	1	4
1 1/2	2,8	1 1/4	5,04
2	2,2	1 1/2	6,24
2 1/2	2	1 3/4	7,48
3	1,75	2	9
3 1/2	1,64	2 1/4	10,54
4	1,55	2 1/2	12,24
5	1,43	2 3/4	14,04
7	1,30	3	16
10	1,22	3 1/4	18
15	1,17	3 1/2	20,24
20	1,08	3 3/4	22,66
25	1,07	4	25
50	1,03	4 1/2	29,24
100 1/2	1	5	36

Ce tableau montre que, toutes choses égales d'ailleurs, pour avoir une image de même grandeur que l'objet, il faut poser 4 fois plus que pour avoir une image deux fois plus petite (linéairement); il faut poser deux secondes, s'il faut une seconde pour obtenir une image cent fois plus petite et, dans les mêmes conditions, 5 secondes pour obtenir une image deux fois plus grande.

On peut, au lieu de tenir compte du tirage, se baser sur la distance à l'objectif de l'objet, lorsque celui-ci est rapproché. Le tableau suivant donne les coefficients de pose pour les diverses distances de l'objet à l'objectif, en prenant pour unité *le temps de pose nécessaire pour obtenir une image correcte lorsque le tirage est égal à la longueur focale principale de l'objectif.*

L'EXPOSITION

	DISTANCES DE L'OBJET A L'OBJECTIF (EN MÈTRES)													
	0,15	0,20	0,30	0,40	0,50	0,75	1	1,25	1,50	2,0	2,50	3,0	4,0	5,0
1	»	»	»	»	»	»	»	»	»	»	»	»	»	»
10	9	4	2,2	1,8	1,6	1,3	1,2	1,2	1,1	1,1	1,1	»	1	1
15		16	4	2,6	2	1,6	1,4	1,3	1,2	1,2	1,1	1,1	1,1	1
20			9	4	2,8	1,9	1,6	1,4	1,3	1.3	1.2	1,1	1,1	1,1
25			36	7,1	4	2,2	1,8	1,6	1,4	1,3	1,2	1,2	1,1	1,1
30				16	6,2	2,8	1	1,7	1,6	1,4	1,3	1,2	1,2	1,1
35				64	11,1	3,5	2,4	1,9	1,7	1,5	1,3	1,3	1,2	1,1
40					25	4,6	2,8	2,2	1,8	1,6	1,4	1,3	1,2	1,2
45					100	6,2	3,3	2,4	2	1,7	1,5	1,4	1,3	1,2
50						9	4	2,8	2 2	1,8	1,6	1,4	1,3	1,2
55						14,1	4,9	3,2	2,5	1,9	1,6	1,5	1,3	1,3
60						25	6,2	3,5	2,8	2	1,7	1,6	1,4	1,3

(Longueur focale principale de l'objectif en centimètres)

On voit que, lorsque la distance de l'objet à l'objectif est supérieure à dix fois la longueur focale principale, les variations du temps de pose avec la distance sont négligeables.

Lentilles. — On comprend aisément que le nombre de lentilles, leur épaisseur, la nature des verres dont elles sont formées, influent sur la clarté de l'objectif ; mais en pratique on peut négliger cette influence.

115. — **Facteurs chimiques.** — Comme nous l'avons déjà dit (68), la *sensibilité* des préparations photographiques destinées à enregistrer l'image est très variable ; aussi est-il très difficile de tenir compte de ce facteur, que l'on peut néanmoins négliger lorsqu'on emploie toujours les mêmes plaques (du même fabricant et la même marque) ; en ce cas on peut considérer la sensibilité comme suffisamment constante.

On peut, étant données diverses marques de plaques, les comparer au point de vue de leur sensibilité relative ; on peut exposer à la chambre noire, d'une façon identique, les plaques à essayer et les développer simultanément dans un même bain, pendant le même temps. Pour avoir une précision suffisante, il importe — comme le dit M. A. Seyewetz dans le Cours de Photographie qu'il a professé à la Faculté des Sciences de Lyon, en 1899, auquel nous empruntons le mode opératoire — d'opérer avec des durées d'exposition très courtes, sans quoi la préparation la plus sensible pourrait être solarisée (111) et donner une intensité moindre, ce qui entraînerait naturellement une erreur d'appréciation ; par contre, avec des poses très courtes, la moindre erreur devient très visible.

Pour se mettre à l'abri de toute cause d'erreur, la meilleure façon d'opérer consiste à couper la moitié de chacune des deux plaques à comparer et à les ajuster dans le même châssis négatif. On choisit alors un sujet uniformément éclairé ; on fait fonctionner l'obturateur à une grande vitesse en diaphragmant au moins à $\frac{f}{20}$. De cette façon on est sûr d'avoir une pose insuffisante et il devient alors facile de distinguer la plaque qui a donné l'image la plus intense et, par suite, celle qui est la plus sensible. Il est évident qu'il faut plonger les deux plaques dans le même bain révélateur (oxalate ferreux de préférence) et les y laisser durant le même temps [1].

---

1. La mesure exacte de la sensibilité d'une préparation sensible est très délicate et ne peut être effectuée que dans des laboratoires outillés dans ce but, tel que le laboratoire d'essais de la Société française de Photographie. L'une des plus grandes difficultés pour obtenir des résultats comparables est le manque de constance d'intensité des diverses sources de lumière. On emploie, pour obvier à cet inconvénient, le sensitomètre de Warnecke basé sur le principe suivant : si on expose à une lumière très intense, telle que celle produite par la combustion du magnésium, une

En ce qui concerne le *degré de sensibilité aux diverses radiations*, nous renvoyons à ce que nous avons dit au sujet de l'orthochromatisme (69).

Pour le *degré de persistance de l'action lumineuse*, l'expérience semble indiquer qu'une image développée quelques heures après l'exposition est plus intense que si elle est développée immédiatement après; l'intensité, à partir de ce moment, reste constante pendant plusieurs mois; si le temps écoulé entre l'exposition et le développement atteint plusieurs années, l'image obtenue est de moins en moins intense et se voile graduellement; il est même probable qu'au bout d'un certain temps l'image latente disparaît.

L'influence de *l'énergie du révélateur* sera étudiée dans le chapitre relatif au développement.

116. — Détermination pratique du temps de pose. — La multiplicité et la variabilité continue des facteurs dont dépend le temps de pose nous montre que la question suivante, que l'on entend poser à tout instant : *quel doit être le temps de pose avec tel objectif et telle préparation sensible ?* ne peut être résolue. Il y a, nous

---

surface enduite de sulfure de calcium phosphorescent, quelques secondes suffisent pour qu'elle ait emmagasiné le maximum possible de lumière; cette surface, examinée alors dans l'obscurité, présente le maximum de phosphorescence ; mais sa luminosité décroît rapidement d'abord, assez lentement ensuite, pour qu'une minute après l'exposition on puisse considérer l'intensité de la lumière émise comme constante pendant quelques instants. Toutes les fois qu'on répète la même opération on arrive, au bout du même temps, à une source lumineuse qui peut être prise pour unité. Si donc, à ce moment, on impressionne une surface sensible à l'aide de cette source lumineuse en interposant entre les deux un écran formé de vingt-cinq carrés numérotés et d'opacités croissantes, le dernier numéro de l'échelle des opacités qui apparaît sur la préparation sensible après développement est un point de repère qui indique sa rapidité. C'est ainsi qu'on dit qu'une émulsion marque 22 au sensitomètre Warnecke. Plus le degré Warnecke est élevé, plus la préparation est sensible.

l'avons déjà dit, une habitude à prendre, habitude qui s'acquiert d'autant plus vite que l'on opère le plus souvent dans des conditions comparables, en ayant soin de noter minutieusement tous les facteurs que l'on peut mesurer ou apprécier en examinant les résultats obtenus.

Comme le temps de pose dépend aussi du révélateur, en faisant varier la composition et en conduisant convenablement le développement, on peut obtenir des images identiques avec des temps de pose différents (121).

Pratiquement, dit M. SEYEWETZ dans son cours, la méthode qu'il convient d'employer est la suivante : *après avoir déterminé avec le plus de soin possible le temps de pose, en se basant sur les considérations indiquées et en tenant compte de tous les facteurs autant que possible, avec leurs valeurs relatives, on fait un essai; il s'agit alors de savoir reconnaître dans quel sens on a commis une erreur, discerner entre un phototype trop posé et un autre manquant de pose* (110 et 111) *et rectifier alors, s'il y a lieu, l'appréciation primitive.*

Quelles doivent être les qualités d'une bonne image ? *Une bonne image doit présenter des noirs intenses et des blancs purs ; on doit pouvoir distinguer tous les détails de ces noirs et de ces blancs, qui doivent être reliés par des demi-teintes.*

L'image positive obtenue d'après un bon négatif, tout en ayant des oppositions suffisantes, ne doit pas être dure, mais posséder toutes les gradations de teintes du blanc pur au noir vigoureux et doit être exempte d'empâtement aussi bien dans les clairs que dans les ombres.

A titre d'exemple, le tableau suivant, établi en tenant compte dans la mesure du possible de tous les facteurs, indique le temps de pose réel qui correspond, pour un objectif diaphragmé à $f/10$, à la photographie des divers sujets qui peuvent se présenter dans la pratique, en utilisant des plaques LUMIÈRE, étiquette bleue.

TABLEAU DE LA DURÉE EFFECTIVE DE LA POSE NÉCESSAIRE POUR OBTENIR UN PHOTOTYPE NORMALEMENT POSÉ EN UTILISANT UN OBJECTIF DIAPHRAGMÉ A $\frac{f}{10}$ ET DES PLAQUES LUMIÈRE ÉTIQUETTE BLEUE, PENDANT LES MOIS DE JUIN, JUILLET, MAI, AOUT, A MIDI EN PLEIN SOLEIL.

	sec
Marines et glaciers	0,005
Grande vue panoramique sans verdure	0,02
» » » avec verdures	0,05
Massifs de verdure avec nappe d'eau	0,08
Vue avec monuments bien éclairés	0,05
» » » sombres	0,10
Ravins ombragés	0,5
Sous-bois bien éclairés	0,3
Sous-bois couvert	0,7
Bords de rivière ombragés	0,3
Groupes en plein air	0,2
Portrait en plein air	0,4

Suivant le mois et l'heure de la journée il faut, pour obtenir le temps de pose véritable, multiplier ces divers temps de pose par les coefficients respectifs suivants en prenant, comme il a été fait dans le tableau ci-dessus, le temps de pose à midi pendant les mois de juin, juillet, mai et août, comme unité.

	A midi	A 10 h. matin A 2 h. soir	A 8 h. matin A 4 h. soir.
Juin Juillet	1	1,1	1,6
Mai Août	1	1,3	1,8
Avril Septembre	1,2	1,5	3

	A midi	A 10 h. matin A 2 h. soir	A 8 h. matin. A 4 h. soir.
Mars...... Octobre......	1,6	1,8	4
Février...... Novembre....	2,2	3	8
Janvier...... Décembre....	3,2	4,5	10

Enfin, tous ces temps de pose doivent être multipliés par les coefficients suivants si, au lieu d'avoir le plein soleil, l'état du ciel est différent :

- A. Plein soleil................................. 1
- B. Lumière diffuse (nuages très blancs)...... 4
- C. Ciel couvert et gris....................... 6
- D. Temps gris et sombre...................... 10

Comme exemple d'utilisation des tableaux précédents, prenons, avec M. Seyewetz, le cas d'un objectif diaphragmé à $\frac{f}{10}$ et supposons que nous voulions déterminer le temps de pose nécessaire, au mois d'avril, à dix heures du matin, par un ciel couvert et gris, pour obtenir, sur une plaque Lumière étiquette bleue, une vue avec monuments bien éclairés.

Nous voyons que si nous opérions par un plein soleil, au mois de juin, juillet, mai ou août à midi, il faudrait poser $0^{sec},03$. Au mois d'avril, à dix heures, ce temps doit être multiplié par 1,5, et comme le ciel est couvert et gris, ce temps de pose doit encore être multiplié par 6, soit :

$$0,05 \times 1,5 \times 6 = 0^{sec},45.$$

Si, au lieu de diaphragmer à $\frac{f}{10}$, nous avions diaphragmé à $\frac{f}{7}$, quel aurait été le temps de pose ?

L'EXPOSITION

Nous avons vu (114) que les temps de pose sont proportionnels aux carrés des quotients de la distance focale par l'ouverture du diaphragme. Dans le cas présent, les temps de pose doivent être entre eux comme $\left(\dfrac{f}{7}\right)^2$ et $\left(\dfrac{f}{10}\right)^2$. L'objectif étant le même, les distances focales sont identiques, et les temps de pose doivent être en raison inverse des nombres 49 et 100; c'est-à-dire que, s'il faut $0^{sec},45$ de pose avec l'objectif diaphragmé à $\dfrac{f}{10}$, il ne faut que $0^{sec},23$ (environ deux fois moins) si l'objectif n'est diaphragmé qu'à $\dfrac{f}{7}$.

117. — **Photographie d'objets en mouvement.** — Lorsqu'on photographie un objet en mouvement, l'image de l'objet se déplace durant la pose; il faut, pour obtenir une image paraissant nette, que le temps de pose soit tel que le déplacement de l'image ne soit pas supérieur à $1/10^e$ de millimètre (3). Or le déplacement de l'image dépend :

1° *De la vitesse du sujet*, l'image se déplace d'autant plus vite que la vitesse du sujet est plus grande. Cette vitesse est difficile à mesurer; le tableau ci-dessous donne une valeur approchée de la vitesse (espace parcouru par seconde exprimé en mètres), d'un certain nombre d'objets mobiles.

VITESSE A LA SECONDE DE DIVERS OBJETS EN MOUVEMENT

Homme au pas de promenade (4 kil. à l'heure).	1,11
— — de marche (6 kil. à l'heure)....	1,66
— — de course........................	5,77
— à la nage............................	1,12
Patineur....................................	12
Cheval au pas (6 kil. à l'heure)...............	1,66

Cheval au trot ordinaire (16 kil. à l'heure) 3,90
— au trot de course 13,53
— au galop ordinaire (30 kil. à l'heure) ... 8,30
— au galop de course.................. 18,45
Navire (9 milles à l'heure) 4,63
— (12 — —) 6,17
— (17 — —) 8,75
Train-omnibus (25 kil. à l'heure)............. 6,90
— — (35 —) 9,80
— express (60 —) 16,67
— — (75 —) 20,83
Vague de 30 mètres d'amplitude sur 300 mètres
  de fond................................ 6,80
— de tempête dans l'océan 21,85
Lévrier 25
Pigeon voyageur............................ 27
Hirondelle 67

Le tableau suivant donne, en centièmes de seconde, le temps de pose maximum, suivant la distance du sujet à l'objectif, exprimée en fonction de la longueur focale et suivant la vitesse du sujet.

Soit, *par exemple*, à photographier un cheval au trot ordinaire à 100 mètres environ d'un appareil muni d'un objectif ayant une distance focale de 20 centimètres ; le cheval est à une distance de l'appareil égale à 500 fois la distance focale ; le temps de pose ne devra donc pas, d'après le tableau précédent, dépasser un centième de seconde.

2° *De la distance séparant l'objectif du mobile ;* la durée de pose peut être d'autant plus prolongée que cette distance est plus grande. Plus, au contraire, l'objet mobile est près de l'objectif, plus doit être court le temps de pose, même si la vitesse du mobile est faible. Une pose d'un centième de seconde donne une image suffisamment nette d'un objet parcourant 50 centimètres par seconde, situé à 50 fois la distance

TABLEAU DU TEMPS DE POSE MAXIMUM

Exprimé en centièmes de secondes, que l'on peut employer pour avoir une image nette d'objets en mouvements, suivant la vitesse du sujet, et sa distance à l'objectif (exprimée en fonction de la distance focale).

Le temps de pose, exprimé en secondes, est :

Vitesse du sujet en mouvement il parcourt :	DISTANCE DU SUJET A L'OBJECTIF														
	50 f	100 f	200 f	300 f	400 f	500 f	600 f	700 f	800 f	900 f	1.000 f	1.100 f	1.200 f	1.300 f	1.400 f	1.500 f
m.	s.	s.	s.	s.	s.	s.	s.	s.	s.	s.	s.	s.	s.	s.	s.	s.
0,1	0,05	0,10	0,20	0,30	0,40	0,50	0,60	0,70	0,80	0,90	1	1,10	1,20	1,30	1,40	1,50
0,2	0,01	0,05	0,10	0,15	0,20	0,25	0,30	0,35	0,40	0,45	0,50	0,55	0,60	0,65	0,70	0,75
0,3	0,01	0,03	0,06	0,10	0,13	0,16	0,20	0,23	0,26	0,30	0,33	0,37	0,40	0,43	0,47	0,50
0,4	0,01	0,02	0,05	0,07	0,10	0,12	0,15	0,17	0,20	0,22	0,25	0,27	0,30	0,32	0,35	0,37
0,5	0,01	0,02	0,04	0,06	0,08	0,10	0,12	0,14	0,16	0,18	0,20	0,22	0,24	0,26	0,28	0,30
0,6		0,01	0,03	0,05	0,06	0,08	0,10	0,11	0,13	0,15	0,16	0,18	0,20	0,21	0,23	0,25
0,7		0,01	0,02	0,04	0,05	0,07	0,08	0,10	0,11	0,12	0,14	0,15	0,17	0,18	0,20	0,21
0,8		0,01	0,02	0,03	0,05	0,06	0,07	0,08	0,10	0,11	0,12	0,13	0,15	0,16	0,17	0,18
0,9		0,01	0,02	0,03	0,04	0,05	0,06	0,07	0,08	0,10	0,11	0,12	0,13	0,14	0,15	0,16
1		0,01	0,02	0,03	0,04	0,05	0,06	0,07	0,08	0,09	0,10	0,11	0,12	0,13	0,14	0,15
1,5			0,02	0,02	0,03	0,03	0,04	0,04	0,05	0,06	0,06	0,07	0,08	0,08	0,09	0,10
2,5			0,01	0,01	0,02	0,02	0,03	0,03	0,03	0,04	0,05	0,05	0,06	0,06	0,07	0,07
3,5			0,01	0,01	0,01	0,02	0,02	0,02	0,02	0,03	0,04	0,04	0,04	0,05	0,05	0,06
4,5			0,01	0,01	0,01	0,01	0,02	0,02	0,02	0,03	0,03	0,03	0,03	0,04	0,04	0,05
5,5			0,01	0,01	0,01	0,01	0,01	0,01	0,02	0,02	0,02	0,03	0,03	0,03	0,04	0,04
6,5			0,01	0,01	0,01	0,01	0,01	0,01	0,01	0,02	0,02	0,02	0,02	0,03	0,03	0,03
7,5				0,01	0,01	0,01	0,01	0,01	0,01	0,01	0,01	0,02	0,02	0,02	0,02	0,02
8,5					0,01	0,01	0,01	0,01	0,04	0,01	0,01	0,01	0,01	0,01	0,01	0,02
9,5							0,01	0,01	0,04	0,01	0,01	0,01	0,01	0,01	0,01	0,01

focale, et d'un objet parcourant 3ᵐ,50 par seconde, situé à une distance égale à 600 fois la distance focale de l'objectif employé [1].

3° *De la direction du mouvement par rapport à la direction de l'axe de l'objectif.* Le temps de pose peut être d'autant plus prolongé que le déplacement se produit plus obliquement par rapport à l'axe de l'objectif ; on peut, par suite, faciliter la photographie d'objets mobiles animés de grandes vitesses, en dirigeant l'appareil dans une direction aussi oblique que possible par rapport à la direction du déplacement.

4° *De la distance focale de l'objectif.* Plus elle est grande, plus le déplacement de l'image est grand [2].

---

[1]. Nous avons vu (114) que le temps de pose doit être d'autant plus long que l'image est plus grande ; il doit, d'autre part, être d'autant plus court que l'objet en mouvement est plus près de l'objectif. Il résulte de ces deux indications opposées qu'on ne peut guère obtenir de photographies directes de grand format d'objets en mouvement, forcé que l'on est d'opérer à une distance suffisante pour assurer la netteté de l'image tout en donnant la pose nécessaire à l'obtention d'une image complète.

[2]. Le tableau que nous avons donné ne contient qu'un nombre restreint de cas ; les progrès réalisés dans le rendement des obturateurs et la rapidité des préparations sensibles permettent d'obtenir des images nettes d'objets animés d'une vitesse supérieure à celles indiquées sur le tableau. Le temps de pose maximum est donné, en général, par la formule :

$$T = \frac{d-f}{f} \times \frac{\omega}{v \cdot \sin \varphi},$$

f étant la distance focale de l'objectif, d la distance du mobile à l'objectif, v sa vitesse, φ l'angle que fait la direction du mouvement avec l'axe de l'objectif ; ω le diamètre de la surface de diffusion tolérée ; ou :

$$T = \frac{O}{I} \times \frac{\omega}{v \cdot \sin \varphi},$$

O et I étant les dimensions de l'image et de l'objet.

Si l'image doit être examinée directement, on peut prendre

118. — PHOTOGRAPHIE INSTANTANÉE.

— L'expression *photographie instantanée* désigne la photographie de sujets en mouvement, c'est aussi la photographie de sujets fixes, lorsque l'opérateur se déplace et, en particulier, c'est la photographie au moyen des appareils à main. Mais le mot *instantané* ne doit pas être employé pour désigner une pose déterminée ; on le prend parfois à tort comme synonyme de sous-exposé. Or un phototype instantané peut très bien être surexposé. Un phototype normalement exposé peut avoir reçu une pose très courte : 1/100ᵉ de seconde, par exemple :

$\omega = 0^m,0002$; si elle doit être agrandie, il faut prendre $\omega < 0^m,0001$.
Le tableau ci-dessous donne les principales valeurs de $\sin \varphi$:

Angle.....	15°	30°	45°	60°	75°	90°
$\sin \varphi$......	0,26	0,50	0,71	0,87	0,97	1,00

Soit, par exemple, à photographier un cheval au galop ayant 1ᵐ,60 de haut dont on désire une image de 0ᵐ,01, la direction du mouvement du cheval faisant 45° avec l'axe de l'objectif. On a :

$$\frac{O}{I} = 160 ; \; v = 8 \text{ mètres} ; \; \sin \varphi = 0,7 ; \; \omega = 0,0002$$

$$T = 160 \times \frac{0,0002}{8 \times 0,7} = \frac{1}{185} \text{ de seconde.}$$

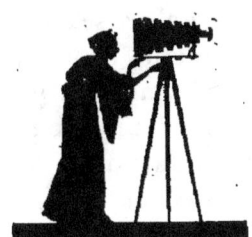

CHAPITRE X

Le développement

119. — Théorie du développement. — Si on examine la surface sensible impressionnée à la lumière de la lanterne qui éclaire le laboratoire obscur, on ne voit aucune trace de l'image projetée par l'objectif. Et cependant les grains de bromure d'argent qui ont été éclairés ont subi une modification telle que dans le révélateur ils se décomposent en brome et en argent qui constituera les noirs de l'image négative. Quelle modification a subie le bromure d'argent pour former l'*image latente*? De nombreuses hypothèses ont été émises, aucune n'a été vérifiée ; nous les passerons donc sous silence. Nous nous contenterons de dire en quelques mots ce qui se passe pendant le développement, ce qui nous permettra d'étudier le rôle des divers corps constituant un révélateur.

Il suffit de mettre en présence du *bromure d'argent modifié* un corps avide de brome pour le décomposer et mettre en liberté le métal argent : le corps avide de brome est toujours l'hydrogène ; cet hydrogène s'extrait de l'eau en faisant agir sur elle un corps avide d'oxygène, un *réducteur*, comme disent les chimistes. Tous les corps réducteurs ne peuvent pas entrer dans la constitution des révélateurs : ils doivent, en effet, satisfaire à un certain nombre de conditions. La plupart des réducteurs susceptibles de jouer le rôle de révélateur appartiennent à la chimie organique et dérivent plus ou moins directement de la benzine. En principe, un bain de développement se compose donc d'un réducteur convenablement choisi dissous dans l'eau ; le réducteur étant avide d'oxygène absorbe plus ou moins lentement l'oxygène de l'air et perd ainsi peu à peu ses qualités. Il faut donc, soit préparer le bain au moment même de s'en servir (oxalate ferreux), soit additionner les solutions d'un corps susceptible, sinon d'éviter l'oxydation du réducteur par l'air, au moins de la ralentir, ce qui permet de préparer le bain d'avance ; d'ailleurs certains révélateurs (pyrogallol, notamment) s'oxyderaient par l'air pendant la durée même du développement.

L'hydrogène, en se combinant au brome du bromure d'argent modifié par la lumière forme un acide, l'acide bromhydrique. Or cet acide, mis en présence d'argent métallique, a tendance à le transformer en bromure d'argent. Certains révélateurs (oxalate ferreux, diamidophénol), en se combinant à l'oxygène de l'eau donnent des produits d'oxydation qui, agissant sur l'acide bromhydrique dès qu'il est formé, le transforment en bromures agissant beaucoup moins énergiquement sur l'argent. Mais avec la plupart des révélateurs on ajoute au bain de développement une substance alcaline qui peut être soit un alcali libre (potasse, soude, ammoniaque, lithine), soit un alcali carbonaté (carbonate de soude, carbonate de potassium), soit un alcali phosphaté (phosphate tribasique de sodium), substance alcaline qui neutralise l'acide bromhydrique au fur et à mesure de sa formation, le transformant en bromure alcalin[1]. Certains corps (aldéhydes, cétones) peuvent remplacer l'alcali.

Il est impossible de donner des proportions fixes pour les divers constituants d'un bain de développement ; nous avons vu (112) qu'il doit y avoir une relation étroite entre le temps de pose et l'énergie du bain de développement. Comme il est à peu près impossible d'être sûr de la pose, on fait varier la composition du bain de développement selon qu'il y a sous-exposition, surexposition ou pose normale ; comme on ne peut savoir d'avance dans quel cas on se trouve, on commence le développement, et, selon l'aspect que présente l'image quand elle commence à se dessiner, on fait varier les proportions des diverses substances constituant le bain de développement. Il faut donc d'abord savoir exactement l'influence de la proportion de chacun des éléments.

Un premier fait expérimental, facile à vérifier, est que la concentration du bain n'influe absolument que sur la *durée* du développement[2] ; l'énergie du bain ne

---

1. Le tableau ci-dessous donne une idée des réactions qui se produisent durant le développement :

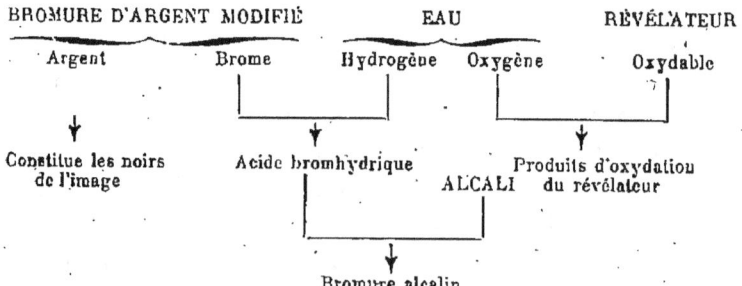

2. A condition, bien entendu, qu'on ne dépasse pas certaines limites.

dépend nullement de la plus ou moins grande quantité d'eau; l'emploi d'un bain dilué, dont l'action est lente, permet de mieux suivre la venue de l'image et, par suite, de modifier plus facilement la composition du bain d'après l'erreur de pose commise ou d'après les qualités qu'on veut donner à l'image; lorsqu'une surface sensible a été impressionnée dans des conditions inconnues ou que l'on sait défavorables (sous-exposition ou surexposition nettes, sujets défectueux au point de vue de l'harmonie entre les lumières et les ombres, présentant des oppositions trop marquées ou trop peu accentuées), il est avantageux d'opérer avec un bain assez dilué.

Il est bon de remarquer que, si la durée de pose a été trop faible pour inscrire sur la surface sensible certains détails du sujet, aucun bain de développement, quelle que soit sa composition, ne peut faire apparaître l'image de ces détails.

Pour tirer tout le parti possible d'un bain de développement, il est donc indispensable de dissoudre d'une part le réducteur et le conservateur, et d'autre part l'alcali, de mélanger les deux solutions en proportions différentes selon les cas, et d'opérer de manière à pouvoir faire varier ces proportions pendant le développement.

Étudions donc l'action de l'alcali et celle du réducteur :

La rapidité du développement est d'autant plus grande que la quantité d'alcali est plus grande ; plus il y a d'alcali, plus les régions faiblement impressionnées se développent facilement ; c'est ce qu'on exprime souvent en disant que *l'alcali donne les détails;* plus il y a d'alcali dans le bain, moins les contrastes sont accusés.

L'augmentation de la quantité de réducteur a surtout pour effet d'*augmenter l'intensité des noirs.*

On ajoute souvent au bain de développement un modérateur et, plus rarement, un accélérateur.

Le modérateur s'oppose à la venue de l'image, et cela d'autant plus facilement que l'action de la lumière a été moins forte. Il accentue donc les différences entre les lumières et les ombres ; il augmente les contrastes. Les modérateurs les plus employés sont le bromure de potassium (développement à l'oxalate ferreux, à l'hydroquinone), l'acide citrique (développement au diamidophénol), les citrates alcalins (développement à l'hydroquinone, au pyrogallol).

Comme substance accélératrice on n'emploie guère que l'hyposulfite de sodium dont on ajoute au bain quelques gouttes d'une solution au 1/100°. Cet accélérateur demande à être employé avec précautions et ne peut guère être utilisé que dans le développement à l'oxalate ferreux.

La température joue dans le développement un rôle qu'il ne faut pas négliger ; la température convenant le mieux au développement est 15°C. L'élévation de température tend à atténuer les contrastes, l'abaissement tend à les augmenter [1].

120. — Causes des modifications à apporter au bain de développement [2]. — « Les variations à apporter dans le développement peuvent provenir du temps de

---

[1]. Aussi est il bon, par les grandes chaleurs de l'été, d'abaisser légèrement la température du bain par l'addition de très petits fragments de glace ; pendant les froids de l'hiver, de *dégourdir* le bain par l'addition d'une petite quantité d'eau chaude, ou mieux en plaçant la canette sur une caisse de sable chauffé vers 20 ou 25°.

[2]. Nous extrayons ce paragraphe du cours de photographie professé à la Faculté des Sciences de Lyon par M. SEYEWETZ.

pose qui a été insuffisant ou trop prolongé, soit par suite d'une appréciation inexacte, soit pour améliorer certains défauts d'éclairage provenant de la façon dont la lumière frappe le sujet.

Ainsi, si le sujet est bien en valeur et ne présente pas d'oppositions, il faut se rapprocher de la pose théorique : une image insuffisamment ou trop posée ne présenterait plus les caractères d'harmonie du sujet. Si le sujet présente des oppositions trop fortes, il est avantageux de surexposer. Nous avons vu, en effet (111), que l'intensité du noircissement par le développateur n'est pas proportionnelle à la durée d'exposition, mais présente un maximum à partir duquel le noircissement diminue de plus en plus, à mesure que la durée d'exposition augmente; on peut même produire un renversement complet et obtenir directement un positif au lieu d'un négatif. On conçoit donc qu'en prolongeant convenablement l'exposition, les parties les plus éclairées perdent de leur intensité relative après développement, tandis que l'intensité des parties les plus sombres, qui n'a pas encore atteint le maximum, continue à croître. On diminue donc ainsi les oppositions trop vives.

Par contre, on comprend facilement que, si le sujet manque d'oppositions, s'il est trop uniforme, il faudra diminuer la pose.

En outre, en prolongeant plus ou moins la durée du développement, on peut, *pour un même révélateur, modifier le rapport des oppositions*. Plus la surface sensible impressionnée séjourne dans un même révélateur, tant que le maximum d'intensité n'a pas été obtenu, plus les oppositions sont vives. Il est évident qu'étant donnés les divers cas dont nous venons de parler, il faudra, pour obtenir le meilleur résultat possible, faire varier les conditions de développement. Il faudra enfin savoir exactement ce que l'on désire obtenir en vue du tirage ultérieur du positif sur papiers, certains papiers donnant au tirage de meilleurs résultats avec des phototypes durs qu'avec des négatifs doux, ou exigeant pour obtenir les meilleurs effets, un négatif peu poussé au développement ou, au contraire, très développé.

Par un développement conduit avec soin, par l'addition de telle ou telle substance faite à propos, on arrive sûrement au résultat cherché. »

En résumé, il y a donc entre la *nature du sujet*, la *durée du temps de pose*, les *modifications à apporter dans la composition du bain*, la *conduite du développement* et le *résultat cherché* des rapports très étroits qu'on peut résumer dans le tableau ci-dessous :

RÉSULTAT CHERCHÉ	TEMPS DE POSE	DÉVELOPPEMENT
Reproduire le sujet tel qu'il est.	Très légère surexposition	Développer lentement : chercher l'intensité lorsque les détails sont bien venus.
Diminuer les contrastes exagérés d'un sujet à oppositions vives.	Long (surexposer)	Développer lentement en bain dilué, sans modérateur.
Augmenter les contrastes d'un sujet monotone.	Court	Développer assez vite en bain concentré avec modérateur ; chercher l'intensité avant les détails.
Corriger l'effet d'une sous-exposition.		Développer en bain concentré, augmenter peu à peu la quantité d'alcali et mettre un peu de modérateur pour éviter le voile.
Corriger l'effet d'une surexposition.		Développer très lentement en bain dilué contenant une forte dose de modérateur, contenant très peu d'alcali dont les additions sont faites par très petites quantités.

121. — Pratique du développement. — Le laboratoire étant éclairé par de la lumière blanche, on prépare le matériel et les produits destinés au développement : révélateur, fixateur, cuvettes, verre à expérience, mesures graduées, etc.

Nous supposerons, dans ce qui va suivre, qu'il s'agit de développer des 9×12 ; s'il s'agissait d'autres formats, il serait facile de diminuer ou d'augmenter les proportions que nous indiquons pour la préparation des bains.

Dans une cuvette 9×12, on verse :

Solution saturée d'hyposulfite de sodium.	50 cc.
Eau....................................	150 cc.

ce qui constitue le bain de fixage.

La cuvette contenant ce bain doit être étiquetée autant que possible et, en tous cas, ne doit pas servir à d'autre usage. Deux autres cuvettes sont remplies d'eau et la quatrième est destinée au bain révélateur (voyez 92) ; on y verse :

Révélateur, solution A..................	25 cc.
Eau....................................	75 cc.
Révélateur, solution B..................	1/2 cc.
Solution de bromure de potassium à 10 %	II ou III gouttes

On remue la cuvette de façon à bien mélanger ces solutions [1].

Les quatre cuvettes sont placées dans l'ordre indiqué par la figure 141.

On ferme entièrement le laboratoire obscur, on

---

[1]. On remplace avantageusement le bromure de potassium par le citrate de sodium ou le citrate de potassium, dont l'effet est plus marqué avec le révélateur à l'hydroquinone-métol.

allume la lanterne ; on sort une plaque sensible de son châssis ou du magasin, on la *blaireaute* (102) et on *la* plonge, *face gélatinée en dessus*, dans la cuvette contenant le révélateur, cuvette qu'on balance aussitôt, de manière que le bain mouille toute la surface de la plaque. On recouvre la cuvette avec un carton. Au bout de quelques minutes, on soulève le carton et on regarde si l'image apparaît; on fait alors varier la composition du bain selon l'aspect sous lequel l'image se présente. Afin de mieux faire comprendre la façon d'opérer, nous distinguerons quatre cas principaux :

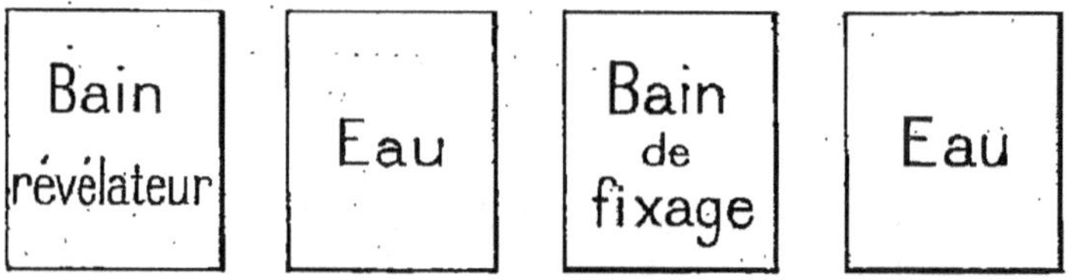

| Bain révélateur | Eau | Bain de fixage | Eau |

Fig. 141. — Disposition des cuvettes pour le développement.

1° *Les régions les plus impressionnées* (les grands noirs du phototype) *apparaissent d'abord et les parties moins impressionnées apparaissent faiblement, leur intensité augmentant progressivement.* On laisse le bain tel quel et on y laisse la plaque jusqu'à ce que tous les détails de l'image soient apparus : si, à ce moment, l'image n'est pas assez intense, on verse le bain dans un verre à expériences, on y ajoute 2 à 4 centimètres cubes de la solution A, on agite avec une baguette de verre et on reverse sur la plaque restée dans la cuvette. On attend quelques instants ; s'il est nécessaire on refait une seconde, puis une troisième addition de la solution A.

2° *Les régions fortement impressionnées apparaissent*

seules, l'image présentant de fortes oppositions; ce qui indique qu'il y a sous-exposition. On verse le bain dans un verre à expériences, on ajoute 1 centimètre cube de la solution B (alcali) et on reverse sur la plaque restée dans la cuvette qu'on agite ; au bout de quelques instants, s'il est nécessaire, on fait, de la même manière, une nouvelle addition d'alcali; on fait ainsi des additions successives de la solution B, centimètre cube par centimètre cube, jusqu'à apparition de tous les détails; on peut alors, si l'intensité générale de l'image est faible, ajouter 2 à 4 centimètres cubes de la solution A; on en fait, si nécessaire, plusieurs additions alternant avec les additions de la solution B. En un mot, il faut, en ce cas,

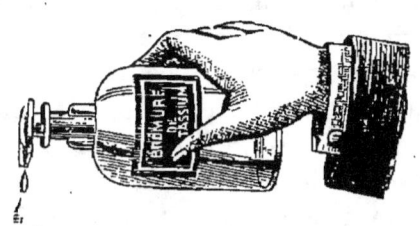

Fig. 142. — Flacon compte-gouttes pour le bromure de potassium.

pour éviter d'obtenir une image heurtée, chercher d'abord les détails au moyen du carbonate et, ensuite, l'intensité au moyen du réducteur.

3° *L'image apparaît uniforme, sans présenter de contrastes,* ce qui indique qu'il y a eu surexposition, on verse le bain dans un verre à expériences, on ajoute 3 ou 4 gouttes de la solution de bromure de potassium et 4 à 6 centimètres cubes de la solution A; on agite et on reverse dans la cuvette sur la plaque; on cherche d'abord l'intensité par addition de la solution A et on ne fait d'addition de la solution B qu'à intervalles très éloignés et non plus par centimètres cubes, mais par 3 ou 4 gouttes à la fois.

4° *L'image apparaît d'un seul coup, très rapidement.* Il y a un fort excès de pose. En ce cas, il est le plus souvent impossible d'obtenir un bon négatif. Néanmoins on peut essayer de remédier à cette surexposition en jetant immédiatement le bain et plongeant la plaque quelques minutes dans de l'eau contenant de 15 à 20 gouttes de la solution à 10 % de bromure par 100 centimètres cubes, puis dans un nouveau bain de développement, très chargé en bromure et ne contenant que quelques gouttes de la solution B (alcali).

122. — Fixage. — Lorsque l'on juge le développement terminé, c'est-à-dire lorsqu'on trouve que l'image présente l'intensité voulue, ce que l'on reconnaît, en général, à ce que les détails des ombres du sujet, c'est-à-dire des parties claires du négatif sont bien visibles [1], on retire la plaque de la cuvette renfermant le révélateur, on la laisse égoutter quelques instants et on la plonge dans l'eau pure de la seconde cuvette ; on renouvelle cette eau une ou deux fois ou, si on le peut, on lave la plaque quelques instants sous le courant d'eau du robinet pour éliminer l'excès de révélateur et on la plonge dans le bain de fixage.

Dans le bain de fixage le bromure d'argent qui n'a pas été décomposé par le révélateur (bromure d'argent non modifié par la lumière) est transformé en un sel soluble [2] ; on laisse le phototype dans le bain de

---

1. Nous reviendrons plus loin (**126**) sur ce point délicat.
2. Hyposulfite double d'argent et de sodium. On conseille parfois d'ajouter à la solution d'hyposulfite qui constitue le bain de fixage certaines substances telles que l'alun, qui sont nuisibles, ou le bisulfite de sodium qui, s'il ne présente pas d'inconvénient sérieux, ne présente aucun avantage ; on le préconise surtout pour détruire les traces de révélateur amenées dans le bain par la plaque ; c'est par le lavage à l'eau pure qui précède le fixage que l'on doit débarrasser l'image du révélateur.

fixage jusqu'à disparition complète de la teinte blanchâtre, laiteuse, qu'on observe du côté verre; il est bon de l'y laisser un peu plus longtemps. Le phototype fixé est retiré de la cuvette contenant le bain de fixage, égoutté quelques instants au-dessus de cette cuvette et placé dans la quatrième cuvette contenant de l'eau pure. A partir de ce moment, si on le juge utile, on peut, sans inconvénient, laisser pénétrer la lumière blanche dans le laboratoire.

Lorsqu'on doit développer toute une série de plaques, il est commode de mettre le bain de fixage dans une cuve à rainures verticales (*fig.* 143).

Le bain de fixage doit être jeté après chaque série d'opérations; il est indispensable, pour que le fixage soit parfait, de ne pas fixer plus de 100 phototypes 9 × 12 dans un litre de bain de fixage.

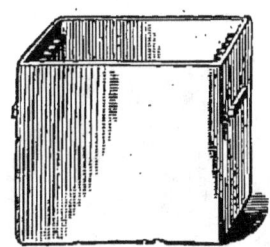

Fig. 143.

Quant au révélateur qui a servi, on peut le conserver; on le filtre et on le met dans un flacon étiqueté : RÉVÉLATEUR, *Bain vieux*.

123. — Lavage. — Le phototype une fois fixé, il faut le débarrasser de toute trace d'hyposulfite par un lavage à fond. Une erreur très répandue consiste à croire que le meilleur lavage est le lavage en eau courante : le lavage sous un courant d'eau consomme inutilement une grande quantité d'eau.

Le mieux est de renouveler l'eau de la quatrième cuvette cinq ou six fois toutes les cinq minutes.

D'après MM. A. et L. LUMIÈRE, qui ont fait une étude très précise du lavage, le procédé qui paraît le plus efficace, tout en consommant le moins d'eau, consiste à immerger la plaque six fois, successivement, pendant cinq minutes environ chaque fois, dans

400 cc. d'eau pour chaque plaque			.....	18 × 24
200 cc.	—	—	—	13 × 18
100 cc.	—	—	—	9 × 12
75 cc.	—	—	—	8 × 9
50 cc.	—	—	—	6,5 × 9

Ce qui donne, pour le lavage, une durée totale de 30 minutes environ.

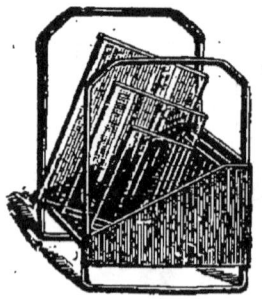
Fig. 144. — Panier laveur.

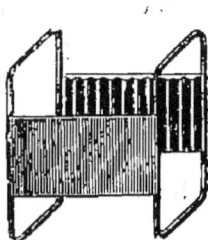
Fig. 145. — Panier laveur.

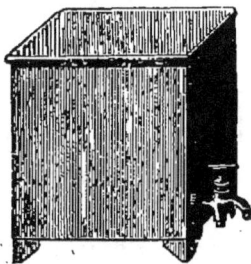
Fig. 146. — Cuve pour lavage de phototypes.

Lorsqu'on a développé plusieurs plaques, le mieux est d'effectuer ces lavages dans un panier laveur à rainures verticales (*fig.* 144, 145, 146).

On a préconisé un certain nombre de produits, dits éliminateurs de l'hyposulfite, oubliant que lorsqu'il reste des produits altérables dans la gélatine du phototype, ce n'est pas de l'hyposulfite mais des composés d'argent insolubles qui ne prennent naissance que lorsque le fixage est défectueux, lorsque le bain de fixage n'est pas renouvelé assez fréquemment. Le seul éliminateur réel de l'hyposulfite est l'eau pure.

LE DÉVELOPPEMENT

124. — Séchage. — Le phototype développé, fixé et débarrassé par lavage de toute trace d'hyposulfite, doit être parfaitement séché avant de pouvoir être utilisé au tirage des photogrammes. Il est bon, avant de le mettre à sécher, de débarrasser sa surface des grains de poussière qu'elle peut retenir, au moyen d'un courant d'eau ; on peut aussi le frotter soigneusement *sous l'eau* avec une légère touffe de ouate ou une peau de daim bien propre, exemptes de poussières ; au sortir de l'eau on frotte une dernière fois, *très délicatement*, les deux faces du phototype ; ce petit tour de mains, débarrassant la plaque d'une partie de son eau, réduit un peu la durée du séchage et, ce qui est le plus important, enlève de la gélatine les petits corps étrangers qu'une eau malpropre a pu y déposer et qu'on ne pourrait enlever après le séchage, même en replongeant dans l'eau le phototype sec.

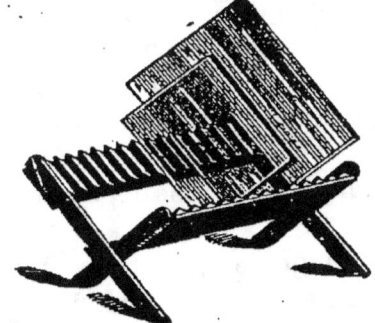 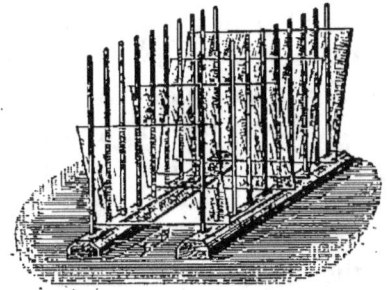

Fig. 147. — Égouttoir pliant.   Fig. 148. — Séchoir.

Si on ne possède pas d'égouttoir, le phototype est placé sur une tablette recouverte de papier buvard, incliné contre un mur propre. Mais il est préférable de se servir d'un égouttoir. Les séchoirs pliants à rainures que l'on trouve dans le commerce (*fig.* 147) sont très pratiques au point de vue de l'égouttage, mais ont l'inconvénient d'avoir des rainures trop rapprochées ; si on possède un de ces séchoirs il ne faut utiliser qu'une rainure sur quatre, afin que l'air circule bien entre les phototypes. Les figures 148 et 149 représentent des séchoirs beaucoup plus pratiques.

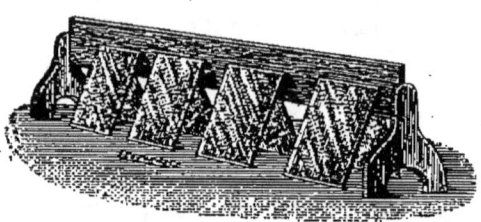

Fig. 149. — Séchoir.

Quel que soit le modèle de séchoir employé on le place à l'ombre, dans un endroit sec, exempt de poussière, aussi aéré que possible et modérément chauffé.

Séchage rapide. — Lorsqu'on est pressé, on peut activer le séchage en plongeant pendant dix minutes le phototype à sécher dans de l'alcool à 90° ; l'alcool pénètre par endosmose dans les pores de la gélatine en en chassant l'eau ; il suffit d'une demi-heure pour que la plaque mise sur l'égouttoir soit sèche ; on peut d'ailleurs activer en ce cas le séchage par une douce chaleur, à condition de ne pas dépasser 25° à 30°.

Il faut veiller à ce que le séchage se fasse bien régulièrement ; en particulier il ne faut pas soumettre au bain d'alcool un phototype déjà partiellement sec : le phototype une fois séché présenterait des différences d'opacité comme cela arrive toutes les fois que le séchage est irrégulier.

On peut aussi accélérer le séchage en utilisant la propriété que possède le formol (solution d'aldéhyde formique) de durcir la gélatine. On plonge, durant dix à quinze minutes, le phototype à sécher dans le mélange :

Formol du commerce	5 cc.
Eau	95 cc.

Le plus généralement l'action du formol est suffisante, lorsque les détails de l'image se dessinent sur la gélatine humide en reliefs accentués. On peut alors chauffer les phototypes à sécher, en ayant soin d'éviter une chaleur trop forte qui fondrait la gélatine si l'action du formol n'a pas été suffisante, ou donnerait un séchage irrégulier et, par suite, des inégalités d'intensité. Un excellent mode d'opérer a été indiqué par M. de POTTER : les phototypes passés au formol sont mis sur l'égouttoir de la cuve en zinc destinée au lavage et cette cuve est placée sur un fourneau modérément chaud ; la cuve, vide, forme étuve et entretient autour des phototypes une chaleur douce et égale. Il ne faut pas passer au formol des phototypes déjà partiellement secs.

Mais l'accélération du séchage par l'alcool ou le formol ne doit être employée que dans des circonstances exceptionnelles : le plus sûr moyen de ne pas détériorer les phototypes au séchage est de les abandonner à l'évaporation spontanée, qu'on peut, au besoin, activer par un courant d'air, mais à la condition, répétons-le, que le séchoir soit à l'abri de l'humidité, de la chaleur et de toute poussière.

125. — Manipulation des pellicules. — L'émulsion qui recouvre les pellicules ayant une composition analogue à celle des plaques, tout ce que nous venons de dire concernant le développement s'applique aux pellicules ; il y a seulement lieu de prendre un certain nombre de précautions dues à la nature du support.

S'il s'agit de pellicules détachées, semi-rigides, il y a lieu de tenir compte de ce qu'elles ont tendance à se gondoler ou à se rouler dans les bains; il suffit parfois de mettre une quantité plus grande de révélateur pour que la pellicule reste entièrement immergée; on peut aussi plonger la pellicule, face émulsionnée en dessous, pendant quelques minutes dans une cuvette remplie d'eau pure, jusqu'à ce qu'elle reste plane, avant de la révéler. Un procédé plus sûr consiste à fixer, au moyen de colle forte, sur le fond de la cuvette, quelques morceaux de liège sur lesquels on épingle la pellicule avant de verser le révélateur à sa surface. On trouve dans le commerce des pinces et des cadres permettant de maintenir les pellicules planes durant leur manipulation.

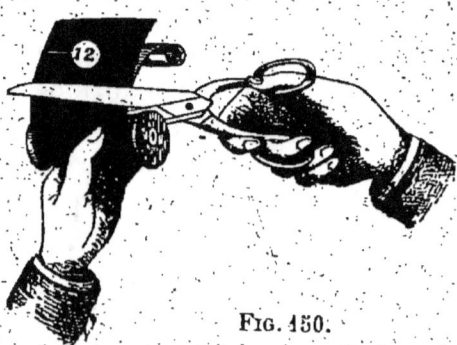

Fig. 150.

S'il s'agit de pellicules ou rouleaux on peut soit partager la bande enroulée en fragments portant chacun une image (*fig*. 150), soit développer simultanément un certain nombre d'images. La plupart des pellicules en rouleaux portent sur le papier noir des repères facilitant ce découpage; lorsqu'il n'y a pas de repères on utilise des calibres faits dans ce but et que l'on trouve chez les fabricants de la pellicule employée.

Lorsque, pour une raison ou une autre, on doit développer une bande portant plusieurs images, on la déroule, la blaireaute, la prend par les deux extrémités, face émulsionnée en dessus, et on la plonge dans de l'eau pure, jusqu'à ce qu'elle soit bien mouillée, ce qu'on obtient par un mouvement alternatif des mains (*fig.* 151); on procède de la même manière pour la plonger dans le révélateur. On trouve dans le commerce des cuvettes munies, au fond, d'un rouleau de verre sous lequel on fait glisser la pellicule, qui reste ainsi toujours immergée. Si quelques-unes des images ne se développent pas régulièrement, on peut les détacher et les mettre dans une cuvette d'eau pure où on les laisse jusqu'au moment où on peut les soumettre à un développement approprié.

Le lavage et le fixage s'effectuent de manière analogue. Pour le séchage, on suspend les pellicules au moyen de pinces à des cordes tendues.

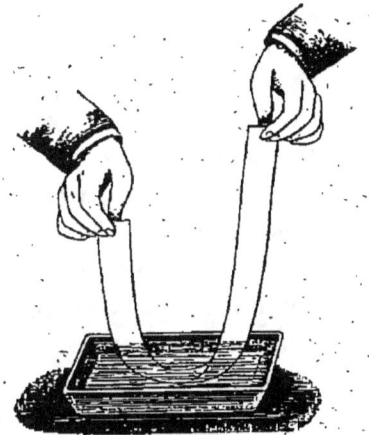

Fig. 151.

Le celluloïd étant soluble dans l'alcool, on ne peut accélérer par l'alcool le séchage des pellicules.

126. — Quand doit-on arrêter le développement ? — Nous avons dit, d'une manière générale (122), qu'on arrête le développement quand l'image a atteint l'intensité désirée. Celle-ci dépend de l'usage auquel est destiné le phototype, qui doit être léger pour les tirages sur citrate, vigoureux pour l'impression sur bromure ou sur platine, transparent pour l'agrandissement, etc... En admettant que l'on soit exactement fixé sur l'intensité que doit présenter le négatif terminé, existe-t-il un moyen sûr permettant de contrôler la marche du développement et de l'arrêter exactement au moment voulu ?

Ici, comme dans la plupart des phases des opérations photographiques, des facteurs tellement variables entrent en jeu, qu'il est impossible de fixer une règle absolue et que c'est seulement par l'expérience personnelle et l'habitude acquise que l'on peut obtenir des résultats satisfaisants. Tout au plus peut-on, par des conseils pratiques et généraux, abréger les tâtonnements du début et mettre en garde le débutant contre des procédés qui n'ont rien d'infaillible.

L'éclairage du laboratoire joue un rôle capital dans cette question de l'arrêt du développement. Nous avons déjà parlé du choix de la source de lumière et de l'écran coloré destiné à arrêter les radiations susceptibles d'impressionner la surface sensible (77); il importe de bien se pénétrer de l'influence des diverses colorations de verres ou écrans employés sur l'aspect de l'image en cours de développement quelle que soit la façon dont on l'examine. Considérons les trois colorations généralement employées : l'image examinée à la lumière jaune orangée paraît légèrement renforcée; à la lumière verte, la différence est un peu plus marquée et la lumière rouge augmente tellement l'intensité des négatifs que c'est à cet effet trompeur qu'il faut attribuer le plus souvent le manque d'intensité des phototypes obtenus par les débutants et les déceptions qu'occasionne parfois l'emploi des plaques antihalo à couche colorée interposée entre le verre et l'émulsion.

Il est donc avantageux, au lieu de s'astreindre à travailler avec une faible lumière rouge, comme se croient généralement obligés de le faire nombre d'opérateurs, d'utiliser, au contraire, l'éclairage susceptible de causer le moins d'erreur d'appréciation, pourvu qu'il soit en rapport avec la sensibilité de l'émulsion employée. A ce propos, lorsqu'il s'agit de développer les préparations même les plus sensibles, à condition qu'elles ne soient pas orthochromatisées, les papiers jaunes (*actinivore, anactinochrine...*, etc.) mis récemment dans le commerce et destinés à remplacer les verres colorés des lanternes, présentent un avantage considérable.

Il est également d'une bonne pratique, aussi bien pour le débutant que pour l'opérateur exercé changeant d'éclairage, d'avoir, à portée de la main, dans le laboratoire, un négatif dont l'intensité a été jugée convenable et de l'examiner de temps en temps à la lanterne, afin de servir de terme de comparaison, en tenant compte, toutefois, de l'affaiblissement qu'occasionne le fixage et dont il sera question tout à l'heure.

Comment doit se faire cet examen du cliché? Est-ce par réflexion, soit du côté de l'émulsion, soit au dos de la plaque, ou bien par transparence que l'on doit suivre le développement et apprécier le moment où la plaque doit être retirée du bain révélateur?

L'examen de la surface émulsionnée, qui fournit au début du développement des indications précieuses sur les erreurs du temps de pose et les corrections qu'elles nécessitent, ne permet plus, vers la fin de l'opération, aucun contrôle sérieux de la venue de l'image. Cette surface présente, en effet, des aspects différents, suivant la marque de plaque et le révélateur employés, la plus ou moins grande dilution du bain et les proportions de bromure et d'alcali qu'il contient. Tantôt le dessin de l'image reste visible jusqu'à la fin, tantôt le négatif présente, bien avant que le développement ne soit terminé, un aspect uniformément gris noir, où l'on distingue à peine les grandes lignes du sujet.

On rencontre plus souvent le dangereux conseil de surveiller le dos du phototype et d'arrêter le développement lorsque l'image y est nettement dessinée. Cette pratique est loin d'être infaillible, l'apparition de l'image au dos de la plaque dépendant non seulement du travail du révélateur, mais encore de l'épaisseur de l'émulsion et variant par conséquent avec chaque marque de plaque. Aussi deux négatifs peuvent-ils, au moment précis où le développement doit être arrêté, présenter du côté verre des aspects absolument différents.

Il ne faut cependant pas négliger de constater ces apparences, car elles peuvent servir à prévoir l'affaiblissement que subira l'image, en passant par le bain de fixage. On sait que cet affaiblissement est dû au mécanisme même du fixage, c'est-à-dire à la dissolution des sels d'argent non utilisés, sels blancs opaques, qui viennent en quelque sorte doubler l'image non fixée, à la façon d'un verre dépoli, et la renforcent légèrement. Plus le développement aura pénétré jusqu'au verre, soit à cause de la méthode employée ou du peu d'épaisseur de l'émulsion, plus cette couche de sels solubles sera faible et moins le négatif baissera au fixage. C'est le cas où l'image aura été totalement visible au dos du cliché. Si, au contraire, l'image est très peu dessinée, c'est qu'une couche plus épaisse de sels d'argent non utilisés est interposée entre l'image et le verre et, cette couche disparaissant dans l'hyposulfite, il en résulte un affaiblissement notable.

Il nous reste, en troisième lieu, l'examen du négatif par transparence, le seul susceptible de permettre une appréciation à peu près exacte. Pour la facilité de cet examen, il importe que la surface éclairante de la lanterne soit au moins égale aux dimensions des plaques employées et qu'elle diffuse la lumière bien également, sans permettre de distinguer la source lumineuse. Ces précautions prises, ce n'est que par l'habitude, par « l'entraînement », et en tenant compte des coefficients d'erreurs examinées plus haut, que l'on arrivera à obtenir de bons phototypes d'intensité toujours égale. Ce résultat acquis, il convient de bien se pénétrer que tout changement de plaques, de lanterne ou de révélateur ne peut qu'occasionner de nouveaux tâtonnements et qu'il ne faut, par conséquent, s'y résoudre que si les avantages obtenus viennent le justifier.

127. — Développement automatique. — On a bien indiqué une règle pratique (A. WATKINS) :

Si l'on note avec soin le temps écoulé entre l'immersion de la plaque dans le révélateur et l'apparition des grandes lumières, on peut, en multipliant ce temps par un facteur convenable — que nous appellerons *coefficient arithmétique du révélateur* — obtenir la durée totale du développement.

Le coefficient arithmétique varie avec la nature de l'agent révélateur employé, quelquefois même avec la concentration du bain (c'est le cas avec le pyrogallol et le diamidophénol) ; la proportion d'alcali ne semble pas influer tant que cette proportion reste raisonnable.

L'addition de bromures au bain de développement conduit à diminuer un peu ce facteur ; celui-ci enfin dépend nécessairement du désir qu'a l'opérateur d'obtenir un phototype plus ou moins dense, suivant le sujet traité ou suivant le mode de reproduction adopté.

L'application de cette règle suppose facilement appréciable la durée d'apparition des premiers détails de l'image. Bien entendu, il ne devra être apporté aucune modification au bain en cours de développement ; en particulier, un révélateur dans lequel l'ammoniaque est employé comme alcali ne se prête pas à l'application de cette règle, l'ammoniaque s'évaporant progressivement.

En particulier, en employant le bain classique à l'hydroquinone-métol (formule de M. NAUDET) :

Eau .... Q. S. pour 1000
Solution A............................. 250
Solution B............................. 75 cc.

le coefficient arithmétique est 3,6.

Mais ce procédé, que les Anglais désignent sous le nom de *développement chronométré*, supposant l'emploi d'un bain révélateur de composition constante, et, par suite, des temps de pose exacts, que bien peu d'opérateurs peuvent se flatter d'obtenir, ne peut guère que servir d'indication générale au débutant.

128. — Développement en deux cuvettes. — La méthode de développement que nous avons décrite (et que nous conseillons tout spécialement au débutant) présente un inconvénient lorsqu'on doit développer plusieurs négatifs de suite : il faut faire un nouveau bain pour chaque plaque. Le développement en deux cuvettes évite cet inconvénient. Il consiste à préparer deux bains, l'un très chargé en réducteur, que l'on met dans une première cuvette (*cuvette aux contrastes*), l'autre, riche en alcali, que l'on met dans une seconde cuvette (*cuvette aux détails*).

Dans la première cuvette on met :

Solution A............................. 50 cc.
Solution B............................. 1 cc.
Solution de bromure de potassium à 10 %. II à III gouttes.
Eau................................... Q. S. pour faire 100

Dans la seconde cuvette :

Solution A.................................... 5 cc.
Solution B.................................... 15 cc.
Solution de bormure de potassium à 10 %. II à III gouttes.
Eau........................ Q. S. pour faire 100

La plaque à développer est immergée dans la première cuvette :

1° Lorsque la *pose est normale*, l'image apparaît au bout de quelques minutes; les grandes lumières (grands noirs du négatif) augmentent lentement d'intensité; mais les détails dans les ombres tardent à apparaître. En laissant la plaque dans la première cuvette on aurait une image dure ; il suffit de la transporter dans la seconde cuvette (*cuvette aux détails*) pour faire apparaître les demi-teintes et les détails des ombres, sans dureté et sans voile. Si tous les détails étant venus, on trouve l'image trop douce, on la reporte dans la première cuvette pour augmenter son intensité ;

2° S'il y a eu *sous-exposition*, l'image apparaît très lentement ; on porte la plaque dans la seconde cuvette où les détails apparaissent dans les demi-teintes et les ombres. On reporte la plaque dans la première cuvette pour donner de la vigueur aux noirs, puis dans la seconde, pour augmenter les détails, etc..., en alternant d'une cuvette à l'autre selon qu'on veut accentuer les contrastes (première cuvette) ou, au contraire, les atténuer (seconde cuvette) ;

3° S'il y a *surexposition*, l'image apparaît rapidement et se développe entièrement dans la première cuvette.

129. — Développement lent. — Le plus souvent, surtout s'il possède un appareil à main, muni d'un magasin, l'amateur revenant d'excursion rapporte de nombreuses plaques impressionnées ; leur développement est assez long et devient fastidieux. On peut abréger sa durée en mettant plusieurs plaques dans une cuvette de dimensions suffisantes, mais il devient difficile de surveiller le développement. D'autre part, le plus généralement ces plaques ont été sous-exposées. Une erreur très répandue consiste à croire qu'il faut révéler les négatifs sous-exposés dans un bain énergique, c'est-à-dire concentré. Or un tel bain agit immédiatement à la surface de l'émulsion et provoque la formation d'un dépôt superficiel d'argent métallique, sorte de rideau imperméable qui constitue une image, très bonne en apparence, mais qui, après fixage, est trop faible et manque de détails. Cela tient à ce que, seules, les molécules de bromure d'argent superficielles ont été décomposées. Un bain très dilué, au contraire, pénètre la couche de gélatine en arrivant jusqu'au support et donne des images douces, bien fouillées. On n'a plus à craindre le voile dit de sous-exposition qui apparaît fréquemment avec les bains énergiques.

L'opération durant toujours plusieurs heures, l'usage de cuvettes horizontales est impossible, car il faudrait balancer constamment la cuvette, sous peine de voir se former des stries et marbrures. Aussi se sert-on de cuves spéciales (*fig.* 152 et 153) dans lesquelles les plaques sont disposées verticalement, au moyen soit de rainures, soit mieux de cadres spéciaux, de manière que leur partie inférieure soit à un ou deux centimètres au-dessus du fond.

La cuve est remplie du révélateur choisi, puis recouverte d'un couvercle protégeant les plaques contre la lumière. On peut alors sortir du laboratoire. Toutes les heures, deux heures ou plus, selon le bain, on retire une plaque ou deux pour l'examiner et voir si le développement est terminé. Lorsqu'il est presque fini, on peut d'ailleurs l'achever par la méthode à deux cuvettes de façon à donner à l'image telles qualités qu'on désire.

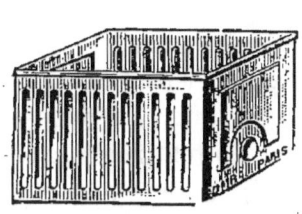

Fig. 152. — Cuve en verre pour le développement lent.

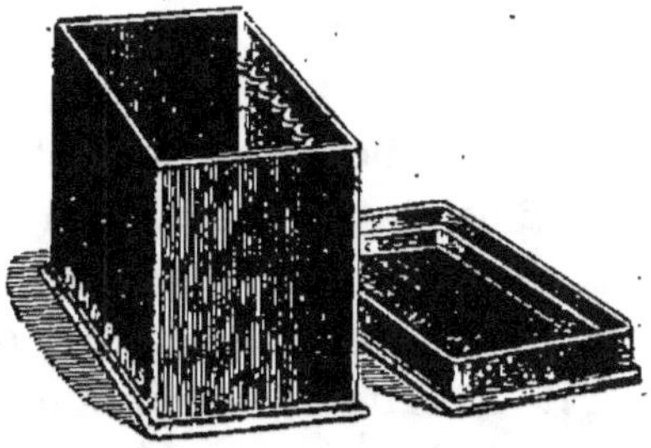

Fig. 153. — Cuve en carton durci avec couvercle pour développement lent.

Un litre de bain pour développement lent s'obtient en mélangeant :

    Solution A......................   8 cc.
    Solution B......................   2 cc.
    Eau ayant bouilli............ Q. S. pour 1.000

ou, si on préfère, un bain environ deux fois plus rapide :

    Solution A......................   16 cc.
    Solution B......................   5 cc.
    Eau .... Q. S. pour 1.000

CHAPITRE XI

Les principaux révélateurs

130. — Diamidophénol et Diamidorésorcine. — Le révélateur au diamidophénol présente l'avantage de n'exiger qu'un petit nombre de produits, de développer rapidement et de donner des images très fouillées. Le bain de développement se prépare, au moment même de l'usage, en versant dans un verre à expérience :

    Eau.. 85 cc.
    Solution saturée de sulfite de sodium (91). 15 cc.

On ajoute un demi-gramme de diamidophénol[1] et on agite avec une baguette de verre ; on peut soit peser grossièrement le diamidophénol, soit, plus simplement, le mesurer au moyen d'une petite cueillère en verre (*fig.* 154) analogue aux cueillères

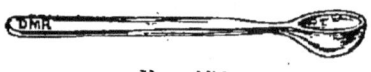

Fig. 154.

dites à moutarde. Le bain ainsi préparé est versé sur la plaque préalablement mise dans la cuvette qu'on balance pour chasser les bulles d'air.

Lorsque le temps de pose est bon, l'image apparaît au bout d'une minute.

Si elle tarde trop à apparaître ou si le dévelop-

---

[1]. Les fabriques étrangères désignent ce produit sous le nom d'*amidol*.

pement est lent, ce qui indique une *sous-exposition*, on augmente l'énergie du révélateur en l'additionnant peu à peu de solution saturée de sulfite dont on peut doubler la dose indiquée ci-dessus, ces additions devant, bien entendu, se faire dans le verre à expériences.

Si l'image apparaît trop rapidement et se grise, *s'il y a surexposition*, on retire la plaque du bain, on la lave rapidement à l'eau du robinet et on dissout dans le bain une nouvelle quantité de diamidophénol, on peut en ajouter ainsi jusqu'à trois cuillerées.

Comme on le voit, avec le révélateur, le sulfite de sodium pousse aux détails, le diamidophénol donne de l'intensité. La diamidorésorcine présente sur le diamidophénol l'avantage d'être sensible aux bromures alcalins, ce qui permet de corriger la surexposition dans une plus large mesure.

Les bains au diamidophénol ou à la diamidorésorcine doivent être jetés aussitôt après emploi [1].

---

1. M. BALAGNY a tout récemment développé dans la revue *la Photographie* une méthode de développement au diamidophénol qui permet la conservation des bains.

On prépare une solution de réserve, de sulfite bisulfité.

Eau	100
Bisulfite de sodium liquide du commerce	100
Sulfite de sodium anhydre	25

Le bain révélateur s'obtient en mélangeant :

Eau	150
Diamidophénol	1
Sulfite bisulfité	15 cc.
Solution de bromure à 10 %	5 à 15 cc.

L'image apparaît dans ce bain en quatre minutes ; les plaques surexposées sont développées de préférence dans un bain usagé.

D'après M. BALAGNY, un tel bain est de conservation presque indéfinie, n'empâtant jamais les noirs qui restent transparents ; on évite donc la dureté ; le développement peut se faire à fond, jusqu'au verre, les noirs augmentant d'intensité lentement et laissant aux demi-teintes le temps de venir.

131. — Oxalate ferreux. — Le révélateur à l'oxalate ferreux, très injustement abandonné aujourd'hui de l'immense majorité des amateurs (que séduisent davantage les révélateurs commerciaux tout préparés), fournit à moins de sous-exposition exagérée des phototypes d'une rare douceur, qualité particulièrement précieuse dans le portrait; aussi son emploi est-il religieusement conservé dans la plupart des ateliers[1].

Ce bain a enfin pour l'amateur un avantage d'un autre ordre, mais fort appréciable, surtout pour le débutant; il oblige en effet l'opérateur à une méticuleuse propreté, à une observation rigoureuse des règles indiquées, et a ainsi en quelque sorte un rôle éducateur.

L'*oxalate ferreux*, qui joue dans ce bain le rôle actif, est préparé en ajoutant une solution de *sulfate ferreux* à une dissolution d'*oxalate neutre de potassium*.

L'oxalate ferreux ainsi formé serait insoluble s'il ne se trouvait en présence d'un excès notable d'oxalate neutre de potassium; en particulier, on obtiendrait un précipité couleur ocre de ce produit, si l'on versait l'oxalate de potassium dans le sulfate ferreux; en versant au contraire, comme nous l'avons indiqué, la solution du sel ferreux dans celle d'oxalate de potassium, l'oxalate ferreux obtenu constitue une dissolution rougeâtre, à moins cependant qu'en continuant les additions de sulfate ferreux on arrive à saturer le bain d'oxalate ferreux, l'excès précipitant alors.

Les dissolutions employées sont les solutions satu-

---

[1]. Les noirs superbes des images ainsi développées conviennent admirablement aussi aux diapositives destinées ou non à la projection.

rées de ces deux sels, soit environ 33 % pour l'oxalate de potassium et 60 % pour le sulfate ferreux.

Pour la préparation de la solution d'oxalate neutre de potassium, on peut employer telle eau que l'on veut, à condition de filtrer avec soin après dissolution complète, soit sur un papier à filtrer ordinaire, soit, mieux encore, sur un tampon d'ouate tassé au fond d'un entonnoir. Pour la solution de sulfate ferreux, il est indispensable, au contraire, d'employer soit de l'eau distillée, soit de l'eau de pluie recueillie directement (après séjour dans une citerne, cette eau se chargerait, comme l'eau de rivière, des mêmes sels calcaires), puis filtrée. Si pour ce faire on avait en effet pris de l'eau ordinaire, on aurait formé, au moment même du mélange des deux solutions, un précipité d'oxalate de chaux, qui se déposerait alors sur la plaque photographique pendant son développement, risquant ainsi de la rendre, par la suite, inutilisable. Il est essentiel aussi d'avoir toujours une dissolution de sel ferreux à peu près pur ; or, au contact de l'air et surtout dans l'obscurité, tout sel ferreux absorbe l'oxygène et se transforme en sel ferrique, dont la présence compromettrait beaucoup la bonne marche du développement. On évite en partie cette oxydation en conservant le bain en pleine lumière, au soleil si cela est possible ; on empêchera le plus possible l'accès de l'air ; mais ces précautions sont insuffisantes.

Les cristaux de sulfate ferreux sont le plus souvent oxydés par places, ce dont on s'aperçoit aux taches de rouille que présente leur surface ; pour enlever les portions oxydées, on lave les cristaux à plusieurs eaux jusqu'à ce qu'ils soient devenus d'un vert bien transparent. La solution s'effectue en laissant digérer de

600 à 700 grammes des cristaux lavés dans un litre d'eau *froide*, d'eau distillée autant que possible, pendant le temps nécessaire ; quand tous les cristaux ont disparu, on filtre, de préférence sur un tampon de coton de verre. On obtient ainsi une solution d'un vert bien transparent et pâle, mais qui renferme néanmoins des traces de sulfate ferrique ; on fait passer celui-ci à l'état de sulfate ferreux en mettant dans le flacon quelques morceaux de fer pur (de la *corde à pianos* par exemple) et 1 à 2 centimètres cubes d'acide sulfurique pur ; ce dernier attaque le fer en formant du sulfate ferreux et donnant un dégagement d'hydrogène naissant, qui réduit à l'état ferreux le sel ferrique existant et chasse l'air que renferme le flacon. Dans ces conditions, la solution se conserve indéfiniment à l'état ferreux, *même en pleine obscurité*, si on a soin de la laisser toujours en contact avec un excès de fer (il suffit pour cela d'en rajouter chaque fois qu'il est dissous) et d'un léger excès d'acide sulfurique ; à cet effet on a soin d'ajouter un peu d'acide toutes les fois que la liqueur, contenant du fil de clavecin et approchée de l'oreille, ne fait pas entendre le léger bruit dû au dégagement d'hydrogène. Le bouchon ne doit fermer qu'imparfaitement pour laisser passage à l'hydrogène qui se dégage.

Au lieu de pratiquer le long du bouchon une fente pour laisser passer l'hydrogène, il est préférable de le munir de ce qu'on appelle la soupape de Kroenig (*fig.* 155). On prend un tube de caoutchouc ayant 4 à 5 centimètres de long et des parois relativement épaisses ; on le plonge dans l'eau jusqu'à ce qu'il soit bien mouillé et on introduit à l'intérieur une lame de canif bien tranchante avec laquelle on fend le caoutchouc, en son milieu, d'une coupure longitudinale *f*, en prenant comme point d'appui une planche de bois. Ce tube est obturé à l'une de ses extrémités par un fragment de tube de verre plein h (morceau d'agitateur) ; l'autre extrémité porte un tube de verre ouvert a qui s'engage dans le bouchon destiné à fermer le flacon contenant la solution de sulfate ferreux.

Cette soupape, bien construite, permet le dégagement de l'hydrogène, mais ne laisse pas rentrer l'air extérieur [1].

La quantité maxima de la solution saturée de sulfate ferreux que l'on puisse ajouter sans risques à la solution d'oxalate neutre de potassium est de une partie de la première dans six parties de la seconde, mais on se gardera de faire d'un seul coup cette addition qui s'opposerait par la suite à toute modification utile du révélateur et le priverait ainsi de l'élasticité dont il est susceptible.

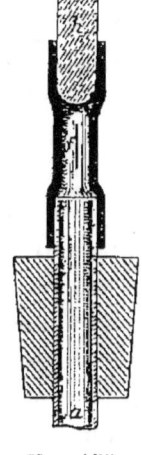

Fig. 155.

On mesure par exemple 90 centimètres cubes de la solution d'oxalate de potassium, que l'on verse dans un verre ; puis, dans une mesure graduée, on verse 15 centimètres cubes de la solution de sulfate ferreux qui est, avons-nous dit, la quantité maxima de solution ferreuse que l'on puisse utiliser. On est sûr, en le mesurant et l'isolant ainsi par avance, de ne pas la dépasser.

Dans la solution d'oxalate on verse alors, en agitant, 4 à 5 centimètres cubes de ce sulfate ferreux, et le bain ainsi constitué est projeté d'un seul coup sur la plaque sensible, après addition ; cependant, dans la

---

[1]. D'après DENIGÈS, *Précis de Chimie analytique*.

plupart des cas, d'une ou deux gouttes de la solution de bromure.

Dans ce révélateur, une plaque qui a reçu une exposition normale doit, au bout de trente secondes, présenter un commencement d'image. Au cas contraire, le révélateur serait reversé dans le verre servant aux mélanges, et on lui ajouterait un peu de la solution de sulfate ferreux gardée en réserve. Si, malgré cette addition, l'image ne vient que difficilement et si surtout les grands noirs du cliché se montrent seuls, les demi-teintes n'apparaissant pas et restant à peu près aussi pures que les blancs (*sous-exposition*), on pourra, en définitive, ajouter toute la solution ferreuse en réserve, puis une très faible quantité, une ou deux gouttes seulement, d'une solution très diluée d'hyposulfite de soude (bain de fixage dilué de 20 à 50 fois son volume d'eau) qui, dans ces conditions joue le rôle d'accélérateur (ceci n'est plus vrai avec un révélateur autre que l'oxalate ferreux).

Si au contraire l'image venait grise et uniforme, sans contrastes suffisants entre les noirs, les demi-teintes et les blancs (surexposition), on ajouterait au révélateur quelques gouttes de bromure de potassium et l'on pourrait avantageusement diluer le bain avec une certaine quantité de la solution d'oxalate.

De toutes façons, le développement d'une plaque ne doit jamais, par ce procédé, dépasser beaucoup cinq minutes. Bien entendu, toutes additions faites au bain révélateur doivent l'être hors de la présence de la plaque.

Au sortir du révélateur la plaque est lavée dans une cuvette d'eau à laquelle on a ajouté quelques gouttes d'acide chlorhydrique pour éviter la formation dans l'épaisseur même de la plaque, de tous sels calcaires

LES PRINCIPAUX RÉVÉLATEURS 249

insolubles ; c'est dans ce même liquide que l'on détruirait ce précipité (voile blanc) si, par suite de négligences, on l'avait laissé se former[1].

Ce rinçage à l'eau acidulée, dans laquelle la plaque se dégorge du révélateur dont elle était imbibée, doit être suivi d'un passage dans une cuvette d'eau ordinaire, qu'on renouvelle deux ou trois fois ; et on sait en effet qu'il faut éviter toute introduction d'un acide dans le bain de fixage, sous peine de compromettre gravement la conservation du cliché.

Notons aussi qu'il peut être dangereux de fixer simultanément ou dans un même bain les plaques dont les unes ont été développées au fer, d'autres avec divers révélateurs organiques, en particulier avec le pyrogallol. Il se peut en effet, dans ces conditions, si les lavages intermédiaires n'ont pas été bien conduits, que les faibles quantités des révélateurs ainsi amenés dans le bain de fixage réagissent mutuellement pour former, en somme, de l'encre noire. Les précautions indiquées ici en ce qui concerne les rinçages sont évidemment applicables au cas où le révélateur à l'oxalate est utilisé au noircissement du cliché dans le renforcement aux sels mercuriques.

132. — Pyrogallol. — Ce révélateur le plus ancien, et l'un des meilleurs, pour son élasticité, de tous les révélateurs organiques, se constitue, au moment de l'emploi à partir des éléments suivants :

A. 1° Pyrogallol, produit sec.
   2° Solution saturée de sulfite de sodium (**91**).
B. 3° Solution saturée de carbonate de sodium (**92**).
C. 4° Solution à 10 °/₀ de bromure de potassium.

---

[1]. On se gardera de verser cette eau acidulée dans une cuvette ou un seau de zinc ou de fer-blanc qui seraient percés.

Pour une plaque 13×18 on mélange par exemple :

Eau	75 à 100 cc.
Solution de sulfite	10 cc. environ
Pyrogallol sec	1 cuillerée (*fig.* 154).
Solution de carbonate	2 cc.
Solution de bromure	1 à 2 gouttes

La conduite du développement est la même en tous points que celle précédemment décrite (**121**), toute addition de la solution A étant ici remplacée par additions de pyrogallol sec, par petites pincées, sans qu'il soit utile de faire varier en rien la proportion du sulfite de sodium.

MM. LUMIÈRE et SEYEWETZ ont préconisé la substitution à l'alcali, dans ce révélateur, de l'*acétone* ordinaire dont on emploie 10 centimètres cubes qu'on ajoute goutte par goutte[1], quitte à modifier par la suite cette proportion, suivant l'effet à obtenir; ainsi employé, le pyrogallol ne tache plus les doigts et ne colore pas la gélatine.

Lorsque la coloration jaune que donne le développement au pyrogallol à la gélatine n'est pas très intense elle ne présente aucun inconvénient; si elle était trop accentuée on la ferait disparaître en plongeant le phototype dans une solution à 5 % d'acide citrique et en le rinçant après à l'eau pure, avant de le fixer.

---

1. Si on dépasse cette proportion d'acétone, à partir de 25 centimètres cubes, la tonalité de l'argent réduit change et si on ajoute de 25 à 60 centimètres cubes d'acétone (dans 100 centimètres cubes de révélateur) on obtient une gamme de tons variant du noir chaud au sépia rougeâtre; on utilise ce fait pour l'obtention de positifs sur verre, en tons variés.

133. — On peut préparer une solution de pyrogallol se conservant en mélangeant :

A. Solution saturée de sulfite de sodium (91). 30 cc.
  Pyrogallol .... 12 gr.
  Solution à 10 % d'acide citrique........ 10 cc.
  Eau ayant bouilli......... Q. S. pour faire 100

Le bain normal se prépare en versant 3 centimètres cubes de cette solution dans 50 centimètres cubes d'eau et ajoutant un demi-centimètre cube de solution saturée de carbonate de sodium (92) et quelques gouttes de la solution à 10 % de bromure. On fait des additions successives de la solution A et de la solution de carbonate, comme d'habitude (centimètre cube par centimètre cube) en proportions variant avec l'aspect sous lequel se présente l'image.

134. — PYROGALLOL ET SOUDE CAUSTIQUE. — Le pyrogallol produit une sorte de tannage de la gélatine qui, dans le cas où l'on veut pousser assez loin la venue de l'image, diminue la perméabilité de la gélatine et s'oppose, par suite, à l'action du révélateur. La soude caustique produisant l'effet inverse (elle tend à gonfler la gélatine) M. DROUET a pensé que le meilleur alcali à employer est la soude caustique, dont il emploie une solution à 10 %. Il est commode de placer cette solution dans un petit flacon compte-gouttes entièrement en verre dont les parties rodées ont été paraffinées à chaud.

Le bain de développement s'obtient en mélangeant :

Eau.............................. 90 cc.
Solution saturée de sulfite de sodium .... 10 cc.
Solution de soude caustique............ II à III gouttes
Pyrogallol........................ $0^{gr},5$

Si l'image n'apparaît pas au bout de trente secondes,

on ajoute au bain versé dans un verre deux gouttes de la solution de soude... et ainsi de suite, mais *très lentement*, jusqu'à *faible* apparition des grandes lumières. Celles-ci apparues, on ajoute de temps en temps une ou deux gouttes de soude caustique, dont l'addition peut, à la fin du développement, se faire par trois ou quatre gouttes sans craindre de voir l'image se griser.

135. — Développement en deux cuvettes au pyrogallol. — On prépare les deux solutions :

A. Eau....................................	25 cc.
Solution saturée de sulfite	75 cc.
Pyrogallol...............................	2gr,5
B. Eau....................................	60 cc.
Solution saturée de carbonate de sodium.	40 cc.

On met dans la première cuvette :

A.......................................	40 cc.
B.......................................	5
Eau.....................................	55

dans la seconde cuvette :

A.......................................	5
B.......................................	40
Eau.....................................	55

136. — Développement lent au pyrogallol. — Pour révéler une douzaine de $6\ 1/2 \times 9$, on emploie :

Solution saturée de sulfite de sodium...	10 cc.
Solution saturée de carbonate de sodium.	10 cc.
Pyrogallol..............................	1 gr.
Eau................ Q. S. pour remplir la cuve.	

137. — **Métoquinone.** — MM. A. et L. Lumière et A. Seyewetz ont pu obtenir une combinaison cristallisée de métol et d'hydroquinone permettant d'obtenir des révélateurs jouissant de propriétés très intéressantes. La métoquinone est très soluble dans l'acétone (100 centimètres cubes en dissolvent environ 35 grammes à la température ordinaire), propriété que les auteurs ont utilisée pour la préparation de révélateurs liquides très concentrés.

La métoquinone *développe avec la seule adjonction de sulfite de sodium*, comme le chlorhydrate de diamidophénol. La formule de révélateur normal qui a paru la meilleure est :

    Eau.................... Q. S. pour 1.000
    Métoquinone........................ 9
    Sulfite de sodium anhydre........... 60

Dissoudre dans l'ordre indiqué. Cette solution, incolore, se conserve indéfiniment en flacons bouchés et en flacons débouchés, ne se colore que très lentement, sans que d'ailleurs son activité révélatrice se modifie. Elle peut servir à développer plusieurs phototypes de suite, jusqu'à épuisement.

On peut aussi employer la métoquinone avec un carbonate alcalin dont la présence augmente l'énergie réductrice, sans provoquer le voile de l'image. L'image obtenue est moins transparente, mais plus vigoureuse que celle formée avec le sulfite seul. Le révélateur normal le meilleur a pour composition :

    Eau.................... Q. S. pour 1.000
    Métoquinone 9
    Carbonate de sodium................ 10
    Sulfite de sodium anhydre........... 60

La grande solubilité de la métoquinone dans l'acétone rend l'emploi de ce réactif particulièrement avantageux comme succédané des alcalis. Voici une formule de révélateur normal à la métoquinone et à l'acétone :

Eau	Q. S. pour 1.000
Métoquinone	9
Sulfite de sodium anhydre	60
Acétone	3 cc.

Le révélateur à la métoquinone est très sensible au bromure de potassium. Avec 2 à 3 centimètres cubes de solution de bromure à 10 % pour 100 centimètres cubes de révélateur, l'effet retardateur est déjà très marqué ; cette propriété permet de tirer un parti très avantageux des phototypes surexposés.

138. — Adurol. — On prépare les deux solutions suivantes :

A. Eau	Q. S. pour 500
Adurol	10
Sulfite de sodium cristallisé	80
B. Eau	Q. S. pour 500
Carbonate de potassium	60

Le bain normal est constitué en prenant parties égales de ces deux solutions, mais on peut aussi faire varier la proportion de chacune d'elles selon l'effet qu'on désire obtenir.

Il est préférable, pour conserver au développement toute son élasticité et profiter de sa consistance qui permet de développer plusieurs plaques dans le même bain, d'utiliser la méthode de développement, dite à deux cuvettes.

S'il s'agit de développer un 9 × 12, on prend pour la *première cuvette* :

Solution A	40 cc.
Solution B	3 cc.
Eau	40 cc.
Solution de bromure à 10 %	II à IV gouttes

On verse dans la seconde cuvette :

Solution B .... 40 cc.
Solution A .... 5 cc.
Eau................................... 40 cc.

On commence le développement dans la première cuvette et, selon la façon dont apparaît l'image, on la promène de l'une à l'autre cuvette.

Ce révélateur donne des photolypes vigoureux, mais sans dureté et sans tendance au voile.

139. — Pyrocatéchine. — Ce révélateur présente la souplesse du pyrogallol, sans en avoir les inconvénients.

On emploie les deux solutions :

A. Solution saturée de sulfite de sodium.. 100 cc.
　Pyrocatéchine 15
　Eau................... Q. S. pour 1.000
B. Solution saturée de carbonate de sodium.

Le bain de développement s'obtient en mélangeant :

A .... 30 cc.
B .... 1 cc.
Eau.................... Q. S. pour 100

On fait des additions successives de A et de B selon la manière dont apparaît l'image, comme nous l'avons déjà indiqué pour d'autres révélateurs (**121**).

Le révélateur à la pyrocatéchine se prête aussi très bien à la méthode de développement en deux cuvettes et au développement lent.

CHAPITRE XII

Achèvement et conservation du négatif

Le négatif terminé, on l'examine avec soin, afin de reconnaître les défauts qu'il présente et de les corriger ou, tout au moins, de les atténuer.

140. — Voile gris. — Le voile gris (ainsi appelé pour le distinguer de la coloration de la couche d'émulsion qu'on désigne sous le nom de voile coloré) est un noircissement plus ou moins complet de la surface sensible.

Partiel, il peut provenir d'un trou dans le soufflet de la chambre noire, d'une mauvaise fermeture des châssis (nous avons vu, 48, comment on s'aperçoit de ces défauts de construction), ou de la pénétration directe de la lumière solaire dans l'objectif.

Général, le voile gris peut se montrer sur toute la surface sensible ou respecter les bords.

Lorsque la totalité de la surface sensible est voilée, on peut attribuer le voile soit à un éclairage trop actif du laboratoire, soit à l'impureté des bains employés, soit à une altération ou une mauvaise qualité de la plaque sensible. Pour déterminer celle de ces trois causes qui a produit le voile, on expose une surface sensible sortant de la même boîte que celle qui a été voilée, durant un quart d'heure environ, à un mètre de la lanterne qui éclaire le laboratoire de développement, dans un châssis négatif dont le volet n'est découvert qu'à moitié ; si, après développement, la moitié exposée est voilée, c'est que l'éclairage du laboratoire est trop actinique (77) ; il faut changer les verres ou écrans qui tamisent la lumière. Si un nouvel essai effectué avec un éclairage dont on est sûr donne encore un voile, il faut accuser les bains de développement. Si, même en changeant celui-ci, le voile persiste, il faut faire usage d'autres préparations sensibles.

Dans le châssis, une partie des bords de la couche sensible est recouverte par les taquets ou les crochets qui retiennent la surface sensible ; il en est de même dans les porte-plaques des châssis à magasin. Si le voile n'existe pas sur les parties de la surface sensible ainsi protégées, il s'est produit pendant le séjour de la surface sensible dans l'appareil : il est donc dû soit à un manque d'étanchéité à la lumière de l'appareil (pénétration d'une lumière étrangère par l'objectif, l'obturateur, ou les parois de la chambre), soit à un grand excès de pose.

Nous avons vu comment, en conduisant rationnellement le développement, en ajoutant l'alcali avec prudence et en faisant usage au besoin d'un retardateur (124), on pouvait corriger la surexposition. Mais il peut arriver qu'on soit surpris par la venue trop rapide d'une image notablement surexposée, apparaissant dès la première addition d'alcali. En ce cas, il ne faut pas se préoccuper du voile qui recouvre l'image, mais pousser le développement jusqu'à l'apparition de tous les détails, jusqu'à obtention d'une image complète. Cette image recouverte du voile manque d'intensité.

Le voile qui a pris naissance au début du développement, avant que le révélateur ait pénétré la couche de gélatine, est superficiel. Pour l'enlever, il faut donc avoir recours à un des dissolvants de l'argent agissant surtout à la surface, c'est-à-dire à un dissolvant énergique, pénétrant aussi lentement que possible dans la couche de gélatine ; on arrive à ce résultat en le faisant agir sur le négatif sec.

La plupart des bains nommés à tort affaiblisseurs, autres que le persulfate d'ammonium, peuvent être employés.

141. — L'un des plus usités est le bain dit de Farmer.

On dissout environ un demi-gramme de ferricyanure de potassium (prussiate rouge de potasse) dans 10 centimètres cubes d'eau ; cette solution se fait à froid, au moment même de l'emploi. On ajoute, selon qu'on veut un bain agissant plus ou moins rapidement, de 1 à 10 centimètres cubes de cette solution à 100 centimètres cubes de bain de fixage (**121**, solution d'hyposulfite à 20 %). On plonge le négatif sec qu'on veut dévoiler dans ce mélange dont on a soin de surveiller attentivement l'action, qui est assez rapide. Dès que le voile est enlevé, il faut laver le négatif à l'eau pure, fréquemment renouvelée, exactement comme lorsqu'il sort du bain de fixage (**123**).

Il faut avoir soin d'employer une quantité de bain Farmer largement suffisante pour bien couvrir d'un seul coup toute la surface du négatif. Ce bain, qui doit être utilisé aussitôt préparé, ne peut servir qu'une fois, il doit être rejeté après l'emploi.

142. — Le bain de Farmer devant être préparé au moment même de l'emploi, on lui préfère souvent une solution de bichromate sulfurique qui se conserve indéfiniment et qui travaille assez lentement pour qu'on puisse suivre aisément son action (Abel Buguet).

On dissout dans 1 litre d'eau 1 gramme de bichromate de potassium et on verse dans cette solution: 1 centimètre cube d'acide sulfurique à 66° B. Ce bain peut être utilisé jusqu'à épuisement ; son prix de revient est absolument insignifiant.

On peut, pour ne pas s'encombrer d'un volume de liquide un peu grand, préparer une solution plus concentrée :

    Eau............................ Q. S. pour 100
    Bichromate de potassium .... 10 gr.
    Acide sulfurique à 66° B .... 10 cc.

qu'on dilue plus ou moins selon la rapidité d'action qu'on désire. On en met de 1 à 10 centimètres cubes par exemple pour faire 1 litre de bain.

Au sortir de ce bain, on lave le négatif comme au sortir du bain Farmer.

Il existe d'autres affaiblisseurs ; on trouvera la formule des plus usités à la fin de ce volume.

143. — Coloration de l'émulsion ; voile dichroïque. — La coloration jaune de la gélatine que l'on remarque parfois sur les négatifs achevés est due à un séjour trop prolongé dans le bain de développement ou à une insuffisance de lavage avant le fixage. Ce voile disparaît le plus souvent en plongeant le négatif dans une solution faible de perchlorure de fer, puis de nouveau dans un bain de fixage neuf, au sortir duquel on doit procéder à un lavage abondant.

Il arrive parfois que le substratum (gélatine) présente des reflets métalliques irisés, surtout vers les bords, reflets qui varient selon l'incidence sous laquelle on examine la surface de l'image. La coloration observée varie beaucoup selon les conditions multiples de la production de ce voile, dit *voile dichroïque*.

Elle est rougeâtre, rouge, rouge orange ou violet, par transparence, tandis qu'elle paraît verte, jaunâtre vert, bleue ou jaune verdâtre par réflexion. De plus le négatif, examiné à la lumière réfléchie, est opaque et semble avoir été fixé incomplètement.

L'étude approfondie que MM. A. et L. Lumière et A. Seyewetz ont faite de la nature du voile dichroïque et des causes de sa formation, leur a montré que ce voile prend naissance tantôt dans l'opération du développement, tantôt dans celle du fixage. Il se produit dans le développement, toutes les fois que le révélateur renferme un dissolvant du bromure d'argent, de l'hyposulfite par exemple, celui-ci pouvant être même en très minime quantité ; il prend naissance dans le bain de fixage lorsque celui-ci est additionné d'une petite quantité de révélateur et de sulfite de sodium pour les réducteurs du type diamidophénol, et, en outre, d'un excès de carbonate alcalin pour les révélateurs alcalins.

Toutes conditions égales, les causes suivantes favorisent la production de ce voile : manque de pose, substances augmentant le pouvoir réducteur du révélateur (sulfite de sodium alcalin) et prolongation du développement si le voile se forme dans le révélateur.

Le voile formé dans le révélateur est beaucoup plus *superficiel* que celui formé dans le fixateur qu'on peut appeler *voile profond*.

De tous les moyens essayés pour détruire le voile dichroïque, trois seulement ont donné à MM. Lumière et Seyewez de bons résultats :

1° Traitement du négatif voilé par le persulfate d'ammoniaque en solution à 3 $\%$ très légèrement acidulée par l'acide sulfurique, suivie d'un fixage au bisulfite de sodium; on n'enlève ainsi que le voile profond;

2° Transformation de l'argent du voile en sulfure d'argent par l'hydrogène sulfuré naissant: on plonge le négatif dans une solution d'hyposulfite de sodium, additionnée d'une petite quantité d'acide tartrique ou citrique. On n'enlève ainsi que le voile superficiel;

3° L'action du permanganate de potassium, en solution neutre suivie d'un traitement au bisulfite de sodium *s'applique à tous les cas* et constitue *le procédé donnant les meilleurs résultats*. Le négatif à dévoile est plongé dans une solution à 1 p. 1000 de permanganate de potassium qui dissout totalement le voile; il se dépose dans la couche de l'oxyde de manganèse qui disparait dans une solution de bisulfite de sodium. Dans ce traitement, la couleur de l'image change : elle devient plus brunâtre.

144. — Renforcement. — Lorsque l'image négative — débarrassée, s'il y a lieu, d'un voile gris ou coloré — est grise, sans contrastes, *tout en présentant des détails dans les ombres*, on l'améliore par le renforcement qui accentue les contrastes. Il faut se garder de renforcer une image dure, manquant de détails dans les ombres : le renforcement ne peut faire apparaître les détails qu'un manque de pose n'a pas inscrits ou qu'un développement incomplet n'a pas révélés.

Le renforcement a pour effet de substituer à l'argent qui constitue les noirs de l'image un composé plus opaque.

145. — RENFORCEMENT AU CHLORURE MERCURIQUE. — Le procédé de renforcement le plus usité consiste à plonger le négatif à renforcer dans une solution de chlorure mercurique : ce sel perd la moitié de son chlore qui forme avec l'argent du chlorure d'argent se transformant ainsi en chlorure mercureux. Le chlorure d'argent et le chlorure mercureux, qui sont ainsi substitués à l'argent qui constituait les noirs de l'image, sont tous deux blancs.

L'image blanchit donc dans la solution de chlorure mercurique. Si on la traite par un réducteur convenablement choisi, les chlorures d'argent et mercureux cèdent leur chlore à ce réducteur, de sorte que finalement il y a fixation de mercure sur l'argent constituant les noirs de l'image. Les réducteurs qui donnent les meilleurs résultats sont l'oxalate ferreux et le chlorure stanneux.

146. — *Blanchiment de l'image.* — Pour préparer le bain de chlorure mercurique, on ajoute à 3/4 de litre d'eau tiède 2 centimètres cubes d'acide chlorhydrique et 50 grammes de chlorure mercurique (bichlorure de mercure ou sublimé); après dissolution de ce sel, on ajoute la quantité d'eau froide nécessaire pour compléter le volume d'un litre. Cette solution est conservée à l'abri d'une lumière trop vive, dans un flacon en verre jaune foncé, par exemple.

Le phototype à renforcer est immergé dans de l'eau pure durant le temps suffisant pour bien ramollir la couche de gélatine.

On le place alors, gélatine en dessus, dans une cuvette contenant une quantité de la solution de chlorure mercurique suffisante pour le bien couvrir; on balance un peu la cuvette pour chasser les bulles d'air; au bout de quelques instants, on voit l'image blanchir de plus en plus. On laisse le négatif plus ou moins longtemps dans ce bain selon qu'il demande un renforcement plus ou moins énergique. S'il s'agit d'une image harmonieuse, insuffisamment développée ou d'une image sous-exposée dont les demi-teintes seules manquent de contrastes, on retire le négatif du bain avant qu'il ait eu le temps d'agir dans toute l'épaisseur de la couche et de transformer entièrement les grands noirs; on arrête l'action du bain lorsque l'image a pris une teinte gris perle. S'il s'agit au contraire de renforcer à fond une image surexposée, on laisse le négatif dans le bain jusqu'à ce que l'image paraisse aussi blanche, qu'on l'examine à l'endroit ou à l'envers; mais il ne faut pas prolonger plus longtemps l'action de ce bain.

Au sortir du bain de blanchiment, le négatif est soigneusement lavé pour débarrasser la gélatine de toute trace de chlorure mercurique; ce lavage doit donc s'effectuer en eau renouvelée toutes les dix minutes, huit à dix fois.

147. — *Noircissement par l'oxalate ferreux.* — Si on doit employer l'oxalate ferreux pour noircir l'image, il est bon d'effectuer le dernier rinçage dans de l'eau distillée. On verse un volume de la solution saturée de sulfate ferreux dans six volumes de solution saturée d'oxalate neutre de potassium (Voir 131, le mode de préparation de ces solutions), et c'est dans ce mélange qu'on immerge l'image à renforcer. Elle noircit progressivement, et quand elle a atteint l'intensité voulue, il suffit de la rincer une première fois à l'eau distillée, puis à l'eau ordinaire et de la mettre sécher.

148. — *Noircissement par le chlorure stanneux.* — La préparation des solutions de sulfate ferreux et d'oxalate neutre de potassium étant assez délicate, M. A. HÉLAIN a proposé, dans la revue *la Photographie*, de remplacer l'oxalate ferreux par une solution de chlorure stanneux dans l'acide tartrique, solution qui se prépare instantanément. On met 2 grammes d'acide tartrique dans 100 centimètres cubes d'eau et on agite avec une baguette de verre jusqu'à dissolution complète; on ajoute alors 2 grammes de chlorure stanneux et, lorsque ce dernier est dissous, on verse le mélange sur le négatif à noircir préalablement mis au fond d'une cuvette; l'image noircit immédiatement; néanmoins, pour être sûr que l'action du bain est exercée sur toutes les parties de l'image, il est bon de la prolonger quelques minutes après que le noircissement semble complet. On rince à l'eau le phototype noirci et on le met à sécher.

La solution stanneuse, très altérable à l'air, a trop peu de valeur et peut être préparée trop rapidement pour qu'il y ait lieu de chercher à la conserver. Elle peut, d'ailleurs, servir au noircissement successif de plusieurs négatifs, dans une même séance.

149. — *Noircissement par l'ammoniaque.* — On emploie parfois une solution diluée d'ammoniaque pour noircir l'image; mais les négatifs ainsi renforcés ne se conservent pas; en outre, les demi-teintes ne sont pas renforcées; elles sont souvent même affaiblies. Tandis que l'image noircie par l'oxalate ferreux ou le chlorure stanneux peut être renforcée à nouveau, affaiblie ou virée, l'image renforcée à l'ammoniaque ne peut plus être modifiée.

L'emploi de l'ammoniaque n'est avantageux que lorsqu'il s'agit de négatifs de traits qu'on ne veut pas conserver; l'ammoniaque renforce en effet les noirs et enlève le voile du fond. En ce cas, l'image blanchie au chlorure mercurique et rincée est plongée dans le bain :

Ammoniaque du commerce............... 5 cc.
Eau............................... 95 cc.

L'image prend une teinte jaune, bistre, puis noire;

ACHÈVEMENT ET CONSERVATION DU NÉGATIF 265

quand elle est entièrement noircie, on la lave à l'eau et on la met sécher.

150. — *Noircissement par le sulfite de sodium.* — On emploie souvent aussi une solution de sulfite de sodium à 10 °/₀ qui donne des images plus stables que l'ammoniaque. Mais en ce cas on obtient un meil-

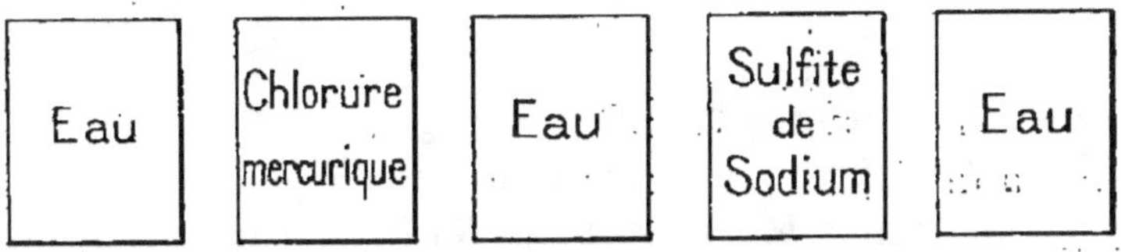

| Eau | Chlorure mercurique | Eau | Sulfite de Sodium | Eau |

FIG. 156. — Disposition des cuvettes pour le renforcement.

leur renforcement en employant, pour blanchir l'image, du bromure mercurique à la place de chlorure mercurique ; comme on trouve plus difficilement le bromure mercurique, on le remplace par un mélange de chlorure mercurique et de bromure de potassium. Dans 3/4 de litres d'eau tiède on met 50 grammes de bromure de potassium ; après dissolution, on ajoute 20 grammes de chlorure mercurique ; quand ce dernier sel est dissous, on complète le volume à 1 litre avec de l'eau. On colle sur le flacon une étiquette ainsi libellée :

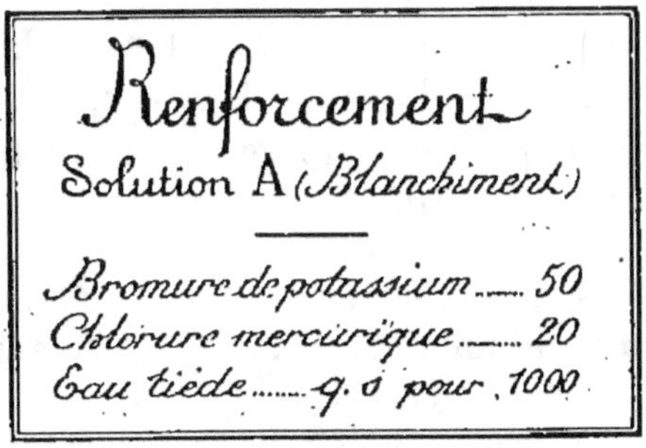

Renforcement
Solution A (*Blanchiment*)
────────
Bromure de potassium ___ 50
Chlorure mercurique ___ 20
Eau tiède ___ q. s. pour 1000

Ce bain, qui doit se conserver de préférence dans un flacon en verre jaune, s'emploie exactement comme le bain de chlorure mercurique pur (166).

L'image blanchie est rincée et plongée dans le bain :

Solution saturée de sulfite (91) .... 25 cc.
Eau............................... 75 cc.

où elle noircit progressivement.

Quand elle est complètement noircie, on la tire du bain, on la rince à l'eau pure et on la met à sécher.

Le bain de sulfite ne doit pas se conserver.

Le noircissement au sulfite de sodium est un des plus employés ; le noircissement à l'oxalate ferreux demande beaucoup de soin et il est assez difficile d'éviter les taches.

151. — RENFORCEMENT A L'URANE. — La transformation de l'argent constituant les noirs du négatif en ferrocyanure d'urane, composé très opaque, produit un renforcement très énergique. Il est indispensable, pour obtenir une image non voilée, de ne renforcer à l'urane que des phototypes parfaitement lavés, ne contenant plus la moindre trace d'hyposulfite et exempts du moindre voile. Il est donc bon de passer, avant le renforcement, le phototype sec dans un bain de FARMER dilué (renfermant une très faible proportion de ferricyanure), puis de le laver, avec le plus grand soin, en eau fréquemment renouvelée. On le plonge alors dans le bain :

Ferricyanure de potassium........... 0^{gr},5
Chlorure d'uranium................. 1 gr.
Acide acétique..................... 5 à 10 gouttes.
Eau........................ Q. S. pour 100

où il se renforce progressivement, l'image prenant une couleur rouge. Ce bain, qui doit être limpide au moment de l'emploi, ne doit pas être préparé d'avance ; il se trouble rapidement et, au bout de douze heures, est complètement décomposé.

Au sortir du bain, le phototype est sommairement rincé sous le robinet et mis à sécher.

Il est deux cas où l'emploi de ce renforçateur rend de très grands services, d'après son auteur M. L.-J. Buxel : le premier est celui d'une image sous-exposée, révélée faiblement en bain dilué et n'ayant qu'une intensité dérisoire, que, seul, le renforçateur à l'urane est susceptible d'augmenter suffisamment.

Le second est celui d'une image surexposée, grise, voilée, sans contrastes. Dans ce cas, on enlève le voile au moyen du faiblisseur Farmer, sans se préoccuper de la faiblesse de l'image obtenue ; puis, après un lavage soigné, on renforce à l'urane.

Les images renforcées à l'urane se prêtent aisément à l'affaiblissement local : on baigne dans l'eau le négatif renforcé pour bien gonfler la gélatine, puis on fait ressortir l'image sur un fond bien éclairé ; — un pupitre à retouche est, en ce cas, un utile auxiliaire. — On se munit d'un pinceau doux, de grosseur appropriée et on se place à proximité d'un robinet ou, à défaut, d'une cuve contenant une grande quantité d'eau.

On trempe le pinceau dans la solution :

Ammoniaque	5 cc.
Eau	1.000 cc.

et, avec, on donne un coup rapide sur la région à affaiblir, puis, sans laisser agir plus longtemps, on lave abondamment sous le robinet ou dans la cuvette. En opérant ainsi, par attouchements successifs, l'affaiblissement local se fait sans stries, sans bavures.

Il est à noter qu'il faut éviter de laver dans des récipients en zinc les négatifs destinés à être renforcés à l'urane.

Affaiblissement. — Deux cas sont à distinguer :

152. — 1° *L'image est trop opaque dans toute son étendue.* — Les photogrammes tirés sous ce négatif sont satisfaisants, mais leur impression demande un temps excessivement long. Il faut, en ce cas, diminuer simultanément l'intensité de toutes les parties de l'image, sans altérer les rapports des demi-teintes. Il faut, pour cela, que le faiblisseur agisse à peu près en même temps dans toute l'épaisseur de la couche, ou que son action soit assez lente pour que la quantité d'argent dissoute à la surface, pendant le temps qu'il met à pénétrer jusqu'au support, soit négligeable. Pour faciliter la pénétration du faiblisseur, on rend la couche de gélatine perméable en immergeant durant environ une heure le négatif à affaiblir dans de l'eau pure.

Pour avoir une action lente, si on emploie le bain de Farmer, on met dans la quantité de bain de fixage nécessaire pour couvrir le négatif, *une très petite quantité de la solution de ferricyanure* à $5\,^0/_0$; environ 1 centimètre cube pour 100 centimètres cubes de bain.

On plonge le négatif *humide* dans le bain ainsi constitué et on le retire, pour le rincer à l'eau pure dès que *l'affaiblissement désiré est presque atteint.*

Si on emploie l'affaiblisseur chromique on utilise, de la même façon, un bain très dilué.

En opérant ainsi, l'intensité est diminuée proportionnellement à la durée d'immersion, sans que les valeurs relatives des divers tons soient modifiées.

153. — 2° *Le négatif est trop vigoureux, tout en ayant les demi-teintes assez transparentes.* — Si on traitait comme précédemment une pareille image, on enlèverait les détails dans les demi-teintes; il faudrait, pour améliorer un tel négatif, pouvoir agir par la partie inférieure de la couche et ne dissoudre que les parties trop opaques, en commençant par le côté qui est en contact avec le support (avec le verre s'il s'agit d'une plaque). Seul le persulfate d'ammoniaque réalise ces désidérata, comme l'ont montré MM. Lumière dont nous reproduisons l'intéressante communication :

« La technique photographique ne possédait pas jusqu'ici de procédé permettant d'affaiblir directement un phototype dur manquant de pose et trop développé par exemple, sans détruire ou tout au moins atténuer les demi-teintes correspondant aux parties sombres de l'objet photographié. Les négatifs présentant cette défectuosité d'être en même temps trop peu posés et trop poussés au développement ne pouvaient donc jusqu'ici être améliorés. Les affaiblisseurs jusqu'ici employés, tels que le mélange de *ferricyanure de potassium et d'hyposulfite de soude*, agissant à partir de la surface, atténuent donc fortement les faibles impressions, tandis qu'il faudrait, au contraire, les respecter.

Nos récentes recherches nous ont montré que le *persulfate d'ammoniaque* en solution aqueuse jouit de la propriété d'affaiblir les négatifs en agissant de préférence sur les parties les plus opaques, tout en conservant les demi-teintes des ombres qui, par les méthodes en usage, disparaissent les premières. Le nouvel agent exerce donc son action depuis le fond de la couche jusqu'à la surface, c'est-à-dire en sens inverse des substances jusqu'ici utilisées.

En résumé :

Le persulfate d'ammoniaque permet non seulement de corriger dans tous les cas les effets d'un développement trop poussé, mais surtout de tirer parti, le plus complètement possible, des négatifs manquant de pose.

Pour cela, on pousse le développement à fond sans se préoccuper de la dureté de l'épreuve obtenue de façon à faire venir le maximum de détails, puis on baisse le cliché jusqu'au point convenable dans la solution de persulfate d'ammoniaque.

Mode d'emploi. — Le négatif ayant été lavé après le fixage, est plongé, *humide*, dans une solution de persulfate d'ammoniaque renfermant :

Eau.................................... 100 cc.
Persulfate d'ammoniaque............... 5 gr.

à raison de :

100 cc. de solution pour un négatif 13 × 18.

Dans aucun cas on ne peut, sans risquer d'attaquer la gélatine, porter la teneur de la solution de persulfate d'ammoniaque au-dessus de 5 $^0/_0$.

Si l'on ne désire pas obtenir une action très rapide, on pourra n'utiliser qu'une solution à 3 $^0/_0$.

On suit peu à peu l'affaiblissement de l'image en l'examinant par transparence. Lorsque l'on a atteint le résultat désiré, on sort le cliché du bain de persulfate et on le plonge quelques minutes dans une solution à 10 $^0/_0$ de sulfite de soude. Sans cette précaution, la réaction se continuerait encore quelques minutes après avoir retiré le négatif du bain de persulfate, et l'image s'affaiblirait encore un peu. On peut donc éviter l'immersion dans la solution de sulfite, si l'on tient compte de cette action ultérieure, en arrêtant l'opération un peu avant d'avoir atteint le résultat désiré.

On lave finalement le négatif pour éliminer les sels qui l'imprègnent.

Nota. — Un autre avantage non négligeable du persulfate d'ammoniaque est sa propriété de transformer l'hyposulfite de soude en un corps non susceptible de se décomposer par les acides en donnant du soufre. Il éliminera donc toute trace d'hyposulfite de soude que les lavages n'auraient pas pu enlever complètement. »

Il est à remarquer que le persulfate d'ammoniaque agit de la même façon, quel que soit le révélateur qui a été employé à développer l'image latente, *exception faite toutefois pour le paramidophénol ;* en ce cas, l'action est inverse : les demi-teintes sont attaquées les premières.

154. — Si dans le phototype affaibli par le persulfate les détails correspondant aux ombres du sujet ne se trouvent indiqués que par des demi-teintes trop légères pour produire une impression suffisamment visible, lors du tirage des photogrammes, il suffit de le renforcer pour donner aux demi-teintes la vigueur nécessaire.

« Mais, dit M. Monpillard dans un article sur les négatifs sur et sous-exposés paru dans *la Photographie française,* étant donné que, par suite de l'action du persulfate d'ammoniaque, nous avons réussi à équilibrer les valeurs relatives existant entre les intensités de notre négatif, de ce renforcement qui s'exercera sur la totalité de l'image, les parties les plus denses du négatif se renforçant proportionnellement beaucoup plus que les demi-teintes, il en résulte fatalement que cet équilibre se trouve rompu et que, lors du tirage du photogramme positif, les demi-teintes se trouveront encore *brûlées* bien avant que les détails situés dans les parties correspondant aux grandes lumières du sujet n'aient produit leur impression ; en un mot, le bénéfice que nous avons tiré de l'emploi du persulfate d'ammoniaque se trouve en partie perdu, du fait de l'opération du renforcement qui l'a suivie.

Pour obvier à cet inconvénient, deux procédés sont à notre disposition :

Le premier consiste à continuer l'action du persulfate d'ammoniaque de façon à obtenir un négatif dont les valeurs relatives entre les intensités sont telles que le photogramme qui en résulterait, lors du tirage positif, serait plutôt gris et sans grandes oppositions ; un renforcement au chlorure mercurique rétablira la valeur entre les contrastes sans empâter les grandes lumières et tout en donnant aux demi-teintes les intensités suffisantes pour donner une impression bien apparente lors du tirage de l'épreuve positive.

Le second procédé consiste à renforcer tout d'abord le négatif avant de le soumettre à l'action du persulfate et sans se préoccuper des empâtements pouvant résulter de cette opération pour les détails situés dans les grandes lumières ; chercher, en un mot, à donner aux plus fines demi-teintes l'intensité voulue ; laver soigneusement, puis attaquer les parties les plus opaques du négatif par le persulfate d'ammoniaque, de façon à en dégager les détails et rétablir les valeurs relatives entre les différentes intensités du phototype.

La possibilité de précéder ou de faire suivre d'un renforcement au bichlorure de mercure l'action du persulfate d'ammoniaque constitue, comme on le voit, une précieuse ressource et permet de tirer un excellent parti de certains négatifs qui, à première vue, seraient considérés comme totalement inutilisables.

Les opérations sont des plus simples ; cependant, pour en assurer la pleine réussite, il ne faut pas perdre de vue qu'on ne devra faire agir le persulfate d'ammoniaque sur un phototype que si celui-ci, par un lavage soigné (123), a été *totalement débarrassé des traces d'hyposulfite de soude* pouvant subsister dans la couche de gélatine.

Enfin, chaque opération : faiblissage, renforcement, etc., doit être précédée et suivie d'un lavage excessivement soigné, en vue d'éviter des taches résultant d'actions locales des réactifs sur ceux qui n'auraient pas été éliminés d'une façon parfaite. Ce sont, du reste, des précautions dont tout praticien un peu méticuleux est habitué à s'entourer, mais qu'il est pourtant utile de rappeler, lorsque l'occasion s'en présente. »

155. — Retouche. — Les négatifs présentent souvent un certain nombre de défauts que l'on corrige par la retouche. Celle-ci s'effectue sur le pupitre à retouche,

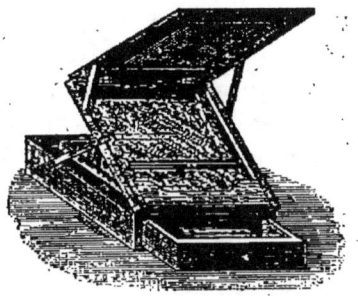

Fig. 157. — Pupitre à retouche.

ensemble de trois sortes de châssis assemblés à charnières, se développant en forme de Z (*fig.* 157) : le châssis inférieur est garni d'un miroir mobile destiné à renvoyer la lumière sur le négatif qu'on place sur un verre dépoli à grain très fin monté sur le châssis du milieu, incliné à 45°; le châssis supérieur sert d'abat-jour et peut, au besoin, supporter un voile noir destiné à abriter l'opérateur de la lumière extérieure.

Le pupitre à retouche se pose sur une table, en face d'une fenêtre non éclairée par la lumière directe du soleil.

156. — Points transparents. — Lorsque le négatif présente des points transparents provenant soit de trous dans la gélatine, soit de grains de poussières qui se trouvaient sur la surface sensible au moment de l'exposition ou du développement, soit enfin de bulles d'air qui ont empêché l'action du révélateur, on bouche ces trous avec de l'encre de chine. Celle-ci est délayée avec un peu de carmin ou de bleu de Prusse dans une petite quantité d'eau sucrée ou gommée pour empêcher la couleur de s'écailler au séchage. Avec un bon pinceau en poils de martre très fin, on applique la couleur ainsi obtenue, presque sèche, successivement, par petites couches, en s'efforçant de produire une opacité équivalente à celle de la région environnante. On suivra avec profit les instructions ci-dessous, extraites du *Bulletin belge de Photographie* :

Pour boucher les trous dans les négatifs, trempez d'abord votre pinceau dans de l'eau, après quoi enlevez autant que possible l'humidité en le pressant contre les côtés du récipient. La pointe doit être chargée de couleur en la passant sur la palette avec un mouvement de rotation, ce qui s'obtient en roulant le manche du pinceau entre les doigts et le pouce. Dans aucun cas, il ne faut donner au pinceau le mouvement de va-et-vient parce que cette pratique détruit facilement les poils. Quand on a ainsi pris suffisamment de couleur, le pinceau est dressé en pointe et l'excès de couleur est enlevé. De cette façon, le bout seul contient de la couleur, tandis que le corps du pinceau est rempli d'eau, juste assez pour tenir les poils ensemble. Tenez votre pinceau bien propre et que la couleur n'empâte pas les poils. Pour boucher, tenez le pinceau presque perpendiculairement à la gélatine et, en touchant le centre du trou, vous y laisserez la pointe pour un moment pour que la couleur imprègne la couche. Pour de petits trous, un coup de pointe doit suffire ; pour de plus grands, appliquez d'abord un point, laissez sécher et appliquez ensuite le second. Avec trois ou quatre coups tout le trou doit être couvert. De très grandes taches doivent d'abord être couvertes d'une légère couche de couleur, avant de les fermer entièrement par le pointillage.

Travaillez lentement en suivant la méthode indiquée ci-dessus.

157. — Retouche en blanc sur les parties noires. — Pour éclaircir des parties trop foncées, on peut opérer soit au grattoir ou à la pointe, soit au pinceau. Lorsque la surface opaque à éclaircir est de faibles dimensions et ne tranche pas violemment sur les parties voisines, le procédé au pinceau doit être préféré. C'est lui qu'on emploie, par exemple, pour faire disparaître un bouton, des taches de rousseur,... etc. Nous en empruntons la description à un intéressant article de M. H. Wurtz :

« Le procédé au pinceau consiste à passer sur la partie qu'il s'agit d'éclaircir un pinceau légèrement humide. Ce pinceau, très fin et très propre, aura été non pas trempé dans l'eau, mais passé entre les lèvres. Si vous en appliquez l'extrémité sur la tache à laquelle vous en voulez, celle-ci disparaît comme par enchantement. Mais ne vous y fiez pas et attendez quelques instants pour vous réjouir ; car, dans la plupart des cas, ce résultat n'est que passager, et le défaut reparaît dès que la gélatine est sèche. Recommencez alors jusqu'à ce que toute la partie du négatif sur laquelle vous opérez soit de teinte parfaitement uniforme. Les *taches*, par ce procédé, *doivent toutes disparaître*, à moins que, jugeant mal de leur degré d'opacité, vous ne vous soyez attaqué à une région trop noire, dont, seule, la pointe peut venir à bout. »

Avant de procéder au *grattage*, il est bon de passer le négatif dans un bain d'alun destiné à raffermir la gélatine. Le négatif à aluner — qui doit avoir été parfaitement débarrassé de toute trace d'hyposulfite par un bon lavage — est plongé durant cinq à dix minutes dans une solution aqueuse à 5 9/0 d'alun de chrome, lavé à plusieurs eaux et mis à sécher.

Le négatif aluné est placé sur le pupitre à retouche. Le grattage se fait au moyen d'un stylet, d'une aiguille, longue, fine et acérée. « Il ne faut pas brutaliser la gélatine, dit M. H. Wurtz, il faut la caresser très doucement, agir sur elle par persuasion et non par violence. Dès qu'elle commence à s'humaniser, ce qui se reconnaît à sa pâleur croissante, il faut redoubler de délicatesse, la chatouiller comme avec une plume. Surtout il faut éviter d'aller trop loin, car elle n'hésiterait pas, pour vous punir d'avoir manqué de mesure, à se déchirer brusquement, offrant à vos yeux épouvantés une tache brillante, une sorte de petit soleil, dont vous ne pourrez atténuer l'éclat, et encore bien imparfaitement, qu'à l'aide d'un travail opiniâtre.

« Si vous évitez cet écueil, vous arriverez, en insistant sur la partie centrale et en dégradant sur les bords, à produire une surface claire fondue, qui deviendra, sur l'épreuve positive, une ombre harmonieuse. »

Le grattage est le seul procédé possible, si la surface noire à retoucher est d'une grande étendue ou si elle est très opaque.

158. — Retouche en noir. — La retouche en noir s'effectue au moyen de crayons en graphite de première qualité et de duretés différentes. On emploie par exemple les crayons Faber marqués B, BB, H, HH ou les crayon Koh-i-Noor, d'Hardsmuth marqués, F, HB et BB. On les taille en pointe très effilée, en les frottant sur un morceau de papier de verre fin collé sur une planchette.

La gélatine prenant très bien le crayon, on peut retoucher directement le négatif; mais, s'il a été aluné, il faut préparer la surface à retoucher: on la frotte avec un tampon de coton trempé dans la solution :

Gomme Dammar...................... 25
Benzine cristallisable..... Q. S. pour faire 500 cc.

On laisse évaporer la plus grande partie de la benzine, et lorsque la couche est presque sèche, on la frotte doucement avec un morceau d'étoffe propre; le crayon mord alors très bien.

On trouve cette solution ou d'autres analogues dans le commerce sous le nom de *matolain*.

L'essence grasse étendue au moyen d'un petit tampon de flanelle sur le négatif, du côté de la gélatine, n'altère en rien la transparence de l'image, et permet aussi de crayonner presque aussi facilement que sur du papier, et par suite de retoucher aisément le cliché à la mine de plomb. La quantité d'essence doit être aussi minime que possible; en cas d'excès, l'enlever avec un linge souple, non pelucheux. S'il y a des coups de crayon à faire disparaître, les enlever avec ce même produit, dont on imprègne légèrement un petit tampon de flanelle. Quand, par évaporation, l'essence grasse devient trop épaisse, ajouter quelques gouttes d'essence de térébenthine.

Pour accentuer certains détails qui ne sont pas assez apparents sur le négatif, on les dessine avec la pointe d'un crayon, *en léchant à peine la gélatine*; on choisit un crayon d'autant plus dur que les détails sont plus délicats, d'autant plus mou qu'on veut obtenir une plus grande opacité.

Nous ne pouvons nous étendre davantage ici sur la retouche qui, pour être bien faite, demande un apprentissage de plusieurs années. Nous nous contenterons de dire avec M. H. Wurtz, qu'en ce qui concerne le portrait le retoucheur doit éviter de détruire le caractère de la physionomie par une retouche intempestive ou exagérée; il doit au contraire s'efforcer d'accentuer par la retouche le caractère de la physionomie.

159. — Maquillage, silhouettage. — Quand certaines régions du négatif manquent d'intensité, on peut, pour retarder la venue de l'image lors du tirage des positifs, étendre au dos du phototype une couche aussi mince et unie que possible de vernis ou de collodion coloré.

On verse par exemple quelques gouttes d'une solution alcoolique très foncée de rouge d'aniline dans du collodion normal, on couvre entièrement le dos du négatif d'une couche de ce collodion coloré, qu'on laisse sécher; quand il est sec, avec une pointe très fine, on le découpe autour des parties à protéger et on enlève tout le reste en s'aidant d'un morceau de bois mou taillé en pointe, légèrement humide.

On peut aussi appliquer le collodion ou le vernis coloré par tamponnage au moyen d'un tampon de ouate.

Retouche au dos du négatif. — On peut aussi procéder à la retouche sur le dos du négatif; on le recouvre d'une couche de vernis mat tel que celui ayant pour formule :

Éther sulfurique.....................	100
Sandaraque........................	6
Mastic en larmes....................	6 gr.
Benzine cristallisable...............	10 à 15 cc.

On dissout d'abord la sandaraque et le mastic dans l'éther, puis on ajoute la benzine par petites quantités, jusqu'à ce que le vernis étendu sur une lame de verre prenne l'aspect du verre dépoli le plus fin. Il est bon de filtrer ce verni sur coton de verre.

Ce verni bien sec, ce qui demande peu de temps, on peut effectuer la retouche comme sur un verre dépoli; en cas d'accident, il est aisé de recommencer.

160. — **Retouche en positif.** — La retouche, pour être bien faite, demande, nous l'avons déjà dit, une longue expérience; une très grande habitude est indispensable pour retoucher *en négatif*; la retouche est en outre très difficile sur les négatifs de petites dimensions. Aussi M. Ch. Vanazzi a-t-il indiqué dans le *Bulletin de la société lorraine de photographie* de transformer le négatif original en positif agrandi (217) que l'on retouche aisément en *positif*. De ce positif retouché on tire un négatif de moindre format destiné à remplacer le négatif primitif. En s'appliquant à donner au photogramme agrandi de l'œil, de la nervure, à *corser l'image*, en un mot, comme dit M. Vanazzi, le négatif définitif est brillant, nerveux et supérieur au négatif original.

161. — Protection du négatif ; vernissage. — Lorsque le négatif est destiné à fournir un tirage assez important, il est bon d'en protéger la surface par un vernis. On évite ainsi toutes rayures et surtout les taches pouvant résulter du contact avec un papier sensibilisé insuffisamment sec.

Bien qu'on trouve dans le commerce d'excellents vernis tout préparés, nous indiquons le mode de préparation d'un des plus employés. Dans un ballon en verre tel que celui représenté figure 964 (page 127), on met 10 grammes de gomme laque blonde et 100 centimètres cubes d'alcool à 40° Cartier. On plonge le ballon dans de l'eau chaude et on l'agite ; la gomme laque une fois dissoute, on filtre pour enlever les quelques filaments de gomme laque qui ne sont pas dissous ; il est bon, pendant le filtrage, de recouvrir l'entonnoir avec une lame de verre pour empêcher l'évaporation de l'alcool.

Ce vernis, ainsi que tout vernis renfermant de l'alcool, ne peut être utilisé au vernissage des négatifs sur pellicules dont le support est à base de collodion ou de celluloïd. On emploie alors un vernis à la benzine obtenu en dissolvant 10 grammes de gomme Dammar ou 10 grammes d'ambre fondu dans 100 centimètres cubes de benzine. On peut encore employer le vernis à l'eau obtenu en mettant 12 grammes de shellac dans 50 centimètres cubes d'une solution à 8 % de borax ; on fait bouillir jusqu'à dissolution complète et on ajoute la quantité d'eau nécessaire pour avoir 100 centimètres cubes de vernis.

On chauffe légèrement les négatifs à vernir en les plaçant pendant quelques minutes à peu de distance d'un foyer ou en les passant au-dessus d'une flamme ; lorsque le revers de la main peut à peine supporter

ACHÈVEMENT ET CONSERVATION DU NÉGATIF

la chaleur, on les abandonne sur un marbre ou une planchette jusqu'à complet refroidissement; cette opération a pour but de parfaire le séchage. On les époussette soigneusement avec un blaireau fin (*fig.* 158). On tient alors le négatif comme l'indique

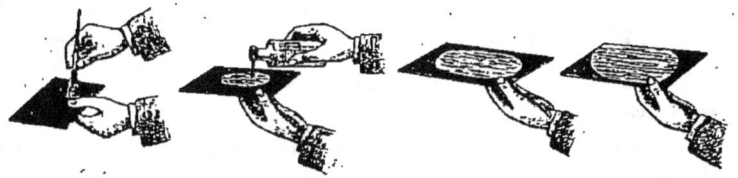

Fig. 158.   Fig. 159.   Fig. 160.   Fig. 161.

la figure 159 et on verse en son centre une certaine quantité de vernis; la figure 159 montre quelle doit être, relativement au format de la plaque, l'étendue de la coulée de vernis; ne pas craindre d'en verser abondamment : l'excès est ensuite reversé dans la

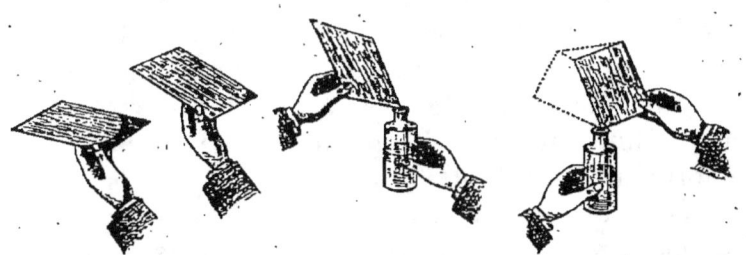

Fig. 162.   Fig. 163.   Fig. 164   Fig. 165.

bouteille. Tenant le négatif bien d'aplomb, on laisse le vernis s'y étaler comme le montre la figure 160. On incline légèrement vers le bas le coin opposé à celui par lequel la plaque est maintenue; quand le vernis a couvert ce coin (*fig.* 161), on le soulève légèrement de manière à faire couler le vernis vers le coin de gauche. Quand ce coin est garni à son tour (*fig.* 162), on incline vers soi le négatif en maintenant le plus bas le coin où se trouve le pouce ; ce coin étant couvert de vernis (*fig.* 163), renverser enfin le négatif sur le flacon à vernis, en portant vers le bas le quatrième coin (*fig.* 164) ; pendant que le vernis en excès s'écoule, on balance le négatif comme l'indique la figure 165, afin de prévenir la formation de stries. On met les phototypes vernis à sécher, à l'abri de la poussière [1].

Si une partie du vernis s'est écoulée au dos du négatif, on l'enlève avec un tampon trempé dans l'alcool si c'est un vernis à base d'alcool, dans la benzine s'il s'agit d'un vernis à base de benzine.

162. — Conservation des négatifs. — Les négatifs terminés sont conservés à l'abri de la poussière et de l'humidité. On trouve dans le commerce des boîtes à rainures ; mais leur volume est assez encombrant. Le plus simple est de placer chaque négatif dans une enveloppe semi-transparente, non gommée et de placer les enveloppes dans les boîtes de plaques vides. Il est bon de numéroter ses négatifs au moyen d'une pointe fine enlevant la gélatine. Le numéro est reporté sur l'enveloppe.

La question de la conservation des phototypes a fait l'objet d'une discussion à une des réunions du *Comité international pour l'exécution de la carte du ciel*.

D'après M. Bouquet de La Grye, la principale précaution à prendre consiste à maintenir les négatifs dans un endroit sec, à l'abri de l'humidité ; mais il ne faut pas employer de substances pour dessécher l'atmosphère, sous peine de voir les images se craqueler.

---

[1]. D'après *The Photogram*, avril 1901, page 112.

M. L. Lumière conseille un lavage complet après le fixage, lavage suivi d'un alunage dans une solution d'*alun de chrome* (157) ; un lavage abondant doit suivre l'alunage. Le séchage doit se faire à l'abri de l'humidité, et les négatifs secs doivent être également maintenus à l'abri de l'humidité.

On a proposé de vernir les négatifs ; mais les résines que renferment les vernis s'oxydent à la longue et la couche de vernis finit par se craqueler ; on a aussi préconisé d'étendre une couche de collodion sur l'image ; mais, à la longue, il se dégage des vapeurs nitreuses, cause d'altération.

Le formol ne peut remplacer l'alun : modifiant la constitution de la gélatine, il la rend fragile et cassante.

Enfin, il faut éviter d'enfermer les négatifs dans des boîtes hermétiquement closes ; car, s'il y pénètre de l'air saturé d'humidité, la vapeur d'eau, sous l'action d'un abaissement de température, se condense sur les négatifs pour les mettre hors de service.

163. — Pelliculage des négatifs sur plaques. — Les négatifs sur verre sont assez encombrants et fragiles ; en outre, certains procédés de tirage exigent des négatifs retournés. Aussi est-il très pratique de séparer la pellicule portant l'image de son support-verre. L'opération est très facile à faire ; il suffit de suivre les instructions ci-dessous extraites d'un article de M. P. Collemant, paru dans la revue *la Photographie* :

Le négatif, développé comme d'ordinaire, fixé et bien lavé, est plongé dans le bain suivant :

Eau....................................	Q. S. pour 100 cc.
Formol commercial à 40 %.............	10 cc.
Glycérine (environ)....................	6 cc.

L'action prolongée de ce bain est sans inconvénient[1] pour le phototype, et comme les gélatines des différentes marques de plaques ne sont pas toutes de la même dureté, il est bon de prolonger l'action du bain pendant dix minutes; on est ainsi certain de n'avoir aucune difficulté dans la suite des opérations. Si le négatif était sec ou s'il avait été passé à l'alun, on peut le traiter aussi par le formol; mais alors il faut le laisser d'abord séjourner quelques heures dans l'eau pour bien ramollir la gélatine.

Après le temps voulu, le phototype est sorti du bain, puis lavé rapidement pour lui enlever l'apparence graisseuse qu'il a prise; ensuite il est mis à sécher. On peut passer un grand nombre de clichés dans le bain-ci-dessus, qui conserve une action d'autant plus énergique que l'odeur piquante est plus marquée. Le traitement des phototypes secs, du reste, peut être repris plusieurs mois après.

Le phototype étant sec, inciser la gélatine tout autour, à quelques millimètres du verre, pour éviter l'adhérence souvent très forte qui existe vers les bords et qui pourrait faire déchirer la pellicule.

A ce moment il existe plusieurs moyens de séparer la pellicule du verre et aussi de recueillir cette pellicule.

M. Mussat, qui a préconisé l'emploi du formol, conseille de traiter le cliché de la manière suivante:

Une fois sec et incisé tout autour, plonger le négatif dans une cuvette en fer pleine d'eau et porter le tout sur le feu, chauffer; vers 60°, la surface du cliché se couvre d'une quantité de bulles, et la pel-

---

1. Il n'en serait pas de même si l'on employait telle quelle la solution commerciale. Alors l'action du formol serait beaucoup trop énergique et le phototype serait rapidement altéré.

licule abandonne rapidement son support. A ce moment, elle est considérablement rapetissée ; elle ne couvre environ que le tiers de sa surface primitive. On retire du feu, et pendant le refroidissement la pellicule se retend et reprend bientôt ses dimensions premières. Ce procédé, très sûr, a l'inconvénient d'être très long ; il est avantageusement remplacé par le suivant, conseillé par M. Roy :

Préparer une solution à 20 ou 25 % de carbonate de sodium ou de potassium (ordinaire) dans l'eau. Le cliché sec et incisé est plongé dans ce bain pendant quelques minutes. Puis il est sorti et plongé à nouveau, après avoir été bien égoutté, *mais non lavé*, dans :

Eau.................................... 100 cc.
Acide chlorhydrique .... 5 cc.

La glace se couvre de bulles gazeuses, et la pellicule nage bientôt dans le liquide[1].

Il y a avantage à laisser le négatif assez longtemps dans la solution de carbonate ; tandis qu'avec certaines plaques, cinq minutes suffisent, avec d'autres, il faudra laisser au moins dix minutes l'action se produire. On se trouve toujours bien de prolonger l'action du bain de carbonate. Le décollement dans l'eau acidulée n'en est que plus rapide et plus régulier.

M. Drouillard recommande de mélanger le carbonate au formol ; la pénétration du carbonate est plus complète, la durée des opérations est abrégée et la

---

1. Au cas où la pellicule montrerait quelque difficulté à se détacher, on l'aiderait avec un pinceau doux.

pellicule quitte plus facilement son support. Le bain de formol carbonaté est préparé selon la formule :

```
Carbonate...................................   5
Formol .....................................  15 à 20
Eau........................................   Q. S. pour 100
```

Lorsque la pellicule est décollée, il y a aussi plusieurs moyens pour la recueillir et la conserver.

De toute façon on prend une glace un peu plus grande que le phototype à traiter. Le verre est talqué soigneusement. Pour talquer un verre, le plus simple est de projeter à sa surface un peu de talc, bien l'étaler avec un tampon d'ouate, sans appuyer, en tournant toujours, du centre vers les bords ; quand toute la surface est bien couverte, on passe un blaireau doux dans tous les sens ; il ne doit plus rester de trace blanchâtre visible ; il y aura toujours assez de talc. Les verres ou glaces pourront être talqués la veille du jour où le pelliculage sera fait, et surtout, dans une autre pièce que celle où s'effectuera le séchage, pour éviter les poussières.

La pellicule décollée est ramenée tout entière vers un côté de la cuvette, saisie légèrement en paquet entre le pouce et l'index et jetée dans une grande cuvette pleine d'eau au fond de laquelle on a mis une glace talquée, face en dessus. La pellicule s'étend d'elle-même à la surface de l'eau ; on saisit la glace avec les deux mains et on fait glisser la pellicule. On maintient celle-ci en sous place vers le milieu, en appuyant avec deux doigts sur les angles supérieurs. On soulève la glace qu'on maintient verticalement pendant un instant pour faire couler l'eau en excès. On ramène la glace dans une position horizontale.

C'est à ce moment que paraît la première difficulté. La pellicule n'est jamais très bien étendue ; il reste toujours quelques gouttes d'eau emprisonnées entre elle et la glace, qu'il faut chasser ; on y arrive très bien en plaçant sur le tout un morceau de moleskine de brodeuse et en donnant quelques coups de raclette. Si l'on n'a pas de moleskine sous la main, on la remplace par une feuille de papier mouillé. Il faut toutefois se garder d'employer du papier parcheminé, qui se plisse et qui risque de faire déchirer la pellicule, ou du papier buvard, qui entraînerait la pellicule avec lui, enfin des papiers de couleurs, ou imprimés, ou simplement réglés, tous défauts qui se reporteraient sur le négatif. Le plus simple est de prendre du papier blanc écolier, de force moyenne. Voici donc notre négatif pelliculé ; nous pouvons le laisser sécher tel quel ; nous n'aurons, une fois bien sec, qu'à en soulever un coin avec un canif et à l'enlever du verre. Nous pourrons le conserver dans cet état, mais la pellicule est si mince que la manipulation en est délicate.

Mieux vaut le doubler d'une feuille de gélatine blanche ou « papier glacé », qu'on trouve facilement dans le commerce. Découper autant de morceaux de cette gélatine qu'on a de négatifs à pelliculer, puis les mettre tremper dans une grande cuvette pleine d'eau additionnée de formol et de glycérine. Ne mettre que quatre ou cinq morceaux dans la cuvette, en espaçant de quelques instants leur immersion pour éviter qu'ils ne se collent ensemble, et remuer la cuvette de temps en temps.

Avec certaines gélatines, on peut couper ces morceaux de dimensions bien inférieures à celle des négatifs ; par un bain un peu prolongé, trente à quarante minutes en moyenne, la gélatine se gonfle, s'étend et augmente beaucoup de surface. Quand la gélatine ainsi traitée a été reportée sur le cliché et qu'elle a été séchée, elle est devenue extrêmement mince.

La feuille de gélatine, bien gonflée, est saisie par les angles d'un petit côté, un coin dans chaque main, sortie du bain, rapidement égouttée, et amenée au-dessus de la glace supportant le cliché. On place le bord inférieur de la gélatine en contact avec le bord du verre, puis on baisse légèrement les mains ; la gélatine se superpose au cliché en poussant devant elle l'excès d'eau qu'elle contient.

On lâche la gélatine, on replace la moleskine ou le papier mouillé, puis on redonne quelques coups de raclette. On enlève le papier ; il ne reste plus aucune bulle d'eau ou d'air. On colle alors tout autour des bandes de papier solide, prenant 1 ou 2 centimètres sur la gélatine et autant sur le verre, ou bien, si le verre est trop petit, on replie ces bandes et on les colle en dessous. Cette bordure a pour effet, pendant la dessiccation, d'empêcher les pellicules de se soulever et de se recroqueviller irrégulièrement.

Si on a laissé dépasser la gélatine autour du négatif, on a toute la place nécessaire pour écrire les titres et une quantité de renseignements relatifs à l'obtention du négatif. On peut de plus encadrer le cliché par une large bande noire, tracée au pinceau, à l'encre de chine un peu épaissie par l'addition de gomme ou de gélatine. Cette précaution sera très utile lorsqu'on voudra tirer des épreuves au charbon ou avec marges ; les caches seront ainsi supprimés.

INSUCCÈS. — En suivant les quelques indications données ci-dessus, les insuccès sont à peu près impossibles; cependant je dois encore attirer l'attention sur les points suivants :

Si la pellicule se décolle mal dans le bain d'acide, cela provient de ce que le négatif n'est pas resté assez longtemps soit dans le bain de formol, soit dans celui de carbonate ; dans ce cas, il n'y a qu'à sortir le cliché du bain acide, bien le laver, puis le passer à nouveau au formol, laisser sécher et recommencer.

Il est très délicat de faire du pelliculage pendant les trop fortes chaleurs ; j'ai dû y renoncer plusieurs fois. La dessiccation des pellicules se produisait trop rapidement, et des craquements entraînant la perte de négatifs se sont produits plusieurs fois.

On évitera de même de transporter les négatifs d'une pièce froide dans une pièce dont la température serait plus élevée, des différences dans la marche du séchage se produisant ainsi, il en résulte des accidents très difficiles à réparer. Le meilleur est d'avoir une dessiccation lente, dans une pièce plutôt fraîche et aérée, si possible, mais en évitant toute poussière.

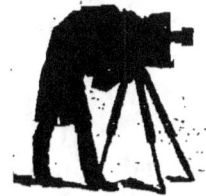

CHAPITRE XIII

Tirage des photogrammes positifs. Généralités

164. — L'image négative obtenue, il suffit, pour obtenir une image positive, de la photographier à nouveau : on obtient ainsi à volonté une image positive de format supérieur, égal ou inférieur au format du phototype. Mais le plus souvent on tire l'image positive du même format que l'image négative. Nous avons vu (9) qu'il suffit d'exposer, sous le négatif, une autre surface sensible, pour obtenir une image positive.

Il existe des procédés particuliers qui permettent d'obtenir directement un positif, sans passer par un négatif : telles sont la daguerréotypie, le premier des procédés photographiques (1839), la ferrotypie, la photochromie interférentielle, etc. Mais ces procédés directs donnent des images inversées : la droite de l'original est à gauche et réciproquement ; en outre, autant on veut d'images, autant de fois il faut photographier le sujet. Au contraire, si on passe par l'intermédiaire d'une image négative, le phototype obtenu permet de produire un nombre illimité de photogrammes positifs, et les images positives ne sont pas inversées.

Il existe un très grand nombre de procédés d'impression des images positives. On divise ces procédés en deux grandes classes :

1° *Les impressions photochimiques :* On utilise pour obtenir une image une réaction chimique produite par la lumière, réaction nécessaire pour l'obtention de chacune des images que l'on désire.

2° *Les impressions photomécaniques :* la lumière n'intervient qu'une fois pour produire une planche qui, selon qu'elle est plane, en creux ou en relief, est tirée ensuite à un grand nombre d'exemplaires par les procédés ordinaires de la lithographie (*photocollographie* ou phototypie), de la gravure en taille-douce, (*photoglyptographie* ou héliogravure), de la typographie (*phototypographie* ou similigravure).

Dans les impressions photochimiques, le pigment destiné à former l'image est tantôt produit par la lumière, tantôt étalé d'avance sur le support d'une manière uniforme, la lumière n'intervenant que pour fixer ce pigment aux endroits convenables.

Les procédés dans lesquels le pigment est produit par action de la lumière sur un sel sensible, les seuls que nous étudierons dans ce volume.[1], se divisent en deux classes : les procédés à *image apparente*, qui laissent voir la formation progressive du pigment, et les procédés à *image latente*, dans lesquels le pigment ne prend naissance que par immersion dans un bain révélateur approprié.

Les procédés à image apparente exigent moins d'expérience que les autres ; ils ont l'inconvénient de ne guère se prêter à l'intervention du photographe pour modifier certaines valeurs ; ces procédés, traduisant fidèlement les valeurs du négatif, c'est à celui-ci que doit être apportée toute modification. Aussi sont-ils surtout utilisés pour les travaux documentaires. Ces procédés emploient surtout l'action de la lumière

---

[1]. Les autres procédés d'impression positive seront étudiés dans notre *Traité complémentaire de photographie pratique.*

sur les sels de fer ou, plus souvent, sur les sels d'argent : le noircissement à la lumière du chlorure d'argent, en présence d'un excès de sel soluble d'argent, est la réaction la plus utilisée (papiers salés, albuminés, aristotype, celloïdine, citrate).

Les procédés à image latente permettent une influence plus efficace de l'opérateur sur la formation de l'image positive. Dans ces procédés, on utilise, comme pour l'obtention du négatif, l'action de la lumière sur une émulsion au gélatinobromure d'argent, émulsion généralement moins sensible que celles employées pour obtenir l'image négative. Le développement des surfaces sensibles au gélatinobromure pour positif permet une souplesse d'autant plus grande que l'émulsion est plus lente; nous verrons que, par des variations de temps de pose et de conduite du développement, on peut obtenir des tons variés; on peut encore changer la couleur des images ainsi obtenues par des virages appropriés.

Parmi les *procédés à développement*, il faut faire une place à part au procédé dit au platine, qui utilise, pour obtenir une image formée de platine métallique, l'action de la lumière sur les sels de fer. Le procédé au platine présente l'avantage de donner des images inaltérables, d'être assez élastique et, par suite, de permettre une intervention assez large de l'opérateur; il donne des noirs chauds, toute la gamme des gris, du blanc au noir, et des demi-teintes transparentes.

Le procédé au platine, comme le disent avec raison MM. Puyo et Wallon, fournit une transition toute naturelle entre les méthodes d'impression positive impersonnelles dont nous venons de parler et les méthodes vraiment personnelles, dont l'ensemble constitue les procédés pigmentaires. Ceux-ci donnent des images inaltérables, de telle nuance qu'on désire; ils permettent d'employer pour supports les papiers les plus divers. Dans ces procédés, on utilise l'action que possède la lumière de rendre insolubles les substance colloïdes (gomme, gélatine) additionnées de bichromates alcalins. Les portions insolubilisées retiennent le pigment préalablement incorporé dans la couche sensible. Il suffit d'un lavage à l'eau pour enlever les parties restées solubles; on donne à cette opération le nom de *dépouillement*. Les modifications de valeurs ou les suppressions de certaines parties de l'image se font sur le photogramme même pendant le dépouillement; il est aisé aussi de corriger, avec ces procédés, par un choix convenable du temps d'exposition à la lumière, le manque ou l'excès d'opposition du négatif.

165. — Choix du mode d'impression positive. — Comme on le voit, le photographe a un choix assez considérable de procédés de tirage de l'image positive.

Cependant la liberté de ce choix est un peu limitée, si on remarque qu'un phototype de qualités (ou de défauts) déterminés, ne peut convenir indistinctement à l'impression sur tous les genres de papiers sensibles. On s'en rendra compte aisément en choisissant deux négatifs, l'un doux, l'autre un peu heurté et tirant de chacun d'eux quelques photogrammes sur les papiers photographiques les plus courants.

On remarquera, par exemple, que le négatif doux fournit sur papier au platine une épreuve grise inacceptable, tandis que le cliché heurté a donné sur papier aristotypique une épreuve en blanc et noir, sans aucune demi-teinte, et d'aspect désastreux.

Si donc on n'a pu guider son développement de façon à produire sur le négatif les qualités voulues pour un tirage déterminé, on devra inversement rechercher le mode de tirage susceptible de le mettre mieux en valeur.

Les papiers aristotypes, colloïdine et leurs dérivés (citrate, gélatinochlorure, collodiochlorure, ...) ne peuvent convenir qu'au tirage des négatifs doux; ils tendent en effet par eux-mêmes à fournir une image heurtée et leur emploi sous un négatif intense conduirait à une image dont les blancs manqueraient absolument de détails. L'emploi de ces divers papiers est des plus restreints dans la photographie artistique. De telles images, quand bien même elles sont virées et fixées en bains séparés, sont encore d'une stabilité incertaine; le brillant exagéré de la plupart de ces papiers, brillant que maints amateurs de goût douteux viennent encore accentuer par séchage sur plaques d'ébonite, sont encore d'excellentes raisons pour en limiter l'emploi.

Les phototypes vigoureux conviennent admirablement aux tirages sur papiers au platine et sur papiers albuminés ou salés. Ces derniers surtout fournissent une image mate, d'une grande finesse, qu'un virage approprié peut facilement amener au ton noir; longtemps en honneur, ce papier ne se trouve plus aujourd'hui, dans le commerce, que bien difficilement; il est heureusement facile de le préparer soi-même. Papiers albuminés ou papiers salés fournissent, avec quelques précautions, des images très stables.

Les papiers au gélatinobromure, fournissant une image par développement, permettent assez facilement de tirer parti de négatifs d'intensités assez notablement différentes. Il suffit pour cela de varier la durée d'exposition à la lumière et de modifier en conséquence la composition du bain révélateur. Les papiers au gélatinochlorure par développement ne semblent pas offrir une aussi grande latitude et fournissent souvent une image un peu dure, sans détails dans les blancs; on les réservera donc, comme les papiers au gélatinochlorure à image apparente, au tirage des épreuves sous négatifs doux et plutôt faibles.

Un phototype harmonieux, sans dureté, sera préféré à tout autre pour l'impression des papiers à la gomme bichromatée; il sera enfin assez facile de tirer parti de tous négatifs, à moins d'exagération considérable dans un sens ou dans l'autre, par tirages sur papiers au charbon, à condition de modifier légèrement le titre de la solution sensibilisatrice.

166. — Châssis-presse. — La surface sensible destinée à former l'image positive doit être, lors du tirage, en contact parfait avec la gélatine du phototype négatif. On appuie les deux surfaces l'une contre l'autre, en exerçant une pression assez forte; on utilise dans ce but un châssis-presse. Il existe de nombreux modèles de châssis-presse.

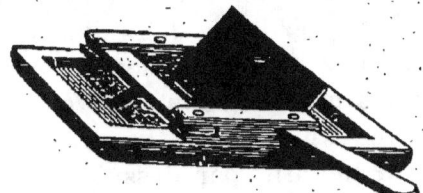

Fig. 166. — Châssis anglais.

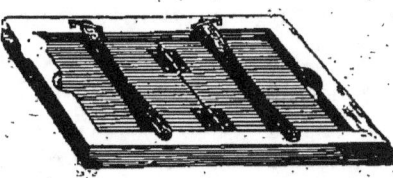

Fig. 167. — Châssis américain.

Un châssis-presse se compose, en principe, d'une sorte de cadre rectangulaire destiné à recevoir le négatif sur lequel on pose la surface sensible positive; un couvercle à charnières sur lequel on peut rabattre des barres de bois munies de ressorts assure, par pression, le contact des deux surfaces.

Pour le tirage des négatifs sur plaques de petit format, on utilise les châssis anglais, dans lesquels le négatif se pose à même le cadre (*fig.* 166) ou le châssis américain (*fig.* 167). Pour le tirage des grands formats ou des négatifs sur supports souples, on utilise des châssis à glace forte (*fig.* 168), dans lesquels le négatif repose sur une glace forte placée dans le cadre.

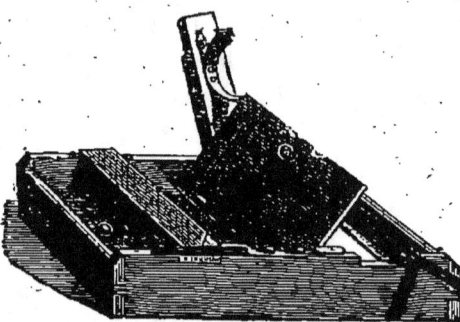

Fig. 168. — Châssis français à glace forte.

Lorsqu'on a à imprimer une grande quantité de phototypes sur plaques, de format moyen, et qu'on ne veut pas faire la dépense de plusieurs châssis-presse, on peut y suppléer par le moyen suivant, que nous extrayons de *la Photographie en Amérique*, de M. A. Liébert :

« Prenez une glace de la dimension de celle sur laquelle se trouve le négatif, coupez-la en deux dans le sens de la largeur ; appliquez la surface sensible positive sur le négatif, le côté sensible en contact avec la gélatine, recouvrez-la avec un morceau de drap très épais de la grandeur du négatif ; par dessus ce drap, appliquez la glace coupée en deux parties ; maintenez le tout ensemble avec des pinces à ressorts, et exposez à la lumière, le négatif en dessus. Cet appareil ainsi disposé permet de suivre les progrès de l'impression en retirant un des morceaux de la glace brisée pendant que l'autre maintient une moitié de l'image en contact parfait avec le négatif. »

Pour se servir d'un châssis-presse, on nettoie avec

soin la glace du chassis et le dos (face verre) du négatif quand il est sur plaque; on blaireaute en tous sens la couche de gélatine du négatif. Sur ce négatif, posé à plat sur la glace du châssis, gélatine en dessus, on applique la surface sensible positive; sur elle on met un coussin de papier buvard, puis la planchette ou volet brisé et on maintient le tout au moyen des barres à ressort[1]. On remplace parfois le coussin de papier buvard par une flanelle épaisse; c'est là un mauvais procédé, la texture *moutonneuse* de la flanelle s'opposant au contact parfait.

Pour suivre les progrès de l'impression (dans le cas des procédés à image apparente ou au platine), on porte le châssis à la lumière diffuse et on ouvre un des côtés de la planchette brisée en dégageant une des barres à ressort[1], l'autre servant à maintenir en place le papier sensible; soulevant alors une moitié de la feuille, on peut se rendre compte de l'état de l'impression. Il existe des châssis spéciaux, d'un usage très pratique, qui permettent de voir ainsi la presque totalité de l'image; certains permettent même de voir toute l'image. Enfin on fabrique des châssis destinés à l'impression lorsque la surface sensible positive est étendue sur un support rigide (verre ou porcelaine), ces châssis sont inutiles s'il s'agit d'un procédé à image latente.

167. — Caches (*fig.* 169 et 170) et contre-caches. — Si l'on veut réserver sur l'image positive des marges blanches, on introduit entre le négatif et le papier sensible un *cache*, feuille de papier noir opaque au centre duquel est ménagé un évidement de forme appropriée

---

1. Parfois les ressorts sont fixés sur le volet à charnières (*fig.* 166).

au sujet; le papier sensible reste alors incolore sous les parties pleines du cache.

On peut ainsi réserver de larges marges blanches qui sont d'un effet particulièrement heureux dans le cas des épreuves de petit format tirées sur papiers à surface mate. On évitera l'emploi des caches commerciaux de forme rarement appropriée au sujet; on les constituera soi-même, au moment du tirage, au moyen de bandes gommées de papier noir que l'on applique sur la gélatine du phototype.

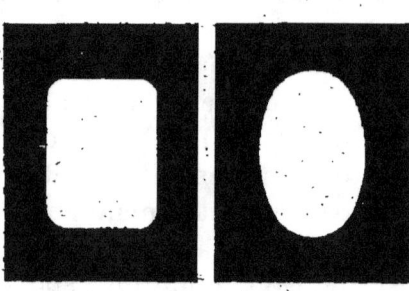

Fig. 169. Fig. 170.

Si on désire teinter, après impression de l'image, les marges restées blanches, on place un *contre-cache* sur l'image de manière à la recouvrir exactement: le contre-cache n'est autre que la surface enlevée au papier noir pour produire l'évidement du cache. Le contre-cache peut être maintenu en contact avec l'image au moyen d'un poids; mais il est préférable de coller le contre-cache sur une glace bien propre que l'on pose sur la surface sensible portant l'image, surface qu'il suffit d'exposer à la lumière pour teinter les marges.

168. — Dégradateurs. — Si au lieu de limiter ainsi par une ligne absolument nette la région conservée de l'image, on veut au contraire en estomper les contours, en fondre progressivement la teinte avec le blanc du fond, on emploie non plus un cache, mais un *dégradateur*, dont le plus simple à décrire est formé d'une plaque de verre ou de gélatine dont les bords sont complètement opaques, le centre transparent et dans lesquels la teinte va en décroissant régulièrement des bords au centre (fig. 171 et 172).

Par suite de l'épaisseur notable des dégradateurs, ils ne peuvent, comme les caches, être interposés entre le négatif et la surface sensible, mais doivent être placés soit entre la glace du châssis-presse et le négatif, soit de préférence à l'extérieur du châssis; cette dernière disposition est même la seule possible si, au lieu d'un

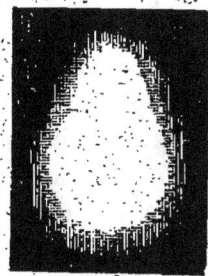 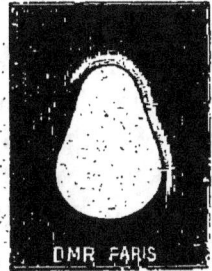

Fig. 171. — Dégradateur souple en gélatine rouge.   Fig. 172. — Dégradateur en carton moulé et estampé.

dégradateur teinté on utilise un dégradateur dentelé dont, faute de cette précaution, chaque dent s'imprimerait sur l'épreuve.

« Quoique ces dégradateurs ne soient pas d'un prix élevé, il en est un autre bien meilleur marché, puisqu'il ne coûte rien; c'est d'ailleurs aussi celui qui donne les résultats les plus heureux : on prend un morceau de bristol au centre duquel on fait une ouverture de la forme et de la dimension du dégradé que l'on veut obtenir. Au lieu de découper l'intérieur à dents, on taillade le bristol, tout le tour, sur une largeur de deux centimètres environ. Une fois cette opération faite, on relève tour à tour le carton qu'on a entaillé; on le retrousse, si nous pouvons nous exprimer ainsi, en le serrant entre le pouce et l'index. C'est cette découpure dont on peut faire plusieurs modèles[1], de toutes les dimensions dont on peut avoir besoin, que l'on dispose sur la glace du châssis. Pour se servir de ce petit appareil avec succès, on doit mettre le négatif dans un châssis à glace forte, et c'est sur cette glace que l'on place le dégradateur... La partie dégradée s'imprime en plus du vide de la découpure, et son plus ou moins d'étendue est en raison de l'éloignement du dégradateur du cliché... Si ce dégradateur est mis trop près du négatif par une trop vive lumière, ou bien si l'impression est obtenue au soleil, fatalement toutes les dents seront imprimées... Si la gradation n'était pas assez fondue, il faudrait éloigner, surhausser le dégradateur. Dans nos ateliers, on emploie des couvercles de boîtes à plaques, dont on recoupe environ la moitié de la hauteur; on évide le centre, et c'est sur cette ouverture que l'on vient poser le dégradateur.

Si le tirage se fait à plat, soit sur la fenêtre d'un appartement ou près d'un mur, la lumière n'arrivant que d'un côté, le dégradé est plus allongé que le dégradateur, et, si c'est un portrait, il peut se faire que la lumière teinte le vêtement ou le dessus de la tête beaucoup plus qu'on ne l'a supposé.

Pour obvier à ce défaut, il faut placer le dégradateur en conséquence et tourner le châssis plusieurs fois[2] pendant l'impression. Le mieux est de s'éloigner

---

[1]. Le mieux est, à notre avis, de préparer un nouveau dégradateur pour chaque nouveau cliché.

[2]. Il existe dans le commerce des appareils avec lesquels cette surveillance est inutile : une planchette horizontale, sur laquelle est placé le châssis, tourne dans son plan, mue par un mouvement d'horlogerie.

autant que possible de toute construction, afin que la grande somme de lumière vienne surtout du ciel ; mais, lorsqu'on ne pourra mieux faire, on arrivera facilement à régulariser l'impression en plaçant au-dessus du dégradateur un morceau de verre dépoli. L'image ne pourra jamais que gagner à cette précaution... » (Extrait d'un article de M. A. COURRÈGES, paru dans la *Gazette du Photographe amateur.*)

169. — **Influence de la nature de la lumière ; emploi de verres colorés.** — Le plus généralement, l'exposition à la lumière doit se faire à l'ombre ; on ne tire au soleil que les négatifs qui demanderaient un temps trop long à l'ombre, à cause de leur opacité. On expose aussi au soleil les surfaces sensibles positives très lentes (papier au ferroprussiate). Les négatifs un peu faibles donnent de meilleurs résultats si le tirage se fait sous certains verres colorés bien choisis.

Pour les papiers genre citrate on doit, dans ce but, se procurer un écran *vert bleu* arrêtant le violet ; la teinte doit en être uniforme ; peu importe qu'il présente des bulles ou des stries. On atténuerait au contraire les contrastes d'un cliché très vigoureux en choisissant un écran *violet* ne laissant pas passer de lumière bleue, condition rarement réalisée dans les verres commerciaux. Il ne faut évidemment pas s'attendre ainsi à des différences énormes ; mais enfin l'effet, très sensible, suffit pour donner aux épreuves un caractère plus agréable [1].

---

1. D'une façon générale on choisira comme suit les écrans qui conviennent pour renforcer ou atténuer les épreuves sur un papier déterminé : on expose fortement une feuille de ce papier à la lumière, puis on le rend translucide par la vaseline et on analyse au spectroscope la lumière qui le traverse. Si on fait abstraction des rayons inactifs (jaune, rouge) contenus dans la lumière

190. — Recommandations diverses. — Quand un négatif est récemment verni, il ne faut pas en tirer immédiatement un positif *par un soleil ardent;* en ce cas, le vernis colle toujours un peu. Si on ne peut exposer à l'ombre, on doit avoir soin de placer sur le châssis-presse une feuille de papier blanc; on évite ainsi les inconvénients d'un vernissage trop récent.

Le papier sensible que l'on applique contre le négatif doit être parfaitement sec.

On ne doit jamais laisser le papier sensible en contact avec le négatif pendant la nuit ; l'abaissement de température condense l'humidité sur le négatif et il peut en résulter des taches difficiles à enlever.

Pour la même raison, il faut éviter, en hiver, de transporter le châssis, pour l'examen de l'image, dans une pièce chauffée.

---

blanche, l'écran renforçateur doit laisser passer toute lumière active qui traverse le papier teinté et arrêter celle qu'il arrête ; l'écran atténuateur doit complètement arrêter toute la lumière active qui peut traverser le papier teinté et doit laisser passer celle qu'il absorbe. (V. L. Cazes. Effet des écrans colorés sur le tirage des épreuves par noircissement direct. *La Photographie*, 1er avril et 1er juin 1897, pp. 59 et 90; et L.-P. Clerc, *la Chimie du photographe*, 2e éd., t. I. p. 92.)

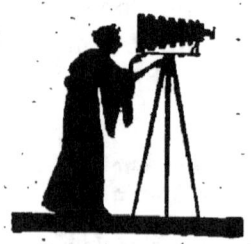

CHAPITRE XIV

Tirage des photogrammes sur papiers aux sels d'argent à image apparente

171. — Généralités. — Le chlorure d'argent noircit assez rapidement à la lumière, qui le décompose en chlore et en argent. Ce sel prend naissance quand on mélange une solution d'azotate d'argent et une solution de chlorure de sodium ; étant insoluble dans l'eau, il se précipite. On peut former du chlorure d'argent à l'intérieur de la pâte d'un papier en trempant successivement ce papier dans une solution d'azotate d'argent et dans une solution de chlorure de sodium. Le papier ainsi traité renferme, outre du chlorure d'argent, un excès d'azotate d'argent et de chlorure de sodium qu'un lavage à l'eau élimine. Un tel papier ainsi traité et lavé, après avoir été séché dans l'obscurité, donne quand on l'expose à la lumière, sous un négatif, dans un châssis-presse, une image positive du négatif. Mais cette image, qui n'apparaît qu'après une insolation assez longue, est terne et peu intense. Si le papier est mis à tremper d'abord dans la solution de chlorure de sodium, puis dans la solution d'azotate d'argent et est séché à l'obscurité, sans lavage, il donne plus rapidement des images au châssis-presse. Mais les images ainsi obtenues sont grises et manquent de vigueur : le sel sensible est en effet réparti dans l'épaisseur du papier ; l'image se forme donc à l'intérieur du papier. On maintient l'image à la surface en faisant en sorte que le papier ne serve plus de véhicule au sel sensible, mais ne joue qu'un rôle de support inerte ; on provoque la formation du sel sensible dans une sorte d'encollage ou *substratum*.

Il est indispensable d'employer pour la préparation des papiers sensibles des papiers aussi purs que possible, exempts de toutes particules métalliques qui causeraient des taches. Les traces de bronze, de cuivre ou de zinc provenant des appareils de fabrication ou ayant n'importe quelle autre origine, qui se trouvent dans la pâte de nombre de papiers, réduisent l'azotate d'argent, provoquant ainsi la formation de points noirs entourés d'une auréole blanche.

Si le principe de la préparation des papiers sensibles au chlorure d'argent est simple, la théorie du noircissement de ces papiers à la lumière est très complexe, chacune des matières entrant dans leur fabrication jouant un rôle ; ce sont : le papier ; l'encollage qui agglutine les fibres de cellulose qui le constituent ; le substratum servant de véhicule au chlorure d'argent, (arrow-root, albumine, gélatine, etc.) ; le chlorure soluble ; le sel d'argent soluble, azotate ou citrate, destiné à former, par double décomposition avec le chlorure soluble, le chlorure d'argent ; il reste un excès du sel soluble d'argent, qui reste en partie à l'état libre et qui, en partie, se combine avec l'encollage ou le substratum.

Il existe trois espèces de papiers sensibles au chlorure d'argent à image apparente.

1° Le *papier salé*, qui ne contient d'autre substratum du chlorure d'argent que la pâte du papier elle-même ; plus souvent, cependant, on donne au papier un encollage complémentaire qui rend les images plus brillantes ;

2° Le *papier albuminé* : le chlorure d'argent est formé à l'intérieur d'une couche d'albumine étendue sur le papier, qui en bouche les pores et en rend la surface brillante. On obtient ainsi des noirs plus intenses;

3° Les *papiers émulsionnés* : une émulsion de chlorure d'argent dans le collodion (papier celloïdine) ou dans la gélatine (papiers aristotypiques) est étendue sur un papier couché, c'est-à-dire sur un papier recouvert d'une couche relativement imperméable et très brillante, formée de sulfate de baryum et de gélatine alunée.

On verse par exemple, dans une solution chaude de gélatine renfermant du chlorure d'ammonium et de l'acide citrique, une solution d'azotate d'argent. L'émulsion ainsi obtenue est étendue sur papier. Tel est le principe de la fabrication des papiers dits *au citrate*, si répandus actuellement.

Nous n'entrerons pas dans le détail de la fabrication des papiers aux émulsions qu'on trouve tout préparés dans le commerce, cette fabrication étant trop délicate pour le photographe isolé.

172. — Papier salé. — La préparation et l'emploi du papier salé sont assez faciles; il permet de donner à l'image positive des tons variés et on peut employer à sa préparation des papiers de grains différents. Aussi est-il employé en photographie artistique.

Le *papier salé simple*, qu'on n'emploie guère que pour les images destinées à être entièrement retouchées par le crayon ou la peinture, se prépare en immergeant complètement chaque feuille de papier dans le bain :

```
Eau............................. Q. S. pour 1000
Chlorure de sodium ....................... 20
Citrate de sodium ........................ 20
```

en évitant les bulles d'air. Quand on a immergé une dizaine de feuilles, on retire celle qui a été plongée la première et on la suspend pour la mettre sécher; on en plonge une autre partie dans le bain, on enlève celle de dessous... et ainsi de suite jusqu'à épuisement des feuilles à préparer. On peut aussi se contenter de faire flotter cinq minutes le papier à saler à la surface du bain. En ce cas, on choisit le côté le plus brillant en l'examinant à un jour frisant, et on marque l'envers au crayon.

Une fois sec, le papier ainsi salé se conserve plusieurs années sans altération. On le sensibilise au fur et à mesure des besoins, comme le papier à l'arrow-root.

Le *papier à l'arrow-root* est salé et encollé en même temps. Dans un mortier en porcelaine, on triture de 25 à 30 grammes d'arrow-root avec un peu d'eau, de manière à obtenir une pâte épaisse, exempte de grumeaux. On verse cette pâte petit à petit, en agitant sans cesse, dans un litre de la solution :

Eau.............................	Q. S. pour 1000
Acide citrique	3 gr.
Sel marin blanc	33 gr.

filtrée et bouillante. On remet celui-ci sur le feu jusqu'à ébullition, en ayant soin de toujours remuer. Lorsque la masse, en se refroidissant, est arrivée à l'état d'empois épais, il faut l'étendre sur papier; s'il s'est formé une pellicule à la surface, on l'enlève. La feuille de papier est placée horizontalement, tendue au besoin par quatre punaises sur une planchette propre. On y passe au pinceau ou avec une éponge fine deux couches d'empois chaud, l'une dans le sens de la longueur, l'autre dans le sens de la largeur. A l'aide d'une touffe de coton qu'on frotte toujours en petits cercles à la surface du papier, on égalise la couche, sinon elle serait couverte de stries ; il faut frotter jusqu'à sec, ce qui demande de cinq à dix minutes pour une feuille de 44 centimètres sur 57.

La feuille ainsi encollée et salée est suspendue pour sécher complètement et l'envers (côté non préparé) est marqué au crayon. Sec, le papier ainsi traité se conserve très longtemps.

Tous bons papiers pour l'aquarelle peuvent être employés ; on choisit, selon l'effet à obtenir, un papier à grain plus ou moins fin ou plus ou moins accentué : les papiers lisses conviennent surtout aux petits formats ; les papiers à gros grain ne peuvent être utilisés que pour les images de grandes dimensions.

La sensibilisation de ces papiers s'effectue au fur et à mesure des besoins, au moyen de la solution :

Eau distillée .... Q. S. pour 1000
Azotate d'argent *fondu blanc*[1] 90
Acide citrique 60
Alcool à 90° .... 60 cc.

qu'on filtre à travers un tampon d'amiante ou mieux de coton de verre.

La sensibilisation se fait dans une pièce éclairée par la lumière d'une bougie, ou d'une lampe à pétrole, à l'abri de la lumière du jour. La solution est versée dans une cuvette en quantité suffisante pour former une couche d'environ un centimètre d'épaisseur[1]. On y met à flotter avec précautions, pour éviter l'interpo-

---

[1]. Il faut avoir soin de rejeter les azotates d'argent à bas prix, dont le bon marché n'est obtenu qu'aux dépens de la pureté.

sition de bulles d'air (*fig.* 173), la feuille de papier à sensibiliser, le côté préparé en dessous, pendant deux à trois minutes. On retire la feuille en la faisant glisser sur un agitateur en verre (*fig.* 174), qui enlève le plus gros de l'excès de bain. On la suspend ensuite par des pinces de bois[1] à des cordes tendues dans une pièce obscure, à l'abri de la poussière (*fig.* 175). Il est bon, au bout de quelques minutes, de retourner la feuille de bas en haut, pour égaliser le liquide sensibilisateur. Le papier ainsi sensibilisé peut se conserver trois à quatre semaines, à l'abri de la lumière

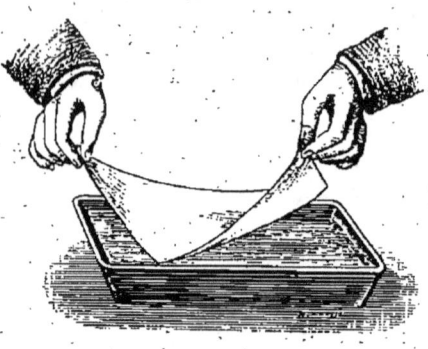

Fig. 173.

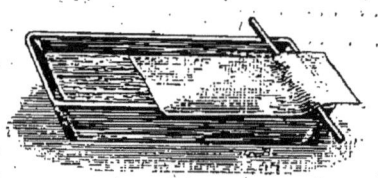

Fig. 174.

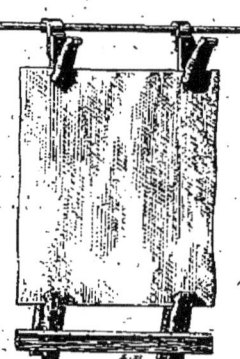

Fig. 175.

et de l'humidité. Il se manipule comme le papier albuminé ; les images obtenues sur papier salé peuvent

---

1. Il est bon de paraffiner l'extrémité de ces pinces en les plongeant dans un bain de paraffine fondue.

en outre — après fixage — être virées aux ferrocyanures (204).

Quand on a besoin accidentellement de papier salé et qu'on en a pas de salé d'avance, on prend une feuille de papier albuminé qu'on sensibilise du côté non albuminé : le chlorure soluble s'est suffisamment diffusé dans l'épaisseur du papier pour qu'on puisse sensibiliser le dos.

173. — Papier albuminé. — On trouve le papier albuminé et salé, prêt à être sensibilisé, tout préparé dans le commerce. Il se prépare avec du papier de Rives pesant 8 kilogrammes la rame de 480 feuilles de 45 centimètres sur 55 centimètres. On fait flotter le papier à la surface d'une couche d'albumine [1], additionnée de chlorure de sodium ; plus la proportion de ce dernier est forte, plus le papier est rapide, mais moins il donne d'opposition entre les noirs et les blancs de l'image ; les fabricants de papier mettent de 1 à 3 % de sel.

Le papier albuminé doit être conservé dans un endroit un peu humide ; le papier trop sec se sensibi-

---

[1]. On prend la quantité de blancs d'œufs nécessaire pour avoir une couche de solution albumineuse ayant 1 centimètre d'épaisseur dans la cuvette destinée à l'albuminage ; on bat ces blancs d'œufs en neige après leur avoir ajouté un pour cent de sel marin en poudre fine (parfois on dissout le sel marin dans un peu d'eau). Lorsque l'albumine est devenue liquide, ce qui demande une nuit, on décante le liquide clair qui sert à l'albuminage ; on obtient de meilleurs résultats en attendant quelques jours avant d'utiliser ce liquide. L'albumine salée est versée lentement, en évitant les bulles d'air, dans une cuvette en porcelaine ; on écrème le bain en y passant, sur toute la largeur, une bande de papier buvard. On fait flotter le papier sur le bain, exactement comme pour le sensibiliser. Le papier, une fois albuminé, est mis à sécher dans une pièce bien ventilée, en évitant cependant les courants d'air qui rendraient la couche d'albumine inégale. Une fois sec, on le conserve dans un local plutôt humide.

lise mal; aussi est-il bon, avant de sensibiliser le papier albuminé, de lui faire passer vingt-quatre heures dans une cave fraîche.

Le bain de sensibilisation s'obtient en mélangeant volumes égaux des deux solutions :

$\Big\{$ Eau distillée................... Q. S. pour 1000
$\Big.$ Azotate d'argent....................... 240

$\Big\{$ Eau distillée.................. Q. S. pour 1000
$\Big.$ Bicarbonate de soude 20

On ne filtre pas, il se forme, dans le mélange, un précipité de carbonate d'argent qui, par le repos, se dépose au fond du flacon et empêche la coloration du bain.

La sensibilisation se fait dans une pièce obscure, éclairée par une lumière artificielle; on peut aussi sensibiliser dans une pièce éclairée par la lumière du jour, en ayant soin de placer contre les carreaux une feuille de papier jaune, à l'anactinochrine par exemple (77).

On décante avec soin la partie claire du bain et on la verse dans une cuvette en porcelaine, bien nettoyée, réservée autant que possible à cet usage; on fait flotter la face albuminée du papier durant trois à quatre minutes sur le bain d'argent, préalablement débarrassé des impuretés qui peuvent nager à sa surface, au moyen d'une bande de papier.

On opère ainsi : on saisit les deux bords opposés de la feuille à sensibiliser (*fig.* 173) et on fait adhérer le milieu au liquide, puis on abaisse les deux bords, en ayant soin de ne pas laisser le liquide passer sur le dos du papier. Lorsque le papier a séjourné quelques secondes sur le bain, on en soulève un des angles avec une lame plate de verre; il est bon de faire d'avance une corne à l'un des angles de la feuille qui ne prend pas le bain d'argent et qui permet de saisir la feuille; saisissant cet angle entre le pouce et l'index, on soulève une moitié de la feuille, et avec une baguette de verre on enlève les bulles d'air qui ont pu se former à la surface. On abaisse la feuille et on opère de même pour l'autre moitié. Au bout de cinq minutes, on attache une pince américaine à agrafes à l'angle resté sec et on soulève la feuille très lentement, de façon qu'il ne s'en égoutte presque rien. On la suspend, au moyen de la pince, au-dessus d'un verre à expériences destiné à recueillir les gouttes d'azotate d'argent qu'on met aux résidus (fig. 176).

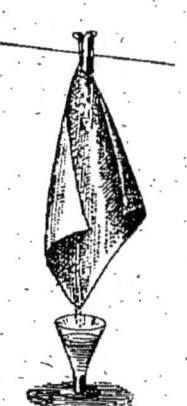

Fig. 176.

Le papier sensibilisé est mis à sécher dans une pièce obscure, assez chaude pour que la durée de séchage ne dépasse guère une heure.

Le bain qui a servi est reversé dans le flacon contenant le carbonate d'argent.

Après chaque feuille 44 × 57 qui a été sensibilisée, il faut rajouter au bain 2 grammes d'azotate d'argent, pour l'empêcher de s'appauvrir. Après cette addition, on agite le flacon pour bien mélanger le bain qui est abandonné au repos absolu jusqu'au prochain usage.

La feuille de papier qui vient d'être sensibilisée doit être employée dans les vingt-quatre heures.

On trouve dans le commerce des papiers albuminés tout sensibilisés qui se conservent bien, surtout si on les met à plat, sous presse, à l'abri de la lumière et de l'humidité. Si les résultats obtenus avec ces papiers sont très satisfaisants, ils sont loin de valoir ceux qu'on obtient avec les papiers fraîchement sensibilisés.

174. — Fumigations ammoniacales. — Le papier albuminé sensibilisé, soumis aux vapeurs d'ammoniac, devient un peu plus sensible à la lumière : les noirs se métallisent plus vite et l'action du virage est facilitée. Il est bon de soumettre aux fumigations ammoniacales les papiers albuminés sensibles du commerce, qui ont été sensibilisés dans des bains très acides. L'emploi de ces fumigations permet d'obtenir de très bons résultats avec les papiers sensibilisés dans un bain d'argent à un titre plus faible que celui que nous avons indiqué. On ne peut employer les vapeurs qui se dégagent de l'ammoniaque du commerce : le papier serait rendu humide. On emploie le sesquicarbonate d'ammoniaque (sel volatil d'Angleterre), produit sec qui dégage une forte odeur d'ammoniaque. On le réduit en menus fragments de la grosseur d'une noisette dont on met 2 à 300 grammes sur une assiette plate. Cette assiette est placée sur le fond d'une sorte d'armoire ou de grande boîte en bois de chêne, munie d'une porte latérale ; l'atmosphère et les parois de la boîte s'imprègnent de gaz ammoniac, et il suffit d'y suspendre de cinq à dix minutes les feuilles de papier à fumiger (la porte étant fermée), pour que l'action soit produite. Le papier, *rigoureusement sec*, est accroché à une tringle transversale placée à la partie supérieure de la boîte ; on fixe à l'extrémité inférieure de chaque feuille une pince américaine dont le poids la maintient verticale.

Le papier fumigé doit être utilisé aussitôt. Il jaunit plus rapidement qu'un papier sensibilisé ordinaire.

175. — Exposition au châssis-presse. — L'exposition a lieu, au châssis-presse (186), à la lumière du jour, soit à l'ombre, soit au soleil. Lorsque le phototype est *dur*, présentant des contrastes très accentués, l'exposition se fait au soleil; les phototypes *doux*, faibles, transparents, exigent, au contraire, une exposition à l'ombre, à la lumière diffuse; souvent même il est utile de les couvrir, durant l'exposition, avec un verre dépoli, une feuille de papier végétal ou même de papier blanc, pour obtenir une opposition suffisante entre les blancs et les noirs.

Un négatif dur qui donne, quand on les imprime au soleil, des photogrammes vigoureux et modelés donnerait, par un tirage à l'ombre, des images positives heurtées, sans demi-teintes; de même un négatif faible donnerait au soleil une image positive grise, terne, sans aucune opposition entre les blancs et les noirs.

Il est bon de remarquer aussi que les proportions de sel employé pour le salage du papier, et d'azotate d'argent employé pour sa sensibilisation, influent beaucoup sur la qualité de l'image positive. C'est ainsi qu'un papier sensibilisé avec un bain d'argent riche (tel que celui dont nous avons donné la formule) convient aux phototypes doux dont les images positives sont tirées à l'ombre; les phototypes durs donnent, au contraire, de meilleurs résultats avec les papiers sensibilisés dans un bain d'argent moins riche (ne renfermant, par exemple, que 100 grammes d'azotate d'argent au lieu de 240), imprimés au soleil.

176. — Surveillance. — De temps à autre, mais le moins souvent possible, on porte le châssis dans un coin sombre où l'on ouvre avec précaution l'un des volets, l'autre volet maintenant alors le papier sensible et le cliché en position invariable. On peut ainsi se rendre compte de la venue de l'image; on cesse l'insolation quand on constate que les régions qui devraient rester blanches commencent à se teinter légèrement : à ce moment, si le phototype est bon, sans être ni trop faible ni trop dur, les régions les plus foncées de l'épreuve positive ont un aspect bronzé. De toute façon l'image doit à ce moment être un peu plus foncée en tous points qu'elle ne le sera une fois terminée. Les diverses opérations tendent en effet à l'affaiblir légèrement. Au fur et à mesure de l'insolation des épreuves, celles-ci sont conservées à l'abri de la lumière et de l'humidité jusqu'à ce qu'il soit procédé aux diverses opérations destinées à rendre l'image stable et à lui donner un ton agréable.

177. — Amélioration des images imprimées directement par contact sur papiers à image apparente. — Nous terminerons ce chapitre de généralités sur l'obtention de l'image positive, en reproduisant un intéressant article de M. L.-P. CLERC paru dans la revue *la Photographie*, en novembre 1901, article qui décrit un certain nombre d'artifices de tirage très ingénieux, pouvant remplacer certaines retouches du négatif :

« Certains châssis-presse (châssis-livre) permettent, au cours du tirage, de dégager complètement le papier sensible du cliché sans que l'on risque un doublement des lignes, lorsqu'on voudra continuer le tirage interrompu. On peut suppléer à l'emploi de ces châssis, d'ailleurs fort commodes, si toutefois l'on dispose d'un châssis à glace de plus grandes dimensions que les clichés à tirer. S'étant procuré des bandes de papier noir gommé, à bords bien droits, le négatif est posé, image en dessus, au centre de la glace ; les bandes gommées sont coupées à quelques centimètres de plus que les quatre côtés du châssis, et s'aidant s'il est besoin d'une image d'essai que, par économie, on aura pu tirer sur ferro-prussiate, on collera les bandes, à cheval sur le cliché et sur la glace, de façon à limiter l'image à sa partie utile ; on s'évite ainsi l'emploi de caches : les caches tout découpés que l'on trouve dans le commerce sont rarement utilisables, à moins que l'on ne dispose d'une collection très nombreuse de tous formats et surtout de toutes formes ; il est d'autre part plus difficile d'en découper soi-même dans une feuille de papier noir que de les constituer ainsi chaque fois, aux dimensions voulues au moyen de ces bandes ; dans ces conditions, le cliché est parfaitement assujetti sur la glace.

Une feuille de papier sensible de la dimension voulue pour que l'image soit encadrée de caches d'une largeur convenable est, à son tour, assujettie sur la glace par une bande gommée, mais sur l'un de ses côtés, la bande formant ainsi charnière (de préférence l'un des *grands* côtés).

La glace est reportée dans son châssis, avec interposition, s'il y a lieu, de verres de couleur convenablement choisis (**169**) ; l'insolation s'effectue en lumière diffuse, de façon que le tirage soit lent, et, par suite, d'une surveillance plus facile. Si, à un moment donné, on constate que telle région de l'image est d'une intensité suffisante, telle autre ne pouvant au contraire que gagner à la prolongation du tirage, la glace sera retirée du châssis, le papier sensible rabattu dans un endroit éclairé par une lampe et non par la lumière directe du jour ; sur toutes les parties de l'image suffisamment venues, on passe alors une couche d'une couleur d'aquarelle qui, comme le noir d'ivoire, l'ocre rouge, ne risque pas de pénétrer la couche d'émulsion ; si la couleur n'a pas été trop délayée, son séchage est rapide ; ce moyen semble risqué ; que les incrédules se convainquent en l'essayant ! C'est assurément beaucoup plus facile d'opérer ainsi que de disposer en position convenable des découpures de papier ou de passer une teinte au dos du négatif ; dans ces conditions, il serait, en effet, impossible d'imiter exactement les réserves aux contours des objets, ce qui, au pinceau et sur l'image elle-même, est d'une facilité inouïe. Le papier rabattu sur le cliché, on reporte le tout au châssis, et l'on continue le tirage jusqu'à ce que l'on juge de faire subir le même traitement à quelque autre partie de l'image, suffisamment foncée. On est donc ainsi absolument maître de donner telle valeur que l'on veut à chaque partie de l'image et ce, sans tâtonnement, puisque l'on arrête le noircissement du papier en toute connaissance de cause, après constatation de l'intensité que l'on immobilise. Si, d'autre part, on désire limiter la netteté absolue au sujet principal, on peut découper de minces feuilles de celluloïd ou de gélatine (pellicules sensibles hors d'usage et débromurées au bain de fixage); ces pellicules, convenablement découpées en se guidant sur l'épreuve d'essai, sont interposées entre le négatif et l'image; par suite du léger écartement que l'on maintient ainsi entre le cliché et le papier, on détermine un léger flou ; ce flou est réglable à volonté, non seulement par l'épaisseur et le nombre de pellicules interposés, mais par la durée de leur présence ; l'image qui, jusqu'à leur introduction, s'imprime parfaitement nette, se trouve fondue avec la nouvelle image floue, et suivant que la durée du « tirage net dépasse, ou non, celle du tirage flou », l'effet de net prédomine, ou non, sur l'effet de flou.

L'impression des photogrammes une fois terminée, l'eau du premier rinçage précédant le tirage, dissoudra rapidement les couches de couleur employées comme réserves, et mettra l'image à nu, on peut encore accélérer ce nettoyage en promenant sur le papier un pinceau ou une touffe d'ouate. Se méfier seulement pour cet usage de certaines laques d'aniline qui auraient tôt fait de teinter irrémédiablement l'image aux points où on les aurait appliquées.

L'emploi judicieux de ces divers moyens permet à ceux dont l'habileté n'est pas à la hauteur des sentiments artistiques de produire assez facilement des œuvres ayant un caractère personnel.

Une autre application fort avantageuse de ces réserves créées à même le papier est l'impression des nuages artificiels; le plus souvent, en ce cas, on découpe une épreuve non fixée, en suivant exactement le contour des objets qui se profilent sur le ciel, puis on laisse « brûler » au soleil le cache obtenu pour le rendre opaque ; après impression du terrain sous un cliché dont le ciel est trop foncé pour avoir laissé imprimer la moindre tache de nuages, on effectue un nouveau tirage sous un cliché de nuage en ménageant les terrains par la découpure préparée à cet effet. Mais, dans ces conditions, il est rare que le raccord se fasse sans que la ligne d'horizon soit doublée, ou sans que, par endroits, une ligne restée blanche ne vienne séparer le terrain du ciel; combien plus facile est cette opération si, pour protéger d'une nouvelle impression l'image déjà obtenue des terrains, on la barbouille d'une couche uniforme de peinture, en s'attachant à suivre exactement les contours les plus délicats des objets. Souvent, si l'on continue alors le tirage sous le même négatif, on parviendra à obtenir une image, faible, mais suffisante des nuages, l'uniformité du cliché dans cette région n'étant qu'apparente par suite de la difficulté qu'éprouve notre œil à différencier des opacités considérables. A défaut, on pourra utiliser soit un négatif, exécuté au même moment et du même point, avec une pose bien plus courte, en vue précisément de l'obtention du ciel, soit enfin à défaut d'autre chose, tout autre cliché présentant son ciel bien garni ; mais se méfier alors des maladresses, quelquefois grossières, comme l'impression sur un même nuage d'un terrain et d'un ciel éclairés en directions différentes ; remarquer aussi que la forme des nuages n'est pas la même près du zénith et à l'horizon, et éviter en conséquence les gaffes qui vous exposeraient à la juste vindicte de quelque météorologiste. »

178. — Virage et fixage des images positives sur papier aux sels d'argent à image apparente. — Au sortir du châssis-presse, l'image positive imprimée sur papier aux sels d'argent à image apparente présente une coloration agréable, pourpre ou violacé. Pour rendre une telle image inaltérable à la lumière, il faut enlever les sels sensibles qui n'ont pas été colorés ; un lavage à l'eau pure élimine l'excès d'azotate d'argent ; quant au chlorure d'argent non altéré par la lumière, on le dissout par une solution d'hyposulfite de sodium ou bain de fixage.

Mais, au sortir du bain de fixage, la teinte violacée de l'image a été remplacée par une teinte jaune rougeâtre, désagréable. On modifie cette coloration en faisant précéder le fixage d'un virage ; cette opération a pour but de précipiter, sur les noirs de l'image, une couche mince d'or ou de platine.

Les opérations à effectuer sont les mêmes pour tous

les papiers aux sels d'argent à image apparente, qui tous renferment comme substance sensible du chlorure d'argent en présence d'un excès de sel d'argent; il y a seulement quelques précautions qui diffèrent avec la nature du substratum, notamment pour les papiers à la gélatine ou au collodion; nous consacrerons donc un paragraphe spécial à la manipulation des papiers dits au citrate.

179. — Principe du virage à l'or. — Le bain de virage est constitué par une solution de protochlorure d'or (Au^2Cl); mais le protochlorure d'or est instable et ne se trouve donc pas dans le commerce. Aussi emploie-t-on le perchlorure d'or (chlorure d'or du commerce) en solution de $1\ ^0/_{00}$ à $3\ ^0/_{00}$; la solution simple de chlorure d'or, employée aux débuts de la photographie, vire bien, mais ronge les demi-teintes; aussi fallait-il tirer des images très intenses. On préfère ramener les solutions de chlorure aurique (perchlorure) à l'état de chlorure aureux (protochlorure); il suffit, dans ce but, de l'exposer à la lumière qui la décolore peu à peu; la chaleur active cette transformation, qui est facilitée quand on additionne la solution de substances faiblement alcalines, telles que carbonate de calcium, acétate de sodium, phosphate de sodium, borax, etc.

Il ne faut pas que la réduction aille trop loin, sinon le sel d'or étant complètement décomposé, l'or précipite.

Le chlorure d'or existe sous plusieurs formes dans le commerce; il faut prendre le *chlorure d'or brun pur*, et il est bon de se méfier des chlorures d'or à bas prix qui ne renferment pas la quantité d'or voulue, qui doit être d'environ la moitié de leur poids.

180. — Virage à l'or au carbonate de calcium[1]. — Ce mode de virage convient parfaitement au papier salé et au papier albuminé; il convient aussi à certains des papiers dits au citrate, mais beaucoup d'entre eux virent difficilement par ce procédé.

181. — PRÉPARATION DU BAIN DE VIRAGE. — Il faut d'avance préparer les deux solutions A et B suivantes :

A. — *Bain d'or inactif ou vieux bain d'or*[2]

Eau distillée chaude à 40°..... Q. S. pour 1000 cc.
Blanc de Meudon (aussi appelé blanc d'Espagne) que l'on a écrasé[3]............. 5 gr.

Agiter et ajouter :

Chlorure d'or pur et jaune................. 1 gr.

Agiter et laisser refroidir.

Cette préparation doit se colorer en se refroidissant. Après cette décoloration, *elle ne vire pas*. C'est ce qu'il faut. Nous l'appelons *bain d'or inactif* ou *vieux bain*, parce qu'elle ne sert que de base au *bain d'or actif* C, indiqué plus loin.

Il ne faut pas filtrer cette préparation A; le blanc qu'elle renferme se dépose au fond du récipient et doit toujours y séjourner pour la maintenir à l'état

---

1. Nous reproduisons un extrait d'une excellente notice de M. LAMY, destinée à l'emploi de son *papier au collochlorure*, mais également applicable à tous les papiers à base de sels d'argent donnant des images par noircissement direct. Il serait à désirer que les notices de tous les fabricants soient aussi claires et aussi exactes.
2. Ce système de virage neutralisé par la chaux a été indiqué, il y a environ trente-cinq ans, par M. DAVANNE. A notre avis, parmi les innombrables procédés recommandés, c'est toujours le meilleur et le plus pratique.
3. Bien que le blanc calcaire, qui est dur et qu'on appelle « craie », ne remplisse pas le but, ce mode de virage est connu surtout sous le nom de *virage à la craie*.

PHOTOGRAMMES SUR PAPIERS AUX SELS D'ARGENT 321

neutre. Pour s'en servir, on *décante* la quantité nécessaire :

B. — *Dissolution de chlorure d'or*
Eau distillée.................................... 100 cc.
Chlorure d'or pur et jaune.................... 1 gr.

C'est une proportion convenable de ce chlorure d'or B, qui donne l'activité au bain A.

182. — PRATIQUE DU VIRAGE. — Un premier lavage rapide[1], à plusieurs eaux successives *froides, abondantes*, est nécessaire pour enlever les sels d'argent

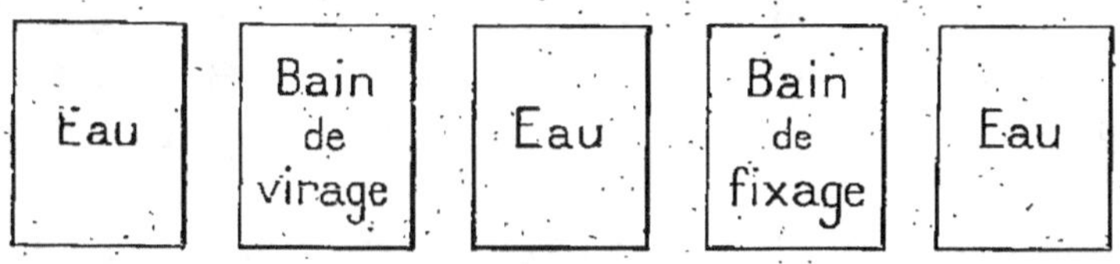

| Eau | Bain de virage | Eau | Bain de fixage | Eau |

FIG. 177. — Disposition des cuvettes pour le virage.

solubles à l'eau. Dans la deuxième de ces eaux, il est indispensable de faire dissoudre 2 grammes par litre de sel marin[2].

---

1. Ce lavage, ainsi que le virage et le fixage, peut se faire à une très faible lumière diffuse du jour, en prenant les précautions nécessaires pour que les images ne puissent être teintées.
2. Plus de sel ne serait pas utile et rendrait l'action du virage trop lente. L'eau salée transforme en chlorure d'argent les sels solubles non enlevés par la première eau. La précipitation de ces sels supprime la principale cause du jaunissement. Ce lavage préalable est donc indispensable pour obtenir des blancs purs.
Si l'opérateur a beaucoup d'épreuves à traiter, il doit renouveler ce bain d'eau salée par chaque dizaine d'épreuves. Dans la première cuvette d'eau, les épreuves sont introduites successivement, une à une, jusqu'à ce que cette cuvette en contienne dix. Ensuite, sans interruption, elles sont retirées de cette première eau, encore une à une, égouttées et introduites de la même manière dans l'eau salée et dans les eaux qui suivent. Lorsque toutes les épreuves du *tirage* sont réunies dans la dernière eau très abondante de ce lavage, on procède au virage.

Pendant toute la durée de ce lavage et du virage qui y fait suite, il faut que les mains de l'opérateur soient absolument propres, que cet opérateur ne touche à rien de ce qui l'entoure, surtout à l'hyposulfite. La plus petite négligence sur ce point est cause du jaunissement des images.

Au moment de virer, nous procédons comme suit : dans une cuvette horizontale, en porcelaine, ou bien en bois et verre, nous versons du vieux bain d'or inactif. A la quantité nécessaire pour que dix épreuves puissent y être immergées *très aisément* (environ 15 millimètres d'épaisseur). Nous ajoutons quelques centimètres cubes de la dissolution d'or B, et le bain de virage devient actif. Il doit être employé *immédiatement*.

Si, par exemple, il s'agit de virer des épreuves 13 × 18, nous prenons une cuvette de ce format, bien propre et *ne servant qu'à cet usage*, et nous y versons :

C. — *Bain d'or actif* :

Vieux bain d'or inactif A .... 250 cc.
Dissolution de chlorure d'or B[1] .... 5 cc.

Immédiatement[2] nous commençons le virage. Comme il est dit plus haut, nous avons d'avance lavé nos épreuves; elles sont en attente dans la dernière

---

1. Une plus grande quantité d'or B ferait agir plus vite le virage, mais il ne faut pas, parce que, pour produire le meilleur effet, le virage ne doit être ni trop rapide ni trop lent.
2. Nous disons *immédiatement* parce que le chlorure d'or *neutralisé* par la chaux aussi bien que par les sels alcalins des autres procédés ne reste pas longtemps en dissolution, il se dépose en partie, lentement et continuellement, en un précipité rose violacé.

cuvette d'eau[1]. Nous enlevons donc une épreuve de cette eau, et, après l'avoir égouttée, nous l'immergeons dans le bain de virage actif C, nous la tournons, retournons vivement deux ou trois fois, et la plaçons face en dessous en évitant d'emprisonner les bulles d'air[2]. Nous appuyons sur le dos de cette épreuve afin d'obtenir une nappe de bain par dessus. De la même manière nous ajoutons d'autres épreuves sur cette première jusqu'à ce que dix images soient superposées. Puis, sans perdre de temps, nous prenons adroitement l'épreuve de dessous pour la placer dessus. Sans cesser, nous retournons semblablement toutes les épreuves, et dès que nous en apercevons une *virée à point*, nous la retirons et l'immergeons dans une grande cuvette pleine d'eau, que d'avance nous avons placée près de nous. Nous continuons ce travail jusqu'à ce que toutes les épreuves, arrivées graduellement à la teinte voulue, aient été retirées et placées dans cette cuvette.

La teinte que prend l'épreuve dans ce virage dépend en partie de la nature du négatif. En général, on doit maintenir les épreuves à l'action de ce bain, en les retournant sans cesse jusqu'à ce que de *rouge brique*, qu'elles étaient au début, elles soient devenues ou *brun foncé*, ou *noir violacé clair*, et que le *reflet métallique* (vert-bronze) des très grands noirs, s'il y a de ces noirs, *ait disparu*. L'épreuve maintenue dans

---

1. Lorsque le thermomètre dépasse 20°, il faut que les bains et l'eau de lavage soient très froids, sinon, pendant la manipulation, la couche se dissout sous les doigts, il en résulte des taches sur les images.

2. Si l'opérateur, par un mauvais mouvement, emprisonne de l'air et arrête le retournement, le virage ne s'effectue pas sur l'emplacement de la bulle, il en résulte une inégalité de teinte qui fait tache.

le virage jusqu'au *brun foncé* donne, après fixage, lavage et séchage, le ton qu'on appelle *rouge brun photographique*. Celle qui est poussée jusqu'au *noir violacé* donne le ton *noir pourpré* ou *brun pourpré*, et celle qui est poussée jusqu'au *violacé clair* donne un ton *noir chaud* ou *noir pur*. Ces renseignements ne sont qu'approximatifs, parce qu'il y a de nombreuses causes, difficiles à expliquer, qui font varier la teinte.

Après ce virage de dix épreuves, nous renforçons notre bain par 5 nouveaux centimètres cubes de la dissolution d'or B, afin d'en virer une nouvelle dizaine, et, pour chaque autre série de dix, nous opérons semblablement.

Lorsque toutes les images tirées sont virées, nous reversons notre bain dans la bouteille du *vieux bain d'or* A, pour servir, une autre fois, de la même manière[1].

183. — Fixage. — Nous sortons, une à une, de la cuvette d'eau où elles étaient réunies, ces épreuves que nous venons de virer, et nous les immergeons, aussi une à une, en évitant d'emprisonner les bulles d'air, dans un bain très abondant d'hyposulfite com-

---

1. Cette autre fois, *au moment de virer*, nous procédons encore comme nous venons de l'indiquer, c'est-à-dire que nous ajoutons toujours à 250 centimètres cubes du vieux bain d'or inactif 5 centimètres cubes de la dissolution d'or B par chaque dizaine d'épreuves 13 × 18 et dans cette proportion pour les autres formats.

Le vieux bain d'or A devient, à l'usage, plein d'un précipité rose violacé. C'est là son caractère normal. Il est très bon en cet état. Nous avons un tel vieux bain qui, depuis plusieurs années, fonctionne toujours bien, quelle que soit la température, après l'addition réglementaire du chlorure d'or B ; mais, pour le conserver comme nous, sans altération, l'opérateur doit veiller à ce que, pendant l'opération du premier lavage et du virage, ses mains soient très propres et ne touchent à rien autre, surtout à l'hyposulfite.

posé d'avance (le mieux est d'employer un bain à 20 %)[1].

Dans ce bain d'hyposulfite, l'image devient immédiatement jaunâtre, puis elle passe par d'autres teintes : brun rouge, brun foncé, noir pourpré et noir. La rapidité de ces changements et celle du fixage dépendent de la température, de la quantité d'or déposée sur l'image et de l'état du bain d'hyposulfite[1]. Si celui-ci est neuf, le fixage s'opère plus rapidement et les teintes sont plus claires.

La *durée du séjour du photogramme positif dans l'hyposulfite* est de cinq à dix minutes en été, de dix à quinze minutes en hiver. Une durée plus longue est nuisible, surtout en été, parce que les images se sulfurent en prenant un ton noir foncé, et que, très souvent, les blancs jaunissent.

Pendant le séjour des images dans le bain d'hyposulfite, il faut les tourner et retourner plusieurs fois, en évitant d'emprisonner des bulles d'air. Chaque fois qu'on les abandonne, elles doivent toujours être placées *face en dessous* pour éviter qu'elles ne se couvrent d'un dépôt qui les ternirait.

Un seul bain d'hyposulfite, *neuf et très abondant*, suffit à la rigueur. Cependant la *plus grande durabilité* possible des images ne s'obtient que par l'emploi de deux bains de fixage. Il faut procéder ainsi :

1° Soumettre les photogrammes à fixer pendant cinq à dix minutes (selon la température) à l'action du premier bain d'hyposulfite ;

2° Les passer ensuite, une à une, dans deux eaux froides successives ;

---

[1]. Dès que, après usage, le bain d'hyposulfite a déposé un précipité noir (sulfure d'argent), il faut le renouveler.

3° Les immerger, de la même manière, pendant cinq minutes, dans un second bain d'hyposulfite neuf, dans lequel on les tourne et retourne tout le temps.

Le bain neuf qui a servi en second lieu peut être utilisé encore une fois, le lendemain, mais comme premier bain, tandis que le second bain, pour le lendemain, doit être un bain neuf.

Il en résulte que lorsqu'on tire et vire des images positives tous les jours, il y a, chaque jour, un de ces bains de fixage, celui qui a servi deux fois, à jeter aux résidus [1].

---

[1]. On met généralement sur le compte de l'hyposulfite de sodium que les lavages n'ont pas éliminé la cause de la plupart des altérations subies par les épreuves avec le temps (le plus souvent, sulfuration). Or l'hyposulfite de sodium s'élimine très facilement par les lavages. L'hyposulfite de sodium, comme on sait, ne dissout pas en réalité les sels non isolés (il n'y a pas dissolution au sens physique de ce mot); mais il forme avec eux un des trois sels suivants : 1° un hyposulfite d'argent, sel insoluble dans l'eau, instable, se décomposant en donnant du sulfure d'argent, quand il n'est pas en présence d'un excès d'hyposulfite de sodium; 2° un hyposulfite double d'argent et de sodium, se décomposant sous l'action combinée de la lumière et de l'humidité; 3° un autre sel double, très soluble dans l'eau et dont la formation permet le fixage des photogrammes. Pour peu, donc, que l'hyposulfite de sodium ne soit pas en excès, qu'on n'agite pas les épreuves dans le bain de fixage (opération qu'on oublie toujours, bien qu'elle soit aussi sinon plus importante que l'agitation du bain de virage), il se forme à l'intérieur de l'image soit de l'hyposulfite d'argent, soit du premier sel double qui à la longue se décomposent à la lumière et produisent l'altération des épreuves.

Aussi faut-il avoir soin de ne fixer dans un même bain d'hyposulfite qu'un certain nombre de photogrammes.

D'après MM. Davanne et Girard, 100 grammes d'hyposulfite dissous dans 500 grammes d'eau peuvent suffire pour fixer successivement, mais d'une façon continue, la valeur de quatre feuilles entières (environ 40 photogrammes 13 × 18); après quoi il faut jeter le bain : il faut se garder de conserver les bains ayant servi une fois. Le mieux est d'opérer le fixage en deux fois; une première fois on plongera les épreuves dans un bain à 20 %, quatre à

184. — Lavage. — Au sortir du bain de fixage, les photogrammes doivent être lavés abondamment à l'eau pure pour éliminer l'excès d'hyposulfite de sodium.

Il résulte des essais relatifs au lavage des photogrammes effectués par MM. Lumière que, dans les procédés habituellement employés pour le lavage (eau courante), la plus grande partie de l'eau est consommée inutilement.

Pour effectuer le lavage complet d'une série de dix épreuves, voici, d'après ces auteurs, comment il paraît convenable d'opérer, si l'on veut obtenir de la façon la plus rapide et la plus complète l'élimination de l'hyposulfite de soude :

Immerger sept fois successivement, pendant cinq minutes chaque fois, dans une cuvette 30 × 40, contenant environ 1 litre d'eau pour chaque lavage. Avoir soin de bien agiter les épreuves pour éviter qu'elles ne se collent entre elles. Après chaque traitement, placer les épreuves les unes sur les autres dans une cuvette 13 × 18, l'image tournée vers le fond de la cuvette. Faire couler l'eau d'égouttage, presser fortement les épreuves avec la main en faisant écouler le liquide ainsi exprimé, humecter les épreuves à nouveau avec une petite quantité d'eau, les soumettre à

---

cinq minutes, puis dans un nouveau bain à 20 %, mais neuf, qui ne servira que pour trois ou quatre épreuves au plus, et sera employé ensuite pour servir de premier bain. On sera sûr ainsi d'éviter la formation des sels nuisibles.

Les solutions d'hyposulfite de sodium se décomposent, on le sait, à la moindre trace d'acide ; elles se décomposent aussi à la lumière, surtout quand elles renferment des traces de sels d'argent ; c'est pourquoi nous conseillons de jeter immédiatement les bains de fixage dès usage (ou du moins de les mettre de côté pour en retirer l'argent) et de conserver toutes les solutions d'hyposulfite dans le laboratoire obscur ; ou bien encore on pourra envelopper de papier noir les flacons contenant ces solutions.

une deuxième pression entre les feuilles de buvard, en les plaçant les unes à côté des autres.

Pour rendre plus efficace la pression entre les doubles du papier, il est avantageux de faire usage d'un rouleau ou d'un battoir.

185. — Séchage. — Le séchage s'obtient en suspendant les épreuves, face en dessus, *à cheval* sur un bâton rond placé horizontalement et garni de papier buvard blanc. On peut aussi les suspendre, par un ou deux de leurs angles, à l'aide de pinces à ressort accrochées sur une ficelle tendue. On ne peut essorer les épreuves entre des feuilles de papier buvard : elles s'attacheraient toutes les peluches de ce papier.

186. — Virage à l'acétate de sodium. — Ce bain de virage donne des tons rouges; on prépare les trois solutions :

```
A. Eau distillée .......................... 100
   Chlorure d'or brun ..................... 1 gr.
B. Eau distillée ................. Q. S. pour 1000
   Acétate de sodium fondu ............... 300
C. Eau distillée ................. Q. S. pour 1000
   Bicarbonate de sodium ................. 20 gr.
```

Le bain de virage se prépare le matin pour s'en servir le soir; on mélange :

```
Eau distillée ................. Q. S. pour 1000
Solution A ......................... 50 cc.
Solution B ......................... 50 cc.
Solution C ......................... 1 à 10 cc.
```

L'addition de bicarbonate de sodium produit des tons bleuâtres; si on n'en ajoute qu'un centimètre cube, le ton des images virées est d'un beau rouge.

légèrement pourpre ; le ton devient plus bleu si on augmente la dose.

La pratique du virage est identique à celle du virage au carbonate de calcium ; le bain ayant servi est versé, sans être filtré, dans un flacon spécial, et on lui ajoute 1 centimètre cube de la solution de chlorure d'or A par feuille entière de 44 sur 55 centimètres qu'on y a virée (chaque feuille absorbe environ 2 centigrammes d'or métallique).

Il arrive souvent que dans ce bain l'or se précipite, en quelques heures, à l'état de poudre violette ; cette précipitation indique que l'acétate de sodium, employé impur, renferme des matières organiques. Cette précipitation ayant toujours lieu au bout d'un certain temps, variant de une à quatre semaines, il ne faut jamais préparer une grande quantité de ce bain à la fois.

187. — **Virage au sulfocyanate d'or ; virage systématique.** — Nous avons déjà dit que nombre de papiers émulsionnés virent mal avec le virage au carbonate de calcium, à cause de la gélatine qui réduit le sel d'or ; le bain de virage au sulfocyanate d'or que l'on obtient en mélangeant plusieurs heures avant l'emploi, volumes égaux des deux solutions de réserve.

SOLUTION A

Eau distillée................. Q. S. pour 500 gr.
Chlorure d'or brun..................... 1 gr.

SOLUTION B

Eau distillée................ Q. S. pour 500 gr.
Sulfocyanate d'ammonium............. 10 gr.

convient bien aux papiers émulsionnés ; il donne souvent aux images deux teintes se dégradant l'une dans l'autre; les parties foncées prennent une coloration bleue, les demi-teintes restent rosées.

Ce bain de virage présente l'avantage de virer quel que soit son état de dilution et de pouvoir être utilisé jusqu'à épuisement.

Aussi la meilleure méthode de virage à employer avec ce bain est celle qu'a indiquée M. C.-L. KETT sous le nom de virage systématique et que nous donnons ci-dessous, telle qu'elle a paru dans la revue *la Photographie*.

Le principe du virage systématique consiste simplement dans l'emploi d'une quantité d'or déterminée pour virer à un certain ton une quantité déterminée de papier; les quantités de produits doivent varier avec le ton désiré.

Dans tous les cas, les solutions A et B doivent être mélangées à volumes égaux. Pour virer douze feuilles 13 × 18 ou une surface équivalente, on prend, *de chaque solution A et B* :

Ton noir pourpré	100 cc.
Brun pourpre (ton photographique)	75 cc.
Brun sépia	60 cc.
Sépia-colorée	30 cc.

Ayant fait choix du ton que l'on désire donner à son lot d'épreuves, on prend de chaque solution, suivant le format et le nombre des épreuves à virer simultanément, une quantité proportionnelle à celles indiquées ci-dessus; on ajoute ensuite une quantité d'eau suffisante pour qu'il soit facile à l'opérateur de manipuler aisément ses épreuves dans le bain; pour un nombre d'épreuves équivalant à douze feuilles 13×18, on amène généralement à un litre le volume de la solution. Cette préparation ou, tout au moins, le mélange des solutions A et B, doit être effectué deux heures environ avant l'emploi.

1° Laver les épreuves à virer dans trois eaux successives, cinq minutes environ dans chaque bain ; les épreuves sont alors prêtes à être virées ;

2° Immerger les épreuves une à une dans le bain de virage, en prenant soin que les épreuves ne puissent se coller contre le fond de la cuvette, ni l'une contre l'autre. Autant que possible on maintient les épreuves en mouvement. La durée totale du virage varie de cinq à dix minutes, suivant que l'épreuve considérée aura été imprimée sous un cliché faible ou sous un négatif vigoureux ;

3° Au fur et à mesure que les épreuves sont suffisamment virées, on les plonge dans le bain :

Eau	1000 cc.
Sel marin	30 gr. environ

Ce bain n'a d'autre effet que d'arrêter net l'action du bain de virage jusqu'à ce que, toutes les épreuves ayant été virées, l'opérateur soit prêt à les mettre au bain de fixage ;

4° Rincez les épreuves à l'eau froide ;

5° Fixez-les dans une solution d'hyposulfite de soude à 20 % dont on emploie 200 centimètres cubes environ pour 12 épreuves 13 × 18 ou une surface équivalente. Tenez les épreuves toujours en mouvement dans le bain de fixage pendant environ quinze minutes, en les retournant de temps à autre face pour face, afin d'être sûr que la solution agit partout également ;

6° Après le fixage, les épreuves sont lavées pendant une heure à grande eau, soit en eau courante, soit par bains renouvelés une quinzaine de fois.

La solution d'hyposulfite et le bain d'or qui ont été ainsi utilisés ne seront pas employés à nouveau ; on ne pourra que les jeter, ou mieux les conserver comme résidus, pour en retirer ultérieurement les métaux précieux.

188. — *Virage en tons variés.* — Quand on fait entrer un iodure alcalin, en proportions convenables, dans la constitution du bain de virage à l'or et au sulfocyanate d'ammonium, on lui donne la propriété de virer en rouge les papiers à image apparente.

On peut, entre autres, employer le bain suivant :

Sulfocyanate d'ammonium.......... 5 gr.
Iodure de potassium de .... 0 gr. à 1^{gr},50
Eau.................... Q. S. pour 1.000

Ajouter peu à peu, en remuant constamment, avec un agitateur, 0^{gr},25 de chlorure d'or brun, préalablement dissous dans un peu d'eau.

Il convient de ne préparer que la quantité de bain qu'on peut utiliser dans un délai assez rapproché.

Le mode d'emploi est le même que celui de tous les virages par bains séparés de ceux servant au fixage. Les épreuves, qu'il ne faut pas tirer plus intenses qu'on ne le désire, sont, au sortir du châssis-presse, soigneusement lavées. Après virage au ton désiré, les photogrammes sont lavés à plusieurs eaux et fixés dans une solution neuve d'hyposulfite 15 ou 20 %.

Les précautions qu'on recommande de prendre pour assurer un bon fixage doivent d'autant moins être perdues de vue que les solutions d'hyposulfite dissolvent l'iodure d'argent plus difficilement que le chlorure. L'action du bain fixateur doit durer au moins quinze minutes.

En employant un bain d'or contenant la dose

maxima d'iodure (qu'il ne faut en aucun cas dépasser), on arrive facilement, par un virage à fond, au ton *rouge carmin*, d'autant plus pur que l'action du bain est plus prolongée. Elle ne doit pas, en ce cas, durer moins de 35 à 40 minutes, et la cuvette doit être assez grande pour que les épreuves ne se superposent pas.

Pour virer aux tons tirant sur le violet, qui s'obtiennent plus rapidement et sans précautions particulières, on fait usage de bains beaucoup moins chargés d'iodure. Plus on diminue la proportion de ce sel, moins la nuance tend à se rapprocher du rouge. En la réduisant à $0^{gr},20$ ou $0^{gr},25$, on arrive à des tons analogues à ceux qu'on recherche généralement dans la pratique courante. Enfin, si l'on supprime complètement l'iodure, le bain devient un virage ordinaire au sulfocyanate d'ammonium, qui a tendance, comme on le sait, à donner le bleu-noir.

Tous les tons obtenus s'avivent au fixage, qui rend leur fraîcheur aux blancs des images, jaunis par l'iodure d'argent formé dans la couche de gélatine (A. Hélain).

189. — Virage à la sulfo-urée. — M. A. Hélain a montré qu'on obtenait un excellent bain de virage en employant la sulfo-urée pour faire passer le chlorure aurique à l'état de chlorure aureux : les qualités du bain ainsi obtenu ne se trouvent réunies dans aucun autre bain.

La formule à laquelle il s'est arrêté, après de longues recherches, est la suivante :

Solution à 2 % de sulfo-urée	40 cc.
Acide tartrique	$0^{gr},50$
Solution à 1 % de chlorure d'or brun	50 cc.
Sel marin	20 gr.
Eau	Q. S. pour 1 à 2 litres

selon la facilité avec laquelle virent les papiers à traiter.

Mêler dans l'ordre indiqué, en ayant soin d'attendre que l'acide tartrique soit complètement dissous pour ajouter la solution de chlorure d'or, qu'il convient de verser peu à peu en agitant avec une baguette de verre.

Le bain peut être immédiatement employé. Il se conserve très bien.

Le mode d'emploi étant le même que celui de tous les virages par bains séparés, nous renvoyons à ce que nous avons déjà dit.

Le bain à la sulfo-urée agit rapidement et régulièrement sur les papiers à image apparente au gélatino-chlorure d'argent dits « *au citrate* », ainsi que sur les papiers à la celloïdine. Il vire aussi fort bien, mais lentement, le papier albuminé.

Ce bain, où l'or se trouve à l'état de combinaison d'une stabilité remarquable (il n'en est précipité ni par l'acide oxalique ni par le sulfate ferreux), présente les avantages des formules au sulfocyanate d'ammonium et est exempt de leurs inconvénients. On sait que les sulfocyanates peuvent attaquer la gélatine et que les bains dans lesquels on les fait entrer agissent beaucoup plus rapidement sur les demi-teintes que sur les ombres, ce qui oblige à pousser le virage à fond pour obtenir des images de ton uniforme. Rien de semblable n'est à craindre quand on emploie la sulfo-urée. Les images changent de nuance dans toutes leurs parties à la fois. L'action du bain peut en conséquence être arrêtée quand on le désire, ce qui rend facile l'obtention, à volonté, de tous les tons photographiques.

190. — **Virage au platine.** — On a donné un certain nombre de formules de virage au platine ; mais on n'obtient réellement de bons résultats qu'en faisant précéder le virage au platine d'un virage à l'or. Aussi est-il plus simple de tirer les photogrammes sur papier au platine. Néanmoins nous indiquerons l'un des modes de virage au platine les meilleurs, tel qu'il a été décrit dans la *Gazette du photographe amateur* par un habile praticien, A. Courrèges.

On prépare les solutions suivantes, qui sont soigneusement étiquetées. Chaque flacon devra porter : *Virage au platine*, et, au-dessous, la mention et les quantités des produits qu'il contient :

1 { Eau................................. Q. S. pour 500 gr.
{ Borax.............................. 10 —

2 { Eau................................. Q. S. pour 500 gr.
{ Chlorure d'or..................... 1 —

3 { Eau................................. Q. S. pour 1000 gr.
{ Chloroplatinite de potassium....... 1 —
{ Acide phosphorique................ 10 —

4 { Eau................................. Q. S. pour 1000 gr.
{ Hyposulfite de sodium............. 200 —

Quelques heures avant de virer, on met dans un verre à expérience 60 centimètres cubes de la solution n° 1 et 60 centimètres cubes de la solution n° 2. Cette préparation doit être neutre au moment de l'emploi ; une fois le mélange opéré, il perd peu à peu sa teinte jaune, ce qui indiquera que les traces d'acide que contenait l'or sont neutralisées.

Ce bain, après un premier usage, est soigneusement conservé dans un flacon à part, qu'on étiquettera : N° 5. Virage au platine (bain d'or vieux).

Lorsqu'on a besoin de virer à nouveau, comme ce bain n'aurait pas une action suffisante, on fait à l'avance un nouveau mélange d'or et de borax que l'on ajoute au bain vieux. C'est cette addition de bain neuf qui provoquera le virage.

Opération du virage. — Les épreuves sont passées dans trois ou quatre eaux, afin de les bien débarrasser de l'argent non impressionné qu'elles contiennent; ces lavages doivent durer au moins dix minutes; puis, une à une, elles sont immergées dans le bain de virage à l'or dont nous venons de parler; là, elles sont tournées et retournées jusqu'à ce que, examinées par transparence, les demi-teintes, c'est-à-dire les parties les plus légères de l'image, aient pris une teinte grise. A mesure que les épreuves ont atteint ce degré, elles sont mises dans une cuvette remplie d'eau, en attendant qu'elles soient toutes rendues au même point.

Si, à ce moment, on les fixait, elles auraient la teinte ordinaire. C'est dans le bain suivant qu'elles prendront le ton noir platiné tant recherché. On les rince dans deux eaux, et une à une, en les égouttant bien, pour ne pas affaiblir cette préparation, qui doit resservir, on les met dans le bain de platine (n° 3), dans lequel elles ne tardent pas à prendre la teinte noire.

Lorsque l'on juge que toutes les épreuves sont virées, on les rince, puis on les immerge dans le bain d'hyposulfite (n° 4), où elles doivent séjourner cinq minutes au moins, étant agitées de temps en temps.

Les lavages définitifs, destinés à éliminer l'hyposulfite qu'elles contiennent, se font avec les mêmes soins que ceux recommandés pour tout autre procédé de virage.

Les épreuves sur papier mat, ainsi traitées, sont d'un noir chaud remarquable, et les images, si elles ne sont pas aussi stables que celles imprimées sur papier au platine, ont plus de finesse, et l'aspect en est tout aussi agréable.

Le bain de platine doit être conservé : il peut servir indéfiniment ; dès qu'on s'aperçoit que son action est trop laborieuse, on le renforce par addition de quelques centimètres cubes d'une solution fraîche contenant 1 gramme de chloroplatinite de potassium pour 200 centimètres cubes d'eau.

191. — Virage-fixage combinés. — C'est sous forme de virage et fixage simultanés, par un mélange d'hyposulfite de sodium et d'un sel d'or, que Fizeau découvrit, en 1860, la possibilité du virage. Mais on ne tarda pas à s'apercevoir que les images virées et fixées dans un même bain ne se conservent pas. Aussi depuis longtemps les photographes avaient-ils renoncé au virage-fixage, qui fut remis en honneur lorsque la découverte du gélatinobromure eut vulgarisé la photographie ; c'est surtout depuis l'apparition des papiers dits au citrate que le virage-fixage s'est répandu. On a proposé un très grand nombre de formules de virage-fixage, renfermant divers produits. Mais, la plupart du temps, le chlorure d'or que renferment ces bains n'agit pas, et, en le supprimant, on obtient exactement le même effet[1]. C'est que la plupart de ces bains ne virent pas réellement : ils ne déposent aucune trace d'or sur l'image. Ils agissent simplement en sulfurant l'argent qui constitue les noirs de l'image. C'est ce qui a lieu, en particulier,

---

[1]. C'est ainsi que le bain :
Eau... Q. S. pour faire 1000
Carbonate de sodium 10
Hyposulfite de sodium 200
Acétate de plomb 15

qui ne renferme aucune trace d'or, donne les mêmes résultats que la plupart des bains de virage-fixage qui sont recommandés.

lorsque le bain renferme de l'alun ou un sel de plomb. Aussi est-il préférable d'utiliser un mélange d'hyposulfite et de sel d'or, à réaction alcaline, ne contenant aucun produit inutile ou dangereux. M. W.-K. Burton a fait une étude très sérieuse du virage-fixage, qui l'a amené à énoncer les conclusions suivantes : 1° Le bain de virage-fixage doit être constitué par une solution d'hyposulfite de sodium suffisamment concentrée pour que les images soient complètement fixées avant que le virage ne soit terminé ; 2° le chlorure d'or doit être employé en quantité relativement abondante pour ne pas prolonger inutilement la durée du virage ; 3° le bain doit être maintenu rigoureusement neutre ou même légèrement alcalin, quand bien même le papier employé, ayant une réaction acide, tend à acidifier, au fur et à mesure de l'usage, le bain employé au virage ; 4° le bain vieux ne doit jamais être conservé ni, à plus forte raison, mélangé au bain neuf ; on doit donc attendre chaque fois d'avoir un nombre d'images insolées suffisant pour épuiser la quantité de bain que l'on est forcé d'employer.

Ces considérations ont conduit M. Burton à la formule suivante de virage-fixage :

Hyposulfite de sodium.................... 250 gr.
Borax.................................... 20 —
Solution à 1 % de chlorure d'or brun pur 50 cc.
Eau distillée tiède .... Q. S. pour faire 1.000 —

A ce mélange on ajoute environ 10 grammes de craie lévigée qui reste à l'état de solide pulvérulent au fond du flacon ; on abandonne ce bain au repos pendant au moins deux ou trois heures.

Pour l'usage, on décante dans une cuvette bien

propre la quantité de bain que l'on juge utile ; si, par hasard, il venait un peu de craie sur les images en traitement, on ne courrait aucun risque de les voir se tacher de ce fait.

Ce bain, comme tous les bains de virage, doit être employé à une température aussi voisine que possible de 18° C.

On y porte les images à virer et fixer, préalablement lavées à plusieurs eaux pures ; on les maintient, face en dessous, en les agitant constamment et en évitant l'interposition de bulles d'air.

La durée moyenne du virage-fixage est de dix minutes environ ; on peut obtenir à volonté le ton brun foncé ou brun pourpre, mais non le noir.

Un litre de ce bain permet de traiter environ 60 photogrammes du format 13 × 18, dans de bonnes conditions ; il ne faut pas chercher à y traiter un plus grand nombre d'images.

Ce bain de virage-fixage n'est pas économique, comparé à ceux qui sont généralement recommandés, mais c'est là une garantie plus qu'un inconvénient : il est évidemment impossible qu'une image soit effectivement virée dans un bain qui, sans jamais s'épuiser, vire les images par milliers, comme l'indiquent la plupart des notices des bains commerciaux.

Au sortir du bain de virage-fixage, les images doivent être bien lavées (184) pour éliminer complètement l'excès d'hyposulfite de sodium. La cause principale de l'altération des images virées et fixées séparément ou simultanément est en effet la présence de l'hyposulfite incomplètement éliminé.

192. — **Tirage rapide des papiers aux sels d'argent à image apparente.** — Après une durée d'insolation à la lumière du jour écourtée, telle que l'image soit simplement marquée, les papiers aux sels d'argent à image apparente, principalement ceux dits au citrate et ceux dits aristotypes, peuvent fournir une image complète par développement dans un bain approprié.

En ce cas, l'ouverture des pochettes, le chargement et le déchargement des châssis, l'examen de l'image durant l'insolation, le développement, etc., se feront dans le laboratoire éclairé à la lumière artificielle, sans interposition de verre coloré.

Après insolation, l'image est plongée directement, *sans aucun lavage préalable*, jusqu'à complet développement, dans l'un des bains suivants :

Solution I

Solution à 3 % d'acide gallique.........	10 gouttes
Solution à 5 % d'acétate de sodium......	10 —
Eau distillée............. Q. S. pour faire	100

Solution II

Pyrogallol	1
Acide acétique.........................	5
Eau distillée...........................	100

Solution III

Acide citrique..........................	1
Hydroquinone	0,5
Eau............. Q. S. pour faire	100

Il est bon, pour ralentir le développement *afin d'obtenir des blancs purs*, d'ajouter à ces bains soit 4 ou 5 centimètres cubes de glycérine, soit 3 ou 4 centimètres cubes d'une solution de gomme arabique ayant consistance de colle. Le bain, d'un prix insignifiant, sera renouvelé à chaque épreuve et préparé au moment de l'emploi : on n'en emploiera que la quantité strictement nécessaire pour couvrir l'image.

Lorsque le ton convient, on lave rapidement l'image

et on la fixe dans une solution d'hyposulfite de sodium à 15 %. Si le ton obtenu ne convient pas, on la plonge dans un bain de virage-fixage.

Les qualités de l'image obtenue varient avec la durée d'insolation : plus celle-ci est courte, plus l'image est heurtée ; plus elle est longue, plus le ton est chaud.

L'addition d'une petite quantité de bichromate de potassium au bain pyrogallique augmente la rapidité du développement. On dissout 2 grammes de bichromate dans 1 litre d'eau, et on en verse environ 5 centimètres cubes à 1 litre de bain contenant 4 grammes de pyrogallol : l'image devient rougeâtre et tourne au brun à mesure qu'on ajoute du bichromate ; elle passe au vert si la proportion de bichromate est encore augmentée.

Ce mode de traitement des papiers à image apparente est assez délicat et tous les papiers ne s'y prêtent pas ; aussi préférons-nous, lorsque la lumière du jour fait défaut, avoir recours aux papiers aux sels d'argent à image latente dont le tirage est plus rapide et qui donnent des résultats plus réguliers et plus sûrs.

193. — **Manipulation des papiers émulsionnés à substratum de gélatine (papiers dits au citrate) ou de collodion (papier celloïdine).** — La nature spéciale du substratum qui supporte le sel sensible de ces papiers, oblige à prendre certaines précautions en dehors desquelles leur manipulation est identique à celle des papiers albuminés ou salés.

Les papiers émulsionnés étant plus sensibles à la lumière que les autres papiers au sel d'argent à image apparente, on doit en tenir compte pour le chargement des châssis-presse ; la surveillance de l'impression doit se faire dans une pièce très peu éclairée ; on ne doit, sous aucun prétexte, exposer, fut-ce un temps très court, ces surfaces sensibles à la lumière du jour, sous peine de voile. Si on doit découper ces papiers, le mieux est de le faire dans le laboratoire obscur, éclairé par une lampe ou une bougie ; quand on a les mains moites il est bon de se munir de gants blancs en coton, pour éviter de voir apparaître la trace des doigts sur l'image définitive.

L'exposition à la lumière de ces papiers doit, en général, être poussée plus loin que celle du papier albuminé.

Ces papiers sensibles doivent être, avant le virage, parfaitement lavés pour éliminer tous sels solubles qui mettraient hors d'usage le bain de virage. Nous avons déjà dit que le meilleur lavage se faisait en eau fréquemment renouvelée ; il est bon de remplacer une fois (la troisième ou quatrième eau) l'eau pure par de l'eau salée contenant 5 % de chlorure de sodium [1]. Cette immersion de l'image dans l'eau salée doit toujours être suivie d'un séjour dans l'eau pure, renouvelée au moins deux fois ; si elle précédait immédiatement le virage, celui-ci serait ralenti.

Les papiers au collodiochlorure (celloïdine) se roulent dans l'eau face en dessous. Aussi est-il bon de les empiler irrégulièrement dans la première eau de lavage et de les y maintenir à plat avec la paume de la main gauche, qu'on laisse appuyée sur les feuilles pendant qu'on vide la première eau. On peut sans inconvénient, et il est même recommandé d'employer pour le traitement de ces papiers des bains tièdes.

---

[1]. Dans ce bain, le citrate d'argent, qui est peu soluble, est transformé en chlorure d'argent insoluble qui ne gêne en rien le virage, se dissout dans le fixage, et en citrate de sodium soluble, qu'élimine le lavage à l'eau pure.

Les papiers au collodiochlorure virent bien dans tous les bains de virage.

On doit, au contraire, pour les papiers au gélatinochlorure, employer des bains froids ; les bains chauds provoqueraient le décollement de la couche de gélatine. Il est indispensable, pour éviter la formation d'ampoules, de faire en sorte que les bains de virage soient à la même température que l'eau qui sert aux lavages.

La couche sensible des papiers au gélatinochlorure est très fragile : le moindre coup d'ongle peut l'endommager ou la détacher sur les bords. On a proposé, pour éviter cet inconvénient, de durcir la gélatine en passant l'image dans un bain d'alun ou de formol, mais nous croyons préférable de renoncer à tous les liquides durcisseurs qui, en resserrant la gélatine, ne peuvent que rendre le lavage à l'eau beaucoup moins certain. Avec quelques précautions bien faciles à prendre, on peut éviter toute détérioration, aussi bien sur les bords qu'ailleurs, même si la température est élevée, même si on veut faire durer le lavage final douze heures ou davantage, ce qui est d'ailleurs inutile, nous l'avons vu.

Dans les bains de virage et de fixage les écorchures sont peu à craindre ; les précautions se bornent à avoir un volume de bain suffisant, à ne pas y mettre trop d'épreuves et à les prendre une à une. Il est inutile de les agiter et de les retourner pendant *toute* la durée du virage. Si elles ont été introduites séparément dans une cuvette de grandeur convenable, il ne faut agiter la cuvette que de temps à autre. Lorsqu'elles sortent du fixage, le mieux est de les placer dans une grande cuvette pleine d'eau que l'on vide de suite en appuyant un peu avec la main sur les épreuves qui resteront au fond. On la remplit de nouveau d'eau, on la vide quelque temps après et on peut répéter cette opération un certain nombre de fois jusqu'au moment où on les retire une à une de cette cuvette (qui à ce moment devra être pleine), pour les introduire dans le bac de lavage définitif. Il est bon de placer dans ce bac une plaque de verre soutenue à certaine distance du fond, les épreuves viendront s'y poser. Lorsqu'on veut les en sortir, on évite tout accident en les faisant remonter une à une à la surface, avec un petit pinceau plat à long manche ; il est très facile alors de les prendre avec les doigts, soit pour les mettre dans une cuvette d'eau pendant qu'on change l'eau du bac, soit pour les mettre sur du papier buvard lorsque le lavage est fini. Ce papier doit être de bonne qualité ; le papier blanc à filtrer est d'un très bon emploi. On y pose les épreuves face en dessus et on appuie sans frotter avec un linge fin un peu humide. On les met sur un second papier où elles subisent la même opération, puis sur un troisième où elles sèchent. Dès que la gélatine n'est plus collante, on les met en pile et on les charge d'un poids léger. Elles conservent ainsi leur planimétrie.

194. — Transfert sur verre ou porcelaine des photogrammes sur papiers émulsionnés. — Il existe à vrai dire dans le commerce des papiers positifs spéciaux pour le transfert sur surfaces diverses, telles que verre, opale, porcelaine, bois, marbre, métal, celluloïd, etc. (*papiers collodionnés à pellicu'e détachable*) ; on peut obtenir des résultats équivalents avec tous les papiers genre citrate, à substratum de gélatine. Si le transfert doit être effectué sur verre (vitraux ou projections) on tire d'abord l'image plus vigoureuse qu'il ne serait nécessaire pour l'examen par réflexion, sur son support primitif de papier, ou après transfert sur porcelaine ou tout autre support opaque.

Les photogrammes virés et fixés à la façon ordinaire sont, une fois lavés, plongés pendant vingt minutes à une demi-heure dans une solution d'aldéhyde formique à 1 °/$_0$ de formol.

Après un court rinçage, on peut soit laisser sécher les épreuves, soit procéder séance tenante au transfert.

Le support sur lequel on veut fixer l'image est d'abord scrupuleusement nettoyé, puis couvert d'une couche mince de gélatine bichromatée. On étend pour cela sur lui une solution renfermant, pour 100 d'eau, 5 de gélatine et 5 de bichromate de potassium; on expose en pleine lumière, pour rendre insoluble cet intermédiaire et on lave ensuite à l'eau pour enlever l'excès des sels restés solubles.

L'épreuve humide est alors appliquée sur la plaque gélatinée en évitant avec soin toute interposition des bulles d'air. Après avoir couvert le dos de l'épreuve d'un papier parcheminé, on passe à plusieurs reprises une raclette, ou, à défaut, la tranche d'un carton. On recouvre ensuite l'épreuve de plusieurs épaisseurs de buvard et on met en presse pendant une heure ou plus, en un lieu sec et modérément chaud, pour faciliter l'adhérence. Pour enlever alors le papier primitif qui masque actuellement l'image, on plonge l'ensemble pendant un instant dans l'eau froide, puis pendant un quart d'heure environ dans de l'eau maintenue à 80°-85° C.

Au bout de ce temps, il suffit de soulever légèrement le papier par un coin pour lui faire abandonner complètement l'image à laquelle il adhère. On termine par un court rinçage à l'eau froide et l'on met à sécher à l'abri de la poussière.

195. — Images mates et images brillantes. — L'émaillage des photogrammes sur papiers au gélatino ou au collodiochlorure, à défaut d'autres avantages, a celui de faire ressortir les moindres détails de l'image. Beaucoup s'efforcent de l'obtenir en appliquant leurs épreuves sur des verres recouverts de talc ou d'une solution de paraffine dans la benzine; il reste souvent trace de ces substances sur la gélatine, et ceux qui réussissent commencent généralement par un désastreux apprentissage. Voici une méthode simple et sans risque :

On emploie une tôle laquée, telle qu'il en existe chez tous les marchands d'articles photographiques. Il faut avoir soin de la tenir toujours très propre en la nettoyant, au moment de l'employer, avec un peu d'eau de savon, et en la rinçant ensuite à grande eau.

On immerge dans une cuvette d'eau bien propre la plaque de tôle, l'image à émailler et une feuille de papier parchemin. Au bout de dix minutes environ, on applique l'image, gélatine en dessous, sur la plaque de tôle; on la recouvre du papier parchemin et on pose le tout à plat sur une table. Pour assurer l'adhérence, on passe sur le papier parchemin une raclette de caoutchouc (*fig.* 178), en appuyant bien également partout, pour chasser les bulles d'air qui pourraient s'être interposées entre l'image et la tôle.

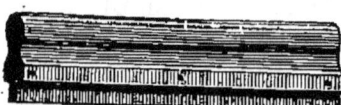
Fig. 178.
Raclette en caoutchouc.

On laisse ensuite sécher à une douce chaleur, mais ni au soleil, ni au voisinage trop direct du feu, et, lorsque l'image est bien sèche, ce que l'on constate avec la main, on en détache un coin avec un canif et on la retire sans difficulté. Si quelques points ne sont pas émaillés, cela tient à ce que le contact n'a pas été parfait; la raclette n'a pas été passée avec assez de soin.

On peut remplacer la feuille de tôle par une feuille de celluloïd ou par une glace bien propre, préalablement cirée avec la solution :

Benzine cristallisable............ Q. S. pour 100
Cire vierge 2

On frotte la surface jusqu'à ce qu'elle soit parfaitement brillante.

Les images *mates* sont plus artistiques. On les obtient de la manière suivante : On prend un verre dépoli très fin de chambre noire, sur lequel on passe un morceau de flanelle imbibé non pas d'encaustique, mais simplement d'essence de térébenthine; on enlève ensuite celle-ci avec une flanelle sèche, de telle sorte qu'il n'en reste trace que dans les pores du verre, puis on applique sur le verre les épreuves humides et de préférence sous l'eau, afin qu'il y ait adhérence complète entre le verre et l'image. On termine l'opération comme pour l'émaillage. On ne doit pas remarquer de points *givrés* sur l'image terminée : on les évite en renouvelant chaque fois l'enduit de térébenthine.

On peut donner aux photogrammes sur papier albuminé un émaillage comparable à celui que communique à une épreuve sur gélatine la dessiccation sur plaque d'ébonite ou de tôle vernie. On mélange pour cela dans un flacon parties égales d'alcool fin et de fiel de bœuf et on abandonne ce mélange à lui-même pendant plusieurs jours en le secouant fréquemment.

Le liquide homogène ainsi obtenu est versé sur une plaque de verre propre que l'on incline en tous sens de façon à couvrir tous ses points, par le même procédé employé au collodionnage d'une plaque; le photogramme sortant de son dernier lavage est appliqué sur la glace ainsi couverte; on chasse au moyen d'une raclette les bulles d'air interposées et on met en presse entre plusieurs épaisseurs de buvard ou de feutre pendant une heure environ. L'image une fois sèche se détache aisément, très brillamment émaillée.

196. — Sensibilisateurs. — On trouve sous ce nom, dans le commerce, des liquides qui, étendus sur tous supports (papiers à lettres, menus, cartes postales, etc.), les transforment partiellement ou totalement, en surfaces sensibles aux sels d'argent à image apparente.

Le plus souvent il est bon, avant d'étendre ces mélanges, de donner à la surface à sensibiliser un encollage complémentaire pour empêcher la pénétration du sensibilisateur dans la fibre du papier et assurer ainsi plus de brillant à l'image. Le papier à sensibiliser est, par exemple, recouvert au pinceau de plusieurs couches croisées d'un empois d'amidon cuit obtenu en délayant 100 centimètres cubes d'eau chaude, 5 grammes environ d'amidon de riz ou de tapioca pulvérisé, puis faisant bouillir un instant; on peut ainsi préparer à l'avance une provision de papier qu'on se propose de sensibiliser au fur et à mesure des besoins.

Le Dr E. VALENTA a indiqué le préparation d'un de ces sensibilisateurs : on prépare les deux solutions :

A. Citrate de fer ammoniacal (*variété verte*) 25
    Eau distillée .... Q. S. pour 250
B. Azotate d'argent 35
    Eau distillée .... Q. S. pour 250

A cette solution B on ajoute, goutte par goutte, de l'ammoniaque et on s'arrête quand le précipité brun formé par les premières gouttes s'est dissous. Il faut éviter d'ajouter un excès d'ammoniaque; en cas où on en aurait introduit en excès, on ajouterait, goutte par goutte, une solution très diluée d'acide sulfurique jusqu'à disparition de l'odeur d'ammoniac.

Les deux solutions sont mélangées à l'obscurité et le mélange est conservé à l'abri de la lumière [1].

Avant d'étendre ce sensibilisateur, on l'épaissit avec un empois d'arrow-root préparé à consistance de crème si on veut sensibiliser un papier, avec une solution de dextrine si on veut sensibiliser une étoffe. On étend au pinceau large, à poils doux, ou au tampon d'ouate; on a soin de passer plusieurs couches de diverses directions, pour éviter que certains points ne restent à nu. La surface sensibilisée est séchée à l'obscurité.

La coloration verdâtre ou brune de la région sensibilisée permet de la reconnaître.

L'impression se fait au châssis-presse; quand l'image a atteint l'intensité voulue, on la fixe par immersion de cinq minutes au plus dans une solution d'hyposulfite de sodium à 5 $^o/_o$, additionnée de 1 $^o/_o$ de sulfite de sodium. Elle est ensuite lavée à plusieurs eaux pures. Elle présente un ton sépia qu'on peut

---

1. Il n'est pas toujours commode de se procurer le citrate de fer ammoniacal *vert;* à défaut de ce produit, on peut employer le citrate *brun* ou, si on préfère, le tartrate de fer ammoniacal; mais, en ce cas, c'est par l'acide citrique, et non par l'acide sulfurique, qu'on doit neutraliser la solution B avant le mélange, quand on a mis un excès d'ammoniaque.

Le sensibilisateur au tartrate donne des images plus vigoureuses, mais il est plus difficile à conserver que le sensibilisateur au citrate.

modifier par un virage à l'or qui, de préférence, doit précéder le fixage.

Le sensibilisateur :

Azotate d'argent	10
Acide citrique ou tartrique	20
Eau distillée	Q. S. pour faire 100

filtré, présente l'avantage de se conserver même à la lumière.

On l'étend au pinceau sur le papier préalablement encollé avec une solution de gélatine à 1 % (l'encollage se fait au pinceau).

On imprime fortement, de préférence au soleil, on lave abondamment après l'insolation, et on fixe dans une solution d'hyposulfite à 10 % ou dans une solution détendue d'ammoniac ou dans un bain de virage-fixage dilué. On lave abondamment et on fait sécher, de préférence devant le feu.

La sensibilisation et le séchage du papier sensibilisé doivent se faire dans une pièce éclairée par la lumière artificielle.

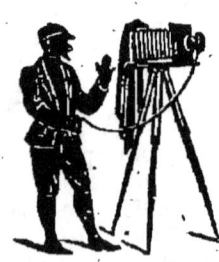

CHAPITRE XV

Tirage des photogrammes sur papiers aux sels d'argent à image latente

197. — Les papiers aux sels d'argent à image latente sont des papiers recouverts d'une émulsion sensible analogue à celles destinées à recevoir l'image négative, mais de sensibilité moins grande, afin de faciliter l'appréciation de la durée d'exposition et leur manipulation.

De tels papiers ne nécessitent pour leur impression qu'une très courte exposition à la lumière; aussi les impressionne-t-on aussi bien le jour que le soir et, le plus souvent, à une lumière artificielle. L'image étant une image latente n'apparaît qu'après développement; on ne peut donc savoir si l'exposition a été assez longue qu'après développement. Aussi, surtout lorsqu'on emploie une marque de ces papiers pour la première fois, doit-on faire un essai préalable pour se rendre compte du temps de pose.

Il existe deux grandes classes de ces papiers : les *papiers rapides au gélatinobromure* et les *papiers lents au gélatinochlorure*. Ils se font à surface mate ou brillante et à grain plus ou moins gros; ils se vendent soit en pochettes des formats courants, soit en rouleaux.

Ces papiers sont employés non seulement pour le tirage des photogrammes par contact, au châssis-presse, mais encore pour le tirage des photogrammes agrandis. Les agrandissements peuvent s'obtenir à la lumière artificielle ou à la lumière du jour.

Si on utilise la lumière artificielle, le phototype à agrandir est projeté, au moyen d'une lanterne à agrandissements, sur un écran ; lorsque l'image projetée est bien mise au point, on masque la source lumineuse et on place sur l'écran la feuille de papier sensible à impressionner.

Si on utilise la lumière naturelle, on se sert de la chambre à trois corps (*fig.* 47) ou, mieux, d'un agrandisseur automatique (*fig.* 179).

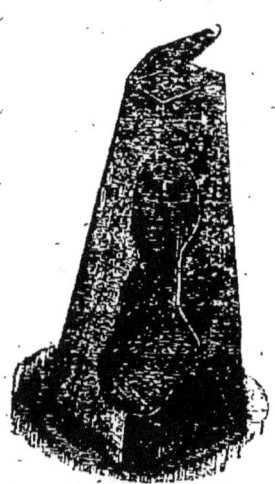

Fig. 179. — Amplificateur.

La vulgarisation des appareils photographiques de très petit format a contribué beaucoup à simplifier la pratique des agrandissements, aussi faciles aujourd'hui pour le débutant que le tirage direct au châssis-presse. Les appareils d'agrandissements en usage autrefois, étaient compliqués ; on les astreignant à n'être utilisés chacun que pour un nombre très limité de formats, quelquefois même pour un seul, on les a considérablement simplifiés. Ces agrandisseurs automatiques sont formés d'une caisse à l'une des extrémités de laquelle s'engage le phototype, image en dedans. Sur une cloison intérieure est fixé un petit objectif qui projette une image agrandie du cliché sur un papier sensible placé à nu contre la glace d'une sorte de châssis-presse à l'autre extrémité de l'agrandisseur. L'appareil est fermé, porté en plein jour. On dirige le négatif vers le ciel, dans une direction autre que celle du soleil, et on le démasque pendant le temps reconnu convenable par un premier essai [1].

198. — Impression. — Le papier sensible est placé dans l'agrandisseur ou le châssis-presse dans le laboratoire obscur éclairé de préférence avec une source de lumière plus ou moins intense, selon la sensibilité du papier : les papiers lents peuvent au besoin être manipulés dans une pièce éclairée par une source artificielle (gaz, pétrole, lampe à incandescence) dont la lumière n'est tamisée par aucun écran ; il suffit de se placer à une distance suffisante de la source : 2 à 3 mètres selon son intensité. Mais nous préférons de beaucoup mettre la source lumineuse dans une lanterne munie, comme filtre de lumière, d'une feuille de papier anactinohrine ; le même éclairage convient aussi à la manipulation des papiers rapides. Bien que l'impression des papiers lents puisse se faire à la lumière du jour (2 à 6 secondes à la lumière diffuse du jour, le châssis-presse étant placé à 1 mètre de la fenêtre), il est préférable de n'utiliser que la lumière artificielle dont l'intensité est plus constante, et de n'avoir recours à la lumière du jour que pour l'impression dans un agrandisseur.

La plupart des sources de lumière peuvent être employées : bougie, lampe à essence, à pétrole, lampe à incandescence ; il existe des becs de gaz papillon à lumière intermittente (*fig.* 180), d'un emploi très pratique, permettant d'obtenir à volonté l'obscurité ou la lumière, sans avoir besoin d'allumer chaque fois : il

---

[1]. On trouvera tous les détails relatifs à la pratique des agrandissements dans notre *Traité complémentaire de photographie pratique.*

suffit, en tournant le robinet, de modérer l'arrivée du gaz jusqu'à ce qu'on n'ait plus qu'une très petite flamme bleue qui ne gêne nullement pour le chargement des châssis ou le développement. Si on emploie une autre source de lumière, il est bon de la placer dans une sorte de boîte en bois ou mieux en fer-blanc, très spacieuse, munie d'une cheminée analogue à celle des lanternes de laboratoire et dont le devant est formé d'une sorte de volet glissant librement dans deux rainures; on peut, pour plus de commodité, le munir de contrepoids permettant de l'ouvrir rapidement et facilement.

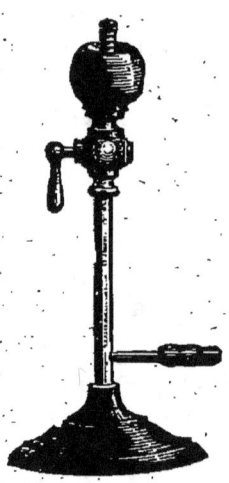

Fig. 180.

Il est bon d'interposer un verre dépoli entre la source de lumière et le châssis-presse; on augmente ainsi le temps de pose, mais l'éclairage est plus régulier.

De même que, selon la valeur du phototype, les papiers à image apparente doivent être impressionnés à l'ombre ou au soleil, les papiers à image latente gagnent à être imprimés à une distance plus ou moins grande de la source lumineuse; la distance doit être d'autant plus grande que l'intensité du négatif est plus faible.

L'impression se fait par exemple :

A une distance de la source lumineuse de :

$0^m,50$ pour les négatifs très intenses;
1 mètre — de moyenne intensité;
2 — — très faibles.

Impressionnant un papier au gélatinobromure derrière un négatif très faible à 0^m,50 d'une source lumineuse, on obtient une image grise, uniforme, sans contraste; si derrière le même négatif on impressionne un papier à 2 mètres de la source de lumière, l'image obtenue présente des oppositions plus marquées.

Il est impossible de donner des indications précises pour le temps de pose, qui dépend de l'intensité de la source lumineuse, de la distance qui la sépare du châssis, de l'intensité du phototype et de la sensibilité du papier employé.

Aussi est-il bon de faire un essai préalable; certains fabricants mettent dans les pochettes de petites bandes de papier sensible pour les essais. S'il n'y en a pas, on peut diviser en plusieurs bandes une feuille du papier dont on se sert et en exposer une derrière le négatif en ayant soin de la placer, dans le châssis-presse, sur une région du négatif contenant des noirs, des demi-teintes et des parties transparentes. On impressionne à une distance de la source choisie comme nous venons de le dire et on développe l'image; si tous les détails n'apparaissent pas dans les parties éclairées du sujet (noirs du négatif), il y a eu manque de pose; il y a eu, au contraire, excès de pose, si l'image apparaît d'un seul coup, avec les parties blanches teintées. On tient compte, lors du tirage définitif, de l'erreur d'appréciation commise; si celle-ci est trop grande, il est bon de procéder à un second essai; on a soin, bien entendu, de se placer pour chaque essai et pour le tirage définitif dans des conditions identiques.

199. — Développement. — L'impression terminée, on trempe le papier dans de l'eau pure, durant deux ou trois minutes; s'il s'agit de papiers épais, à gros grains, il est bon de prolonger jusqu'à dix minutes la durée de ce trempage nécessaire pour éviter les bulles d'air et les taches de développement : il est bon d'employer de l'eau bouillie et parfois de l'eau distillée (si on doit développer à l'oxalate ferreux) pour le trempage et de couvrir la cuvette avec un carton.

Comme le dit justement le Dr Reiss dans un article sur le développement des papiers au gélatinobromure, auquel nous empruntons quelques bons conseils, « le papier non trempé d'avance se gondole, même arrosé régulièrement de sa solution révélatrice. Il en résulte qu'une partie du revers du papier reste en contact avec le fond de la cuvette et est protégé par cela contre le révélateur, le reste se détache et forme ainsi un vide entre le fond de la cuvette et le papier. Le révélateur se précipite dans ce vide et commence à filtrer à travers le papier jusqu'à la couche sensible. A ces endroits, il y a donc une double attaque du développateur par le recto et le verso. Son action doit y être forcément plus énergique qu'aux endroits attaqués seulement par le côté gélatineux. Il s'ensuit un développement inégal d'autant plus prononcé que le révélateur était plus rapide. De plus, surtout en employant des papiers à fort grain, il se forme souvent dans le creux entre deux grains une bulle d'air difficile à enlever et donnant toujours lieu à une tache plus ou moins claire. »

Par le trempage avant le développement, on évite tous ces inconvénients. L'attaque du papier par le révélateur se fait simultanément et régulièrement par les deux côtés ; les bulles d'air ne se produisent plus lorsque le papier est entièrement imbibé d'eau. La seule objection qu'on pourrait formuler contre le trempage préalable est celle que l'action du bain révélateur est ralentie. Mais, comme nous le verrons ultérieurement, ce faible ralentissement n'est pas nuisible, au contraire.

Notons encore qu'on peut aussi verser d'abord le révélateur dans la cuvette et introduire le papier ensuite. L'inconvénient de l'attaque partielle du papier non trempé par le révélateur est ainsi supprimé, mais le danger des bulles d'air subsiste. En outre, il faut employer à cet effet une quantité considérable de liquide révélateur, ce qui est très gênant pour le balancement de la cuvette, surtout pour les grands formats.

Le choix du développateur est d'une grande importance pour la réussite des copies. Disons tout de suite qu'il faut absolument éviter les révélateurs dits rapides. En outre, le révélateur ne doit jamais être très alcalin. L'emploi de la soude caustique, de la potasse caustique ou de l'ammoniaque comme accélérateur du bain de développement n'est pas recommandable. Outre que les bains contenant ces substances, malgré une forte dose de bromure de potassium, donnent presque inévitablement une image grise, la gélatine du papier, beaucoup plus délicate que celle des plaques, est fortement attaquée, ce qui peut donner lieu à la formation, sous la gélatine, d'une grande quantité de bulles, formation provoquée par le soulèvement partiel de la couche sensible du support. Les révélateurs d'une action moyenne ou mieux encore d'une action lente, contenant comme alcalis des carbonates des métaux alcalins, ou le phosphate tribasique de sodium, sont généralement d'un emploi excellent pour le développement des papiers au gélatinobromure.

Le révélateur à l'hydroquinone-métol en bain

unique, dont nous avons donné la formule (127), due à M. G. Naudet, convient admirablement; on l'additionne de solution de bromure de potassium à 10 % en quantité plus ou moins grande.

Le diamidophénol est aussi très employé au développement de ces papiers. On emploie un bain de composition :

    Eau.................... Q. S. pour faire 1000
    Sulfite de sodium anhydre................ 20
    Diamidophénol 5
    Solution à 10 % de bromure de potassium... 10

que l'on prépare au moment de l'usage (130).

La plupart des révélateurs alcalins exigent un développement excessivement rapide ; l'image doit être complète en moins d'une minute si l'on veut sauver la qualité des noirs et conserver des blancs purs : d'où une appréciation très difficile du moment précis où l'on doit arrêter l'action révélatrice. En outre, ces révélateurs ne permettant d'employer qu'une dose déterminée de bromure, il n'est pas possible d'utiliser cet agent pour augmenter sur l'image positive les contrastes qui manquent à un cliché trop uniforme.

Pour ces deux motifs, le révélateur à l'oxalate ferreux délaissé par la plupart des amateurs est particulièrement avantageux pour le développement des papiers au gélatinobromure, Il donne cependant des noirs d'une grande vigueur et la pureté des blancs n'est jamais altérée, quelle que soit la durée du développement, que l'on peut ralentir à volonté par l'addition de bromure de potassium. Mais il a le grand tort d'être parmi les plus anciens révélateurs employés, et c'est là, sans doute, un grave défaut aux yeux des amateurs de nouveautés ; aussi ne l'utilise-t-on pas autant qu'on devrait le faire. De plus, il exige pour son emploi quelques précautions, dont il ne faudrait cependant pas exagérer l'importance.

Pour constituer le bain, on prend 100 centimètres cubes de la solution d'oxalate *dans laquelle on verse* (ceci est essentiel) 15 centimètres cubes de la solution de sulfate ferreux[1]. On y ajoute, suivant que l'on veut ralentir le développement et augmenter les contrastes, du bromure de potassium en solution à 10 %. Quelques gouttes suffisent pour les négatifs vigoureux, mais on peut augmenter la dose jusqu'à 10 centimètres cubes.

Ce maximum ne doit être atteint qu'en cas de nécessité absolue, et je n'approuve pas les formules dans lesquelles cette dose est indiquée pour le bain normal, car on risque, avec des clichés à oppositions, de ne pouvoir obtenir de détails dans les demi-teintes, sans nuire considérablement aux noirs, qui finissent par s'empâter complètement. Si l'on a l'habitude de faire détendre le papier dans l'eau, opération qui n'est pas indispensable ici en raison de l'action lente de l'oxalate ferreux, il faut employer de l'eau distillée, sinon il se formerait, au contact avec le révélateur, un dépôt d'oxalate de chaux à la surface de la gélatine. Pour le même motif, il faut que le premier lavage qui suit le développement soit effectué dans l'eau distillée, ou mieux, dans l'eau ordinaire additionnée d'acide acétique à raison de 5 centimètres cubes d'acide cristallisable pour 1 litre d'eau.

Quel que soit le révélateur employé, lorsque l'image

---

1. Nous avons indiqué, **131**, p. 247, la préparation des solutions d'oxalate et de sulfate ferreux.

a atteint l'intensité voulue, on la lave à deux ou trois eaux avant de la fixer dans une solution d'hyposulfite identique à celle qui sert au fixage des négatifs (121); il est bon de remuer les images dans ce bain où elles doivent rester dix minutes.

Les photogrammes fixés sont lavés à l'eau pure pour éliminer les traces d'hyposulfite, de la même manière que les négatifs (123).

Fig. 181.

Le mieux, pour ce lavage, est de suspendre verticalement, au moyen de petites pinces, les feuilles de papier dans une cuve d'eau, de façon que leur extrémité inférieure ne touche pas le fond. C'est ce qu'on

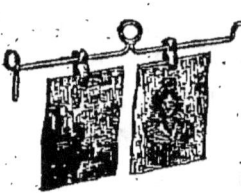

Fig. 182.

réalise facilement en faisant reposer sur la cuve des fils de fer galvanisé recourbés en forme de crochets à leurs extrémités (fig. 181), auxquels on attache les pinces supportant les feuilles de papier à laver. On trouve d'ailleurs dans le commerce des pinces de suspension avec leur fil de support (fig. 182), qu'on peut poser sur la cuve dont on sert habituellement ou fixer sur un cadre flotteur, en bois, que l'on place dans un seau ou baquet plein d'eau. Il existe aussi des cuves destinées à utiliser ces pinces (fig. 183) et des cuves permettant de placer les papiers horizontalement dans des compartiments les empêchant de se coller (*fig.* 184); un ajutage permet de faire arriver l'eau à la partie supérieure et un robinet inférieur de la vider.

Les bains de développement, de fixage et de lavage doivent être à la même température.

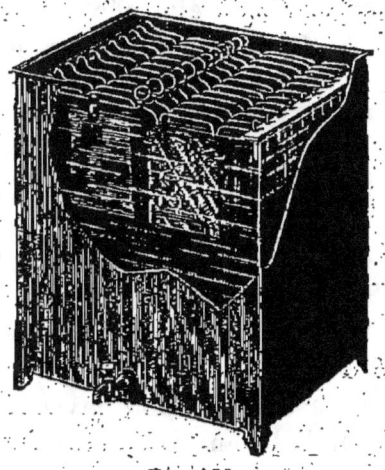
Fig. 183.

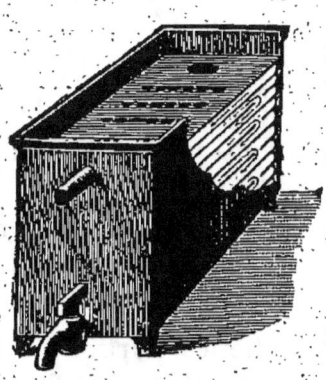
Fig. 184.

Pour le séchage, on pose les photogrammes sur une feuille de papier buvard ou mieux on les suspend.

200. — Développement au pinceau. — Par le développement au pinceau on peut accentuer l'intensité de certaines régions de l'image par rapport à d'autres dont on retarde l'apparition. Il est bon, afin de se rendre compte des régions à accentuer, de tirer un premier photogramme sur papier aux sels d'argent à image apparente.

Après exposition à la lumière derrière le négatif, le papier est plongé dans de l'eau pure deux à dix minutes, puis placé au fond d'une cuvette sur lequel son humidité la fait adhérer. On prépare un révélateur un peu dilué sans alcali :

Eau...	85 cc.
Solution A (92)..............................	15 cc.

qu'on verse dans la cuvette contenant le papier. Dès que l'image commence à se montrer, on retire la feuille de papier pour la poser, face gélatinée en dessus, sur une plaque de verre. On a soin de mettre auparavant dans un verre la solution :

1. Eau...	96 cc.
Solution saturée de carbonate (92).....	4 cc.

et, dans un second verre, la solution :

2. Eau...	96 cc.
Solution à 10 % de bromure de potassium.	4 cc.

A chaque verre est affecté un pinceau propre.

Avec le pinceau chargé de solution alcaline 1, on touche les parties de l'image à accentuer; avec le pinceau chargé de la solution de bromure 2, on touche les parties dont on veut retarder l'apparition.

Les pinceaux doivent être peu chargés et rincés à l'eau distillée après chaque application. De temps à autre on replonge l'image dans le révélateur.

Ce mode de développement exige beaucoup de soins.

201. — Développement en tons variés des papiers lents au gélatino-chlorure. — Les papiers lents au gélatinobromure qui, en réalité, sont des papiers au chlorure ou au moins au chlorobromure, se manipulent comme les papiers rapides, en tenant compte de ce fait qu'ils sont bien moins sensibles.

Leur principal intérêt est de pouvoir donner des tons très variés : vert, sépia, brun, rouge, etc., en augmentant plus ou moins le temps de pose et en diluant plus ou moins le révélateur. Nous prendrons comme exemple le révélateur à l'hydroquinone-métol de composition :

```
A. Eau tiède ayant bouilli ............ Q. S. pour 1000
   Métol............................................. 1
   Sulfite de sodium cristallisé.................. 40
   Hydroquinone .................................. 6
   Carbonate de sodium cristallisé .............. 30
   Bromure de potassium ......................... 2
```

Nous ne pouvons donner que des renseignements relatifs en ce qui concerne le temps de pose et le ton obtenu qui peut varier un peu avec les marques de papier.

C'est ainsi qu'en employant comme source de lumière la combustion d'un ruban de magnésium dont on fait varier la longueur et en diluant ainsi que l'indique le tableau ci-dessous le révélateur, on obtient les tons suivants, avec l'un de ces papiers actuellement dans le commerce; l'impression est supposée faite derrière un bon négatif, à une distance de 20 centimètres de la source lumineuse :

TONS	RUBAN DE MAGNÉSIUM 3 millimètres de large	CONSTITUTION DU RÉVÉLATEUR		
		Solution A	Eau	Solution de bromure à 10 %
Vert...........	3	100 cc.	»	XX gouttes
Sépia	5	20	100	»
Brun	6	10	100	»
Rouge sanguine.	9	4	100	»
Rouge jaune ...	9	3	100	»
Rouge carmin ..	14	3	100	»

Ajouter, pour le ton rouge carmin seulement, 2 centimètres cubes de A, quand l'image commence à apparaître.

Le développement dure assez longtemps (15 à 20 minutes) pour les tons rouges.

On obtient des tons variés, avec un développement plus rapide, en associant à la solution A la solution modératrice de composition :

B. Eau............................... Q. S. pour 100
   Bromure d'ammonium....................... 5
   Carbonate d'ammonium....................... 5

Si nous représentons par 1 le temps de pose nécessaire pour obtenir, dans les conditions où on se place, une bonne image à ton noir du négatif dont on veut tirer des images positives à tons variés, l'image à ton noir étant développée dans la solution A seule, le tableau suivant indique les temps de pose et les compositions du révélateur permettant d'obtenir diverses teintes :

TONS	TEMPS DE POSE	CONSTITUTION DU RÉVÉLATEUR			DURÉE APPROXIMATIVE du DÉVELOPPEMENT
		Solution A	Solution B	Eau	
Sépia à brun chaud	5 à 6	30 cc.	XI à LX gouttes	120 cc.	1 à 2
Brun chaud à rouge	6 à 8	15 cc.	4 cc.	120 cc.	3 à 4
Rouge sanguine	8 à 10	15 cc.	4 cc.	300 cc.	5 minutes au moins

Il est bon, pour le tirage des papiers lents en tons variés, d'employer un dispositif permettant de se placer dans des conditions déterminées. Nous empruntons la description d'un tel dispositif à un habile membre du Stéréo-Club français, M. E. Huot, d'après un article qu'il a publié dans l'intéressant bulletin de cette Société. Sur les bords d'une planche P ayant environ 80 centimètres de long, 25 centimètres de large, on cloue deux morceaux de bois carrés gg', destinés à servir de glissières (fig. 185). Entre ces deux

glissières peuvent se déplacer deux tasseaux A, A',
sur le tasseau A est fixée verticalement une planchette p destinée à servir de porte-châssis ; cette
planchette p est munie d'un dispositif approprié
au format et à la forme du châssis employé. Sur
le tasseau A' on assujettit de même verticalement
une pièce de bois carrée C de 2 centimètres environ
et de 25 à 30 centimètres de haut, sur laquelle on
fait glisser à frottement doux une bague de cuivre ;
sur cette bague est soudée la pince destinée à tenir

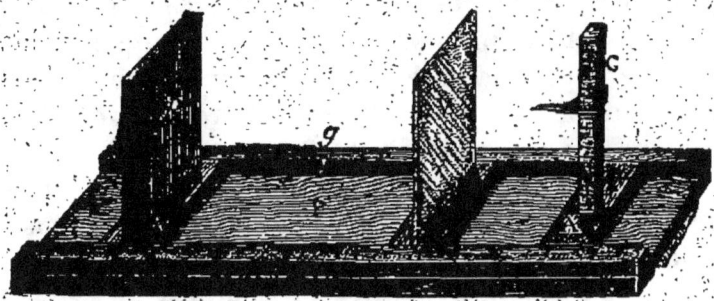

Fig. 185.

le morceau de ruban de magnésium (il est aisé de
modifier le dispositif, si on utilise une autre source
de lumière). Il est bon de diviser en centimètres la
tige C, afin de pouvoir mieux centrer le ruban de magnésium ; on divise également l'une des glissières, g,
par exemple, de 5 en 5 centimètres. Il est de bonne
pratique, surtout pour le tirage des grands formats,
d'interposer un verre dépoli V entre le porte-châssis
et le porte-magnésium.

202. — **Renforcement par virage indirect.** — Les
images obtenues sur papiers lents ou rapides à
image latente ne peuvent guère être renforcées que
par la méthode indirecte de virage à l'or indiquée dans
la revue *La Photographie*, par A. Hélain, virage qui

ramène au ton bleu ou violet noir les images de teinte verte, due le plus souvent à un manque de pose.

On plonge l'image à virer dans une solution de bromure cuivrique ou, ce qui revient au même, dans la solution :

<pre>
Eau............................... Q. S. pour 1000
Bromure de potassium 25
Sulfate de cuivre................... 25
</pre>

L'argent constituant les noirs est alors remplacé par deux composés insolubles et peu colorés : du bromure d'argent et du bromure cuivreux. L'image blanchie dans ce bain est rapidement lavée, puis plongée dans une solution d'un sel aureux ; elle réapparaît alors, les noirs étant formés d'or métallique.

Comme solution aureuse, on peut utiliser la plupart des bains de virage usuels non alcalins. On réussit notamment avec les virages à la craie et les virages à l'acétate de sodium, neutres ou acidulés, préparés à un degré de concentration un peu supérieur à celui qui est généralement adopté. Un bain composé comme suit donne toutefois des résultats plus constants :

Préparer, au moins douze heures à l'avance, une solution contenant, par litre, 2 grammes de chlorure d'or brun et $1^{gr},50$ de soude caustique. Au moment de s'en servir, ajouter de l'acide acétique étendu jusqu'à ce que le bain présente une réaction nettement acide au tournesol.

L'image blanchie dans le bain de bromure cuivrique peut être passée rapidement dans une cuvette pleine d'eau. Il importe de ne pas l'y laisser séjourner et de la plonger sans retard dans la solution aureuse ; un lavage quelque peu prolongé est nuisible entre les deux opérations. Si ce lavage atteint une durée exagérée, il devient même impossible de faire réapparaître l'image.

Dans le bain aureux, les grands noirs viennent rapidement ; mais le développement complet exige un temps assez long, variant beaucoup avec les marques de papiers ou de plaques. Il est nécessaire de le pousser à fond. Mais on peut, si le photogramme à virer est beaucoup trop intense, l'obtenir notablement plus léger en faisant précéder le passage au bain d'or par une courte immersion dans une solution alcaline diluée (1 à 2 grammes de soude caustique par litre) où l'image blanchie subit une modification mise en évidence par une coloration brune assez accentuée. J'ai constaté qu'après ce traitement il ne s'y précipite plus autant d'or.

Le fixage doit être précédé et suivi de lavages abondants ; il se fait dans une solution d'hyposulfite à $20^0/_0$, qu'il est bon d'additionner d'un peu de sulfite. Si les blancs avaient pris une teinte jaune dans le bain aureux, elle disparaîtrait au fixage.

Il est prudent, pendant toutes ces opérations, de se garder d'une lumière trop vive, dont l'action pourrait être nuisible. On sait, en effet, que certaines propriétés du bromure cuivreux sont modifiées par l'insolation.

M. R. Namias a proposé, dans le même but, de plonger l'image à renforcer dans la solution :

Chlorure mercurique.................... 20 gr.
Chlorure d'ammonium................... 50 gr.
Acide chlorhydrique pur................ 10 cc.
Eau .... Q. S. pour faire 1000 cc.

Ce bain, dont la conservation est indéfinie, peut être employé jusqu'à épuisement ; après blanchiment de l'image, qui cependant reste visible, on lave de cinq à dix minutes en eau courante :

L'image blanchie et rincée est plongée dans la solution :

Chlorure d'or	1 gr.
Sulfocyanate d'ammonium	20 gr.
Eau	Q. S. pour faire 1000 cc.

qui, ne se conservant pas trop longtemps, ne doit être préparée qu'au fur et à mesure des besoins ; l'image réapparaît rapidement, se renforce, et acquiert un beau ton noir légèrement violacé ; ses contrastes se sont vigoureusement accentués.

203. — Affaiblissement. — Quand on a obtenu une image trop intense, le mieux, quand il s'agit de petits formats, est de la recommencer. S'il s'agit de grands formats, on peut l'affaiblir au moyen du bichromate sulfurique (162).

Une méthode assez pratique consiste à transformer une partie de l'argent constituant les noirs de l'image en iodure d'argent qu'on dissout dans l'hyposulfite.

L'image à affaiblir, préalablement trempée dans l'eau pure, est plongée dans le bain

Iode en paillettes	1 gr.
Iodure de potassium	10 gr.
Eau	Q. S. pour 1000

quelques instants ; elle prend une teinte violette et s'éclaircit ; quand on juge l'opération suffisante, on la plonge dans une solution d'hyposulfite à 20 %, au sortir de laquelle on la lave à plusieurs eaux pour éliminer l'excès d'hyposulfite.

204. — Virages aux ferrocyanures. — Les photogrammes sur papiers à image latente acquièrent des tons rouge brun par le virage à l'urane, bleus par le virage au fer.

L'image à virer, préalablement débarrassée de toute trace d'hyposulfite de sodium, est plongée dans une solution à 2 % de ferricyanure de potassium jusqu'à blanchiment complet; au sortir de ce bain, on la lave en eau fréquemment renouvelée (cinq à six fois toutes les dix minutes) et on la plonge dans le bain :

    Sel de cuisine............................ 200
    Azotate d'urane......................... 10
    Eau...................... Q. S. pour faire 1000

préparé à chaud (BUNEL).

L'image virée est sommairement rincée à l'eau pure puis lavée dans de l'eau très légèrement acidulée par addition de quelques gouttes d'acide chlorhydrique ou azotique et, s'il est nécessaire, on l'éclaircit dans une solution à 5 % de sulfocyanate d'ammonium.

En remplaçant la solution d'azotate d'urane par le bain :

    Perchlorure de fer...................... 50
    Acide chlorhydrique 10
    Eau...................... Q. S. pour 1000

on obtient une image bleue dont les noirs sont constitués par du bleu de Prusse.

L'image virée en bleu est lavée à l'eau pure, puis plongée quelques minutes dans un bain de composition :

    Eau...................... Q. S. pour 1000
    Hyposulfite de sodium................... 100
    Bisulfite de soude liquide............... 50

dans lequel elle devient plus transparente. On élimine l'excès d'hyposulfite par lavage en eau fréquemment renouvelée, comme d'habitude (F. MONPILLARD).

On obtient d'agréables tons rouge pourpre par le virage au ferrocyanure de cuivre; on prépare des solutions à 10 % de citrate neutre de potassium, de sulfate de cuivre et de ferricyanure de potassium (cette dernière devant être préparée au moment de l'emploi), et on plonge l'image à virer dans le bain :

Solution à 10 % de citrate de potassium 100
Solution à 10 % de sulfate de cuivre........ 7
Solution à 10 % de ferricyanure 6

préparé au moment de l'usage.

Ce virage affaiblissant beaucoup les images ne peut être appliqué qu'aux images intenses.

On lave et sèche comme d'habitude au sortir de ce bain.

205. — Retouche des photogrammes sur papiers à image latente. — La retouche des images virées aux ferrocyanures est facile au moyen des couleurs à l'aquarelle ou des crayons-pastels, avec lesquels on obtient la teinte exacte de l'image ; avec de l'adresse et de l'habitude, on dissimule complètement la retouche[1].

Mais avec les papiers laissés en noir la difficulté est plus grande, car ils donnent un ton qu'il est presque impossible d'obtenir avec les crayons ou l'aquarelle : le crayon à mine de plomb donne brillant, le crayon Conté et le fusain donnent un velouté trop noir ou granulé, l'encre de Chine donne un reflet spécial et ne peut être employée que sur certains papiers ; l'aquarelle (noir d'ivoire) est ce qu'il y a de meilleur sans donner encore son ton exactement. Le moyen suivant, indiqué par M. Rivé, professeur au Lycée du Mans, et maître ès photographie, donne entière satisfaction, le voici :

---

[1] Le crayon tendre ou le pastel s'étendent à l'estompe de peau ; l'image retouchée est promenée devant un jet de vapeur d'eau bien pure (théière chauffée sur fourneau à gaz), la couche superficielle de gélatine se ramollit, la retouche y pénètre et s'y fixe très solidement : surveiller attentivement l'opération qui est très courte, sous peine de fondre la gélatine. Une fois sèche, l'épreuve est légèrement satinée.

« Exposer, à la lumière du jour ou d'une bougie, une feuille de papier de même marque que celle de l'épreuve à retoucher, développer à fond, fixer et laver comme une épreuve ordinaire ; on obtient ainsi une épreuve uniformément noire.

« Le papier, encore humide, est placé, gélatine en dessus, sur un verre de même grandeur et maintenu au-dessus de la vapeur d'eau jusqu'à complet ramollissement ; quand la gélatine commence à fondre, la gratter sur le papier avec un couteau (à palette si possible) et la recueillir dans un pot en terre ou porcelaine au fond duquel elle se fige.

« Pour l'usage, remplir d'eau, que l'on maintient à 50° environ, une cuvette à développer en faïence, tôle émaillée ou métal. Celle en tôle ou autre métal a l'avantage de pouvoir se placer au-dessus d'une veilleuse qui maintiendra la température constante aussi longtemps qu'on voudra. Y plonger le pot contenant la gélatine noire et, à côté, un godet à encre de Chine assez profond pour que l'eau chaude n'y pénètre pas. Quand la gélatine noire est fondue, en prendre avec un pinceau et l'étendre, dans le godet, avec de l'eau chaude puisée à même la cuvette au moyen d'un second pinceau. En faisant varier la proportion d'eau, on peut obtenir toute la gamme des noirs depuis le plus foncé jusqu'aux demi-teintes les plus délicates. Appliquer au pinceau assez rapidement pour que la température du mélange ne descende pas au-dessous du degré de fusion de la gélatine avant la fin de l'opération.

« Le ton ainsi obtenu se confond absolument avec celui de l'épreuve elle-même, et la retouche est inaltérable, indélébile et ineffaçable. » (J. GARCZYNSKI.)

CHAPITRE XVI

Tirage des photogrammes sur papiers aux sels de fer et sur papiers au platine.

206. — Lorsqu'on expose à la lumière un sel ferrique, surtout en présence de substances organiques, il est réduit à l'état de sel ferreux. Si donc on enduit une feuille de papier avec un sel ferrique et si, une fois séchée, on l'expose au soleil, derrière un négatif, le sel ferrique passe à l'état de sel ferreux dans les régions qui ont reçu l'action de la lumière ; il reste à l'état ferrique dans les régions protégées par les parties opaques du négatif. On obtient ainsi une image très pâle qu'on peut accentuer en se basant sur ce fait que les réactions des sels ferreux sont différentes de celles des sels ferriques. Si on plonge, par exemple, l'image dans une solution de ferricyanure de potassium (prussiate rouge), le sel ferreux forme du bleu de Prusse et on obtient un photogramme de couleur bleue. Au lieu d'opérer ainsi, on préfère sensibiliser le papier avec un mélange de sel ferrique et de ferricyanure ; la réaction, en ce cas, s'effectue, au moins partiellement, au fur et à mesure de l'action de la lumière ; on peut ainsi surveiller l'apparition de l'image et arrêter l'insolation lorsqu'elle est assez intense. Il suffit alors de plonger l'image dans de l'eau pure pour que, la réaction s'achevant, elle devienne d'un bleu franc, et se fixe en même temps (papiers dits au *ferroprussiate*).

Si on plonge le papier ainsi exposé à la lumière dans une solution de ferrocyanure de potassium (prussiate jaune), ce sont, au contraire, les régions où le sel de fer est resté à l'état ferrique qui bleuissent : c'est là le principe des papiers dits *cyanofer*.

L'immersion de l'image pâle ainsi obtenue dans une solution d'acide gallique donne une coloration noire : c'est là le principe du papier dit *mélagraphique*, sensibilisé avec un mélange de gomme et de sels ferriques.

Les sels ferreux réduisant à l'état métallique les solutions de sels d'argent, d'or ou de platine, un papier sensibilisé aux sels ferriques et trempé, après insolation derrière un négatif, dans un de ces sels, l'image est formée d'argent, d'or ou de platine : c'est là le principe de la *kallitypie*, procédé aux sels d'argent et de fer de TALBOT, de la *platinotypie*, procédé aux sels de platine et de fer de PIZZIGHELLI.

Les procédés simples aux sels de fer (ferroprussiate, cyanofer, mélagraphique) sont surtout employés aux reproductions de dessins, plans; leur grande simplicité, leur faible prix de revient, les font particulièrement rechercher pour les reproductions industrielles. Mais ils sont précieux pour les copies de dessins au trait; ils présentent l'inconvénient de ne pas rendre les demi-teintes, les modelés aussi bien que les procédés aux sels d'argent.

207. — Papier au ferroprussiate. — Le papier au ferroprussiate se trouve dans le commerce tout prêt à l'emploi, soit en pochettes, soit en rouleaux; quand il est frais, bien conservé, il doit présenter une teinte jaune pâle; s'il a une teinte verdâtre ou gris bleu, il faut le rejeter : il ne donnerait que des images voilées.

Il est facile de préparer soi-même ce papier. Il faut employer un papier de chiffons (ou, en tous cas, ne renfermant qu'une très faible proportion de pâte de bois) à texture régulière. S'il n'est pas suffisamment encollé, on le fait flotter sur un empois d'arrow-root à 2 $^0/_0$; les papiers *Rives* ou *B. F. Wesseling* n'ont pas besoin d'être encollés. On peut aussi préparer des tissus au ferroprussiate : il faut choisir une étoffe serrée (percale, satin) qu'on débarrasse de l'apprêt par lavage à l'eau chaude.

Le bain sensibilisateur s'obtient en mélangeant une solution de citrate de fer ammoniacal et une solution de ferricyanure de potassium.

On prépare isolément une solution à 20 $^0/_0$ de citrate de fer ammoniacal *brun* et une solution à 16 $^0/_0$ de ferricyanure de potassium. On les mélange à la lumière d'une lampe ; ce mélange donne un papier lent.

Si on mélange une solution à 28 $^0/_0$ de citrate de fer ammoniacal *vert* et une solution à 10 $^0/_0$ de ferricyanure de potassium, on obtient un papier plus rapide.

Le mélange sensibilisateur doit être bien limpide ; au besoin, on filtre séparément les deux solutions qui le constituent. Bien qu'à la rigueur on puisse le conserver quelque temps à l'obscurité en flacons remplis, bouchés et cachetés, il est préférable de l'utiliser après la préparation.

La sensibilisation s'effectue dans une pièce éclairée par une lumière artificielle. S'il s'agit de papiers de petit format, le plus simple est de les faire flotter sur le liquide placé dans une cuvette bien propre, en évitant les bulles d'air ; il suffit d'opérer comme pour la sensibilisation des papiers aux sels d'argent. (**172**). L'emploi du pinceau permet la sensibilisation partielle du papier à lettres, des cartes postales, etc. Pour les feuilles de grand format, on peut les tendre sur une planche à dessin dont on les sépare par du buvard, et distribuer abondamment à leur surface le sensibilisateur, avec une touffe de ouate ; un gros pinceau, doux et court, permet d'égaliser le liquide.

Le séchage s'effectue à l'obscurité et doit être aussi rapide que possible. Sitôt sec, il est bon de protéger les feuilles sensibilisées de l'humidité par un emballage dans du papier paraffiné.

Seuls les négatifs vigoureux, sans dureté, peuvent donner de bonnes images positives sur papier au ferroprussiate. L'impression se fait, au châssis-presse, à la lumière directe du soleil ; on cesse l'exposition à la lumière lorsque les régions foncées de l'image paraissent métallisées, ce qui demande — au soleil — vingt à trente minutes pour les papiers préparés avec le citrate brun, deux à cinq minutes pour ceux préparés avec le citrate vert.

Après insolation, un lavage à l'eau pure suffit pour dépouiller et fixer l'image ; on renouvelle trois ou quatre fois l'eau de lavage ; il est bon, surtout si l'eau employée est un peu calcaire, d'ajouter quelques gouttes d'acide chlorhydrique à la troisième eau.

Les positifs sur ferroprussiate peuvent être retouchés avec une encre bleue obtenue en dissolvant un peu de bleu de Prusse et de gomme dans une solution saturée d'acide oxalique. On peut supprimer une partie de l'image avec une solution d'acide oxalique épaissie par un peu de gomme, qui permet la retouche en blanc.

208. — **Papier au platine; préparation et emploi.** — Nous avons vu (206) qu'un papier imprégné d'un sel ferrique et exposé à la lumière, derrière un négatif, porte une image très peu visible qu'on peut faire apparaître en la trempant dans un sel de platine. Le sel de fer qui réussit le mieux est l'oxalate ferrique; le sel de platine doit être mis en présence d'oxalate de potassium. Les noirs de l'image ainsi obtenus sont formés de platine métallique.

Trois modes opératoires distincts conduisent au même résultat; chacun d'eux a ses avantages et ses inconvénients; dans l'ordre où nous les énumérons ci-après, les difficultés de manipulations vont en décroissant, ainsi que les qualités des images produites.

a. Le papier est imprégné seulement de l'oxalate ferrique; après exposition à la lumière, il est soumis à l'action d'un révélateur renfermant le sel de platine et l'oxalate de potassium nécessaire à la réaction mutuelle du sel de platine sur l'oxalate ferreux formé.

b. Le papier est imprégné d'un mélange d'oxalate ferrique et de chloroplatinite de potassium : ces sels n'agissent pas l'un sur l'autre, non plus que les produits de la photo-décomposition; l'image apparaît par l'immersion du papier dans une solution d'oxalate de potassium, à ce titre appartiennent les *papiers au platine par développement* du commerce.

c. Le papier est imprégné d'un mélange d'oxalate ferrique, de chloroplatinite et d'oxalate de potassium; grâce aux traces d'humidité atmosphérique que retient le papier, la réaction est complète dans le châssis-presse, la seule opération qui reste à effectuer étant alors le fixage; à ce type appartiennent les *papiers au platine à noircissement direct;* le principal avantage de cette méthode est de supprimer toute incertitude au sujet de la durée nécessaire d'exposition à la lumière, puisque l'on peut contrôler la venue de l'image dans le châssis-presse ; on ne peut malheureusement obtenir ainsi que des images ternes, même sous des négatifs vigoureux.

Quoique, à la rigueur, l'amateur puisse préparer, par petites quantités, les papiers b et c ci-dessus, les résultats sont rarement satisfaisants ; le mieux est donc, si l'on s'en tient à ces méthodes, de se procurer les papiers sensibilisés industriellement dans les conditions voulues d'uniformité.

Le commerce ne fournit pas de papiers préparés pour la mise en œuvre de la première des méthodes que nous avons signalées ; ce papier doit donc être sensibilisé par l'amateur ; les résultats peuvent, en ce cas, être très réguliers. A maints points de vue ce mode opératoire est préférable aux deux autres ; il nécessite en effet l'emploi d'une quantité moindre de platine et permet ainsi de travailler plus économiquement ; on peut, par cette méthode, préparer des papiers de sensibilités très différentes et par conséquent utiliser au mieux des négatifs soit un peu faibles, soit trop vigoureux ; l'image est moins sujette à se solariser et s'aperçoit mieux avant développement, ce qui permet mieux le contrôle du tirage ; ce papier donne enfin des ombres plus vigoureuses, d'un noir plus bleu, et en même temps plus détaillées que les papiers commerciaux ; il se conserve enfin mieux que ces derniers, surtout par temps chaud. Il demande seulement un peu plus de soin dans sa manipulation ; l'image formée exclusivement à la surface du papier a, en effet, quelques tendances à se diffuser dans le bain révélateur et une répartition inégale de celui-ci sur l'épreuve peut laisser visibles sur l'image terminée la trace de chacun des coups de pinceau.

Nous reproduisons le mode de préparation et d'emploi d'un tel papier qu'a donné M. W. S. Davenport, dans le n° 2093 du *Bristish Journal of Photography*[1].

Choix du papier; encollage[2]. — La nature du papier et de son encollage joue un rôle d'autant plus considérable que l'image terminée doit résider exclusivement à la surface. Les épreuves de petites dimensions, n'étant intéressantes qu'autant que tous les détails en sont bien apparents, doivent être imprimées sur papier lisse; les épreuves de grand format, surtout si certaines de leurs parties sont floues, gagnent en valeur si elles sont tirées sur papier rugueux. Jusqu'aux formats 9×12 et 13×18, on utilise, par exemple, le papier lisse de Rives pour papiers au platine, pesant 19 kilogrammes à la rame. Pour les plus grands formats, on préfère les papiers rugueux de Rives pesant 21 kilogrammes et 32 kilogrammes à la rame.

Tous ces papiers, quoique déjà bien encollés, doivent recevoir un encollage supplémentaire qui, empêchant la solution sensibilisatrice de pénétrer les pores du papier, améliore le ton des images.

A cet effet on met gonfler 1 gramme de gélatine

---

1. Vol. XLVII, p. 376.
2. L'auteur recommande tout particulièrement l'emploi d'un papier à grain pyramidal très serré, fabriqué par Schaeuffelen à Heilbrunn (Allemagne), et que l'on ne trouverait que difficilement en France; la surface de ce papier, analogue à celle d'une lime, assez fine pour conserver tous les détails, empêche, par sa structure, toute réflexion de lumière et accroît ainsi l'intensité des ombres; ce papier existe en diverses forces et en divers grains; le plus lourd convient particulièrement à la confection des cartes postales illustrées.

dans 250 centimètres cubes d'eau, puis on dissout au bain-marie et ajoute de 1/2 à 1 gramme d'alun ordinaire; on filtre cette solution sur un linge à tissu serré. Le papier, appliqué par son envers sur une feuille de verre, est badigeonné avec cette solution tiède, puis mis à sécher [1].

Les papiers poreux doivent être plus complètement encollés; on pourrait y parvenir en répétant plusieurs fois ce badigeonnage : mieux vaut encore préparer une solution de gélatine plus concentrée et y plonger le papier uniformément. On doit noter qu'un encollage trop parfait, s'opposant rigoureusement à la pénétration du sensibilisateur, provoquerait des accidents au cours du développement de l'image que rien n'attacherait plus au papier.

SENSIBILISATION. — La solution sensibilisatrice est préparée à la lumière artificielle en dissolvant à froid 25 grammes d'oxalate ferrique en écaille [2], 2 grammes

---

[1]. Le papier à grain pyramidal demande des précautions spéciales : quand l'humidité commence à disparaître, on enlève l'excès de la solution de gélatine avec une éponge exprimée jusqu'à être presque sèche, ou on étale uniformément cet excès sur toute la surface avec une brosse douce et large ; faute de cette précaution, la gélatine s'accumulant dans les creux du papier y forme, en séchant, des écailles brillantes.

[2]. Au cas où l'on ne pourrait se procurer ce produit, le préparer en suivant les instructions suivantes :
On pèse 96^{gr},5 d'alun de fer ammoniacal (cristaux rose violacé), qu'on dissout dans un demi-litre d'eau tiède ; on dissout d'autre part 90 grammes de carbonate de sodium cristallisé dans 300 centimètres cubes d'eau. On verse doucement, en agitant, la solution de carbonate dans la solution d'alun de fer. On porte le mélange à l'ébullition quelques instants, pour rassembler le précipité d'hydrate ferrique de couleur rouille, qui a pris naissance. On abandonne au repos, l'hydrate ferrique se dépose au fond du récipient, et l'on peut bientôt faire écouler la presque totalité du liquide surnageant, en évitant bien entendu toute perte par entraînement de l'hydrate ferrique préparé ; remplir

d'acide oxalique et 1 gramme d'oxalate de plomb[1] dans la quantité d'eau suffisante pour donner 100 centimètres cubes; l'oxalate de plomb, très peu soluble, ne se dissout généralement pas complètement; si cependant il reste un précipité très abondant, l'oxalate ferrique employé renfermait du sulfate et l'on doit renouveler la dose d'oxalate de plomb.

Pour éviter, au cours du développement, les accidents qui pourraient être dus à un défaut d'adhérence du platine déposé, il est nécessaire d'ajouter à la solution sensibilisatrice une petite quantité de sel de

---

d'eau, agiter, laisser reposer et décanter une seconde fois; on répète ces lavages jusqu'à ce que l'eau qui s'écoule ne bleuisse plus le papier rouge de tournesol; on lave une dernière fois à l'eau distillée, et on fait écouler le plus possible de l'eau en excès, en laissant reposer à plusieurs reprises.

On pulvérise une certaine quantité d'acide oxalique pur cristallisé, et l'on en pèse un peu moins de 38 grammes (exactement 37,8), que l'on jette, sans les dissoudre, sur l'hydrate ferrique humide. Cette dernière partie de la préparation doit s'effectuer sinon dans l'obscurité, du moins dans une pièce éclairée seulement par une lampe ou une bougie; si toutes les opérations ont été correctement faites, on doit obtenir, sans chauffer le mélange, une solution verte, parfaitement limpide, renfermant $37^{gr},6$ d'oxalate ferrique; il suffit donc d'en amener le volume à 150 centimètres cubes par addition d'eau distillée pour obtenir la solution à 25 % qui sera conservée à l'obscurité.

Pour achever la préparation du liquide sensibilisateur indiqué, il suffit d'ajouter à cette solution 3 grammes d'acide oxalique et $1^{gr},5$ d'oxalate de plomb: ce sel peut aussi ne pas être facile à trouver chez les détaillants; on en prépare la quantité voulue en dissolvant séparément, dans environ 20 centimètres cubes d'eau distillée, 3 grammes d'acétate de plomb et 1 gramme d'acide oxalique, et lavant à plusieurs reprises, de préférence à l'eau distillée, le produit blanc insoluble obtenu (L.-P. CLERC).

1. L'acide oxalique s'oppose à la formation de composés basiques insolubles de fer qui pourraient donner à l'image un ton brun rouille; l'oxalate de plomb, suivant von HÜBL, rend plus rapide et plus complète la réduction du platine à l'état métallique.

mercure ou de platine ; on pourra d'ailleurs varier la sensibilité du papier suivant que l'on emploiera à cet effet un chloroplatinite ou un chloroplatinate ou un mélange en proportions convenables de ces deux sels.

On prépare donc deux solutions, l'une (A) de 1 gramme de chloroplatinite de potassium dans 6 centimètres cubes d'eau ; l'autre (B) de 1 gramme de chloroplatinate de sodium dans 6 centimètres cubes d'eau.

On obtiendrait des effets très doux, même sous négatifs durs, en mélangeant 1 centimètre cube de cette solution (A) à 10 centimètres cubes de la solution d'oxalate ferrique ; on obtiendrait au contraire des images heurtées, même sous négatifs doux, en mélangeant 1 centimètre cube de la solution (B) à 10 centimètres cubes de la solution sensibilisatrice ; le plus souvent on devra employer une proportion intermédiaire, soit pour 10 centimètres cubes de sensibilisateur $0^{cc},8$ (16 gouttes) de solution (A) et $0^{cc},2$ (4 gouttes) de solution (B)[1].

Le mélange, versé dans un godet, est badigeonné au pinceau, et le papier mis à sécher à la température de la pièce pendant vingt minutes ou une demi-heure ; on achève alors le séchage en le chauffant très modérément ; la vitesse de ce séchage est un facteur important ; si le papier reste humide pendant une

---

[1]. Se garder, en ce cas, de mélanger entre eux les deux sels de platine avant de les ajouter à l'oxalate ferrique, car, par leur mise en présence, du chloroplatinate de potassium insoluble précipiterait.

Pour les premiers essais de ce procédé, il est à recommander de n'opérer que sur de très faibles quantités ; dans $2^{cc},5$ de la solution d'oxalate ferrique, on verserait, par exemple, 4 gouttes de (A) et 1 goutte de (B).

heure ou deux, la solution pénètre profondément dans l'épaisseur du papier, et le sel de fer perd considérablement de sa sensibilité; si le séchage est trop rapide, le sensibilisateur reste entièrement à la surface, et l'image se détachera du papier au fur et à mesure de son développement, comme si l'encollage eût été trop imperméable.

Un volume déterminé de liquide pouvant couvrir une plus grande quantité de papier lisse que de papier rugueux ou poreux, il se peut que ces derniers absorbent une trop grande quantité de sensibilisateur; la lumière peut alors réduire plus de sel de fer que n'en peut remplacer le platine; l'excès de platine réduit non retenu par le papier au point où il a pris naissance se répandra dans le bain révélateur, d'où il risque de se déposer sur les blancs de l'image; pour de tels papiers, on ajoutera de 3 à 6 centimètres cubes d'eau à 5 centimètres cubes de solution sensibilisatrice. Pour le papier lisse de Rives, il est inutile de diluer; pour les autres variétés de papiers recommandées ci-dessus, il suffira d'ajouter de $1^{cc},5$ à $2^{cc},5$ d'eau et 5 centimètres cubes de solution.

Le degré de dilution dépend non seulement de la nature du papier, mais encore de son encollage, de son état de siccité, de la température; il y a donc un apprentissage à faire pour chaque sorte de papier déterminé.

Un papier sensibilisé avec une solution trop diluée se solarise facilement; il ne donne, pendant le tirage, qu'une image très peu visible; l'épreuve achevée manque de détails dans les ombres.

TIRAGE. — La grande sensibilité de ce papier oblige à prendre quelques précautions. Le châssis doit être chargé à la lumière artificielle; l'exposition se fait à la lumière du jour, en évitant une lumière trop vive et surtout le plein soleil : la surveillance de l'image et le déchargement du châssis ne peuvent s'effectuer au jour ; rentrer pour ce dans le laboratoire éclairé seulement d'une bougie ou d'une lampe. L'expérience seule peut indiquer, par l'examen de l'image positive très faible qui apparaît dans le châssis, que le tirage est terminé.

Développement. — Le révélateur s'obtient en ajoutant une partie de la solution de chloroplatinite de potassium déjà utilisée ci-dessus à 10 parties d'un révélateur pour papier au platine du commerce, soit par exemple de la solution :

```
Oxalate neutre de potassium ............   300 gr.
Phosphate disodique (phosphate de soude
  ordinaire) ............................    50 —
Eau .......................... Q. S. pour 1000 cc.
```

Tandis qu'avec les papiers ordinaires au platine, l'application du révélateur peut se faire sans grands soins, des précautions assez minutieuses deviennent ici nécessaires si l'on veut assurer la perfection des résultats malgré l'emploi de très petites quantités de liquide. On emploie une brosse plate et douce, en poils de chameau et non en soies de porc, large d'au moins 3 centimètres pour les petits formats et de 6 à 7 centimètres pour les grands. On la promène légèrement et rapidement sur l'image, la plongeant dans le révélateur après chaque coup de pinceau pour éviter toute inégalité de ton.

Sitôt que l'épreuve est uniformément humidifiée, on l'abandonne à elle-même jusqu'à venue complète de l'image ; une épreuve sous-exposée s'améliore si on la laisse s'imprégner du révélateur pendant cinq ou dix minutes. L'image partiellement développée semble quelquefois disparaître ; il n'y a pas à s'en préoccuper, car l'on peut encore obtenir ainsi une épreuve très présentable. Si le révélateur se trouble légèrement, il n'en résulte aucun inconvénient ; s'il noircit, par réduction de platine, après que deux ou trois images ont été développées, l'on a commis l'une des trois fautes suivantes : encollage par solution trop concentrée de gélatine, solution sensibilisatrice trop concentrée, séchage trop rapide.

Conserver soigneusement, pour en récupérer le platine, tous les résidus de sensibilisation, développateurs et rognures d'épreuves. Le fixage s'effectue par l'immersion dans deux ou trois bains successifs d'eau acidulée renfermant par litre de 12 à 20 centimètres cubes d'acide chlorhydrique. On termine par un lavage de quelques minutes à l'eau courante.

209. — Papiers au platine du commerce. — Nous avons vu qu'on trouve dans le commerce deux sortes de papier au platine : un papier à image apparente et un papier à développement.

Il suffit de suivre les instructions que donnent les fabricants pour la manipulation du papier à image apparente, auquel on préfère généralement celui à développement.

On le trouve soit en feuilles du format 66 × 51, soit en feuilles des divers formats photographiques. Il est livré dans des étuis en fer-blanc destinés à le protéger de l'humidité atmosphérique. Le papier au platine qui est humide ne donne pas de blancs purs. Aussi est-il bon de ne l'acheter qu'au fur et à mesure des besoins.

Pour la même raison, il est très important de s'assurer de la siccité absolue du négatif lorsqu'on procède au tirage ; aussi recommande-t-on, lorsque celui-ci doit être fait à l'extérieur, d'employer, au lieu du coussin de drap dans le châssis, une épaisseur de tissu caoutchouté. Il faut prendre aussi la précaution, quand on regarde l'épreuve, d'éviter d'exhaler avec la bouche de la vapeur d'eau entre le cliché et le papier.

Lorsqu'on désire conserver de grandes feuilles de papier et pendant longtemps, il devient nécessaire de procéder de la façon suivante : Rouler le papier serré dans son enveloppe et le renfermer dans un tube spécialement établi pour 1/4, 1/2 ou 1 main et contenant un compartiment spécial dans lequel on enferme quelques morceaux d'amiante au chlorure de calcium : ce corps avide d'eau dessèche l'air du tube et, si on a soin de le renouveler dès qu'il manifeste des traces d'humidité, le papier se conserve parfaitement.

Les précautions indiquées pour le tirage du papier qu'on prépare soi-même doivent aussi être observées pour les papiers commerciaux. On arrête l'insolation lorsque l'image apparaît en gris très clair, présentant un peu l'aspect d'un dessin au crayon, les détails doivent être bien visibles, mais légèrement.

Il est bon de procéder au développement le plus tôt possible après le tirage.

Développement rationnel a froid. — Les divers papiers au platine peuvent indistinctement se développer en solution pure d'oxalate neutre de potassium, à condition d'effectuer ce développement à chaud ; on se heurte à des difficultés concernant le choix de la température optima ; mieux vaut, à tous points de vue, utiliser un révélateur à froid, à constituants séparés, tel que celui proposé à l'*Union photographique du*

Pas-de-Calais par l'un de ses membres les plus habiles, M. CHÉNEAU.

On prépare avec de l'eau distillée les trois solutions suivantes :

A. Solution saturée (30 %) d'oxalate neutre de potassium.
B. Solution saturée (8 %) d'acide oxalique.
C. Solution saturée (50 %) de formiate de soude.

Si le papier au platine a été correctement insolé, la proportion à employer de ces divers liquides pour la constitution du « révélateur normal » est :

Eau distillée	60 cc.
Solution A	60
— B	15
— C	5

La solution C semble n'intervenir que pour une sorte de mise en train de la réaction de l'oxalate de potassium sur les sels sensibles; aussi la proportion de ce liquide n'a-t-elle pas à être modifiée en cours d'opérations. Tout au contraire, nous pourrons, par un jeu raisonné des solutions A et B, corriger dans des limites très étendues une erreur sur la durée d'insolation du papier sensible et atténuer, dans une certaine mesure tout au moins, le manque de vigueur du phototype négatif. En cas d'insuffisance de pose, il nous suffira d'ajouter quelques gouttes de la solution A, qui joue donc là un rôle comparable en quelque sorte à celui de l'alcali dans un révélateur au pyrogallol; la solution B d'acide oxalique joue, au contraire, le rôle d'un modérateur énergique, comparable au rôle du bromure de potassium dans les divers révélateurs pour images aux sels d'argent. Si donc nous voyons arriver notre image trop vite, quelques gouttes d'acide oxalique permettront aux derniers détails de se dessiner avant que l'intensité désirée soit dépassée ; toutefois, même dans le cas de sous-exposition, la présence d'une faible quantité de la solution C est absolument indispensable ; le mélange oxalate et formiate noircit en effet l'épreuve uniformément, si l'on se trouve hors de la présence d'un acide. D'ailleurs, dans le cas de surexpositon considérable, on peut, sans inconvénient bien sensible, forcer jusqu'à l'exagération la dose d'acide oxalique.

Voici deux autres formules de bains pour développement à froid, analogues à ceux qu'on trouve dans le commerce.

I. Oxalate neutre de potassium .... 300 gr.
   Glycérine........................... 375 —
   Eau .... Q. S. pour faire 1000 cc.

Ce développement convient particulièrement après tirage sous négatifs durs ; il donne des images noir brun :

II. Oxalate neutre de potassium .... 300 gr.
   Phosphate de soude (bisodique)......... 30 —
   Eau .... Q. S. pour faire 1000 cc.

Ce révélateur donne des images d'un noir bleuté.

DÉVELOPPEMENT AU PINCEAU. — La formule ci-dessus, contenant de la glycérine, est utilisée pour le développement au pinceau.

Bien que cette façon d'opérer soit quelquefois employée pour le développement total et immédiat de l'épreuve, elle trouve surtout son application pour l'obtention de certains effets par développement local progressif, le succès dépend surtout du goût artistique de l'opérateur; chacun en modifie d'ailleurs les détails à son gré. Le principe consiste à avoir sous la main trois solutions, l'une de glycérine contenant très peu de développateur normal, l'autre en contenant beaucoup et la troisième constituée par le révélateur pur.

En épinglant l'épreuve à développer sur une planchette et se servant des trois solutions ci-dessus, qu'on applique avec des pinceaux doux en martre ou en blaireau, l'amateur artiste obtient des effets très personnels, accélérant la venue de telle partie, atténuant telle autre, selon son goût. Quand le travail est achevé, l'épreuve est fixée au bain acide, et le reste des manipulations ne présente rien de particulier.

Développement a chaud. — On prépare la solution :

```
Oxalate neutre de potassium .............. 300 gr.
Acide oxalique ........................... 3 —
Eau .............................. Q. S. pour 1000 cc.
```

Le développement peut s'effectuer à toutes températures comprises entre 25 et 80° C.; les épreuves surexposées sont développées à froid; les épreuves sous-exposées à chaud.

On commence à une température intermédiaire (40°) et, suivant les besoins, on ajoute de la solution froide ou de la solution bouillante. L'épreuve est mise à flotter, face en dessous, sur le bain. Le bain employé peut servir plusieurs fois.

Fixage et lavage. — Lorsque l'image a atteint l'intensité voulue, on la plonge dans une cuvette contenant de l'eau acidulée :

```
Eau ............................. Q. S. pour 1000
Acide chlorhydrique pur .................. 15
```

où on la laisse deux à quatre minutes; on renouvelle ce bain trois fois[1].

Comme un séjour prolongé dans ce bain ne présente aucun inconvénient, on peut, lorsqu'on a à développer toute une série de photogrammes, les porter un à un dans une première cuvette contenant l'eau acidulée; ce n'est que lorsque le développement de la série est achevé qu'on les porte tous ensemble dans une seconde, puis dans une troisième cuvette contenant de l'eau acidulée. Celle-ci doit être jetée après chaque emploi.

Le fixage est suivi d'un lavage à l'eau pure renouvelée trois ou quatre fois, toutes les dix minutes, pour l'excès d'acide chlorhydrique.

Le séchage s'effectue soit par suspension à l'aide de pinces à une corde, soit, plus rapidement, entre des feuilles de buvard blanc. Les photogrammes sur papier au platine n'ont aucune tendance à se rouler comme ceux sur papiers aux sels d'argent.

Il existe des tissus sensibilisés au platine, dont le traitement est le même que celui des papiers, qui se prêtent à de multiples applications : écrans, éventails, etc.

VIRAGE. — Les images obtenues sur papier au platine peuvent être virées aux ferrocyanures (204); mais nous ne voyons aucun avantage à ces virages qu'il est préférable d'appliquer à des images sur papiers au bromure d'argent.

---

[1]. On peut remplacer l'acide chlorhydrique par l'acide citrique ou par l'acide tartrique, à raison de 50 grammes par litre de bain.

CHAPITRE XVII

Montage et encadrement des photogrammes

210. — Découpage. — Avant d'être montée sur son support définitif, l'image positive doit être calibrée; il faut d'une part rogner les bords pour les rendre bien nets et, d'autre part, enlever les parties qui ne présentent pas un intérêt suffisant ou qui contrebalancent l'effet désiré.

Pour déterminer les lignes selon lesquelles doit s'effectuer le découpage, on place sur l'image deux sortes d'équerres en papier, de teinte neutre; on les fait mouvoir en tous sens de façon à déterminer, par tâtonnements, la portion d'image à conserver. On a parfois intérêt à ne pas couper l'image parallèlement aux bords du papier : en particulier, les lignes verticales doivent être parallèles à l'un des côtés de l'image découpée.

Ce découpage s'effectue sur l'épreuve sèche que l'on appuie sur une lame de verre ou mieux sur une feuille de zinc; sur ce support on ne risque pas en effet de voir l'épreuve glisser entre les doigts, occasionnant des fausses coupes irréparables. On utilise pour cette opération un canif bien affilé, une pointe de relieur (*fig.* 186), ou un coupe-épreuve (*fig.* 187), sorte de petite lancette se plaçant comme une plume dans un porte-plume ; on utilise aussi des coupe-épreuve à molette, qui permettent de découper les épreuves humides aussi bien que les épreuves sèches.

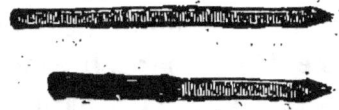 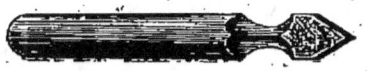

Fig. 186. — Pointe à découper.   Fig. 187. — Coupe-épreuve.

La lame du canif ou du coupe-épreuve est guidée par une règle ou mieux une équerre de verre de préférence au calibre de format invariable (*fig.* 188). Le photographe doit en effet se pénétrer de cette idée, qu'il est ridicule de vouloir astreindre les images photographiques à un certain

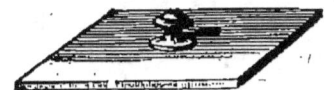

Fig. 188. — Calibre en glace forte.

nombre de dimensions cataloguées et surtout à une forme unique : à chaque genre de sujet correspond le plus souvent une forme plus favorable.

211. — **Montage.** — Le montage et l'encadrement des photogrammes ont pour but non seulement d'en faciliter l'examen et de les préserver, mais aussi et surtout d'isoler l'image, afin que l'œil du spectateur ne soit pas distrait par les objets environnants, d'en rehausser la beauté et d'en atténuer les défauts si elle en présente.

Certains photographes se contentent d'un encadrement en plein bois ; mais, le plus souvent, on a recours à l'encadrement à marge : l'image n'est encadrée qu'après montage sur un support. Nous reproduisons pour le choix de ce support les conseils judicieux donnés par M. V. Stouffs dans un article de la *Revue belge de Photographie ;*

Caractéristique du support. — La grande vérité à

se rappeler est que l'œil peut être facilement déçu et que le sens de la vue est le plus crédule de nos cinq sens; on peut facilement lui faire croire des choses qui n'existent pas et exagérer des ressemblances ou des dissemblances qui n'existent que partiellement. Nous pouvons par un support approprié faire paraître plus claire une épreuve trop foncée, ou plus foncée une trop claire, moins mouchetée une épreuve qui l'est trop, faire paraître d'une couleur brillante une épreuve d'une teinte trop vague; nous pouvons attirer l'attention sur les beautés d'une épreuve et la distraire de ses défauts; nous pouvons en un mot augmenter la valeur apparente d'une épreuve. La valeur d'un support dépend entre autres de la couleur, du ton clair ou foncé, de la texture, des proportions de la feuille et de la position de l'épreuve sur le support.

Qualités du support. — Si nous désirons attirer l'attention sur la douceur de l'épreuve, nous la placerons sur un support rude et *vice versa*. Les supports de très gros grains sont rarement admissibles, les supports brillants ne le sont jamais; mais une grande épreuve supportera mieux un fond à gros grains qu'une petite. On rejettera également les extrêmes quant aux proportions à donner : une petite épreuve aura un support relativement grand comparativement à une grande épreuve dont le support sera plus restreint. En fait, une épreuve de grandes dimensions aura souvent plus d'avantages à être encadrée à pleins bords sans supports visibles ; le cadre, en ce cas, sera plus large qu'à l'ordinaire, remplissant les fonctions de support et d'encadrement.

La forme du support sera rarement celle de l'épreuve. Une autorité dit même qu'elle ne sera jamais la même. Le support sera généralement plus long en forme, que l'épreuve; l'effet produit sera celui d'une épreuve plus longue qu'elle n'est en réalité. Une photographie horizontale recevra un support plus long qu'une épreuve verticale de même grandeur.

Quant au placement de l'épreuve sur le support, il est de règle qu'elle se trouve plus rapprochée du sommet que du bas; ceci ne souffre aucune restriction; la marge du bas devrait être trois à quatre fois plus large que la marge du haut d'après un auteur compétent; mais cette règle doit forcément subir de nombreuses modifications, principalement dans le cas des vues en largeur. L'usage assez restreint de monter une épreuve plus près de l'une des marges de gauche ou de droite est assez difficile à défendre logiquement; il arrive parfois que l'effet obtenu en est bon. Un autre montage qui réussit souvent est celui d'une épreuve horizontale sur un support vertical; l'épreuve est alors placée haut et reçoit une très grande marge à la base.

LE TON DU SUPPORT. — Le ton, c'est-à-dire la valeur plus claire ou foncée du support, est probablement un des points les plus importants. D'ordinaire une photographie traitée dans les tons clairs s'accommodera bien d'un support clair; mais si les blancs manquent de brillant, on choisira de préférence un support de ton sombre. De même une épreuve de tons adoucis et enveloppée sera présentée sur un support foncé, à moins que les valeurs les plus prononcées de l'épreuve ne demandent plus de profondeur et de vigueur comme, par exemple, l'arrière-plan ou le fond dans un portrait; on emploiera dans ce cas avec avantage une teinte claire. Le blanc et le noir purs sont rarement employés seuls; mais souvent, dans les systèmes complexes de montage, ils deviennent indispensables.

La couleur du support. — C'est dans les couleurs que la vue se montre le plus étonnamment en défaut. Toute surface colorée est plus ou moins affectée par la juxtaposition d'une autre couleur. Un morceau de papier blanc ou gris placé sur une plus grande surface brillante cessera de paraître blanc ou gris pour prendre plus fortement la teinte complémentaire de la surface qui l'entoure.

Nous pouvons en montant nos photographies choisir des couleurs en harmonie ou contrastant avec elles, ou une combinaison des deux systèmes. Si nous adoptons le premier système, nous choisirons un support d'une valeur approchante de la teinte dominante de l'épreuve, une épreuve brune sur un support brun; si, au contraire, nous choisissons le système des contrastes, nous prendrons pour notre support une couleur complémentaire à la note dominante du tableau ; un support vert foncé pour une épreuve à tons rougeâtres et un rouge brun pour une épreuve à tons bleuâtres. Les couleurs en harmonie sont faciles à employer et donnent comme résultat une impression de calme et de repos; elles devraient toujours être employées pour des épreuves délicates et douces d'aspect. Le contraste des couleurs, bien que produisant, lorsqu'il est bien composé, de très beaux effets, ne devrait être employé que pour les épreuves suffisamment fortes par elles-mêmes pour dominer et retenir l'intérêt. La difficulté semble être souvent de décider du nombre et de la teinte des supports à contrastes à superposer. L'harmonie des couleurs, si elle est bien composée, se justifie par elle-même. Le contraste des couleurs, comme une dissonnance en musique, bien que très effectif lorsqu'il est bien rendu, doit justifier logiquement de sa présence ; il doit conduire de quelque chose à quelque chose.

Dans le cas de blancs et noirs nous n'avons ni harmonies ni contrastes, excepté la longue série de gris purs entre le blanc et le noir. Quelques artistes voudraient ne voir employer avec le blanc et le noir aucune couleur ; c'est pousser la chose un peu loin, car la logique nous obligerait à n'employer ni le blanc ni le noir pour les épreuves de couleur. Pour se départir de cette règle par trop académique, il serait bon toutefois de n'employer pour le blanc et le noir que des couleurs froides, comme certaine variété de verts. Avec les noirs qui ne sont pas tout à fait purs : brunâtres, verdâtres ou bleuâtres, la sélection des couleurs devient naturellement plus étendue.

MONTAGE MULTIPLE. — Nous arrivons maintenant à une méthode de présentation largement employée par les principaux photographes anglais et américains, et consistant en une superposition de supports formant un cadre de lignes et de bandes de diverses teintes et largeurs. Cette méthode ajoute beaucoup de cachet aux petites épreuves, mais ne peut convenir aux grandes. Pour celui-ci comme pour tous les autres montages, le secret du succès est le bon goût et l'expérience. Il suffit de superposer différentes teintes de papier en contraste ou en harmonie en faisant varier les marges et l'arrangement des teintes et en plaçant l'épreuve par dessus : en regardant un des coins, nous pourrons juger des différents effets produits, et lorsque l'un d'eux nous paraîtra surpasser les autres dans l'effet cherché, nous devrons immédiatement nous y arrêter et finir le montage. Il est préférable de faire adhérer l'épreuve par deux ou quatre coins sur le premier support, puis de le calibrer, coller ensuite sur le deuxième et ainsi de suite, que de couper au préalable les différents papiers. Ce travail peut être fait le soir si l'on a eu soin de choisir ses teintes le jour. Il est impossible de donner des règles fixes pour ce genre, chacun choisissant selon ses goûts l'effet final. Quelques suggestions seront pourtant utiles : une épreuve foncée est souvent présentée entourée d'une série décroissante de teintes pour arriver à un support clair ; le contraire de ceci, dans le cas d'une épreuve pâle, sera très efficace. Une présentation sur tons alternés chauds et froids, mais dans les teintes neutres, est également bonne. Une épreuve dans laquelle les contrastes sont quelque peu trop marqués pourra être atténuée par un support en contraste, par exemple un support foncé avec un filet blanc.

212. — Collage. — On emploie pour le collage soit la gomme arabique, soit de préférence l'empois d'amidon cuit peu épais préparé comme suit : Dans environ 50 centimètres cubes d'eau froide, on délaye 15 grammes d'amidon que l'on verse ensuite doucement et en remuant constamment dans 250 centimètres cubes d'eau bouillante. On laisse bouillir sans cesser de remuer avec une cuiller de bois jusqu'à ce que l'empois prenne une teinte un peu bleutée.

L'empois ainsi préparé ne se conservant pas très longtemps, le mieux est d'en préparer chaque fois que l'on a une série d'images à coller.

Le support convenable étant choisi, on rend l'épreuve légèrement humide, de façon que son retrait, en séchant sur le carton auquel elle sera fixée, la tende bien également ; on l'applique par le côté image sur une lame de verre et, avec un large pinceau (*queue de*

MONTAGE ET ENCADREMENT DES PHOTOGRAMMES

morue), on l'enduit uniformément de colle en évitant tout excès, car en ce cas les éclaboussures souilleraient les marges du carton.

L'épreuve est alors portée bien au centre du carton, couverte d'une feuille de papier blanc ; on l'applique en pressant avec un chiffon roulé en boule que l'on promène, en appuyant, du centre vers les bords ; on peut aussi donner la pression au moyen d'un rouleau de caoutchouc ou avec une raclette. L'épreuve, une fois collée, est mise en presse sous quelques livres ou sous une presse à copier et peut ainsi rester plane.

Lorsqu'il s'agit de photogrammes sur papier à la gélatine (papiers dits au citrate, papiers au gélatino-bromure, etc.), il est bon de les passer quelques minutes dans une solution à 10 % de formol; sinon on ne pourrait les manipuler comme les autres papiers.

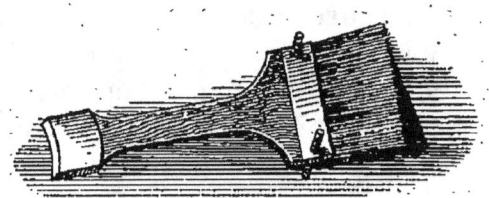

Fig. 189.

Le pinceau à coller ne doit pas être remis dans la colle et doit toujours rester propre. Il est d'une bonne pratique d'entourer l'extrémité du manche avec un morceau de feuille de papier de plomb et de fixer deux petits supports en bois du côté de la brosse pour la maintenir en l'air et l'empêcher de ramasser des poussières en touchant la table sur laquelle on pose le pinceau (*fig.* 189).

COLLAGE A SEC. — On a imaginé un certain nombre de procédés permettant le collage à sec. L'un de ces procédés consiste à interposer entre le support et l'image une feuille dite *adhésif* et à opérer le contact par forte pression à température élevée. Ce procédé exige un matériel très coûteux et une habileté difficile à acquérir ; en outre, il transforme tous les papiers, quel que soit le grain de leur surface, en papiers lisses.

Un procédé de collage à sec bien plus pratique consiste dans l'emploi de la gutta-percha.

La gutta à employer est celle de premier choix dont les pharmaciens font usage et qui revient à moins de 60 centimes le mètre carré.

L'épreuve étant placée sur la gutta est découpée au calibre; ce découpage simultané a pour résultat de souder par la tranche l'épreuve à la gutta. On dispose l'ensemble sur le carton qui a été choisi pour le montage et on détermine l'adhérence, soit en faisant glisser sur l'épreuve recouverte d'une feuille de papier blanc un fer à repasser chauffé à environ 65°, soit au moyen de la presse à satiner.

Le collage ne présente aucune difficulté pour les petits formats; il est un peu moins régulier pour les formats supérieurs à 12×15, lorsqu'on ne dispose pas d'une presse à satiner.

213. — **Les sous-verre.** — Cette méthode consiste à présenter l'épreuve montée sur son support et placée entre une feuille de verre et une de carton, les deux étant attachées entre elles à la façon des verres de projection par une bandelette de papier gommé ou d'étoffe de diverses teintes suivant celle du support. Le cadre dans ce cas devient inutile, les plus jolis effets pouvant être obtenus par ce procédé des plus simples.

214. — **Encadrement.** — Un bel encadrement dépend des mêmes principes qu'un bon montage et est tout aussi important. Aucune épreuve monochrome, photographie ou autre, ne doit être placée dans un lourd cadre doré. On ne tolérera guère qu'un mince filet doré dans la moulure du cadre, et ceci pour le cas d'encadrement d'épreuves autres que celles en blanc et noir ; et encore faut-il l'employer avec discrétion. Avec une épreuve en blanc et noir, l'or devrait être complètement banni ; il peut parfois être avantageusement remplacé par le filet d'argent. D'une façon générale, les épreuves destinées à être pendues à la maison seront encadrées plus légèrement que les épreuves destinées aux murs d'expositions.

CHAPITRE XVIII

Choix de Formules et Recettes

Détermination de l'angle de champ d'un objectif

Poser l'appareil sur une table ou sur une planche à dessin, et mettre au point sur le verre dépoli en visant un objet éloigné. Obliquer l'appareil à droite, puis à gauche, jusqu'à ce que l'objet sorte du champ. Dans chacune de ces deux positions, on marque sur la table un trait au crayon le long de la chambre noire, et l'angle de ces deux droites, que l'on mesure ensuite au rapporteur, définit l'angle du champ (H. ABRAHAM, *Recueil d'expériences élémentaires de physique*).

Vérification de l'étanchéité des chambres noires

Un moyen rendu pratique par la diffusion des installations à la lumière électrique, est le suivant : on introduit par la partie arrière, dans la chambre noire, une lampe électrique placée au bout d'un fil, comme il en existe dans toutes les chambres d'hôtel; on ferme soigneusement l'ouverture avec le voile noir, et la lampe étant allumée on fait l'obscurité dans la pièce ; il est facile alors d'observer si la lumière ne filtre par aucun trou ou par aucun joint ; l'opération est répétée en introduisant la lampe par l'ouverture de l'obturateur, le châssis arrière, volet ouvert, étant en place.

Réparation des cuvettes en faïence fendues

Saturer la cassure de vernis négatif, laisser sécher et étendre dessus du blanc de zinc en excès ; presser fortement les deux parties l'une contre l'autre et laisser sécher sous pression dans un endroit chaud. Au bout de huit jours enlever les bavures avec la lame d'un canif. Huit jours après cette dernière opération, la cuvette a recouvré sa solidité première et peut resservir.

Vernis imperméable pour réparation de cuvettes

On peut avoir à réparer une cuvette dont le vernis est écaillé, ou à recouvrir entièrement un récipient quelconque de vernis imperméable et inattaquable aux acides. Il existe différentes manières de préparer ce vernis; la formule suivante est une des plus simples que nous connaissions :

Gutta-percha .... 500 gr.
Paraffine .... 250 —

Mélanger et appliquer à chaud, égaliser ensuite au fer chaud.
On peut encore obtenir de bons résultats avec le vernis ci-après :
Faire gonfler dans l'eau 60 grammes de colle forte, fondre ensuite dans un pot à colle, puis ajouter 6 à 7 centimètres cubes d'une solution saturée de bichromate de potasse chaude. Remuer constamment.
Après avoir recouvert la cuvette à imperméabiliser du vernis ci-dessus, on l'exposera pendant un jour ou deux à la pleine lumière, puis on passera au pinceau une couche d'une forte solution d'alun. Avant d'utiliser la cuvette ainsi préparée, on la lavera à grande eau, puis on la laissera sécher.

Pour renoircir les diaphragmes

Ajouter à une solution concentrée d'azotate ou de sulfate de cuivre assez d'ammoniaque pour redissoudre le précipité qui tout d'abord s'est formé. Y tremper la pièce à noircir pendant quelques minutes, la chauffer ensuite doucement jusqu'à ce qu'elle soit noircie.

Préparation, sans pesées, des principales solutions

Voulant, par exemple, préparer une solution à 20 % d'hyposulfite de sodium, on mesure dans une éprouvette graduée 100 centimètres cubes d'eau dans lesquels on verse 20 grammes d'hyposulfite pesés d'autre part ; le niveau du liquide monte alors à la division 112 ; pour préparer à nouveau une solution renfermant 20 grammes d'hyposulfite, il suffit de verser, dans un volume mesuré du dissolvant, de l'hyposulfite de sodium sec jusqu'à ce que le niveau ait monté, comme dans l'expérience d'essai de 12 centimètres cubes ; on a ainsi remplacé la pesée par une mesure de volume. Les formulaires indiquent souvent la variation de volume du liquide dissolvant lors de la préparation des solutions les plus courantes.
Le tableau ci-dessous indique l'accroissement de volume cor-

respondant à l'addition à un liquide de la quantité énoncée de divers produits :

	gr.	cc.
Oxalate de potassium	33	15
Sulfate ferreux	60	28
Sulfite de sodium cristallisé	40	35
— — anhydre	20	15
Hyposulfite de sodium	20	12

Ce mode de préparation, avantageux peut être pour les solutions les plus courantes (deux marques peuvent être faites sur les parois du flacon correspondant) n'est, tant s'en faut, ni le plus parfait, ni le plus général (L.-P. Clerc, *la Chimie du photographe*).

Conseils aux portraicturés

Une voilette produit, dans un portrait, un désastreux effet de rapiéçage. Les gants font paraître les mains bien plus fines qu'elles ne le sont en réalité. Ne manquez jamais, surtout si votre modèle est une femme, de le placer de telle sorte que ses mains semblent sur l'image longues et élancées ; pour cela, faites les allonger parallèlement à la plaque. — Ne vous avisez jamais d'endosser un vêtement neuf pour aller chez le photographe : les plis en seraient si raides que vous auriez l'air gauche et guindé. Autant que possible, faites-vous conduire en voiture chez le photographe ; c'est loin d'être là une dépense inutile. Un boa de plumes ou un fichu de dentelles négligemment jeté sur les épaules adoucissent, le plus souvent, la physionomie. En général, un portrait-buste, limité, suivant l'usage, aux épaules, sera incomparablement plus gracieux qu'un portrait « en pied ». Par dessus tout, si vous tenez à ce que votre portrait ait une expression naturelle, faites-en sorte d'oublier que vous vous trouvez dans l'atelier du photographe. A moins qu'il n'y ait urgence absolue, ne vous faites jamais photographier si vous êtes malade ou si vous êtes de méchante humeur. Un costume ou une coiffure par trop fantaisiste, même s'ils sont à la mode du jour, seront autant que possible évités ; une telle photographie porterait trop sa date et détonerait une fois que serait passée cette mode. Des vêtements blancs, ou produisant sur la plaque sensible le même effet que du blanc, se traduiront souvent par une tache blanche, donnant au modèle des allures de revenant, à moins que vraiment ce modèle ne soit une jeune et jolie femme (Traduit pour *La Photographie* du *British Journal of Photography*).

Portraits-silhouettes

Pour faire ce genre de portraits, il faut pouvoir disposer de deux pièces. Dans l'une, on place la où les personnes qui doivent être photographiées ainsi que la chambre noire; dans l'autre, on installe le dispositif qui doit servir à la production de l'éclair magnésique. La porte qui établit la communication entre les deux pièces est ouverte et la baie est bouchée avec un drap blanc transparent bien tendu ou avec un châssis garni de papier de même couleur formant écran. Pour faire la mise au point, on peut s'éclairer avec une bougie ou une lampe; mais si on désire avoir une silhouette nettement découpée, il est nécessaire de supprimer pendant la pose toute lumière dans la pièce où se trouvent les sujets à photographier.

L'éclair magnésique est produit derrière l'écran, à une distance suffisante pour obtenir une égale répartition de la lumière sur toute la surface de l'écran. Il est préférable d'employer un éclair rapide, mais intense, plutôt qu'une lumière d'une durée un peu prolongée. Pour développer le cliché, on emploiera peu d'alcali dans le révélateur et on cherchera à avoir de la densité plutôt que des détails (*Antony's Bulletin*).

Un anti-halo économique

Le procédé suivant m'a donné des résultats au moins équivalents à tous les enduits ou pommades préconisés; il a l'avantage incontestable d'être beaucoup plus propre et plus expéditif.

On expose à la lumière du jour une feuille de papier à image apparente pendant le temps nécessaire pour lui donner une teinte foncée uniforme, et on la coupe en morceaux de la grandeur des plaques. On fait tremper ces morceaux quelques instants dans l'eau, on les éponge sommairement et on promène à leur surface, côté gélatine, un pinceau imbibé de glycérine ordinaire. Toutes ces opérations se font naturellement au jour. On passe alors dans le laboratoire, où on applique ces feuilles au dos des plaques. Le moyen le plus pratique consiste à passer la plaque, gélatine en dessous, sur un matelas épais de papier, et à déposer sur le verre, côté gélatiné, des feuilles ainsi préparées, qu'on fait adhérer en appuyant avec la paume de la main. Après avoir essuyé le papier avec un linge, on peut immédiatement mettre dans le châssis les plaques ainsi préparées.

Au moment de développer, on retire la feuille, qui s'en va sans difficulté si la préparation ne remonte pas à plus de quatre ou cinq jours. Dans le cas où elle résiste, on peut tremper le tout dans l'eau quelques instants et enlever le papier avec une gratte. Je crois plus simple et sans grand inconvénient de mettre plaque et papier dans le révélateur. Il est vrai qu'on devra renoncer à suivre la venue de l'image par transparence. Le mal n'est pas grand, au contraire. Il est vrai aussi qu'on introduira dans le révélateur de la glycérine, du nitrate d'argent, des acides organiques. Mais le révélateur en voit souvent bien d'autres. Pour ma part, je n'ai pas constaté que le développement s'en trouve contrarié. Dans les opérations ultérieures, la feuille de papier se ramollit suffisamment pour qu'il soit très facile de l'enlever.

Il va de soi qu'on pourra employer, pour constituer ces feuilles anti-halo, les épreuves gâchées auxquelles on n'aura pas cru bon de faire les honneurs du virage et du fixage, ou les épreuves d'essais, quand on tire ses clichés à la gomme bichromatée, ou encore tous les papiers mis hors d'usage par la lumière ou l'humidité. Voilà pour consoler ceux qui affectionnent le citrate-tartrate, etc., et qui oublient leur châssis-presse au soleil (Schweitzer, dans *La Photographie*).

Détermination pratique du temps de pose

Le calcul théorique du temps de pose, calcul assez fastidieux, ne peut rien donner de pratique, sinon les lois selon lesquelles il varie dans des conditions bien déterminées. L'application de la formule à laquelle on arrive nécessiterait, en effet, la détermination des coefficients relatifs aux divers facteurs qui entrent en jeu, détermination qui demande trop de précision pour être effectuée à *vue de nez* sans faire des erreurs, pouvant atteindre le rapport de 1 à 4, et même plus, facilement.

M. P. Delens, du Photo-Club Rouennais, a eu l'idée de simplifier le procédé et de le mettre à la portée de tous, sans l'aide d'aucun instrument : « Ayant mis au point la glace dépolie de l'appareil même avec lequel on doit opérer, sur un sujet à oppositions moyennes, l'écran bleu étant placé devant l'objectif, on examinera l'image obtenue sur le verre dépoli avec le plus grand diaphragme. Cette image est généralement assez claire pour qu'on puisse distinguer tous les détails ; mettant alors successivement les diaphragmes suivants dans leur ordre, l'image s'assombrit, et il vient un moment où elle sera à peine visible. On s'arrêtera au *plus petit des diaphragmes, avec lequel on peut encore apercevoir les détails que l'on tient à conserver sur le cliché, dans les parties sombres du sujet qu'on photographie ;* c'est là le point de repère fixe. Enlevant alors le verre bleu, et tirant, avec des poses différentes, plusieurs clichés du même sujet, développant ensuite avec des bains de même composition, on notera le temps de pose correspondant au meilleur résultat. Cet essai indiquera le meilleur temps de pose pour une marque de plaque et avec un révélateur déterminé, lorsque l'image présente elle-même sur le verre dépoli une intensité bien définie ; on en déduira sans peine le temps de pose avec un diaphragme quelconque, etc. »

Cette méthode nous paraît d'un usage pratique : il semblerait à première vue que le phénomène de la persistance des impressions lumineuses influe d'une manière fâcheuse ; en réalité il ne nuit guère à cette méthode ingénieuse (G. NAUDET, in *la Photographie*).

Révélateur énergique au pyrogallol

D'après le Dr VALENTA, on obtient un révélateur plus énergique que les révélateurs habituels à base de pyrogallol en mélangeant volumes égaux des solutions :

```
Eau..................................... Q. S. pour 1000
Sulfite de sodium cristallisé............ 160
Pyrogallol............................... 25
```

et

```
Eau..................................... Q. S. pour 1000
Soude caustique.......................... 8
```

On peut développer successivement plusieurs plaques dans le même bain. Les 8 grammes de soude caustique peuvent être remplacés par 11^{gr},5 de potasse caustique.

Un tel révélateur doit se conserver sous couche d'huile de vaseline.

Révélateur à l'édinol

L'édinol, préparé par la Société BAYER, est beaucoup plus soluble que le métol. Il peut être employé seul ou associé à l'hydroquinone. Le bain suivant est un des meilleurs :

```
Sulfite de sodium cristallisé............ 60 gr.
Edinol................................... 10 —
Phosphate tribasique de sodium........... 60 —
Eau bouillie............................. Q. S. pour 1000 —
```

On obtient des images plus vigoureuses, en le mélangeant à l'hydroquinone :

```
Sulfite de sodium cristallisé............ 150 gr.
Edinol................................... 12 —
Hydroquinone............................. 8 —
Carbonate de sodium cristallisé.......... 80 —
Eau...................................... Q. S. pour 1000 —
```

Il est préférable de dissoudre à part l'alcali (phosphate ou carbonate) et d'employer deux solutions de manière à pouvoir modifier la composition du bain selon les cas.

Développateur à l'hydramine

L'hydramine est une nouvelle substance dérivée de l'hydroquinone et de la paraphénylènediamine, préparée par la Société anonyme des plaques Lumière, qui possède de remarquables propriétés développatrices. Ses principales qualités sont les suivantes :

1° Son action énergique à dose faible permet de n'employer qu'une petite quantité de substance pour constituer un révélateur concentré susceptible de développer jusqu'à épuisement complet du liquide ;

2° Grâce à sa fonction basique spéciale, on n'utilise, pour constituer le révélateur, qu'une faible quantité d'alcali caustique (lithine) ;

3° Sa solution alcaline peu altérable reste incolore et se conserve en présence d'une quantité de sulfite plus faible que celle nécessitée par les autres développateurs alcalins ;

4° Sa solution ne tache pas les doigts ;

5° Son action graduelle et énergique rend ce nouveau révélateur particulièrement propre au développement des clichés posés ;

6° Enfin, sa grande susceptibilité aux bromures alcalins permet de corriger facilement la surexposition.

La composition du révélateur normal est la suivante :

```
Eau ............................... Q. S. pour 1000 gr.
Hydramine ..........................   5 —
Sulfite de soude anhydre ...........  15 —
Lithine caustique ..................   3 —
```

On dissout le sulfite et la lithine dans l'eau, puis on ajoute l'hydramine : le mélange est ensuite agité jusqu'à dissolution complète, sans se préoccuper des flocons légers qui se forment quelques instants après avoir fait la dissolution, quand on emploie l'eau ordinaire, car ils ne gênent nullement le développement.

Surexposition. — La surexposition peut être corrigée, comme pour l'acide pyrogallique, en ajoutant peu à peu pendant le développement une solution de bromure de potassium à 10 %. L'effet du bromure est déjà sensible lorsqu'on ajoute 1 centimètre cube de solution de bromure à 10 % pour 100 centimètres cubes de bain révélateur.

Sous-exposition. — On corrige la sous-exposition en ajoutant peu à peu au révélateur, pendant le développement, une solution de lithine caustique à 1 %.

Développateur au paramidophénol

Les propriétés des développateurs au paramidophénol peuvent être résumées comme suit :
1° Grande énergie développatrice ;
2° Rapidité du développement ;
3° Importance minime des variations de température ;
4° Absence totale de voile et de coloration ;
5° Possibilité de développer dans le même bain un grand nombre de plaques.

La composition du révélateur normal est la suivante :

Solution de sulfite de soude anhydre à 15 %. Q. S. pour 1000 gr.
Paramidophénol (base libre)............................. 20 —
Lithine caustique....................................... 8 —

On dissout la lithine dans le sulfite, puis on ajoute le paramidophénol et on ajoute jusqu'à dissolution complète sans tenir compte des flocons légers qui se forment quelques instants après la dissolution (A. et L. Lumière).

Développement lent au glycin

On dissout dans 300 centimètres cubes d'eau bouillie, 50 grammes de sulfite de sodium anhydre et 25 grammes de glycin (A) et, d'autre part, 125 grammes de carbonate de potassium pur dans 150 centimètres cubes d'eau bouillie (B). On mélange lentement les deux solutions A et B, ce qui provoque une effervescence. S'il est nécessaire, on ajoute de l'eau pour compléter les 500 centimètres cubes. Le demi-litre de solution ainsi obtenue, épaisse comme de l'amidon, constitue la *solution mère*.

On obtient le *bain lent* en mélangeant :

Eau... Q. S. pour 1000 gr
Solution mère....................................... 30 —
Solution à 10 % de bromure de potassium............. 2 —

On prépare en outre un *bain rapide* :

Solution mère....................................... 25 gr.
Eau... 75 —

dans lequel on plonge les phototypes auxquels le bain lent n'a pas donné une intensité suffisante.

Clichés brisés

Quelques soins que l'on prenne dans la manipulation de ses clichés, on est toujours à la merci d'un accident, soit que la plaque vous échappe des mains, soit qu'elle se trouve pressée en porte-à-faux dans le châssis-presse sur une autre plaque de format différent. On peut remédier assez simplement à cet accident qui, de prime abord, pourrait cependant sembler irréparable.

La première précaution à prendre en pareil cas est d'éviter toute aggravation de l'accident; souvent il arrive en effet que seul le verre est fêlé ou brisé, sans que la pellicule portant l'image se soit elle-même rompue. On glissera donc sous le cliché une feuille de papier fort ou de bristol mince, de façon à le relever bien à plat.

De toute façon on séparera la pellicule du verre, en suivant le procédé de pelliculage imaginé par M. G. Roy (183, page 287).

Au point de vue des précautions opératoires, nous distinguerons trois cas :

1° Le verre du cliché est seulement *fêlé*;
2° Le verre du cliché est *brisé*; la pellicule est encore intacte;
3° La rupture du verre a entraîné la rupture de la pellicule.

1° Dans le cas où le verre n'est que fêlé, M. Roy, qui avait jadis conseillé d'effectuer le pelliculage sans autres précautions nouvelles que celles imposées par la fragilité de la plaque, indique maintenant le mode opératoire suivant : « Les liquides des divers bains s'introduisant par la fente du verre, pénétraient souvent jusqu'à la couche de gélatine et s'y accrochaient en laissant l'impression d'une ligne blanche qui nécessitait une retouche délicate. Pour éviter cet inconvénient, je pose avec précaution mon cliché, couche en dessous, sur une feuille de papier buvard propre et je badigeonne le côté verre, sur une zone de 3 ou 4 centimètres de chaque côté de la fêlure, avec une solution de caoutchouc dans la benzine; une solution à 2 ou 3 % convient bien; par dessus le caoutchouc, j'applique une bande de papier dioptrique de largeur suffisante et, sur le tout, au moyen d'un pinceau, j'étends une bonne couche de collodion à l'acétate d'amyle. Je laisse ensuite sécher le collodion complètement. Ces deux couches, caoutchouc et collodion, forment un protecteur suffisant qui empêchera les divers liquides de s'introduire dans la fêlure du verre; on pourra dès lors procéder aux diverses opérations du pelliculage, comme si le verre n'était pas brisé. »

2° Si, la pellicule étant encore intacte, le verre est brisé, la précaution ci-dessus indiquée ne suffit plus, et l'on doit immobiliser complètement les morceaux de verre si l'on ne veut qu'un faux mouvement au cours d'une opération n'entraîne une déchirure de la pellicule par l'arête coupante d'un des fragments. On retourne donc encore, couche en dessous, le cliché brisé, mais l'on applique cette fois sur les fragments du verre une plaque du même format, enduite soit d'une couche mince de baume de Canada chaud, soit d'un vernis très épais dont la dessiccation ne soit pas trop rapide. Après refroidissement du baume en dessiccation, du vernis, l'ensemble du cliché et du verre de doublure forme un tout rigide que l'on peut manier sans risques et dont on pelliculera l'image par le procédé indiqué.

3° Si la pellicule elle-même s'est rompue, on assemble les divers fragments sur une plaque de verre enduite de baume chaud ou d'un vernis épais; on presse fortement ces fragments sur les côtés, pour les amener en contact aussi parfaitement que possible. Cela fait, on enlève l'excès du baume ou du vernis qui a pu venir sur la gélatine en lavant la couche avec un peu d'alcool. Cet ensemble est alors immergé dans la solution de formol, puis recouvert d'une feuille mince de gélatine [1], elle-même formolisée et bien distendue par longue immersion. On suivra pour cela les précautions indiquées (183).

Après dessiccation de cet ensemble, les divers fragments de la pellicule, qui désormais font corps avec la feuille de gélatine dont on les a recouverts, peuvent être séparés de leur support de verre par la même méthode de pelliculage employée déjà dans les cas précédents. On peut, avec un peu d'habileté manuelle, arriver à faire ainsi disparaître toute trace des déchirures; si l'on avait effectué le tirage des épreuves sous les divers morceaux, si bien recollés fussent-ils, les cassures du verre eussent porté ombre sur le papier sensible (G. Naudet, la Photographie).

Emballage des clichés

Qui n'a éprouvé la déception de voir arriver en mille morceaux de précieuses plaques expédiées au loin pour une raison ou pour une autre?

Instruit par l'expérience, j'emploie depuis plusieurs années l'emballage suivant : il ne m'a jamais causé de mécomptes.

1° N'emballer ensemble que les plaques de formats semblables;

---

1. On peut, si l'on préfère, couler sur l'image une couche d'une solution chaude de gélatine, puis, après refroidissement, replonger l'ensemble dans le formol; il est plus simple d'utiliser, comme nous l'indiquons, une feuille de gélatine.

2° *Pour chaque format*, se procurer une boîte de plaques vide, en carton (dimension des négatifs à emballer) ;

3° S'il s'agit d'un seul cliché, l'entourer de papier et le ficeler entre deux feuilles de carton de mêmes dimensions ; s'il s'agit de plusieurs, les séparer par des morceaux de buvard et les envelopper dans un papier commun ;

4° Placer le ou les clichés (quatre ou cinq au maximum) dans la boîte en déposant au-dessous et au-dessus un matelas de fins copeaux d'emballage. — Fermer la boîte et la ficeler en ayant soin que les deux couches de copeaux soient suffisantes pour former pression à l'intérieur et empêcher tout ballottement du contenu.

Noyer cette boîte dans une couche *très épaisse* des mêmes copeaux et enrouler le tout dans plusieurs épaisseurs de gros papier goudronné. Ficeler et mettre au chemin de fer.

Quelle que soit l'incurie des facteurs, je réponds de l'arrivée à bon port (Dr P. BERNARD).

Virage-fixage alcalin

Hyposulfite de sodium	260 gr.
Sulfocyanate d'ammonium	15 —
Phosphate disodique	15 —
Solution de chlorure d'or br. à 1 %	50 —
Eau distillée tiède	Q. S. pour faire 1000 cc.

Les épreuves, imprimées vigoureusement, sont lavées à plusieurs eaux avant d'être plongées dans le bain.

Virage donnant des tons violet noir

A. Chlorure double d'or et de potassium	1 gr.
Eau distillée	Q. S. pour 100 —
B. Acétate de soude cristallisé	20 —
Phosphate de soude	5 —
Eau	Q. S. pour 900 —

On verse A dans B et on n'utilise que vingt-quatre heures après le mélange.

Virage donnant des tons noirs

Eau	2000
Borax	15
Azotate d'urane	1,5
Chlorure d'or	1 gr.

Ce bain étant très énergique, les épreuves devront être imprimées assez fortement ; du reste, quelques essais préalables auront vite donné la mesure.

– Le fixage se fera à 12 % d'hypo pendant dix minutes. (A. COURRÈGES).

Affaiblissement des images sur papiers à image apparente

L'affaiblissement des épreuves positives est en général peu employé par l'amateur. L'épreuve brûlée passe profits et pertes ; aucun effort n'est fait pour la rendre sinon superbe, du moins utilisable.

Or l'affaiblisseur au permanganate de potassium récemment introduit dans la pratique photographique, semble se prêter fort bien à cette opération.

L'épreuve positive, préalablement mouillée, est plongée dans le bain suivant :

    Solution de permanganate de potassium à 5 %.   1 à 2 cc.
    Acide sulfurique concentré ....   3 à 5 gouttes.
    Eau ....   Q. S. pour 100 cc.

L'attaque de l'image se fait régulièrement ; quand l'intensité est devenue convenable, on plonge dans une solution d'acide oxalique à 5 %, qui arrête net la réaction, détruit le permanganate retenu dans la couche sensible et le papier et empêche la formation ultérieure de taches brunes.

Le mode opératoire est donc très simple ; il s'applique indifféremment aux épreuves virées à l'or et à celles virées au platine.

L'emploi d'une solution sulfurique d'un bichromate alcalin est aussi excellent.

On prépare une solution concentrée de réserve en dissolvant :

    Bichromate de potassium ....   3 gr.
    Acide sulfurique concentré ....   3 cc.
    Eau ....   Q. S. pour 100 —

Cette solution, qui convient aussi bien d'ailleurs à l'affaiblissement des phototypes négatifs qu'à celui des épreuves virées, s'emploie à un état considérable de dilution ; on doit l'additionner de 200 à 1.000 fois son volume d'eau ; on versera donc de 2 à 10 gouttes de la solution de réserve dans 100 centimètres cubes d'eau nécessaire à un bain d'affaiblissement. Le fonctionnement de ce faiblisseur est d'autant plus régulier, mais aussi plus lent qu'il est plus étendu. A un tel état de dilution, un bain ne peut être évidemment employé à plusieurs affaiblissements.

La nuance de l'image virée à l'or se modifie légèrement, le plus souvent en devenant plus chaude ; seul, en effet, l'argent se dissout dans ce liquide, l'or déposé dans le virage restant inattaqué (*la Photographie*).

Tons variés obtenus sur papiers lents aux sels d'argent à image latente

Préparer au moment de l'emploi la quantité strictement nécessaire du bain concentré :

Eau bouillie	1000
Sulfite de sodium anhydre	200
Chlorhydrate de diamidophénol (amidol)	20

Exposer sous châssis à environ 0^m,80 d'un bec papillon pour développer d'après les indications suivantes (les temps de pose se rapportent à un phototype d'intensité moyenne ; les chiffres donnés ne sont évidemment que des indications).

RÉVÉLATEUR			TEMPS DE POSE		TEINTE OBTENUE
Bain concentré	Eau	Acide acétique	Minutes	Secondes	
45	135	4	1		Noir chaud.
		3		40	Noir violet.
		2		30	Violet clair.
		7	2	30	Lilas rose.
		9	4		Rouge brique.
		12	7		Sanguine.

(*La Photographie.*)

Le développement des papiers genre « Velox » facilité par l'emploi du sucre

L'apparition de l'image sur les papiers du genre Velox est presque instantanée ; il en résulte une assez grande difficulté pour l'appréciation correcte du moment où le développement est terminé ; si, pour éviter cet inconvénient, on dilue le révélateur, le développement est bien ralenti, mais les noirs ont alors une nuance verdâtre des plus désagréables. On peut, par un procédé purement physique, ralentir la pénétration du révélateur dans la couche sensible et ralentir par conséquent l'opération même du développement : il suffit pour cela de dissoudre dans le révélateur ordinaire une certaine quantité de sucre[1]. L'effet de cet agent ne saurait nullement être comparé à celui des bromures alcalins dont l'action est d'ordre essentiellement chimique ; aussi ne constate-t-on pas la moindre modification à la nuance de l'image développée. Plusieurs morceaux de papier *Carton Velox* ont été impressionnés pendant des temps égaux sous un même cliché. L'un d'eux, développé dans le révélateur ordinaire à l'hydroquinone et métol, a fourni l'image complète en cinq secondes. Les autres fragments n'ont été développés qu'après addition au révélateur de quantités croissantes du sucre. Si à 100 centimètres cubes du révélateur on ajoute une cuillerée à café de sucre cristallisé (soit environ 9 grammes), le développement n'est achevé qu'au bout de dix secondes.

Deux cueillerées de sucre prolongent jusqu'à vingt secondes et quatre cueillerées amènent à une minute. En exagérant ces doses et utilisant un sirop formé par la dissolution de sept cuillerées dans 100 centimètres cubes du révélateur, on est parvenu à prolonger le développement pendant cinq minutes sans que la pureté des blancs s'en ressente et sans que la moindre nuance de vert apparaisse dans les noirs.

Il est à remarquer que l'introduction du sucre ne dispense en rien de l'addition de la dose prévue de bromure. La substitution de la glycérine au sucre ne nous a donné que de très mauvais résultats (Dr Leo Bakeland, traduit de *Photographic Life*).

Pour éviter les bulles d'air pendant le développement des papiers sensibles

Il arrive rarement que des bulles d'air restent adhérentes aux plaques photographiques plongées dans le révélateur. Rien d'ailleurs n'est plus facile que de les chasser, le cas échéant, en passant sur elles une touffe de ouate. Cet accident est au contraire fréquent dans le développement des papiers lisses ou rugueux au gélatinobromure ; on les évite le plus possible en introduisant le papier doucement dans le bain, la couche sensible au-dessous. On arrête presque complètement la formation en ajoutant au révélateur une certaine quantité d'alcool (10 à 20 $^o/_o$) qui diminue la tension superficielle du liquide. La surveillance des épreuves est alors plus facile.

Bien se garder d'effectuer cette addition dans le cas du révélateur au fer, il se formerait alors un précipité (*La Photographie*).

---

1. V. Abney, *Influences physiques et mécaniques susceptibles de modifier le résultat du développement* (la Photographie, 1898, p. 62).

Le développement des épreuves de grand format

Tout le monde, aujourd'hui, est plus ou moins photographe et tout le monde, par suite, se voit tenté, un jour ou l'autre, de procéder à des agrandissements des petites épreuves dextremenprises à l'aide de la jumelle et de l'appareil détective.

Cette dernière opération, fort simple quand l'agrandissement est faible, ne laisse pas de présenter de réelles difficultés quand on veut atteindre les grands formats, en raison de cette circonstance qu'il devient peu commode de faire usage de cuvettes celles-ci étant alors trop lourdes, trop encombrantes et aussi trop souvent coûteuses.

Sans grande peine, cependant, il est possible de mener à bien le travail.

Au lieu de plonger dans une cuvette renfermant la solution révélatrice la feuille de papier au gélatino-bromure, on dépose celle-ci, mouillée sur ses deux faces, et le côté impressionné à l'extérieur, sur une planche rendue imperméable par une triple couche de vernis à la paraffine. Cela fait, avec une brosse douce imprégnée du révélateur, on humecte rapidement toute la surface de la feuille.

Ce procédé fort simple, comme l'on voit, présente un très grand avantage, qui est de permettre de conduire à sa guise le développement.

Suivant, en effet, que l'on applique le développateur pur, ou au contraire qu'on le dilue par une addition d'eau, ce que l'on fait sans peine à l'aide d'une éponge imbibée d'eau pure, l'on accélère ou l'on modère la venue de l'image de façon à obtenir l'effet d'intensité désiré.

Quant au fixage de l'épreuve, il peut encore s'effectuer de la même façon, mais en transportant la feuille de papier sur une autre planche et en faisant usage d'une autre série de brosses pour l'application du bain fixateur (*Gazette du Photographe, Amateur*).

Coloriage des photographies

Liquide incolore [1] :

Eau	Q. S. pour 100 cc.
Albumine d'œufs séchée	2 gr.
Ammoniaque	3 cc.

---

[1]. On peut aussi opérer comme suit, mais le liquide ainsi préparé ne se conserve pas.

Prenez le blanc d'un œuf et battez-le en mousse; ajoutez un verre à

Liquide bleu : Solution à 0,5 % de bleu méthylène.
Liquide jaune : Solution saturée d'acide picrique dans de l'eau légèrement ammoniacale.
Liquide rouge :

                Alcool à 90° .... 10 cc.
                Safranine G 0,5
                Eau .... Q. S. pour 100 cc.
         (A défaut de safranine, on peut employer l'éosine.)

Mode d'emploi : Passer sur les deux faces de l'épreuve deux ou trois couches du liquide incolore, en laissant chaque fois sécher complètement la couche précédente.

On mélange ensuite dans une soucoupe un peu du liquide bleu avec du liquide incolore ; ce mélange, passé sur toute l'épreuve, l'azure légèrement et accentue les parties blanches de l'image. S'il y a des couleurs bleues dans le sujet, on passe sur ces régions un mélange de bleu et d'albumine plus riche en couleur bleue, et on passe plusieurs couches jusqu'à atteindre le résultat désiré. On peut enlever un peu de la couleur si l'on juge en avoir trop mis, avant qu'elle n'ait séché, en tamponnant légèrement avec un papier buvard. Le liquide bleu ne s'emploie pas seulement dans les bleus, mais dans toutes les régions vertes, violettes... Dès que l'on juge que tous les bleus ressortent suffisamment, on lave légèrement l'image avec le liquide incolore, et on éponge avec le papier buvard. On opère ensuite de même avec le liquide jaune, puis, après une nouvelle couche du liquide albumineux, avec la couleur rouge, mais en tenant compte de ce que le pouvoir colorant de ce liquide est, en général, bien plus considérable que celui des liquides jaune ou bleu.

Toutes ces opérations doivent toujours se faire sur une pellicule humide ; dans le cas où l'on aurait interrompu le travail et laissé sécher, on repassera une couche du liquide incolore. Si les couleurs n'adhèrent pas facilement, un peu d'eau glycérinée, passée sur l'épreuve avec un chiffon doux, y remédiera le plus souvent (*La Photographie*).

boire d'eau froide, mélangez bien et passez à travers une mousseline. Ajoutez maintenant une cuiller à thé d'alun en poudre, mélangez de nouveau et repassez à travers la mousseline.

FIN

TABLE DES MATIÈRES

INTRODUCTION

Phénomène de la chambre noire	1
Photographie	7

CHAPITRE I
La perspective du peintre et la perspective du photographe

Perspective	9
Examen des photogrammes	11

CHAPITRE II
L'objectif photographique

Aberrations des lentilles	16
Foyer principal ; distance focale	21
Constantes d'un objectif	26
Entretien des objectifs	31
Divers types d'objectifs	32
Choix d'un objectif	39

CHAPITRE III
L'obturateur

Emplacement	45
Rendement	47
Divers types d'obturateurs	48
Etude d'un obturateur	52

CHAPITRE IV
La chambre noire

Essai de la chambre noire et des châssis	56
Divers types de chambre noire	59
Viseurs	72
Choix d'un appareil	74
Entretien des appareils	78

CHAPITRE V
Les surfaces sensibles

Plaques sensibles ; halo.................................	82
Pellicules ; papiers négatifs.............................	93
Sensibilité des émulsions aux couleurs ; orthochromatisme.	97
Conservation des préparations sensibles................	105

CHAPITRE VI
Le laboratoire

Laboratoire obscur.......................................	108
Éclairage du laboratoire obscur.........................	112
Laboratoire clair..	117
Matériel du laboratoire...................................	118

CHAPITRE VII
Préparation des solutions et bains

L'eau...	124
Préparation des solutions.................................	127
Formules des solutions et bains........................	128
Préparation de quelques bains usuels..................	133

CHAPITRE VIII
Du sujet

Photographie artistique ; la composition................	138
Choix du point de vue....................................	142
Du paysage..	146
Du portrait..	155
Groupes..	171
Intérieurs ; éclairages artificiels.........................	172
Photographie documentaire ; photographie architecturale.	175
Reproductions...	182

CHAPITRE IX
L'exposition

Chargement des châssis...................................	184
Mise au point...	188
Temps de pose..	193
Détermination pratique du temps de pose..............	207

CHAPITRE X
Le développement

Théorie du développement	216
Pratique du développement	223
Fixage	226
Lavage	227
Séchage	229
Manipulation des pellicules	231
Quand doit-on arrêter le développement ?	233
Développement automatique	237
Développement en deux cuvettes	238
Développement lent	239

CHAPITRE XI
Les principaux révélateurs

Diamidophénol et diamidorésorcine	242
Oxalate ferreux	244
Pyrogallol	249
Métoquinone	252
Adurol	254
Pyrocatéchine	255

CHAPITRE XII
Achèvement et conservation du négatif

Voile gris	256
Coloration de l'émulsion ; voile dichroïque	259
Renforcement	261
Affaiblissement	268
Retouche	273
Protection du négatif ; vernissage	280
Pelliculage	283

CHAPITRE XIII
Tirage des photogrammes

Généralités	290
Choix du mode d'impression positive	293
Châssis-presse	295
Dégradateurs	298
Influence de la nature de la lumière	301

CHAPITRE XIV
Photogrammes sur papiers aux sels d'argent à image apparente

Généralités	303
Papier salé	305
Papier albuminé	309
Amélioration des images	314
Virage à l'or et fixage	318
Virage au platine	334
Virage-fixage	337
Manipulation des papiers émulsionnés	341
Transfert sur verre ou porcelaine	344
Images mates et images brillantes	346
Sensibilisateurs	348

CHAPITRE XV
Photogrammes sur papiers aux sels d'argent à image latente

Généralités	351
Impression	353
Développement	355
Développement en tons variés	362
Renforcement	365
Virages aux ferrocyanures	368
Retouche	370

CHAPITRE XVI
Photogrammes sur papiers aux sels de fer et de platine

Généralités	372
Papier au ferroprussiate	373
Papier au platine, préparation et emploi	376
Papiers au platine du commerce	384

CHAPITRE XVII
Montage et encadrement des photogrammes sur papier

Découpage	390
Montage	391
Collage	396
Encadrement	399

CHAPITRE XVIII
Choix de formules et recettes

Tours, imprimerie DESLIS FRÈRES, rue Gambetta, 6.

www.ingramcontent.com/pod-product-compliance
Lightning Source LLC
Chambersburg PA
CBHW071155240526
45470CB00016BA/50